# GANCHILLO

# GANCHILLO

# CONTENIDO

# INTRODUCCIÓN

*Este libro está destinado a* todos los amantes del ganchillo, tanto si carecen de experiencia previa como si poseen unos conocimientos más avanzados. Si no ha tejido jamás con ganchillo, pero quiere aprender a hacerlo, este libro le enseñará todos los puntos básicos, con los cuales podrá crear preciosas labores, grandes y pequeñas. Si ya sabe hacer ganchillo, encontrará en él una maravillosa colección de patrones con los que lucirse.

*Ganchillo* le enseña las técnicas y los puntos básicos, expuestos de manera clara y sencilla mediante fotografías paso a paso, con las abreviaturas y los símbolos relevantes. Se recomienda a los principiantes empezar por la sección de técnicas generales, fáciles de seguir, de la primera parte del libro e irse deteniendo en el camino para realizar minilabores con las que podrán practicar los puntos que acaban de aprender. Quienes tengan experiencia

pueden recalar en esta sección para revisar los puntos que ya conocen. Las minilabores comprenden desde un sencillo brazalete de cadeneta (pp. 32–33) hasta un elegante cojín de intarsia (pp. 118–119).

Una vez haya adquirido soltura en todos los puntos de ganchillo, podrá abordar el capítulo de labores y empezar a tejer artículos tan diversos como un arrullo de estilo retro (pp. 148–149), un diminuto alfiletero con forma de flor (pp. 186–187), o un vestidito de verano con tirantes para niña (pp. 246–249). Entre más de 80 labores para escoger, cada cual encontrará algo a su gusto, ya sea una manta o una funda de cojín, un gorro, una bufanda, unos mitones, unos calcetines o unas zapatillas de estar en casa, prendas de vestir, bolsos o una colección de adorables juguetes. *Ganchillo* le permitirá crear sus propios artículos para el hogar, su familia y sus amistades.

# NOCIONES BÁSICAS

*En cada labor* se indica el hilo y la tensión del punto (cuando es relevante) que se han usado, si bien la recomendación referente al hilo es genérica, a fin de permitirle tejer con un hilo que pueda conseguir fácilmente. Por ejemplo, el sencillo collar de cadeneta con cuentas de las páginas 30–31 se ha tejido con perlé de algodón para ganchillo DMC Petra n.°3, pero podría usar cualquier hilo que tenga a mano, siempre y cuando se asegure de que pasará por los agujeros de las cuentas. Del mismo modo, para la alfombra redonda de las páginas 170–171 se ha usado un hilo acrílico por su resistencia, pero podría sustituirlo por cualquier otro hilo supergrueso con contenido sintético y conseguiría un efecto similar; simplemente, recuerde que el tamaño puede variar ligeramente en función del grosor del hilo utilizado.

## NOTA SOBRE LOS HILOS Y GANCHILLOS

También se debe tener en cuenta el hecho de que para algunas labores, como los puntos de libro (pp. 182–183) y las marionetas de dedo de animales de la selva (pp. 286–289), únicamente necesitará parte de un ovillo de cada uno de los colores indicados. Ahora bien, no se lo plantee como un inconveniente: aproveche el hilo sobrante para tejer más artículos iguales o para una nueva labor.

A la hora de tejer prendas de vestir u otras labores en las que la tensión es importante, conviene hacer primero una muestra de tensión con el hilo que pretende usar. Si la muestra le sale más pequeña de lo recomendado, es posible que necesite un ganchillo más grueso; si le sale más grande, use un ganchillo más fino. En muchas labores, la tensión no es un elemento fundamental: por ejemplo, los posavasos de las páginas 58–59 y el cesto para el gato de las páginas 180–181 no precisan una medida exacta.

Calcule siempre la cantidad de hilo que necesita para una labor en metros, ya que dicha cantidad puede variar y los distintos pesos de hilo tienen longitudes distintas. Compruebe también el tamaño del ganchillo. A medida que vaya adquiriendo experiencia, aprenderá qué tamaño de ganchillo es adecuado para cada hilo.

## NOTA SOBRE LOS JUGUETES DE GANCHILLO

Cuando confeccione muñecos de ganchillo para bebés o niños muy pequeños, recuerde que es más seguro bordarles los ojos o usar ojos de seguridad especiales. No utilice nunca botones en un juguete para un bebé o un niño muy pequeño, pues, si se sueltan, el niño podría atragantarse y asfixiarse. Si usa ojos de seguridad, compruebe que cumplan las normativas vigentes.

## AMPLÍE SUS HABILIDADES

Además de ser un completo manual de las técnicas y los puntos básicos, *Ganchillo* le ofrece un amplio muestrario de puntos de distintas texturas, calados y multicolores, además de ribetes o puntillas, y una guía para tejer cuadrados tradicionales y bonitas flores, todo ello acompañado de instrucciones. Use estos recursos para ampliar sus habilidades básicas antes de acometer patrones más exigentes e impactantes, y se dotará de las herramientas necesarias para realizar cualquier labor de este libro.

### GUÍA DE TALLAS

| **Tallas de mujer** | **Contorno de pecho (aprox.)** |
|---|---|
| P (pequeña) | 80 cm |
| M (mediana) | 91 cm |
| G (grande) | 102 cm |

| **Calzado/calcetines** | **Longitud de la suela (aprox.)** |
|---|---|
| Bebé: 3–6 meses | 10–11 cm |
| Niño: 2–7 años | 11–15 cm |
| Mujer: 35,5–40,5 | 22–26 cm |
| Hombre: 42–45 | 27,5–29,5 cm |

# EQUIPO

# HILOS

*Existen numerosos tipos de hilos*, cosa que permite disfrutar de experiencias sensoriales variadas a la hora de hacer ganchillo y expresarse a través de este medio. Los hilos pueden estar elaborados con fibras muy distintas y presentar una amplia gama de texturas.

## FIBRAS

Los hilos están hechos con fibras. Una fibra puede ser de origen animal, como el vellón de las ovejas y el pelo de otros animales, vegetal o artificial (sintética). Las fibras se procesan y se hilan para elaborar hilos. Un hilo puede estar compuesto por un solo tipo de fibra, como la lana pura 100%, o por fibras mezcladas para mejorar sus prestaciones (por ejemplo, para darle mayor resistencia o suavidad). También se crean mezclas con fines estéticos; así, la suave y lujosa cachemira puede combinarse con una lana más tosca. Cada hilo tiene propiedades distintas, de manera que es importante elegir la mezcla adecuada para cada labor.

**Lana merina**
Se obtiene de ovejas merinas, que proporcionan una de las lanas más suaves que existen. Esta fibra fina y elástica resulta tan cálida como una lana más gruesa y rígida. Es una elección fantástica para prendas que se llevan sobre la piel y suele tratarse para poderla lavar a mano. Es idónea para bufandas, calentadores de brazos y prendas infantiles.

**Lana**
El pelo o vellón de diversas razas de oveja, como la Shetland Moorit o la Bluefaced Leicester, se procesa para obtener hilos de lana pura o mezclada con otras fibras. Muy cálida y resistente, es ideal para prendas de invierno, como chaquetas, gorros y guantes. Algunas lanas son ásperas, pero se suavizan con el uso y los lavados. La lana comercializada como «ecológica» contiene una alta proporción de lanolina, lo cual la convierte en un hilo fuerte y resistente al agua.

**Hilos de algodón para ganchillo**
Tradicionalmente, el ganchillo se hacía con hilos de algodón adecuados para el encaje. Hoy en día, los hilos de algodón siguen empleándose para ribetes de encaje o puntillas y para el punto de red o filet (pp. 88–93 y 107–110).

**Hilos de algodón finos**
Poseen un grosor óptimo para prendas y complementos, y permiten apreciar claramente la textura del punto.

▶ **Acrílico**
Las fibras acrílicas se fabrican a partir de etileno, un derivado del petróleo, y son muy baratas de producir. El hilo acrílico tiene un tacto algo más áspero que otros hilos sintéticos y a menudo se presenta en colores vivos y luminosos, difíciles de conseguir con fibras naturales. Robusto y resistente a la polilla, es ideal para juguetes, artículos de bisutería y labores de bajo presupuesto. Tiende a acumular electricidad estática.

▼ **Mezclas de fibras naturales y sintéticas**
Las fibras artificiales suelen mezclarse con naturales para dar estructura y resistencia a los hilos, así como para poder lavarlos más fácilmente y modificar su aspecto, por ejemplo, aportando brillo. Ayudan a cohesionar otros hilos, como el mohair y la lana, para impedir que se deshilachen; asimismo, evitan que las fibras animales encojan. La resistencia de estas mezclas las hace ideales para calcetines y guantes.

◀ **Trapillo**
Tejer a ganchillo con trapillo (tiras de tela) es una manera genial de economizar y cuidar el planeta a la vez (para hacer su propio trapillo, vea la p. 131). El tamaño del ganchillo dependerá del grosor de las tiras. Para ahorrar tiempo puede comprar trapillo hecho con diversos tejidos de punto reciclados, procedentes de restos de la industria de la moda.

◀ **Alpaca**
El pelo de la alpaca, una pariente de la llama, tiene un tacto lujoso y es una de las fibras más cálidas con las que se puede tejer a ganchillo. Incluso una prenda fina de alpaca de 4 cabos aísla lo suficiente para resistir un frío glacial. Este hilo es ideal para gorros, calcetines y mantas. También existe la baby alpaca, aún más suave.

▼ **Cuerda**
Ideal para tejer a ganchillo objetos prácticos para el hogar, como cuencos y cajas, puede encontrarse en multitud de colores y grosores. Experimente con ganchillos relativamente finos, por ejemplo de 5 mm, para crear un tejido muy rígido, capaz de mantener su forma. Aplique a los objetos acabados una capa de cola PVA diluida para hacerlos resistentes al agua y facilitar su limpieza con un paño húmedo.

**Bambú** ▶
Este hilo se produce prensando los tallos, o cañas, del bambú, con lo que se obtiene una fibra similar al lino, o procesando químicamente las plantas reducidas a pulpa, en cuyo caso se llama viscosa de bambú. Recuerda la seda por su brillo y su tacto, y es más fácil de tejer si está mezclado con otras fibras. Más transpirable y elástico que el algodón 100 %, el bambú es ideal para toallas, prendas ligeras de verano y chales.

EQUIPO

## COMPRA DEL HILO

Los hilos se comercializan en cantidades o unidades específicas. Las más comunes para ganchillo son madejas y ovillos oblongos o redondos, normalmente de 25, 50 o 100 g.

▲ **Madeja**
Hilo enrollado en forma de anillo que debe ser devanado en un ovillo antes de poderse utilizar. El devanado puede hacerse a mano o con una devanadera. Esta operación brinda la oportunidad de comprobar que el hilo no presenta nudos ni taras. Algunos hilos disponibles en madejas están hechos de fibras suaves y delicadas, y no pueden utilizarse en determinadas devanaderas industriales.

◀ **Ovillo oblongo**
Los ovillos devanados en fábrica pueden usarse sin una preparación especial. Conserve siempre la etiqueta en su sitio mientras teje para evitar que el ovillo se deshaga.

◀ **Cono**
Los conos, o bobinas cónicas, suelen ser demasiado pesados para llevarlos en la bolsa de las labores; por ello se aconseja devanar el hilo en ovillos antes de empezar a tejer.

▲ **Ovillo redondo**
El hilo también se vende en ovillos redondeados, en forma de «pelota», listo para usar: basta con tirar del cabo central para empezar a tejer.

## PESOS DE LOS HILOS

El «peso» del hilo hace referencia a su grosor. Algunos fabricantes producen hilaturas en los pesos considerados «estándar», como el sport o el worsted (estambre) estadounidenses, o la lana de Aran y el estambre ligero (DK) ingleses. Sin embargo, incluso dentro de estos estándares existen ligeras variaciones de grosor, y los hilos de fantasía y con textura no son fácilmente clasificables solo a partir del peso.

A la hora de clasificar un hilo, el grosor apreciable a simple vista tan solo es uno de los indicadores del peso. Un hilo puede parecer más grueso que otro debido al aire existente entre las fibras y a su elasticidad. Si se estira una hebra entre las dos manos en dirección opuesta se podrá comprobar hasta qué punto disminuye su grosor.

El número de cabos de un hilo tampoco es indicativo de su grosor. Los cabos son las hebras retorcidas entre sí en dirección opuesta a la que se hilaron a fin de obtener un hilo resistente y equilibrado (normalmente, para tejer a ganchillo se utilizan hilos de 3 y 4 cabos). Un hilo de cuatro cabos puede ser muy fino o muy grueso, según sea el grosor de cada uno de los cabos.

### SISTEMA ESTANDARIZADO DE PESOS DE HILOS

| SÍMBOLOS DEL PESO Y NOMBRES DE CATEGORÍAS | TENSIÓN A PB EN 10 CM | TAMAÑO DE GANCHILLO RECOMENDADO | TAMAÑO DE GANCHILLO RECOMENDADO (EE UU) |
|---|---|---|---|
| Encaje 0 | 32–42*** puntos altos | 1,6–2,25 mm | 6 steel, 7 steel, 8 steel, B-1 |
| Superfino 1 | 21–32 p | 2,25–3,5 mm | B-1 a E-4 |
| Fino 2 | 16–20 p | 3,5–4,5 mm | E-4 a 7 |
| Ligero 3 | 12–17 p | 4,5–5,5 mm | 7 a I-9 |
| Medio 4 | 11–14 p | 5,5–6,5 mm | I-9 a K-10½ |
| Grueso 5 | 8–11 p | 6,5–9 mm | K-10½ a M-13 |
| Muy grueso 6 | 5–9 p | 9 mm y más | M-13 y más |

**Normas generales**
Aquí figuran la tensión y los tamaños de ganchillo más habituales para categorías de hilos específicas. Las categorías de los hilos, los límites de tensión y el tamaño de ganchillo recomendados han sido ideados por el Craft Yarn Council of America (YarnStandards.com).
*** La tensión de los hilos ultrafinos para encaje es difícil de determinar; para estos hilos hay que adoptar siempre la tensión indicada en el patrón.

## ETIQUETAS DE LOS HILOS

Todos los datos relevantes acerca de un hilo pueden consultarse en su etiqueta. Los símbolos que figuran en esta le revelarán cómo tejer la labor y cómo limpiarla. En esta página se muestran algunos de los símbolos más habituales. Conserve siempre las etiquetas: son fundamentales para identificar el hilo si se le acaba y necesita comprar más. El hilo nuevo deberá tener el mismo número de tintada para evitar que el artículo acabado presente una ligera diferencia de color.

▲ **Faja**
La etiqueta de ovillos y madejas, también llamada faja, contiene información sobre el peso y el grosor del hilo, así como las instrucciones de lavado. Anude un trocito de hilo a la faja y consérvela para consultarla en el futuro.

**Símbolos**
Los fabricantes usan un sistema de símbolos para informar de los detalles de un hilo, incluidos los ganchillos adecuados y la tensión requerida.

Peso y grosor del hilo

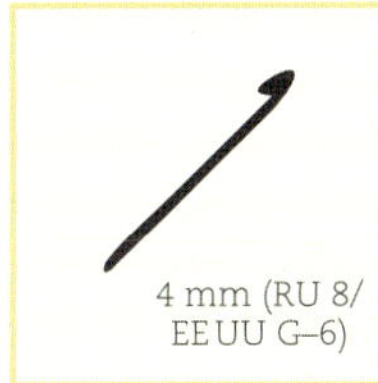


Tamaño de ganchillo recomendado

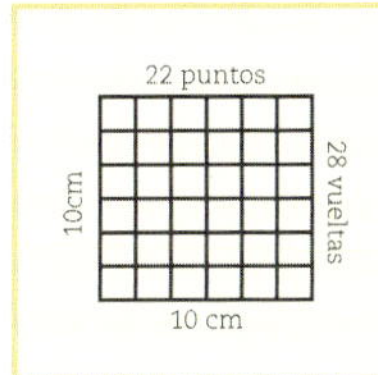


Tensión en una muestra de 10 cm

Número de tono o color

Número de tintada o lote

Peso del ovillo o la madeja

Contenido de fibras

Lavar a máquina en frío

Lavar a máquina en frío/prendas delicadas

Lavar a mano en agua fría

Lavar a mano en agua templada

No usar lejía

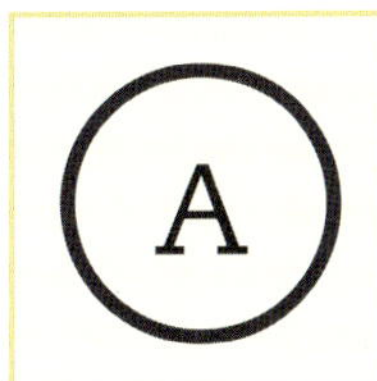


Limpiar en seco con cualquier disolvente

Limpiar en seco con ciertos disolventes

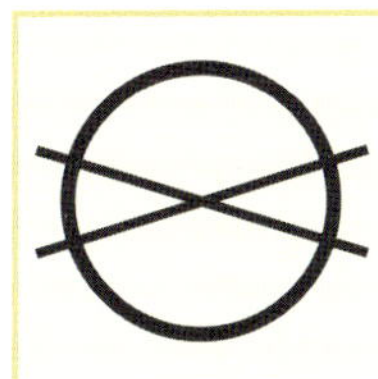

No limpiar en seco

No secar en secadora

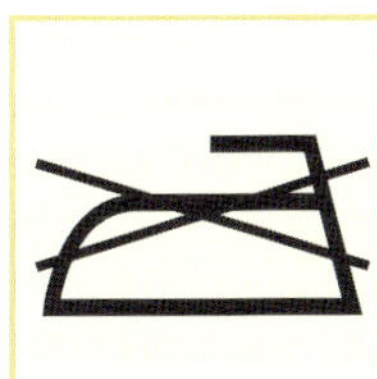

No planchar

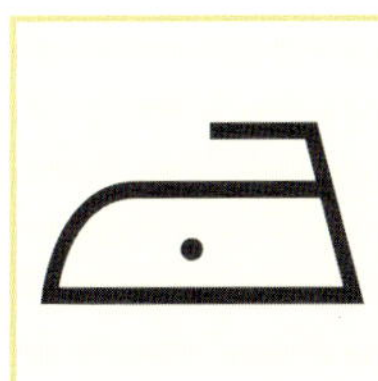

Planchar a baja temperatura

Planchar a temperatura media

# ELECCIÓN DEL COLOR DEL HILO

A la hora de emprender una nueva labor de ganchillo, la elección del color es clave. Incluso el diseño más sencillo gana fuerza con una buena elección de los colores. La rueda de color es una herramienta útil para familiarizarse con la teoría del color.

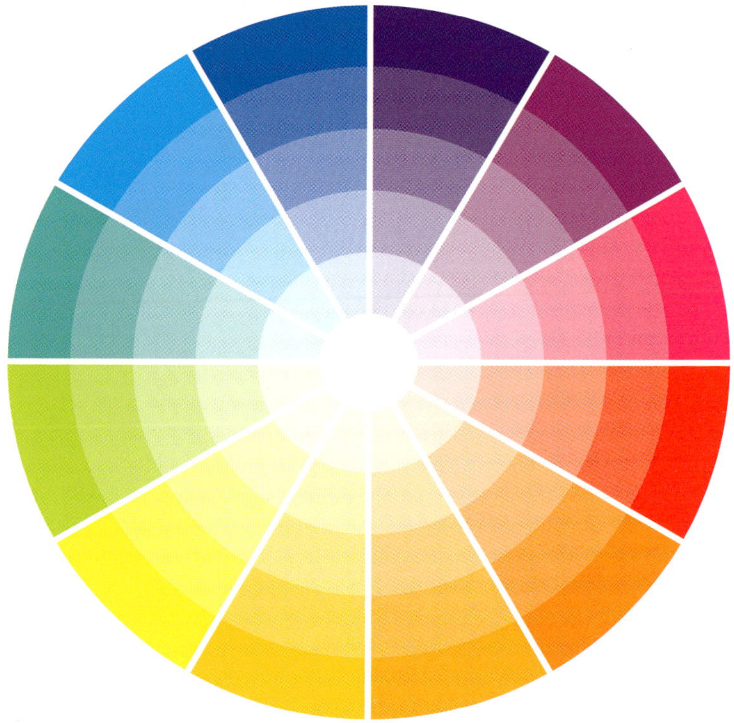

**Rueda de color:** Los tres colores primarios, rojo, amarillo y azul, son la base de la rueda. Combinando dos colores primarios se generan los «secundarios». El rojo y el amarillo dan el naranja; el amarillo y el azul, el verde; y el azul y el rojo, el violeta. Los colores intermedios, denominados «terciarios», aparecen cuando se mezcla un secundario con el primario más cercano.

**Colores complementarios:** Los colores opuestos en la rueda, como el rojo y el verde, o el amarillo y el violeta, se llaman «complementarios». Generan contrastes que realzan los elementos del diseño y hacen que resalten ambos colores. No olvide el blanco y el negro, los opuestos por excelencia.

**Color, tonalidad y tono:** Cada segmento muestra la gradación de matiz, tonalidad y tono de un mismo color. El color original es el color puro; un matiz, o tono, corresponde al color mezclado con negro; la tonalidad es la oscuridad o luminosidad del color al mezclarlo con gris, y un tono es el color mezclado con blanco (los tonos pastel). El uso del color puede afectar sobremanera al aspecto de una labor.

**Diseños monocromáticos:** Utilizan distintas versiones del mismo color. Así, una labor a base de verdes no se adentrará en la sección roja de la rueda de color, pero sí podría tener matices y tonos con mezcla de amarillo y azul, los cuales pueden dar lugar a combinaciones «armoniosas» de colores contiguos en la rueda. La combinación de estos colores «adyacentes» permite crear bonitos efectos, siempre que existan diferencias apreciables entre ellos.

**Temperatura del color:** Los colores tienen una «temperatura» visual, que hace que algunos se perciban como «cálidos» y otros como «fríos». Se suelen considerar fríos el azul y sus colores adyacentes, mientras que los rojos y amarillos se tienen por cálidos, pero en realidad existen versiones frías y cálidas de todos los colores primarios. Piénsese, por ejemplo, en un cálido azul celeste y en un frío azul acero. La temperatura del color es un elemento importante para saber si un color retrocede o avanza, es decir, si destaca o si se mezcla con los colores de fondo y circundantes.

**Blanco y negro**

El blanco y el negro no aparecen en la rueda de color porque no se clasifican como colores. El negro es la ausencia de color, y el blanco es una combinación de todos los colores del espectro. En los hilos ocurre lo contrario: el negro se obtiene mediante un fuerte teñido, y el blanco supone la eliminación de todo color. Recuerde que, al tejer en negro, no solo le resultará más difícil ver los puntos, sino que en el artículo final la textura no se apreciará plenamente. En cambio, el blanco garantiza la visibilidad de cada punto y cada detalle.

**Colores cálidos**

El extremo cálido del espectro de color abarca principalmente rojos y amarillos. Los marrones, naranjas y morados forman parte de este grupo. Utilice estos colores para aportar riqueza y profundidad. Las mezclas de tonos cálidos suelen ser muy favorecedoras, en función del color de la piel, claro está: acérquese el hilo a la cara para comprobar si el color le sienta bien.

**Colores fríos**

El azul, el verde y el violeta ocupan el extremo frío del espectro y combinan especialmente bien entre ellos. Los colores fríos suelen ser de tonalidades más oscuras que los cálidos. Cuando se combinan con cálidos en una labor, su impacto es menor; por ello, si desea equilibrar una mezcla cálida en una labor, deberá utilizar una mayor proporción de colores fríos que de calientes.

**Pasteles**

Estas variantes muy claras, y a menudo frías, de colores más intensos y oscuros suelen utilizarse para prendas de bebés y niños pequeños; de ahí que exista una multitud de hilos mezclados y sintéticos a la venta. Los tonos pastel también aparecen con frecuencia en patrones de ganchillo de primavera/verano para adultos; busque colores de helado en hilos ligeros y disfrute utilizando una paleta suave.

**Colores vivos**

Jugar con tonos vivos y fluorescentes resulta divertido, sobre todo para crear complementos llamativos o motivos coloridos. Una excelente manera de dar vida a una labor de ganchillo multicolor en tonos apagados es añadirle un ribete o unos botones de un color vibrante. Este toque luminoso puede transformar por completo su aspecto final.

**Mezclas estacionales**

La naturaleza es una fuente de inspiración inagotable. Piense en las puestas de sol, las hojas de otoño, las frutas escarchadas en invierno o las flores en primavera. Guarde un registro de todo esto en un cuaderno de bocetos o mediante fotografías y observe la proporción de cada color. Las buenas marcas de hilos cambian su gama de colores de acuerdo con la temporada o estación del año: en primavera, por ejemplo, ponen a la venta más colores vivos y pasteles.

# GANCHILLOS

*El tejido a ganchillo probablemente sea* una de las labores de artesanía más baratas, pues requiere un equipo muy reducido. Aparte de hilo, precisará un ganchillo del tamaño adecuado para la labor, una aguja de punta roma para rematar los cabos sueltos y unas tijeras. Además, necesitará algunos útiles esenciales que seguramente ya tendrá en su costurero (pp. 20–21).

## GANCHILLOS

Si es usted principiante, le conviene empezar con un ganchillo metálico estándar de buena calidad. Una vez sepa tejer los puntos básicos con una lana ligera y un ganchillo de 4 o 4,5 mm, podrá diversificar y probar nuevos tipos de ganchillo hasta encontrar el que mejor se adapte a sus necesidades.

### GANCHILLO DE METAL ESTÁNDAR

**Partes del ganchillo**

El gancho recoge el hilo para formar las lazadas, y el grosor de la varilla determina la amplitud de estas. El mango da peso al ganchillo y permite sujetarlo correctamente.

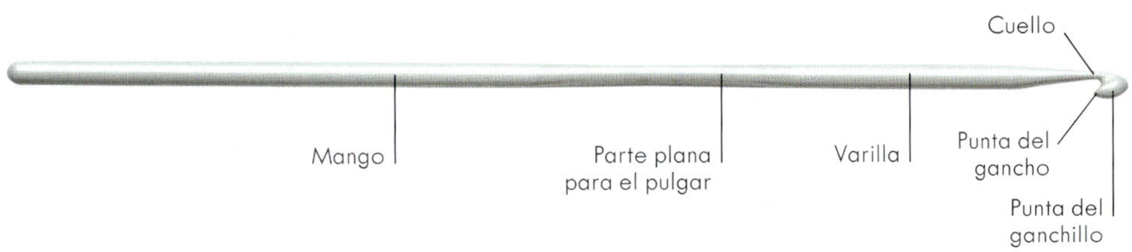


### MANGOS ALTERNATIVOS

**Mangos más cómodos**

Si el ganchillo estándar le resulta incómodo de sujetar, pruebe otros modelos con distinto mango. Los ganchillos de madera con mango curvo (arriba) son más cómodos. El mango ergonómico (abajo) se adapta a la mano para facilitar la sujeción y el manejo del ganchillo.

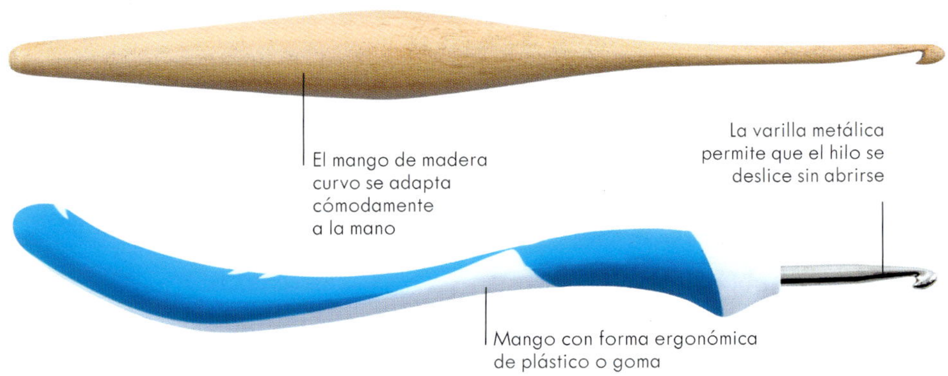


### TAMAÑOS DE GANCHILLO

**Los ganchillos** se fabrican en diferentes tamaños, o grosores, que figuran en la tabla de conversión de la página siguiente. Los milímetros corresponden al diámetro de la varilla, que determina el tamaño de los puntos.

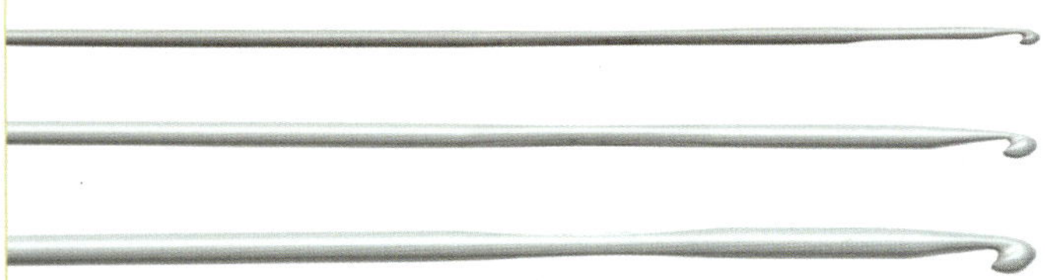

Pese a que los ganchillos de tamaño medio —de 2 a 9 mm— son los más usados, también son muy habituales otros mucho más finos, para encaje, o muy gruesos. En la página 14 se indica qué tamaño de ganchillo conviene usar para cada peso de hilo.

## TIPOS DE GANCHILLO

▲ **Ganchillo para encaje**
Los ganchillos para encajes y puntillas son muy finos, desde 0,6 hasta 1,75 mm, y siempre de metal. Deben guardarse con su capuchón protector para evitar accidentes.

▲ **Ganchillos de madera**
Los ganchillos de bambú y maderas duras pesan menos que los de metal. También proporcionan una buena adherencia para evitar que los dedos resbalen mientras se teje.

▲ **Ganchillos de metal**
Algunos ganchillos de aluminio se fabrican en colores vivos y diferentes para cada tamaño, lo cual facilita la elección del más adecuado de un simple vistazo.

▲ **Ganchillos jumbo**
Los ganchillos más gruesos, desde 10 hasta 20 mm, son de plástico. Se utilizan para tejer materiales gruesos con rapidez.

▲ **Aguja de tricotar gruesa**
Se usa en combinación con un ganchillo normal más fino para crear las grandes lazadas que dan aspecto de encaje al punto peruano en lugar de una vara o un palo grueso, o «palo de escoba».

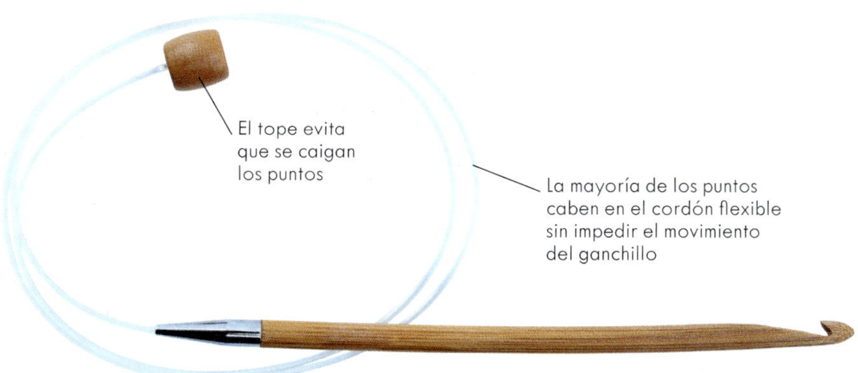


▲ **Ganchillos tunecinos**
Son más largos que los normales porque tienen que sostener muchos puntos. Pueden ser rectos y con un gancho en cada extremo, o tener un cordón flexible con un tope en un extremo, como este, que permite trabajar con más comodidad.

## TABLA DE CONVERSIÓN

Esta tabla muestra la equivalencia entre los diversos sistemas de tamaño del ganchillo. Si no existe correspondencia exacta, se da la más aproximada.

| SISTEMA MÉTRICO | NÚMEROS (EE UU) | INGLÉS ANTIGUO |
|---|---|---|
| 0,6 mm | 14 steel | |
| 0,75 mm | 12 steel | |
| 1 mm | 11 steel | |
| 1,25 mm | 7 steel | |
| 1,5 mm | 6 steel | |
| 1,75 mm | 5 steel | |
| 2 mm | | 14 |
| 2,25 mm | B-1 | |
| 2,5 mm | | 12 |
| 2,75 mm | C-2 | |
| 3 mm | | 10 |
| 3,25 mm | D-3 | |
| 3,5 mm | E-4 | 9 |
| 3,75 mm | F-5 | |
| 4 mm | G-6 | 8 |
| 4,5 mm | 7 | 7 |
| 5 mm | H-8 | 6 |
| 5,5 mm | I-9 | 5 |
| 6 mm | J-10 | 4 |
| 6,5 mm | K-10½ | 3 |
| 7 mm | | 2 |
| 8 mm | L-11 | |
| 9 mm | M-13 | |
| 10 mm | N-15 | |
| 12 mm | P | |
| 15 mm | Q (16 mm) | |
| 20 mm | S (19 mm) | |

# OTROS ÚTILES

*Además del ganchillo*, necesitará una aguja lanera o de punta roma para rematar los cabos sueltos, y unas tijeras o un cortahílos. También le serán útiles unos alfileres, una cinta métrica, marcadores de puntos y una máquina de hacer pompones. En este libro también encontrará un organizador enrollable para guardar los ganchillos ordenados (pp. 122–125).

## ELEMENTOS BÁSICOS

▲ **Alfileres**
Los alfileres con cabeza grande o de vidrio son muy útiles para las costuras y para estirar la labor (p. 68).

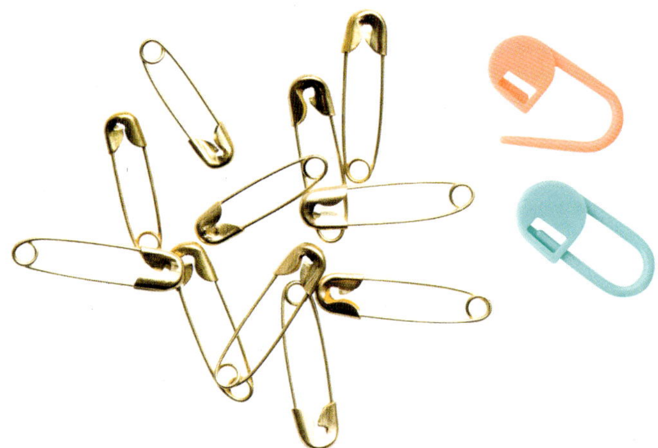

▲ **Marcadores de puntos**
Se insertan en la labor para señalar una vuelta o un punto concreto en una vuelta, o bien para marcar el derecho de la labor.

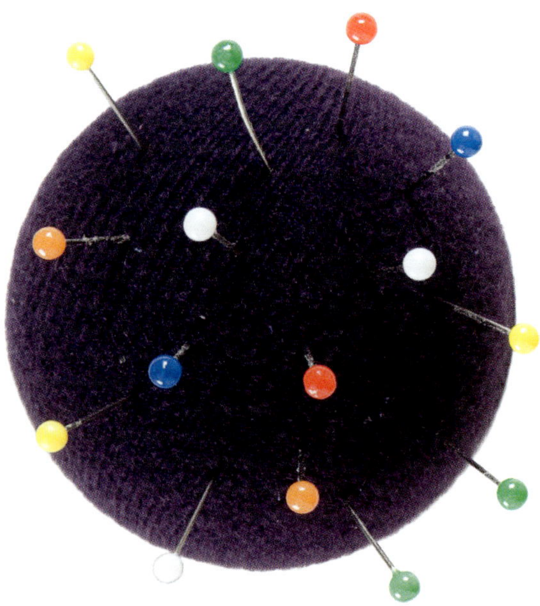

▲ **Alfiletero**
Un utensilio práctico para tener a mano mientras se trabaja.

◄ **Carretes**
Son útiles para enrollar hebras cortas cuando se teje a punto de tapicería (p. 116).

▲ **Agujas laneras o de punta roma**
Se usan para coser y rematar los cabos sueltos (compruebe que el ojo sea lo bastante grande para que pase el hilo elegido).

**Alambres y alfileres de estirado ▶**
Se usan para dar forma a una pieza de ganchillo tras lavarla a mano o antes de estirarla al vapor. Los alambres se pasan a lo largo del borde del tejido como si se hiciera un hilván y, tras comprobar que las medidas son correctas, se sujetan con alfileres. Luego se deja secar la pieza.

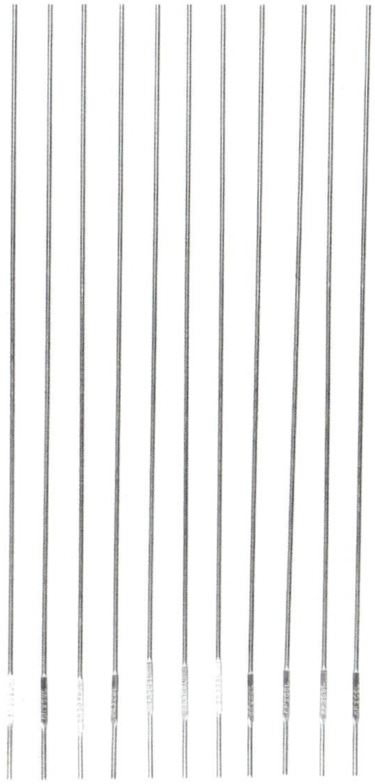

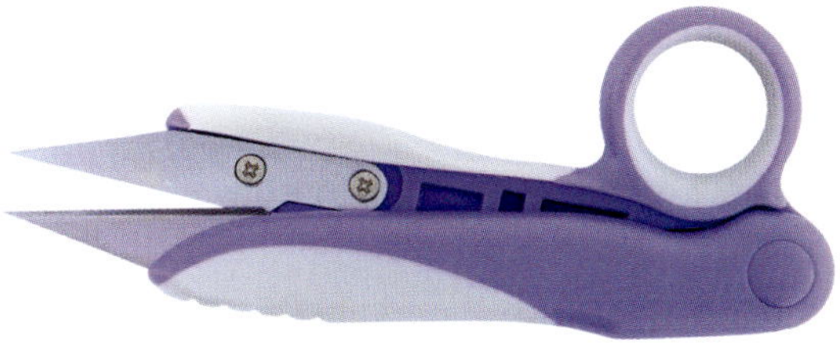

**▲ Cortahílos**
Al permitir un corte más preciso, pequeño y rápido, a menudo es más útil que las tijeras.

**▲ Tijeras**
Necesitará unas tijeras afiladas para cortar el hilo y cabos sueltos.

**▲ Contador de vueltas**
Muy útil para controlar el avance de la labor. Se cuelga del cuello mediante un hilo y se cambia tras completar cada vuelta.

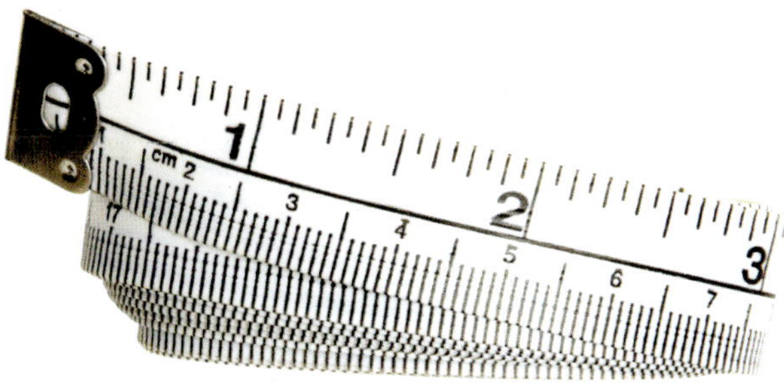

**▲ Cinta métrica**
Conviene tener a mano una cinta métrica para medir la tensión del tejido y la labor.

**Horma para calcetines ▶**
Es lo mejor para estirar y dar forma a los calcetines una vez tejidos y existe en una gran variedad de tallas. Una vez lavado el calcetín, se inserta con cuidado en la horma y se deja secar.

**▼ Calibre para ganchillos y tensión**
Permite averiguar el número de un ganchillo que no lo especifica. Este modelo también lleva un práctico medidor de la tensión del punto.

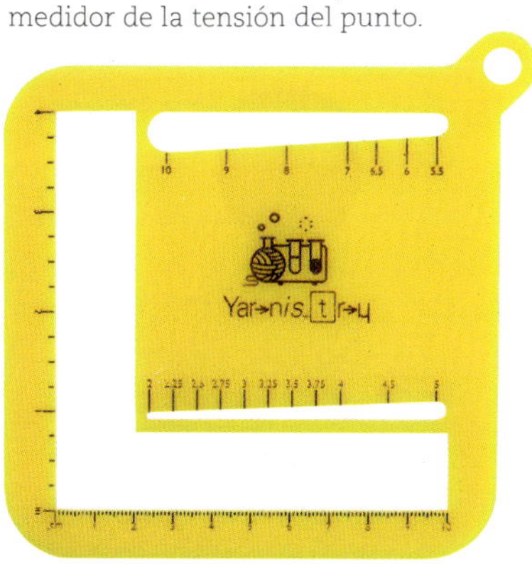

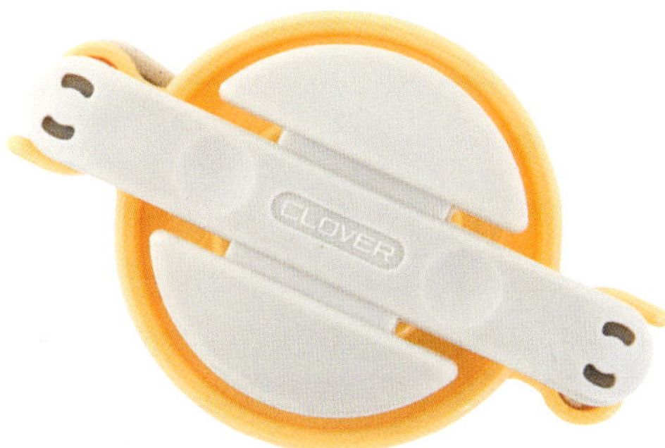


**▲ Pomponera**
Este pequeño utensilio con bisagras se abre para poder enrollar el hilo de manera uniforme. Luego, un vástago de metal sujeta el hilo mientras se corta el pompón. Existe en varios tamaños y colores.

# TÉCNICAS

# PUNTOS BÁSICOS

*Aprender a hacer ganchillo puede requerir* más tiempo que aprender a tricotar porque existen varios puntos básicos. Sin embargo, no es preciso aprenderlos todos a la vez. Basta con saber hacer cadeneta y punto bajo para tejer bonitas mantas y fundas de cojín a rayas con lanas vistosas.

## PARA COMENZAR

Antes de hacer la primera lazada, el nudo corredizo (p. siguiente), hay que familiarizarse con el ganchillo y saber sujetarlo. En primer lugar, revise las partes del ganchillo (p. 18). Luego, pruebe los distintos modos de sujetar el ganchillo y el hilo (abajo) mientras aprende a hacer una cadeneta. Quienes aprendieron a hacer ganchillo en la infancia sujetarán espontáneamente el ganchillo como entonces y deberían seguir haciéndolo igual, ya fuera como un lápiz o como un cuchillo.

### CÓMO SUJETAR EL GANCHILLO

**Como un lápiz:** Para sujetar el ganchillo en esta posición se agarra como si fuera un lápiz. Si el ganchillo tiene una parte plana para los dedos, sitúe el pulgar por debajo de ella y el índice por encima. El centro del pulgar debe quedar a unos 5 cm de la punta del ganchillo. Así deben sujetarse también los ganchillos que no tengan una parte plana.

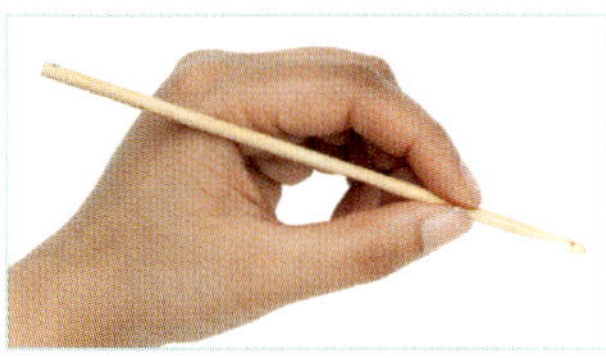

Las personas zurdas sujetarán el ganchillo exactamente igual, pero con la mano izquierda.

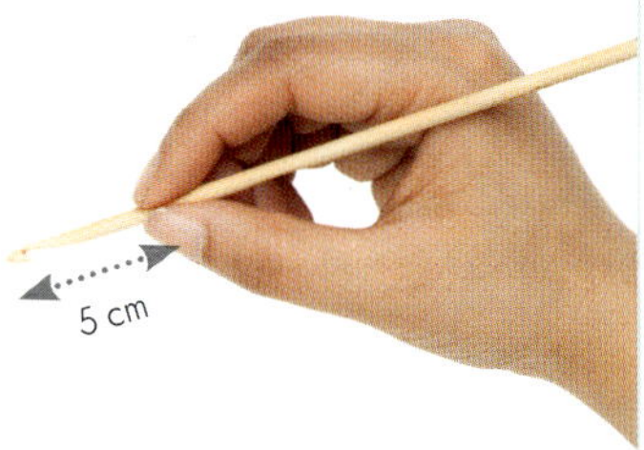


**Como un cuchillo:** Para sujetar el ganchillo en esta posición, se agarra del mismo modo que un cuchillo de mesa para cortar los alimentos. Como en la posición del lápiz, si tiene una parte plana para los dedos, esta debe quedar entre el pulgar y el índice, con el centro del pulgar a unos 5 cm de la punta del ganchillo; si no la tiene, sujete el ganchillo a la misma distancia de la punta.

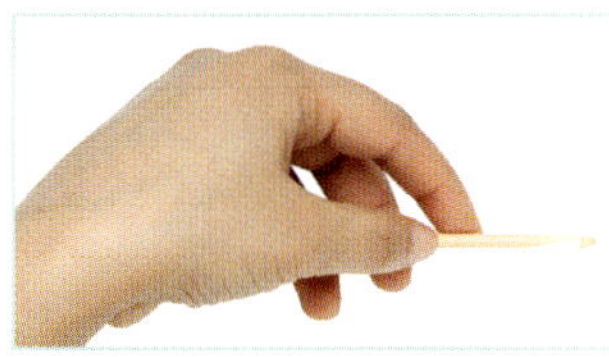

Las personas zurdas sujetarán el ganchillo exactamente igual, pero con la mano izquierda.

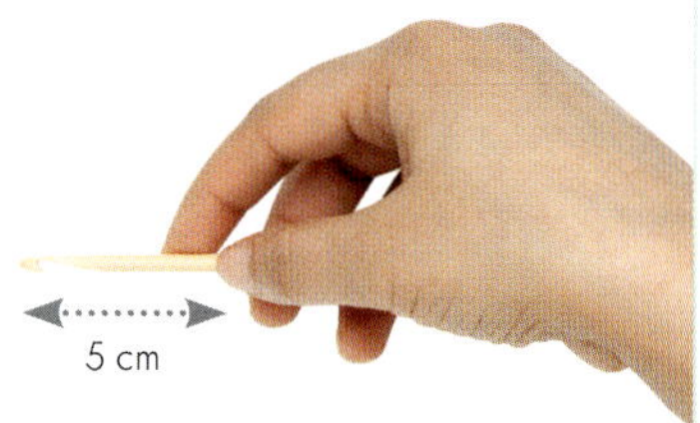


### CÓMO SUJETAR EL HILO

Para controlar el paso del hilo al ganchillo debe enrollar la hebra en los dedos de la mano libre. Los dos métodos que se muestran aquí son tan solo sugerencias: cada cual puede adoptar el suyo propio.

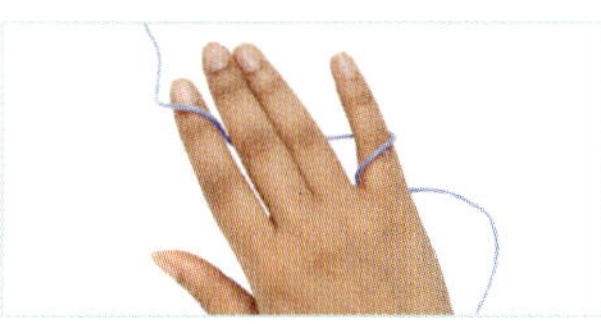

Las personas zurdas sujetarán el hilo con la mano derecha.

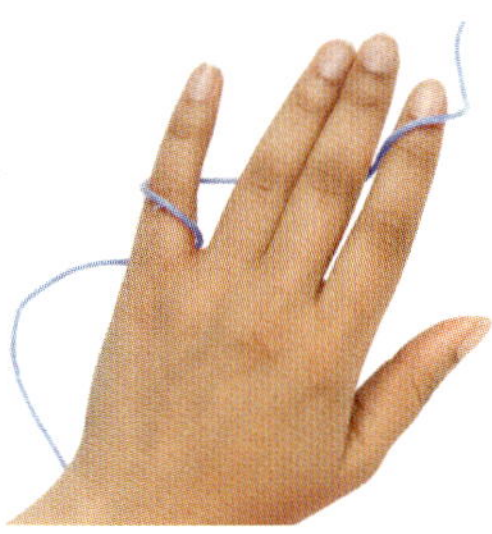

**Primer método:** Enrolle el hilo en el dedo meñique, luego páselo por detrás del anular y el medio, y después por encima del índice. De esta manera, el índice se usa para mantener el hilo en su posición.

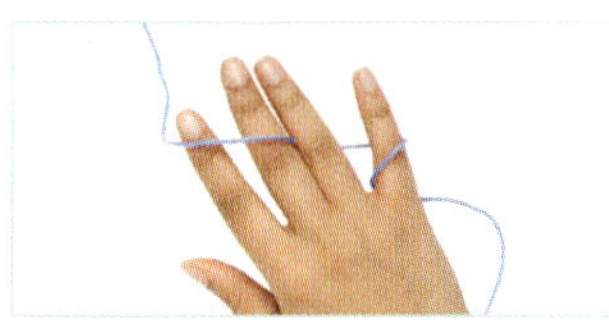

Las personas zurdas sujetarán el hilo con la mano derecha.

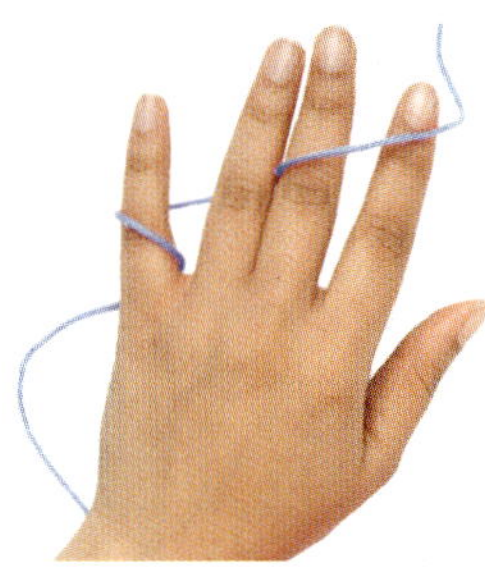

**Segundo método:** Enrolle el hilo en el meñique, páselo por detrás del anular y por encima del medio y el índice. Este método permite mantener el hilo en su posición tanto con el índice como con el medio, lo cual resulta más cómodo y permite controlarlo mejor (véase Tensión del hilo, en la página siguiente).

## CÓMO HACER UN NUDO CORREDIZO

1 Para hacer la primera lazada (llamada nudo corredizo) en el ganchillo, empiece cruzando el hilo que viene del ovillo sobre el otro extremo (llamado cabo suelto) para formar un círculo.

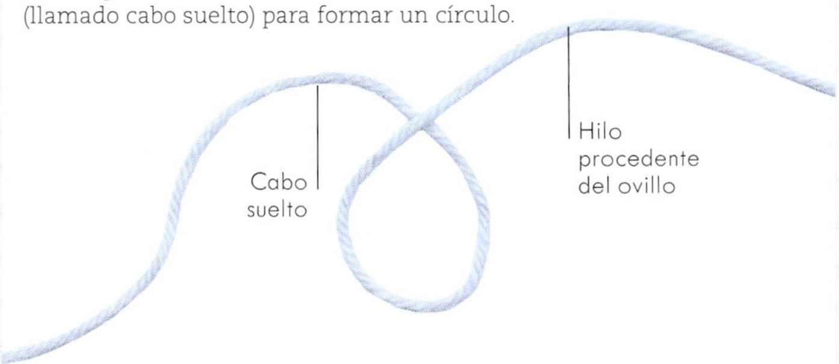


2 Pase la punta del ganchillo a través del círculo de hilo. Recoja con el gancho el hilo del ovillo y sáquelo a través del círculo de hilo.

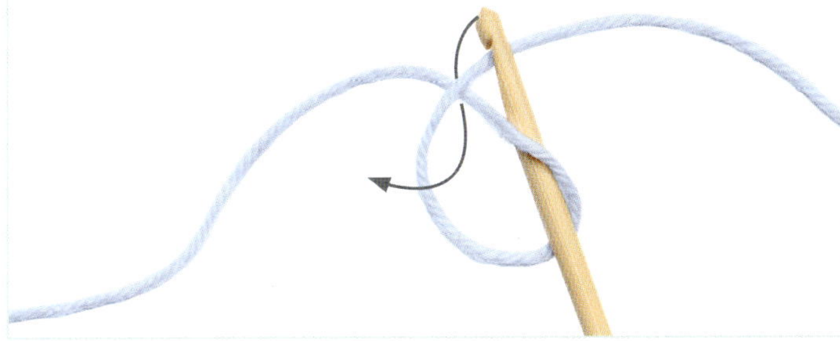

3 Así se forma una lazada en el ganchillo y un nudo ancho y flojo por debajo.

4 Tire de los dos extremos del hilo para apretar el nudo y la lazada en torno a la varilla del ganchillo.

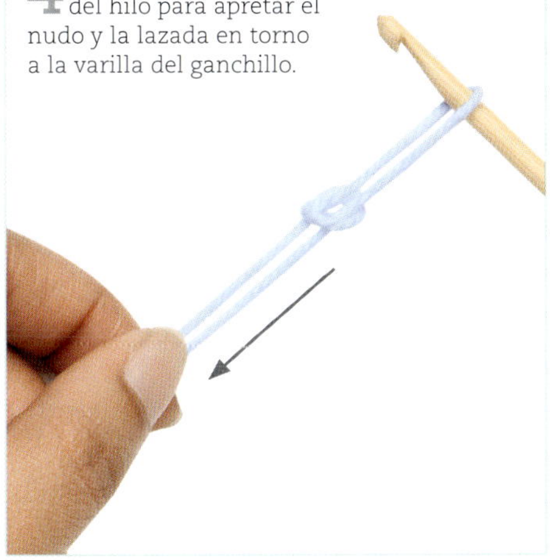

5 Compruebe que el nudo esté bien apretado para que no se salga, pero no demasiado, a fin de que se deslice sin dificultad por la varilla del ganchillo. El cabo suelto debe tener al menos 10 cm de largo para poder rematarlo más tarde.

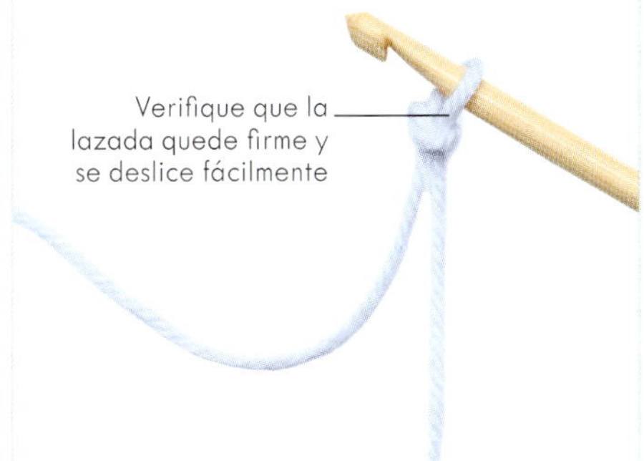


## TENSIÓN DEL HILO

1 Con el nudo corredizo en el ganchillo, pruebe distintas maneras de sujetar el hilo. Enróllelo en el meñique y páselo por los restantes dedos como prefiera, pero terminando siempre por encima de la punta del índice (o del índice y el medio).

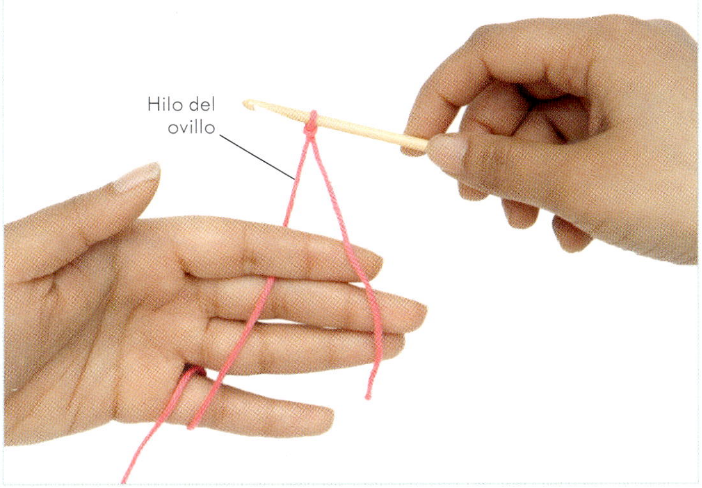


2 Al tejer, sujete con firmeza el hilo con el meñique y el anular, dejando que pase suavemente a medida que va haciendo lazadas. Utilice el índice o el medio para mantener el hilo en su lugar y sujete el punto por debajo del ganchillo para que no se mueva al pasar el ganchillo por las lazadas.

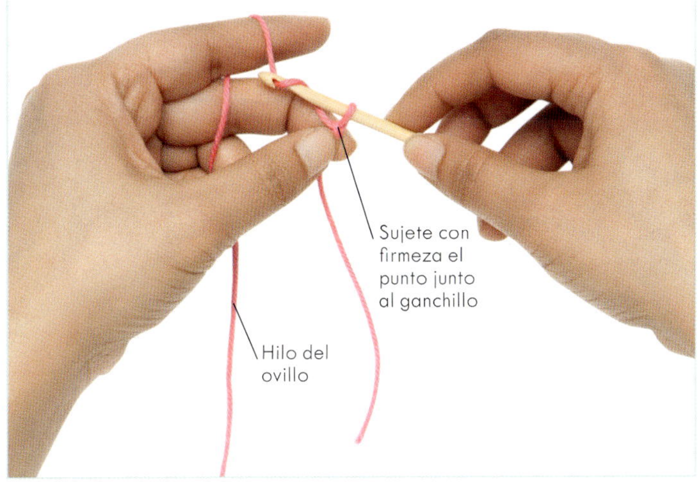

## CADENETA (abreviatura = c)

La cadeneta, compuesta de puntos a modo de eslabones también llamados cadenetas, es el primer punto de ganchillo que hay que aprender porque sirve de base a todos los demás (p. 66). Combinada con otros puntos, la cadeneta se usa en una amplia gama de tejidos a ganchillo, tanto cerrados como calados. Practique la cadeneta hasta que sujete el ganchillo y afloje o tense el hilo con comodidad y soltura.

### CÓMO HACER UNA CADENETA BASE

1 Empiece haciendo un nudo corredizo en el ganchillo (p. 25). Enrolle el hilo en torno al ganchillo: esta acción se denomina «echar el hilo o la hebra» (abreviatura: eh) en las instrucciones. Para hacerlo, pase el ganchillo por debajo del hilo y, al mismo tiempo, lleve el hilo un poco hacia delante.

2 Recoja el hilo con el gancho y sáquelo a través de la lazada que está en el ganchillo. (Apriete la base del nudo con los dedos libres de la mano con la que sujeta el hilo mientras saca este por la lazada.)

3 Así se completa la primera cadeneta.

4 Eche el hilo y sáquelo por la lazada del ganchillo para formar cada nuevo punto. Siga haciendo cadenetas de la misma manera hasta que tenga el número especificado en las instrucciones del patrón.

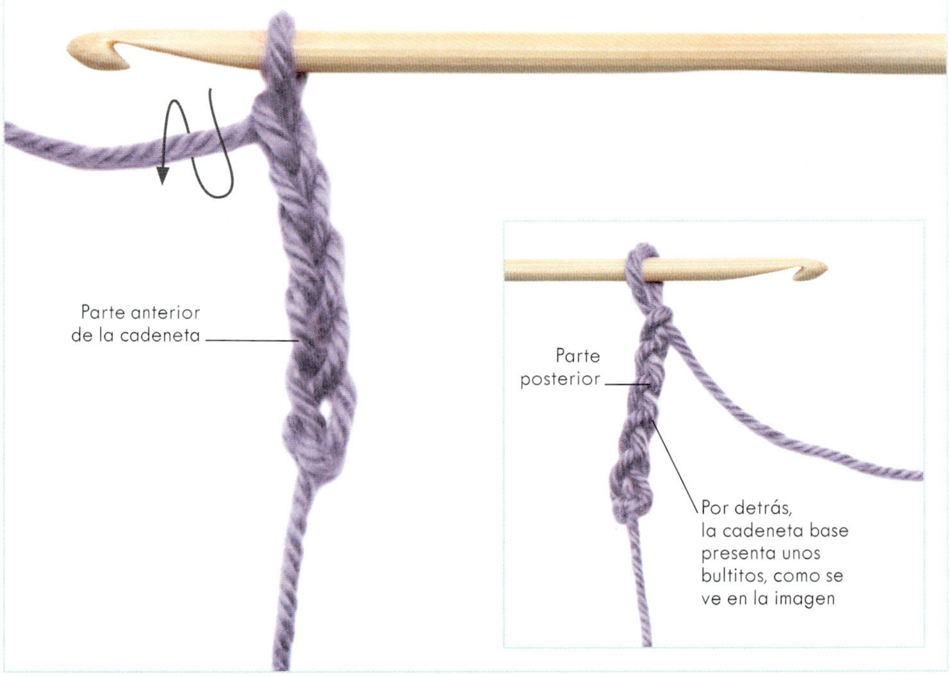

### CÓMO CONTAR PUNTOS DE CADENETA

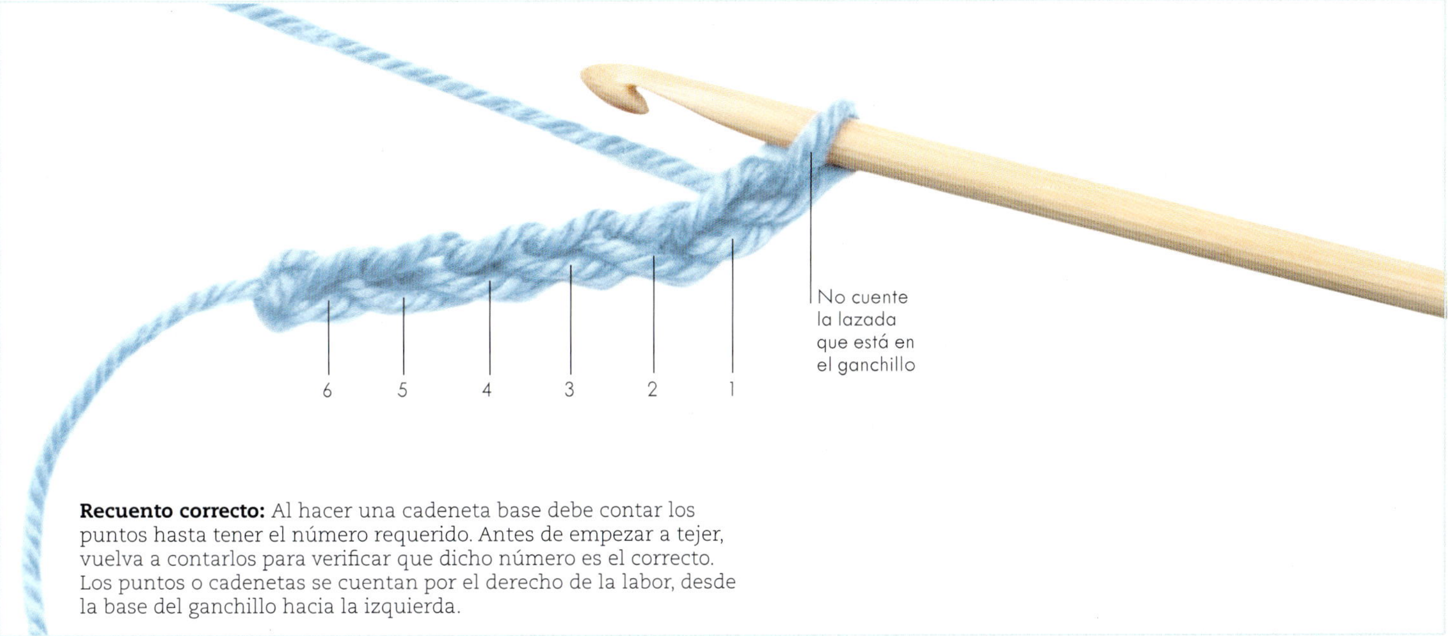


**Recuento correcto:** Al hacer una cadeneta base debe contar los puntos hasta tener el número requerido. Antes de empezar a tejer, vuelva a contarlos para verificar que dicho número es el correcto. Los puntos o cadenetas se cuentan por el derecho de la labor, desde la base del ganchillo hacia la izquierda.

## REMATAR CADENETAS Y PUNTOS RASOS

Rematar una labor consiste en asegurarla una vez terminada cerrando los puntos. En los tejidos de ganchillo, el procedimiento es sumamente fácil, ya que solo quedará una lazada. Aquí le ofrecemos una ayuda visual para rematar una serie de cadenetas o una vuelta a punto raso. El principio es válido para todos los puntos de ganchillo.

### REMATAR UNA CADENETA

1 Saque la lazada del ganchillo. Tire de ella para agrandarla e impedir que empiece a deshacerse.

2 Corte el hilo, pase el extremo cortado por la lazada y tire de él con fuerza para cerrarla. Compruebe que deja un cabo suficiente para entretejerlo después con una aguja en la cadeneta para ocultarlo, si fuera necesario.

### REMATAR PUNTOS RASOS

**Asegurar los extremos**: Cierre el punto de la misma manera que la cadeneta. Otra opción es pasar con el ganchillo el extremo del hilo cortado por la última lazada como muestra la imagen, siguiendo la flecha.

## PUNTO RASO (abreviatura = pr)

El punto raso, o falso, es el punto de ganchillo más corto. Si se teje en vueltas consecutivas queda tan tupido que solo es adecuado para las asas de bolsos y bolsas. No obstante, suele aparecer en las instrucciones de otras labores —para empalmar un nuevo hilo (p. 39), para trabajar de modo invisible a lo largo de la parte superior de una vuelta y llevar el hilo a una nueva posición (p. 53), o para cerrar vueltas circulares al tejer en redondo—, por lo que es uno de los puntos más útiles.

### TEJIDO A PUNTO RASO

1 Haga una cadeneta base de la longitud requerida. Para empezar el primer punto, inserte el ganchillo en la primera cadeneta pasándolo por debajo de una sola hebra. Después, eche el hilo por encima del ganchillo (eh).

2 Sujetando firmemente la base de la cadeneta con los dedos de la mano izquierda y tensando el hilo (p. 25), saque una lazada a través de la cadeneta y del hilo del ganchillo como indica la flecha.

3 Continúe tejiendo un punto raso en cada una de las cadenetas de la cadeneta base de la misma manera. Los puntos rasos deben tejerse de manera que queden bastante flojos, sea cual sea el fin para el que se usen.

4 Tras el último punto raso de la vuelta, basta con girar la labor para situar el hilo a la derecha de la pieza y dejarla lista para la segunda vuelta.

5 Para empezar una segunda vuelta a punto raso, haga una cadeneta. Esta se llama cadeneta de vuelta. En la segunda vuelta y las siguientes, teja cada punto sobre la hebra posterior del punto de la vuelta de abajo. (Para los principiantes no es imprescindible practicar el punto raso en vueltas sucesivas, ya que rara vez se utiliza de este modo.)

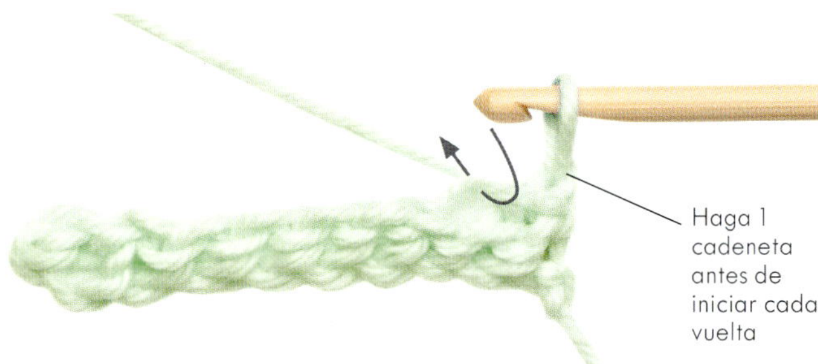


### CERRAR UN ANILLO BASE A PUNTO RASO

**Cómo hacer un anillo:** El punto raso se usa también para crear los anillos base para tejer en redondo (p. 98). Una vez tenga el número de cadenetas requerido para el anillo, inserte el ganchillo en la primera cadeneta, eche el hilo y sáquelo a través de dicha cadeneta y de la lazada que está en el ganchillo, cerrando de este modo el círculo.

▶ **Estos motivos se tejen** a partir de un anillo base. La técnica explicada a la izquierda tan solo requiere puntos de ganchillo básicos. Para practicar tejiéndolos, consulte las páginas 102 a 105, donde encontrará una selección de flores y cuadrados afganos de vivos colores.

# COLLAR DE CADENETA Y CUENTAS

*Nivel de dificultad* ***

*En este collar se consigue* un efecto vistoso con el punto de ganchillo más básico. Esta pieza consta de cuentas intercaladas en una larga cadeneta, pero puede hacerse más corta reduciendo el número de puntos.

**TÉCNICAS EMPLEADAS** Cómo hacer una cadeneta base **p. 26**, Rematar cadenetas y puntos rasos **p. 27**

### MEDIDAS
48 cm de largo aprox.

### HILO
DMC Petra n.° 3 de 100 g/280 m
(100 % algodón; para esta labor servirá cualquier hilo, e incluso restos, ya que se necesita muy poca cantidad)

x 1

### GANCHILLO
Ganchillo de 2 mm
Ganchillo para pasar cuentas de 1,5 mm o del tamaño adecuado para las cuentas escogidas

### OTROS MATERIALES
Aguja lanera
Una selección de cuentas (asegúrese de que el hilo puede pasar por el agujero de las cuentas elegidas)

### TENSIÓN
No se precisa una tensión exacta

### INSTRUCCIONES

**Nota:** Para ensartar las cuentas en la cadeneta debe asegurarse de que el ganchillo que utilice quepa en el agujero de estas, así que no elija cuentas con un agujero diminuto.

Hacer una cadeneta de la longitud deseada antes de ensartar la primera cuenta.
Tirar de la lazada del ganchillo para agrandarla y sacar el ganchillo.
Ensartar una cuenta en la varilla del ganchillo para pasar cuentas y luego insertar este en la lazada agrandada.
Sacar la lazada a través de la cuenta y hacer 1 c para asegurarla, tirando del hilo para que quede bien prieta en torno a la cuenta.
Repetir esta acción a intervalos hasta colocar tantas cuentas como se desee.
Hacer una cadeneta larga después de colocar la última cuenta y unirla con 1 pr al primer punto de la cadeneta inicial del collar para cerrarlo formando un anillo.
Rematar la labor y todos los cabos.

1 Teja unos 14 puntos de cadeneta uniformes y luego deslice una cuenta en el ganchillo.

2 Pase el hilo por la cuenta y teja una cadeneta muy prieta rodeándola para asegurarla.

# BRAZALETE DE CADENETA

*Nivel de dificultad* ***

*Para lucir una pieza* con todo el encanto de la sencillez, teja una cadeneta que le abrace cómodamente la muñeca si prefiere hacerse una pulsera, o alárguela tanto como desee para formar un brazalete más largo y ancho.

**TÉCNICAS EMPLEADAS** Cómo hacer una cadeneta base **p. 26**, Rematar cadenetas y puntos rasos **p. 27**

### MEDIDAS
60 cm de largo aprox.

### HILO
Sirdar Snuggly Baby Bamboo DK de 50 g/95 m (80 % bambú y 20 % lana; para esta labor puede aprovechar cualquier pequeña cantidad de lana, o probar hilos de distinto peso: simplemente, la cadeneta quedará más o menos gruesa)

x 1

### GANCHILLO
Ganchillo de 3,5 mm

### OTROS MATERIALES
Aguja lanera

Un botón o una cuenta de 1 cm de diámetro aprox.

### TENSIÓN
No se precisa una tensión exacta

### INSTRUCCIONES
**Nota:** Cuantas más hebras de hilo use de modo simultáneo, más grueso será el brazalete.

Con una sola hebra de hilo, hacer una cadeneta de la longitud deseada, más 5 c. 1 pr en la quinta c desde el ganchillo. Rematar la labor y los cabos sueltos.

### VARIANTE CON 2 HEBRAS
Con 2 hebras, hacer una cadeneta de la longitud deseada, más 4 c. 1 pr en la cuarta c desde el ganchillo. Rematar la labor y los cabos sueltos.

1 Una vez tenga una cadeneta de la longitud deseada, haga una presilla añadiendo 5 c más y tejiendo un punto raso en la quinta cadeneta desde el ganchillo.

### VARIANTE CON 3 HEBRAS
Con 3 hebras, hacer una cadeneta de la longitud deseada, más 3 c. 1 pr en la tercera c desde el ganchillo. Rematar la labor y los cabos sueltos.

### ACABADO
Coser una cuenta o un botón en el extremo opuesto a la presilla.

2 Inserte una cuenta o un botón de manera segura en el extremo opuesto a la presilla utilizando el mismo hilo y luego oculte los cabos sueltos.

## PUNTO BAJO (abreviatura = pb)

El punto bajo es el punto de ganchillo más sencillo y el que se usa con mayor frecuencia, solo o combinado con otros puntos. Vale la pena invertir tanto tiempo como sea necesario en aprenderlo y practicarlo, ya que, una vez dominado, los puntos más altos no tendrán secretos. El punto bajo es adecuado para muchos tipos de prendas y complementos, así como para juguetes y cajas, ya que se puede trabajar muy apretado para crear un tejido firme y rígido, gracias a lo cual el relleno de los juguetes no se sale a través de los puntos.

**Tejer en vueltas:** El tejido a punto bajo en vueltas sucesivas girando la labor presenta el mismo aspecto por ambas caras. El tejido en redondo tendrá una apariencia distinta por el derecho y por el revés, como se ve en la página 98.

**1** Haga una cadeneta base de la longitud requerida (p. 26). Inserte el ganchillo en el segundo punto a partir del ganchillo y eche el hilo (eh), siguiendo la flecha. (El ganchillo se puede introducir bajo una o dos hebras de la cadeneta, pero es más fácil si lo hace solo en una, como en la imagen.)

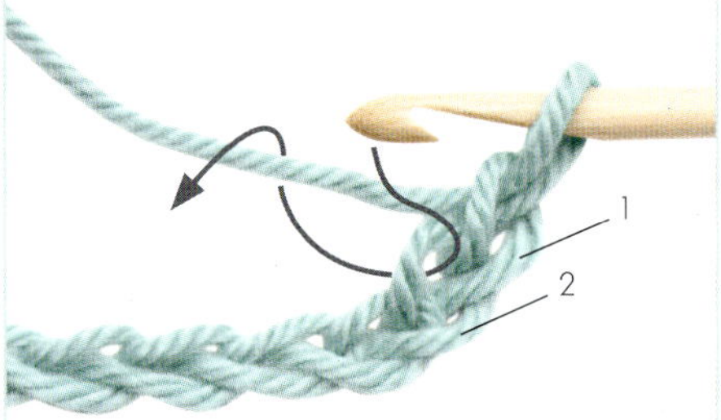


**2** Sujetando la base de la cadeneta firmemente con la mano izquierda y tensando el hilo (p. 25), saque una lazada a través de la cadeneta como indica la flecha.

**3** Ahora hay 2 lazadas en el ganchillo. A continuación, eche el hilo como indica la flecha.

**4** Saque de una sola vez una lazada a través de las dos lazadas del ganchillo. A medida que se usa el hilo, hay que permitir que este pase entre los dedos de la mano izquierda sin dejar de tensarlo firmemente.

**5** Así se completa el primer punto bajo. La cadeneta saltada al principio de esta primera vuelta NO se cuenta como punto (es decir, no se suma al número de puntos de la vuelta y no se trabaja en la siguiente).

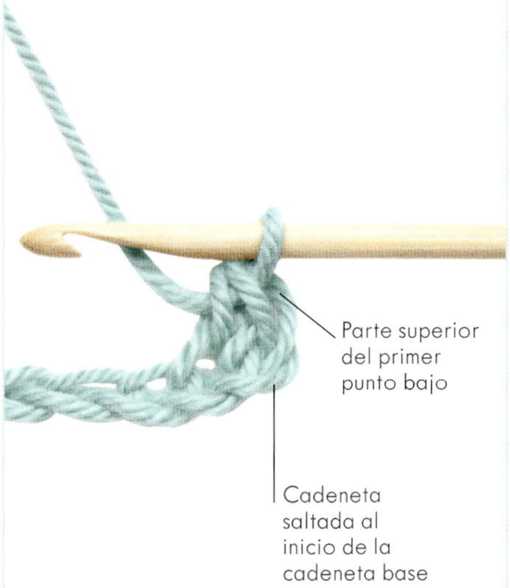

6 Continúe haciendo un punto bajo en cada cadeneta a lo largo de la cadeneta base de la misma manera.

7 Al final de la vuelta, gire la labor para situar el hilo en el borde derecho, listo para iniciar la segunda vuelta.

8 Para empezar la segunda vuelta, haga un punto de cadeneta, o cadeneta de vuelta, a fin de alcanzar la altura necesaria para tejer los siguientes puntos bajos.

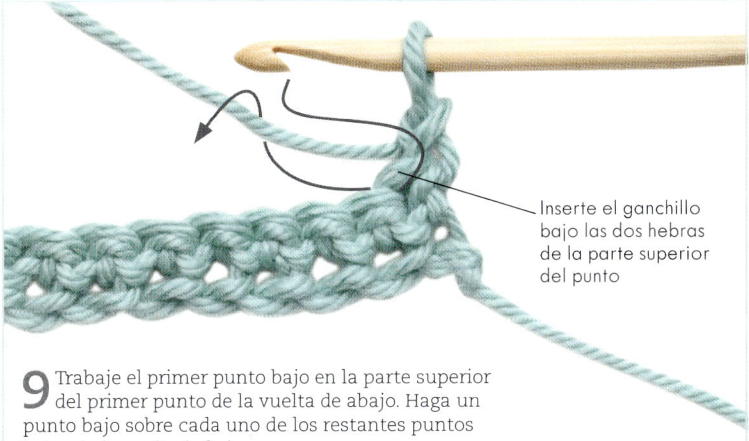


9 Trabaje el primer punto bajo en la parte superior del primer punto de la vuelta de abajo. Haga un punto bajo sobre cada uno de los restantes puntos bajos de la vuelta inferior.

10 Al final de la vuelta, trabaje el último punto en lo alto del último punto bajo de la vuelta inferior. Siga tejiendo vueltas del mismo modo que la segunda.

11 Al terminar la labor, corte el hilo dejando un cabo suelto largo (de 10 cm como mínimo). Saque el ganchillo de la lazada restante, pase el cabo por esta y tire para cerrarla. Todos los puntos de ganchillo se rematan de esta manera.

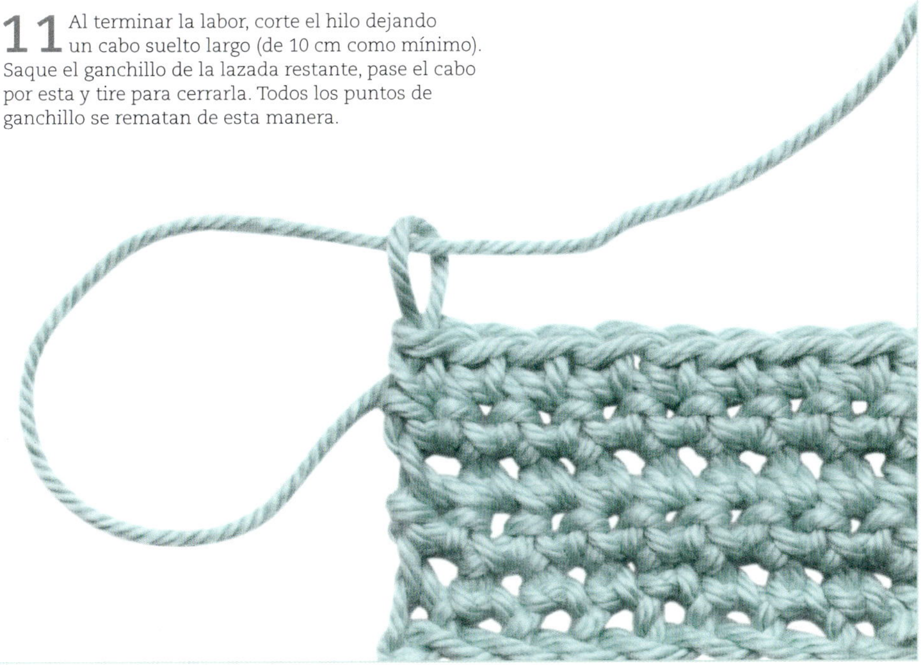

# TOALLITAS A RAYAS

*Nivel de dificultad* ***

*Estas toallitas de tocador* son fáciles de hacer y respetuosas con el medio ambiente porque son reutilizables. Tejidas a punto bajo, con diversos diseños a rayas, son una labor ideal para principiantes.

**TÉCNICAS EMPLEADAS** Cómo hacer una cadeneta base **p. 26**, Punto raso **p. 28**, Punto bajo **p. 34**, Rayas simples **p. 39**



## MEDIDAS
20 cm de lado

## HILO
DMC Natura Cotton de 50 g/155 m (100% algodón peinado; cualquier otro hilo de algodón no mercerizado de 4 cabos servirá)

A x 1 B x 1 C x 1

## GANCHILLO
Ganchillo de 3 mm

## OTROS MATERIALES
Aguja lanera

## TENSIÓN
17 pb y 20 vueltas en 10 cm

## INSTRUCCIONES

**Nota:** Al cambiar de color, se añade siempre el nuevo en el último paso del último punto de la vuelta anterior (véanse las instrucciones en la p. 39).

### TOALLITA MARFIL Y ROSA
Con el hilo A, hacer 35 c.
**Vuelta 1:** 1 pb en la segunda c a partir del ganchillo, *1 pb en el p sig, rep desde * hasta el final, girar. (34 pb)
**Vuelta 2:** 1 c, *1 pb en el p sig, rep desde * hasta el final, girar.
Continuar tejiendo a pb hasta que la pieza mida 12 cm y cambiar al hilo B al eh por última vez en la última vuelta.
**Vuelta sig (D):** Con hilo B, 1 c, *1 pb en el p sig, rep desde * hasta el final, girar .
**Vuelta sig (R):** 1 c, *1 pb en el p sig, rep desde * hasta el final, cambiar al hilo A al eh por última vez, girar.
Tejer dos vueltas con hilo A. Repetir la secuencia de rayas 2 veces más (3 rayas en B). Acabar con dos vueltas a pb con A. Rematar la labor y los cabos sueltos.

**Ribete**
Con el derecho de la labor de frente, empalmar el hilo B en cualquier lugar del borde con 1 pr, tejer una vuelta a pb de manera uniforme alrededor de todo el borde, insertando 3 pb en cada punto de esquina para girar. Al llegar al primer punto, tejer 1 pr sobre este para cerrar el círculo. Rematar todos los cabos.

### TOALLITA MARFIL Y TURQUESA
Tejer como la anterior hasta que la labor mida 7 cm y cambiar al hilo C al eh para el último pb.
Tejer 4 vueltas con hilo C, cambiar al A.
Tejer 4 vueltas con hilo A, cambiar al C.
Tejer 4 vueltas con hilo C, cambiar al A.
Continuar tejiendo 7 cm más a pb. Rematar el hilo. Tejer el ribete como el de la toallita anterior.

1 Para tejer el ribete, empalme el nuevo color en el borde superior de la toallita con el derecho de la labor de cara y teja un punto bajo en cada punto hasta llegar a la esquina.

2 Teja 3 pb en el punto de la esquina y continúe a punto bajo hasta el final de la vuelta del borde de la toallita, tejiendo 3 pb en cada esquina. Una el punto final con el primero del ribete con un punto raso.

## MEDIO PUNTO ALTO (abreviatura = mpa)

Después del punto bajo, el medio punto alto es el siguiente punto de ganchillo por orden de altura (p. 66). Como el punto bajo, queda bastante tupido, pero con él se consigue un tejido algo más ligero, ideal para ropa de bebé. La textura es asimismo más interesante que la del punto bajo, pero no demasiado abierta. No se aconseja empezar a trabajar en este punto hasta haber adquirido soltura tejiendo a punto bajo.

**Tejer en vueltas:** El tejido a medio punto alto en vueltas girando la labor (arriba) es igual por ambas caras, como todos los puntos básicos que se tejen de esa manera.

1 Haga una cadeneta base de la longitud requerida (p. 26). Para comenzar el primer punto, eche el hilo por encima del ganchillo (eh).

2 Inserte el ganchillo en la tercera cadeneta a partir de este, eh de nuevo (siguiendo la flecha) y saque una lazada a través de la cadeneta.

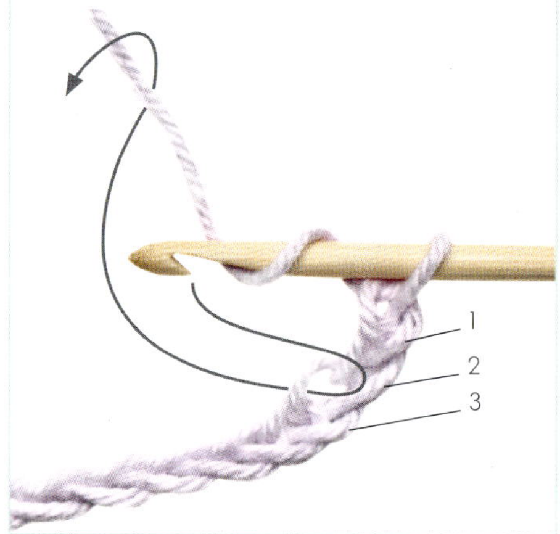


3 Ahora hay 3 lazadas en el ganchillo.

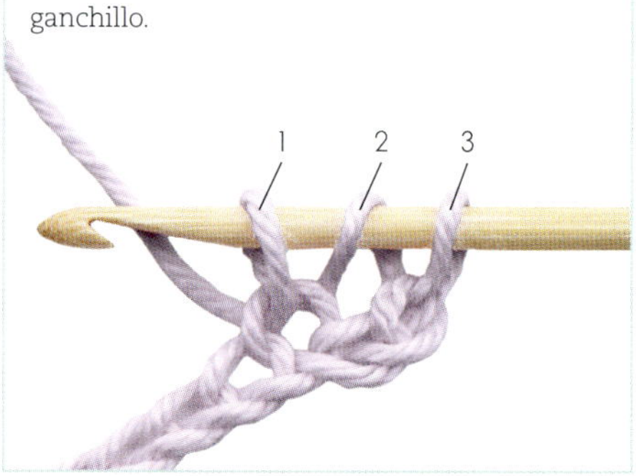


4 Eche el hilo y saque una lazada a través de las tres del ganchillo como indica la flecha. (Con la práctica, esta acción será muy rápida.)

5 Así se completa el primer medio punto alto.

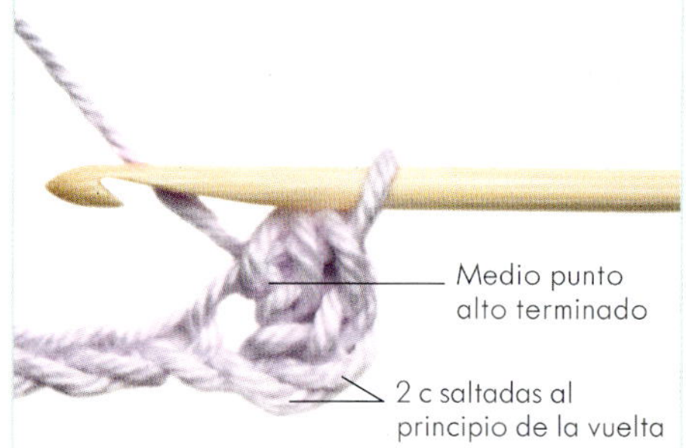


6 Haga un medio punto alto en cada cadeneta de la misma manera. Recuerde que cada punto se empieza echando el hilo sobre el ganchillo antes de insertar este en la cadeneta.

7 Tras hacer un medio punto alto en la última cadeneta, gire la labor para situar el hilo a la derecha, listo para iniciar la segunda vuelta.

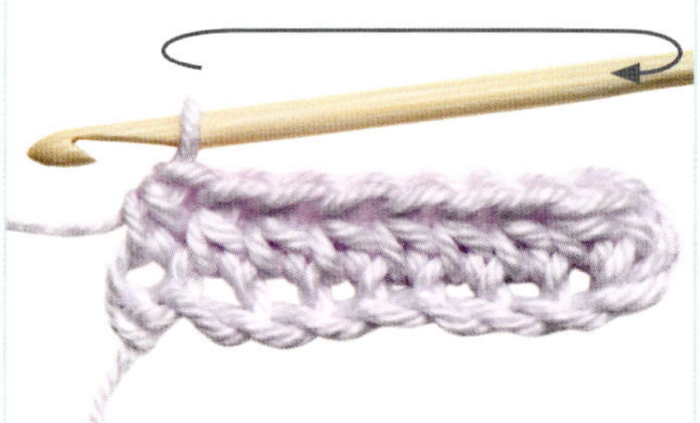

8 Empiece la segunda vuelta con 2 cadenetas. Esta cadeneta de vuelta da a la labor la altura idónea para los siguientes medios puntos altos.

**9** Eche el hilo y trabaje el primer medio punto alto en la parte superior del primer punto de la vuelta de abajo.

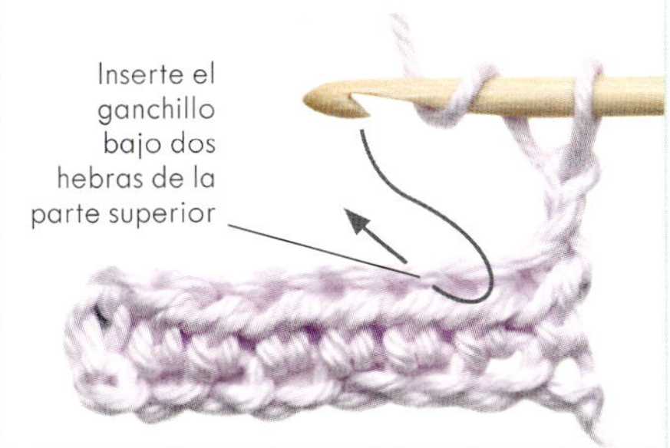


**10** Haga un medio punto alto sobre cada uno de los restantes de abajo. Teja las vueltas siguientes de la misma manera.

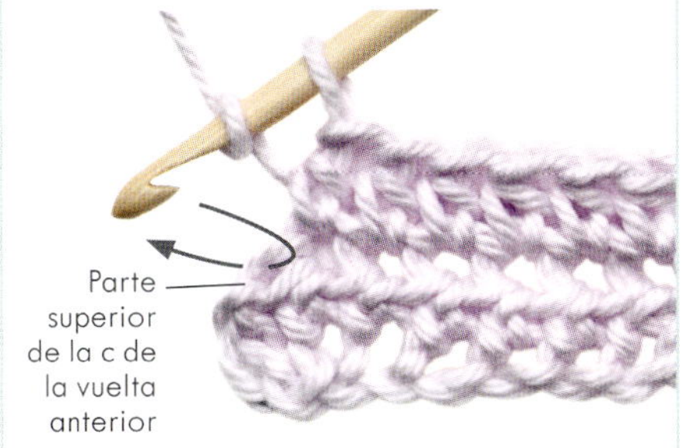


**11** Una vez terminada la labor, corte el hilo. Saque el ganchillo de la última lazada y pase el hilo cortado por esta, tirando para cerrarla y rematarla con seguridad.

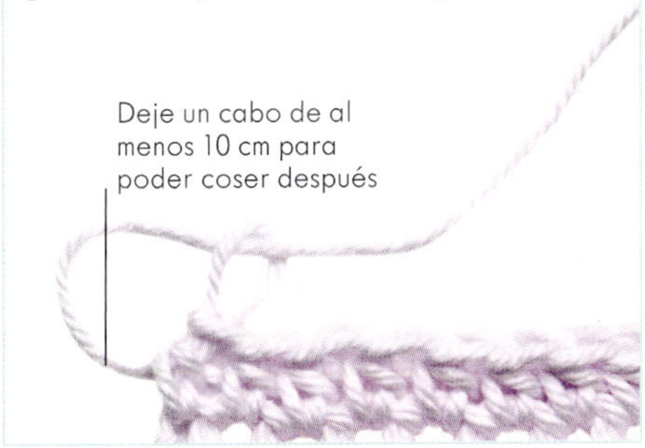


### EMPALMAR UN NUEVO HILO

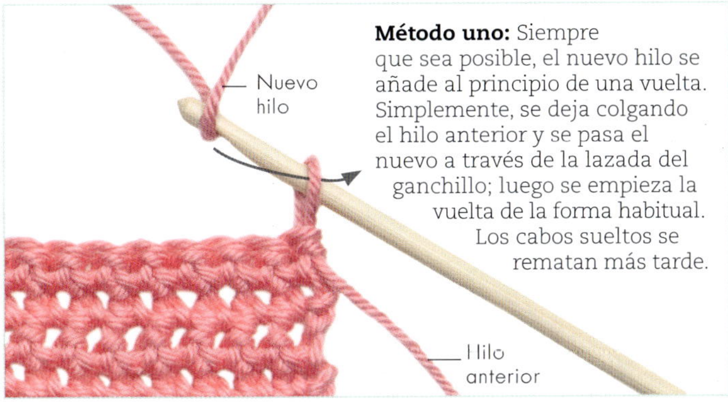


**Método uno:** Siempre que sea posible, el nuevo hilo se añade al principio de una vuelta. Simplemente, se deja colgando el hilo anterior y se pasa el nuevo a través de la lazada del ganchillo; luego se empieza la vuelta de la forma habitual. Los cabos sueltos se rematan más tarde.

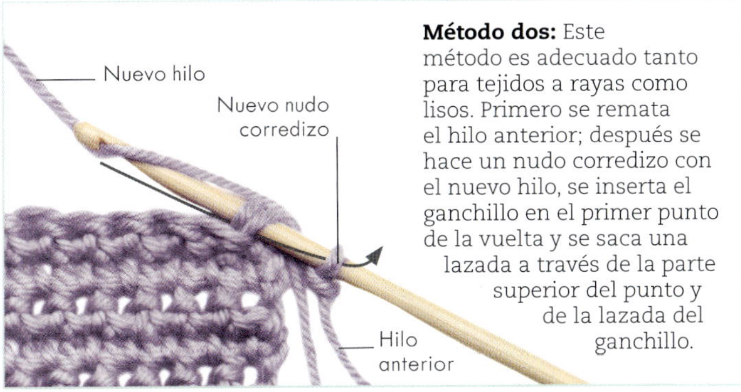


**Método dos:** Este método es adecuado tanto para tejidos a rayas como lisos. Primero se remata el hilo anterior; después se hace un nudo corredizo con el nuevo hilo, se inserta el ganchillo en el primer punto de la vuelta y se saca una lazada a través de la parte superior del punto y de la lazada del ganchillo.

## RAYAS SIMPLES

El tejido a rayas en puntos básicos ofrece un campo de posibilidades creativas mayor de lo que parece. Para hacerlo, solo es necesario aprender a cambiar de color al comenzar una nueva raya y a trasladar los hilos por el borde de la labor.

### CAMBIAR DE COLOR

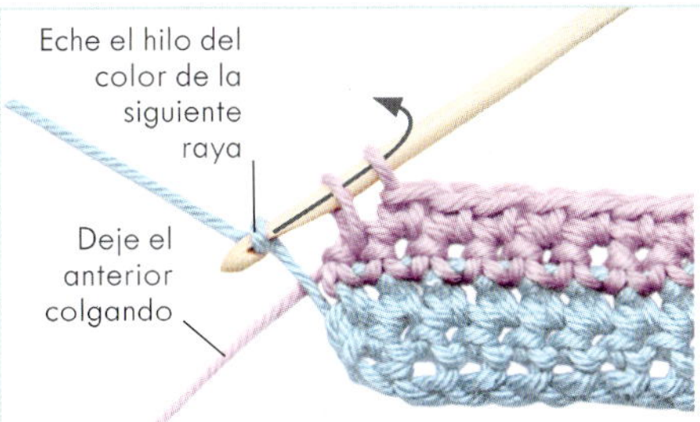


**1** Para tejer a rayas en cualquier punto, siempre se cambia de color al echar el hilo sobre el ganchillo en la última vuelta antes de iniciar la raya de distinto color.

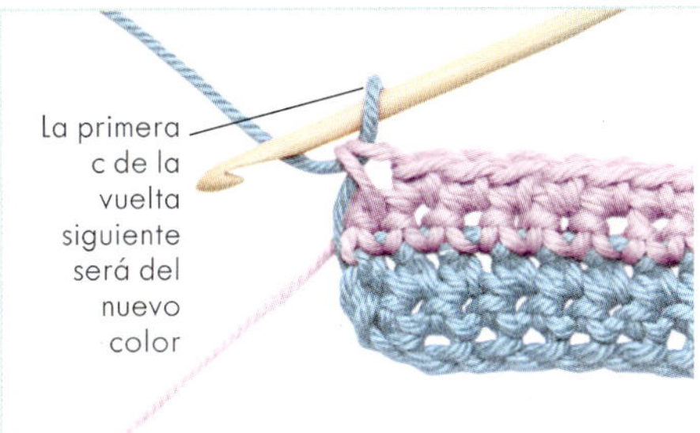


**2** Al sacar el último hilo echado al final de la vuelta se completa el último p. El nuevo color queda en el ganchillo, listo para empezar la siguiente raya en la siguiente vuelta; la primera cadeneta de vuelta será del color de la nueva raya.

### SUBIR LOS COLORES POR EL LADO

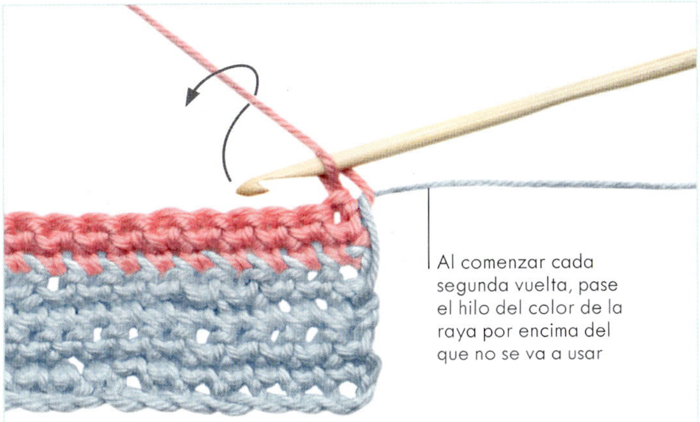


**Rodear el hilo:** Si no va a necesitar un color en más de 2 vueltas, rodee el hilo con el del otro color para asegurarlo. Si no lo va a necesitar en más de 8 vueltas, córtelo y añádalo luego.

# BUFANDA CON FLECOS

*Nivel de dificultad* ***

*Esta bufanda con flecos integrados* se teje con un sencillo medio punto alto. A los principiantes les fascinará la facilidad con la que crece la labor, mientras que los cambios de color en cada vuelta la harán interesante para los más experimentados.

**TÉCNICAS EMPLEADAS** Cómo hacer una cadeneta base **p. 26**, Medio punto alto **p. 38**, Rayas simples **p. 39**

## MEDIDAS

14 × 180 cm

## HILO

Rowan Creative Focus Worsted de 100 g/200 m (75 % lana y 25 % alpaca; con cualquier otro hilo de peso medio de lana 100 %, o de lana y alpaca, logrará un efecto similar)

**A** x 1 **B** x 1

## GANCHILLO

Ganchillo de 4,5 mm

## OTROS MATERIALES

Aguja lanera

## TENSIÓN

11 p y 10 vueltas en 10 cm

## INSTRUCCIONES

**Nota:** Cambie de hilo al final de cada vuelta dejando un cabo de unos 15 cm de largo al empalmar y cortar el hilo para hacer los flecos.

Con el hilo A, hacer 182 c y girar.
**Vuelta 1:** 1 mpa en la tercera c desde el ganchillo, *1 mpa en la sig c, rep desde * hasta el final, rematar el hilo A. (180 p)
**Vuelta 2:** Con hilo B, 2 c, *1 mpa en cada punto, rep desde * hasta el final, 2 c, rematar el hilo B dejando un cabo largo para el fleco.
Tejer 10 vueltas más como la vuelta 2, cambiando los colores al final de cada una de ellas, alternando A y B.
**Vuelta 13:** Con hilo A, 2 c, *1 mpa en cada p, rep desde * hasta el final y girar (sin cortar el hilo).
**Vuelta 14:** 1 c, 1 pr en lo alto de cada mpa hasta el final y rematar el hilo A.

## CÓMO HACER LOS FLECOS

Anude los cabos largos por pares en ambos extremos de la bufanda; añada hebras si es preciso (p. 71). Recorte los flecos a la longitud deseada.

**Este modelo de bufanda** aprovecha elementos de la propia pieza para las borlas de los flecos. Estas se hacen dejando un cabo suelto largo cada vez que se cambia de color al final de una vuelta y anudando después los cabos por pares.

CE
PD62+/-2MM

# FUNDA DE GAFAS

*Nivel de dificultad* ***

*Proteja sus gafas graduadas o de sol* con esta bonita funda con cordones corredizos. El mullido, pero firme, tejido a medio punto alto las mantendrá a salvo de rayaduras y otros desperfectos.

**TÉCNICAS EMPLEADAS** Cadeneta **p. 26**, Medio punto alto **p. 38**, Rayas simples **p. 39**

## MEDIDAS
10 × 19 cm

## HILO
Stylecraft Bellissima DK de 100 g/268 m (100% acrílico; con cualquier otro hilo sintético la funda tendrá un aspecto similar)

**A** x 1 **B** x 1 **C** x 1

## GANCHILLO
Ganchillo de 3,5 mm

## OTROS MATERIALES
Aguja de tapicería
4 cuentas de madera de 10 mm

## TENSIÓN
17 p y 10 vueltas en 10 cm

## INSTRUCCIONES
**Nota:** La funda se teje en vueltas y se frunce por arriba con unos cordones de cadeneta.

Con el hilo A, hacer 38 c.
Empezar a tejer en vueltas.
**Vuelta 1:** 1 mpa en la segunda c desde el ganchillo (2 c se cuentan como 1 p), 1 mpa en cada c hasta el final. Girar. (37 p)
**Vuelta 2:** 2 c (2 c se cuentan como 1 p), 1 mpa en cada p hasta el final. Girar. (37 p)
**Vueltas 3–12:** Rep la vuelta 2.
Cambiar al hilo B.
**Vueltas 13–16:** Rep la vuelta 2.
Cambiar al hilo C.
**Vueltas 17–24:** Rep la vuelta 2.
Rematar la labor y los cabos.

## CORDONES (TEJER 2)
Con el hilo B, hacer 40 c y rematar dejando un cabo corto.

## ACABADO
Doblar la pieza por la mitad a lo largo. Con los reveses encarados, coser la base y el lado con un hilo a tono. Dar la vuelta a la funda. Con una aguja de tapicería, pasar un cordón de cadeneta a cada lado de la funda en la vuelta 21. También con una aguja de tapicería, ensartar una cuenta de madera en cada extremo de los cordones y rematar con un nudo.

**Cordón contrastado** Para conseguir un cierre suave y a la vez seguro se pasa un cordón de cadeneta por debajo y por encima de dos puntos sucesivamente en cada lado de la funda.

## PUNTO ALTO (abreviatura = pa)

El punto alto produce un tejido más abierto y suave que los densos puntos bajo y medio alto. Al ser un punto más alto, permite avanzar con rapidez a medida que se trabaja, por lo que es el más popular de los puntos de ganchillo.

**Tejer en vueltas:** A medida que teja vueltas a punto alto comprobará que la labor es idéntica por el derecho y por el revés.

1 Haga tantas cadenetas como se requiera (p. 26). Para comenzar el primer punto, eche el hilo en torno al ganchillo (eh).

2 Inserte el ganchillo en la cuarta cadeneta a partir de este, eh de nuevo (como indica la flecha) y saque una lazada a través de la cadeneta.

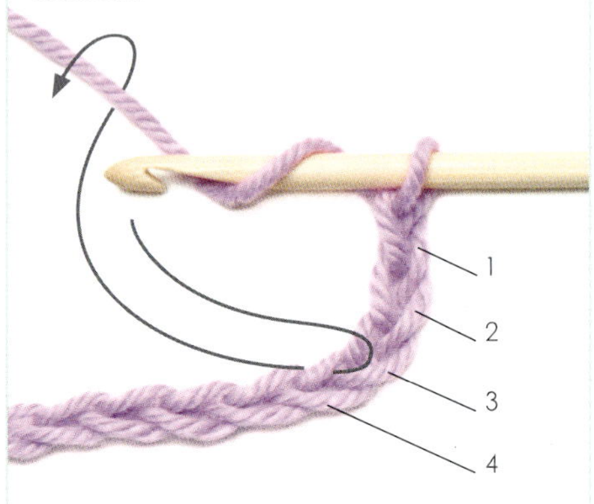


3 Ahora hay 3 lazadas en el ganchillo.

4 Eche el hilo y saque una lazada a través de las 2 primeras lazadas del ganchillo.

5 Ahora hay 2 lazadas en el ganchillo. Eche el hilo y saque una lazada por estas 2 lazadas restantes.

6 Así se completa el primer punto alto. Al trabajar a punto alto, las 3 c saltadas al principio de la vuelta se cuentan como primer punto de la vuelta base.

7 Haga un punto alto en cada cadeneta del mismo modo. Al empezar cada punto, eche el hilo antes de insertar el ganchillo en la cadeneta.

**8** Tras el último punto de la vuelta, gire la labor para situar el hilo en el borde derecho de la pieza, listo para empezar la segunda vuelta.

**9** Para empezar la segunda vuelta, haga 3 cadenetas a fin de dar a la labor la altura necesaria para seguir a punto alto.

**10** Eche el hilo y, saltando el primer punto alto de la vuelta inferior, teja el primero de esta en la parte superior del segundo.

**11** Haga un punto alto sobre cada punto y trabaje el último en la parte superior de las 3 cadenetas. Teja del mismo modo las siguientes vueltas.

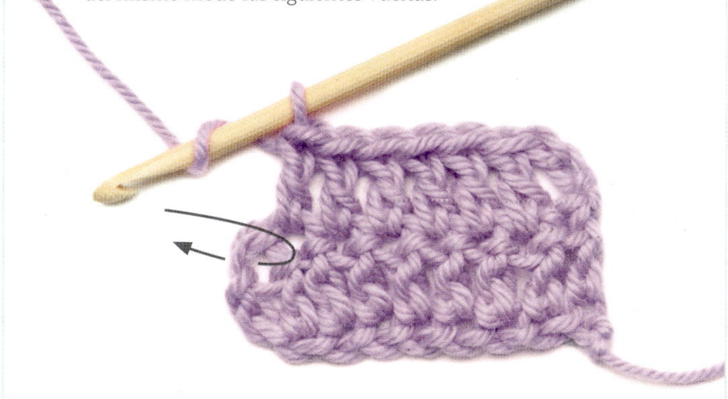

## CÓMO CONTAR LOS PUNTOS DE GANCHILLO

**Contar puntos bajos:** Con la parte anterior de la última vuelta de frente, cuente la parte superior de cada punto. Si se pierden puntos a medida que se teje, probablemente será por haber dejado de trabajar en el último punto de la fila inferior; si aumenta el número de puntos, se habrá trabajado dos veces sobre el mismo punto.

**Contar puntos altos:** Con la parte anterior de la última vuelta de frente, cuente la cadeneta de vuelta como primer punto y luego la parte superior de cada punto. Si se han perdido puntos, es posible que se haya dejado de trabajar sobre la parte superior de la cadeneta de vuelta; si, por el contrario, cada vez hay más puntos, es que se ha trabajado sobre el primer punto de la vuelta en vez de saltarlo.

## AUMENTOS MÚLTIPLES AL PRINCIPIO DE LA VUELTA

**1** En las labores de ganchillo se hacen a menudo aumentos múltiples que forman pequeños «escalones» en el borde. Por ejemplo, para aumentar 3 puntos al principio de una vuelta a punto bajo, empiece tejiendo 4 cadenetas como muestra la imagen. (Haga siempre una cadeneta más que el número de puntos bajos adicionales requerido.)

**2** Teja el primer pb en la segunda cadeneta desde el ganchillo y después 1 pb en cada una de las 2 cadenetas restantes. Así se crea un aumento de 3 pb al principio de la vuelta.

**3** Continúe la vuelta de la manera habitual, tejiendo 1 pb en cada pb de la vuelta inferior. De este modo podrá añadir cualquier número de puntos. La misma técnica sirve para otros puntos más altos.

## AUMENTOS MÚLTIPLES AL FINAL DE LA VUELTA

**1** Antes de empezar la vuelta que llevará un aumento múltiple o escalonado al final, saque el ganchillo de la lazada del principio de la vuelta. Luego haga un nudo corredizo en el ganchillo con una hebra corta del mismo hilo y saque una lazada a través del último punto de la vuelta.

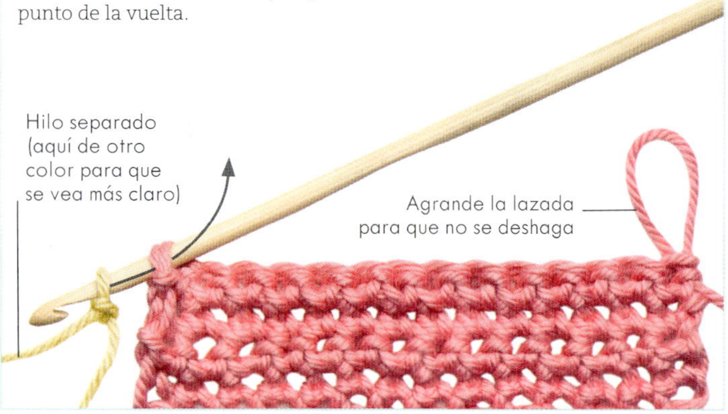


**2** Ahora queda en el ganchillo una lazada, que forma la primera cadeneta añadida al final de la vuelta. Siga tejiendo cadenetas hasta tener tantas como puntos adicionales necesite.

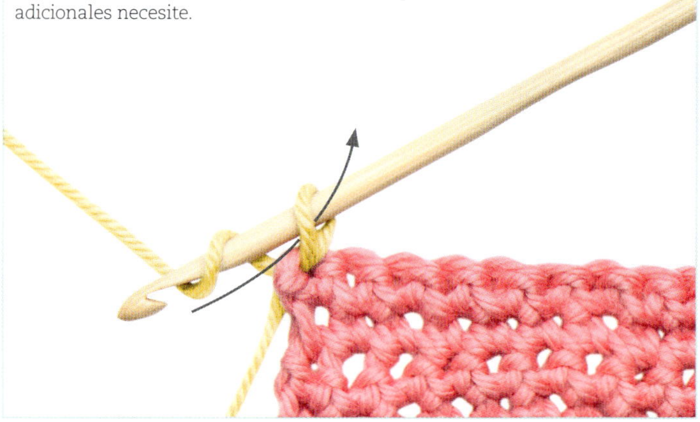

**3** Así pues, para un aumento de 3 puntos se tejerán en total 3 cadenetas. A continuación, remate el hilo.

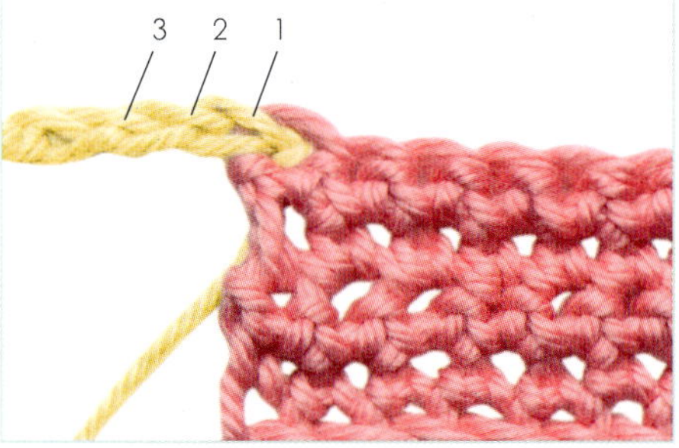


**4** Regrese al principio de la vuelta, inserte de nuevo el ganchillo en la lazada y apriétela para seguir trabajando de la manera habitual hasta llegar a las cadenetas añadidas al final.

**5** Teja 1 pb en cada una de las cadenetas añadidas. Así se crea un aumento de 3 puntos. Esta técnica le permitirá añadir tantos puntos como precise y también es válida para cualquier punto más alto.

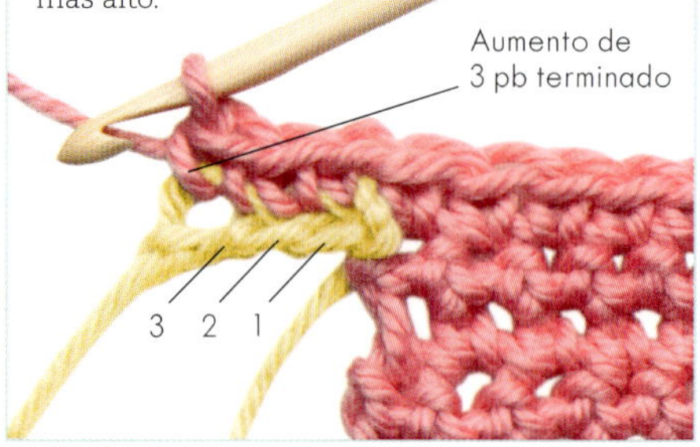

## DISMINUCIONES EN PUNTO BAJO (abreviatura = c2pb)

**Disminuciones pareadas:** Las disminuciones, o menguados, de las piezas de ganchillo son con mucha frecuencia «pareadas», es decir, una en cada extremo de la vuelta.

**1** Para disminuir un punto al principio de una vuelta a punto bajo, eche el hilo por última vez para el primer punto bajo, pero no complete el punto. Quedarán dos lazadas en el ganchillo. Inserte este en el siguiente punto como muestra la imagen y saque una lazada.

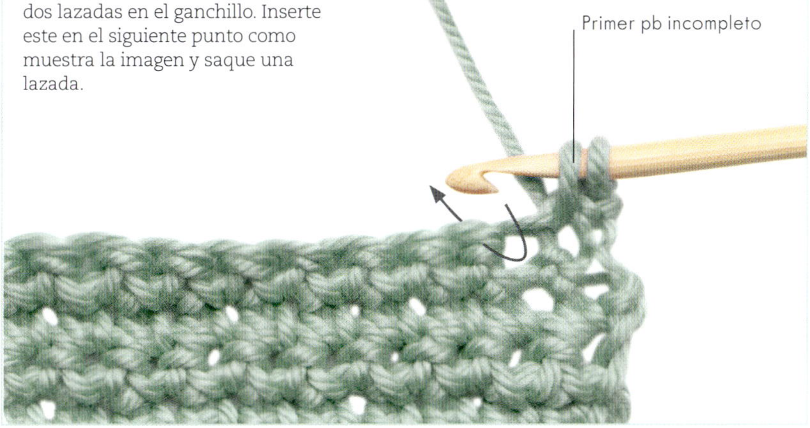


**2** Ahora quedan 3 lazadas en el ganchillo. Eche el hilo y sáquelo por las 3 lazadas de una vez, como muestra la imagen.

**3** Así se completa la disminución: donde antes había 2 puntos queda solo uno.

**4** Prosiga la vuelta tejiendo 1 pb en cada uno de los de la vuelta inferior hasta llegar a los 2 últimos. Al final de la vuelta, inserte el ganchillo por la parte superior del segundo punto antes del último y saque una lazada: quedarán 2 lazadas en el ganchillo.

**5** Inserte el ganchillo en el último punto de la vuelta inferior como indica la flecha y saque una lazada.

**6** Ahora habrá 3 lazadas en el ganchillo. Eche el hilo y saque una lazada a través de las 3 de una sola vez, como muestra la imagen.

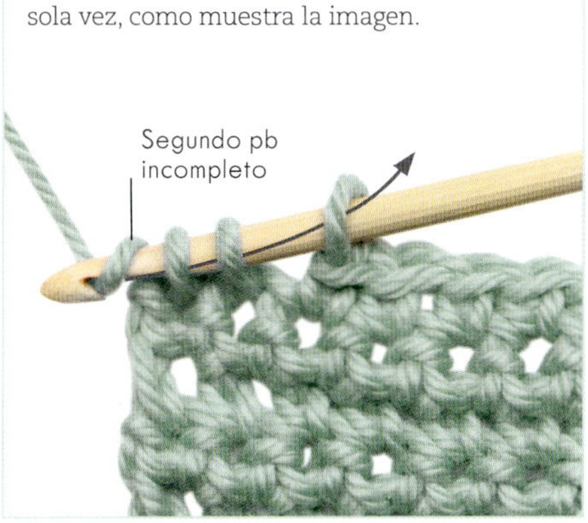


**7** Así se completa la disminución al final de la vuelta. El mismo principio sirve para una disminución doble, es decir, para disminuir 2 puntos a la vez. Para ello, se hacen 3 pb incompletos y se unen por encima echando el hilo por última vez. Esta acción se llama cerrar 3 puntos bajos juntos (c3pb).

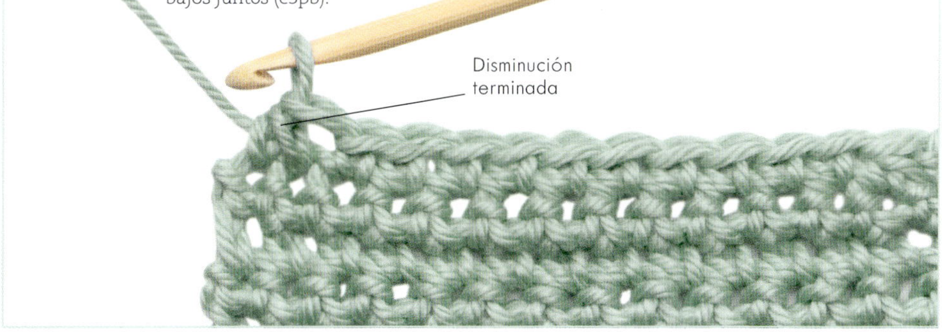

## DISMINUCIONES EN PUNTO ALTO (abreviatura = c2pa)

1 Para disminuir un punto al principio de una vuelta a punto alto, primero haga la cadeneta de vuelta. Salte el primer pa y teja 1 pa en cada uno de los 2 siguientes, pero solo hasta echar el hilo por última vez para cada punto. Saque el hilo por las 3 lazadas como muestra la imagen.

2 Así se completa la disminución: donde había 2 puntos ahora hay uno.

3 Siga tejiendo la vuelta de la manera habitual hasta el último pa de la vuelta de abajo. Haga un pa sobre el último pa, pero solo hasta echar el hilo por última vez. Eche el hilo sobre el ganchillo e inserte este en la parte superior de la cadeneta de vuelta de la vuelta inferior como muestra la imagen.

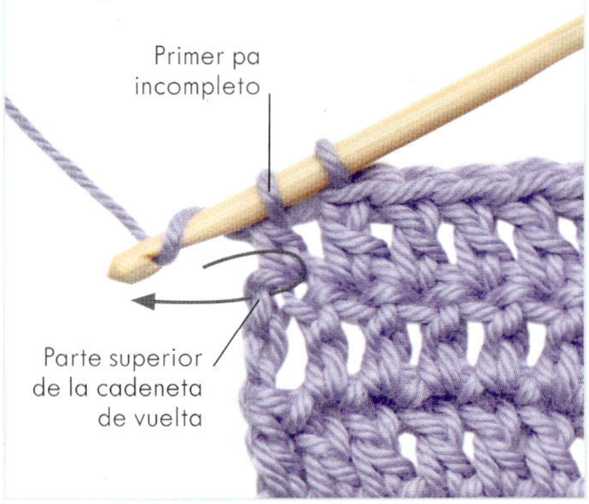


4 Teja el pa en la parte superior de la cadeneta hasta echar el hilo por última vez. Quedarán 3 lazadas en el ganchillo. Eche el hilo sobre el ganchillo y sáquelo por las 3 lazadas de una sola vez como muestra la imagen.

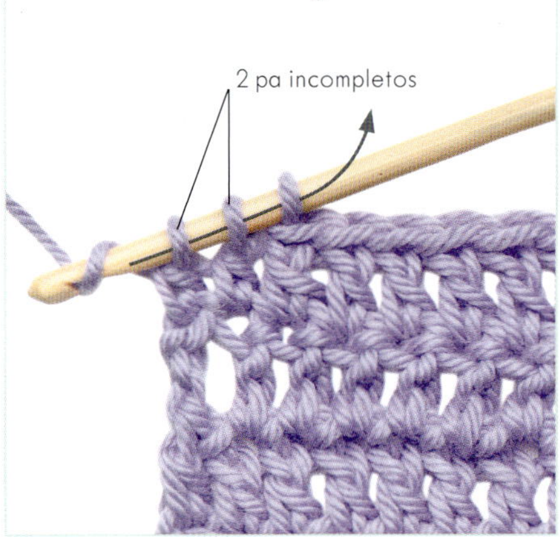


5 Así se completa la disminución al final de la vuelta. El mismo principio puede utilizarse para una disminución doble, es decir para reducir 2 puntos a la vez. Para ello se hacen 3 pa incompletos y se unen por arriba al echar el hilo por última vez. Esto se denomina cerrar tres puntos altos juntos (c3pa).

## DISMINUCIONES GRADUALES

Al principio de la vuelta: Las disminuciones también se pueden hacer de modo progresivo o escalonado a partir del borde. Así, por ejemplo, para disminuir 3 puntos al principio de una vuelta a punto bajo, haga 1 cadeneta y después 1 punto raso en cada uno de los 4 pb siguientes. Luego, haga 1 cadeneta y teja el primer pb en el mismo lugar que el último punto raso. Continúe tejiendo la vuelta de la manera habitual.

**Al final de la vuelta**: Para hacer una disminución gradual de 3 puntos al final de la vuelta, hay que tejer hasta los últimos 3 puntos del extremo y girar, dejando sin trabajar estos últimos puntos. Esta técnica es válida para todos los puntos de ganchillo.

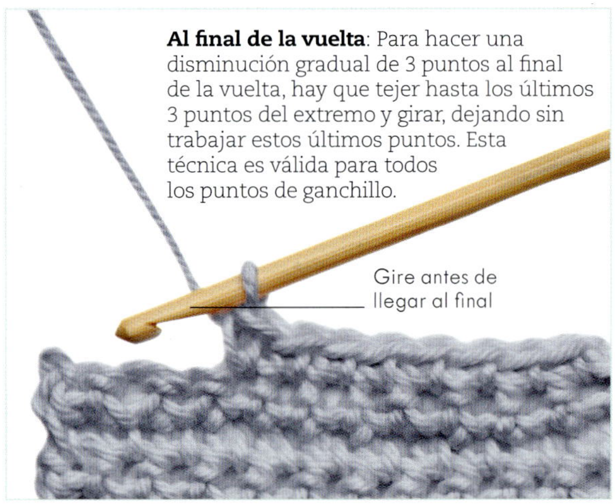

# GUIRNALDA DE BANDERINES

*Nivel de dificultad* ***

*Estos triángulos son ideales* para practicar los aumentos en punto bajo. Empiece con un pequeño número de puntos y vaya aumentando en cada extremo hasta obtener la forma deseada. Esta guirnalda es perfecta para usar las piezas a modo de banderines.

**TÉCNICAS EMPLEADAS** Punto bajo **p. 34**, Aumentos en punto bajo **p. 50**, Rebite a punto bajo **p. 86**

## MEDIDAS

14 × 14 cm aprox. en los puntos más anchos y largos; con 16 banderines espaciados de manera uniforme, la guirnalda mide unos 3,5 m de longitud

## HILO

Patons 100% Cotton DK de 100g/210 m (100% algodón; con cualquier hilo ligero logrará el mismo efecto, pero si lo desea, puede usar hilos de distinto grosor para crear triángulos de diferentes medidas)

**A** x 1 **B** x 1 **C** x 1 **D** x 1

## GANCHILLO

Ganchillo de 4 mm

## OTROS MATERIALES

Aguja lanera

## TENSIÓN

No se precisa una tensión exacta

## BANDERINES

Tejer 6 triángulos con hilo A, 5 con hilo B y 5 con C. Hacer 2 c.
**Vuelta 1:** 1 pb en la segunda c desde el ganchillo.
**Vuelta 2:** 1 c, 3 pb en el sig pb. (3 p)
**Vuelta 3:** 1 c, pb en cada pb hasta el final.
**Vuelta 4:** 1 c, 2 pb en el primer pb, pb hasta el último pb, 2 pb en el último pb. (5 p)
Rep las 2 últimas vueltas hasta tener 25 p.
Trabajar directamente en estos 25 p durante 6 vueltas más, sin girar, pero tejer 2 puntos más en el último pb, después seguir a pb por el borde hacia la punta, tejer 3 pb en el vértice del triángulo, tejer a pb de modo uniforme subiendo por el otro borde y unir con 1 pr en la vuelta superior.
Rematar la labor y los cabos sueltos.

## ACABADO

Con hilo D, tejer una cadeneta de 35 cm de longitud, luego trabajar a pb a lo largo de la parte superior de un triángulo de hilo A, hacer 10 c y trabajar a pb a lo largo de un triángulo de hilo B; a continuación, hacer 10 c y seguir trabajando a pb a lo largo de un triángulo de hilo C. Continuar uniendo los triángulos de esta manera según esta secuencia de colores y acabar con un triángulo rojo.
Tejer una c de 36 cm de longitud y girar. Saltar 10 c, 1 pb en la c sig y luego en cada c hasta el primer triángulo.
Trabajar a pb a lo largo de los triángulos y las cadenetas hasta las últimas 6 c, tejer 5 c, saltar las 5 c sig y luego tejer 1 pb en la última c. Rematar la labor y los cabos sueltos.

**Un color neutro**, como un blanco roto, para la tira a punto bajo realzará el colorido de los triángulos y dará un acabado limpio y atractivo a la guirnalda.

1 Haga una cadeneta de 35 cm de longitud. Empezando por una esquina, inserte el ganchillo a través del primer punto para tejer el primer pb.

2 Teja una vuelta a punto bajo a lo largo del borde superior del primer triángulo. Haga 10 cadenetas más antes de unir el siguiente triángulo a pb.

# CÍRCULOS PLANOS

Tejer un círculo simple es un buen ejercicio para ver cómo se inician y se tejen en redondo alrededor del centro otros tipos de medallón. Los círculos también se utilizan en combinación con los tubos de ganchillo para hacer recipientes (pp. 164–166) o partes de juguetes, de manera que vale la pena practicar.

1 Para tejer por primera vez un círculo como el de abajo, deberá seguir los siguientes pasos. El círculo se trabaja a partir del centro. Empiece con 4 c y haga un punto raso en la primera, como indica la flecha.

2 Así se crea el anillo base para el primer círculo de puntos.

3 Para tejer un círculo a punto bajo, empiece el primer círculo con 1 c. Luego, pase el cabo suelto por encima de la cadeneta y teja los puntos a través del centro y rodeando el hilo.

4 Una vez completados los 8 puntos bajos de la primera vuelta circular, marque el último punto con un marcador, como muestra la imagen. Luego tire del cabo suelto para cerrar el agujero central y córtelo cerca de la labor.

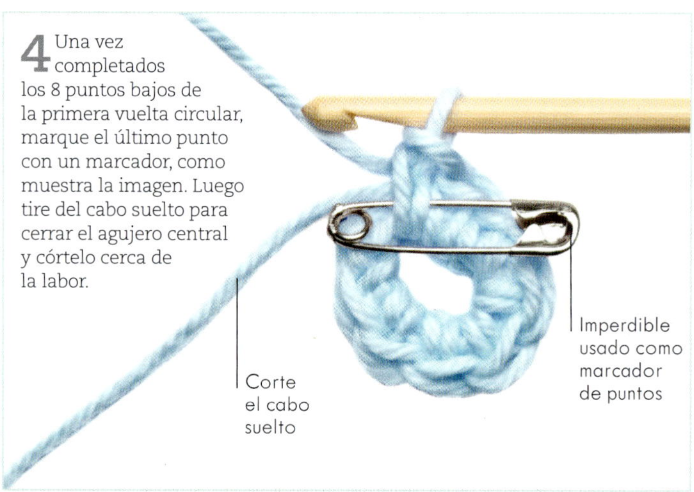


5 En el segundo círculo, teja 2 pb en cada pb como indica la muestra, trabajando los 2 últimos pb sobre el punto marcado del círculo anterior. Cuente los puntos para asegurarse de que haya 16 en total. Continúe hasta que la pieza tenga el tamaño deseado.

# CONSEJOS PARA TEJER MOTIVOS

El principio para empezar un motivo de cualquier forma tejido en vueltas circulares es el mismo que el del círculo simple. De hecho, muchas flores de ganchillo sencillas también se tejen utilizando estas técnicas (pp. 104–105). Si le resulta complicado encajar todos los puntos de la primera vuelta en un anillo base diminuto (p. anterior), pruebe el sencillo anillo mágico ajustable que se explica a continuación. También son muy útiles las técnicas para empalmar colores nuevos y unir los motivos (abajo).

## HACER UN ANILLO AJUSTABLE

1 Hacer un sencillo anillo ajustable es una manera rápida de empezar a tejer en redondo una pieza plana y permite dejar un agujero central tan pequeño como se quiera. Empiece como si fuera a hacer un nudo corredizo (p. 25), formando un círculo de hilo y sacando el extremo del hilo por este.

2 Deje abierto el círculo de hilo. A continuación, para iniciar una vuelta a punto bajo, haga 1 cadeneta.

3 Teja la primera vuelta de puntos bajos a través del anillo y por encima del cabo suelto, como indica la flecha.

4 Una vez haya tejido todos los puntos requeridos, tire del cabo con suavidad para cerrar el anillo. Luego continúe según las instrucciones del patrón.

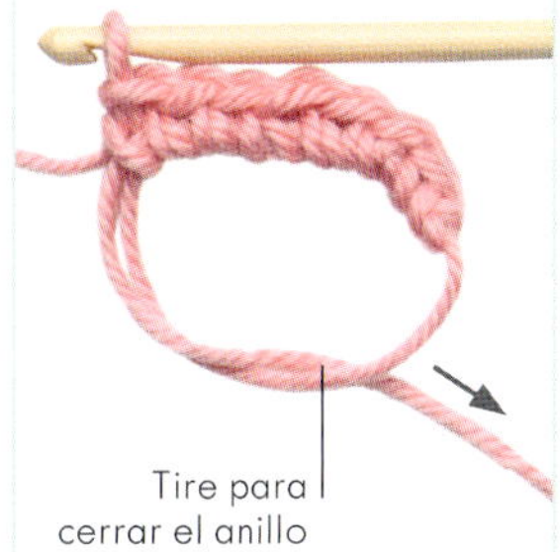


## EMPALMAR UN NUEVO COLOR

Al añadir un nuevo color al principio de una vuelta circular de un motivo, puede optar por cambiar de color al echar el hilo por última vez en la vuelta anterior, o por rematar el hilo del color anterior y empalmar el nuevo con un punto raso.

1 Empalmar el nuevo color con un punto raso hace que quede bien sujeto. Haga un nudo corredizo con el nuevo color y sáquelo del ganchillo. A continuación, inserte el ganchillo en el lugar especificado y pase a través de este el nudo corredizo.

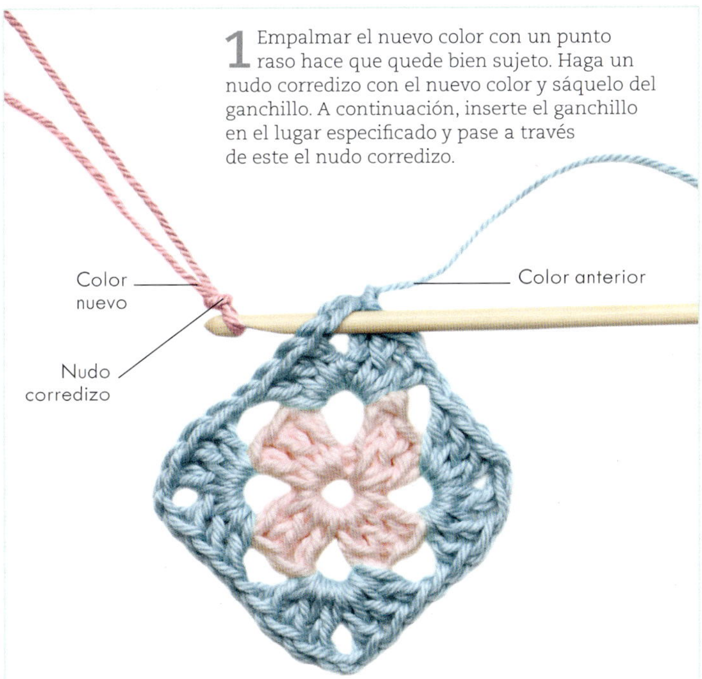


2 Empiece la nueva vuelta con el número de cadenetas indicado, sacando la primera cadeneta a través del nudo corredizo. Teja los puntos en círculo por encima de ambos hilos (el del color nuevo y el anterior), de manera que no le queden demasiados cabos sueltos para rematar al final. Si lo prefiere, para reducir el volumen, empalme el nuevo color en otro lugar y remate los cabos de uno en uno.

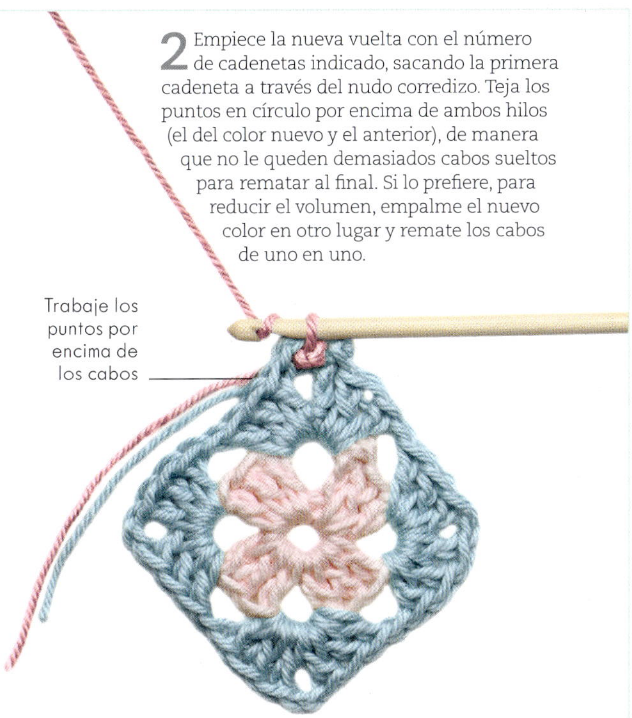

# JUEGO DE POSAVASOS

*Nivel de dificultad* ***

*El algodón es ligero* y un buen aislante, cosa que convierte a estos sencillos posavasos, tejidos en vueltas circulares de puntos altos, en los protectores perfectos para su mesa.

**TÉCNICAS EMPLEADAS** Punto bajo **p. 34**, Punto alto **p. 44**, Círculos planos **p. 56**, Empalmar un nuevo color **p. 57**, Trabajar en un espacio de cadeneta **p. 75**

## MEDIDAS

11 cm de diámetro aprox.

## HILO

Rowan Handknit Cotton de 50 g/85 m (100% algodón; cualquier hilo de algodón no mercerizado ligero servirá para esta labor)

A x 1 B x 1 C x 1 D x 1 E x 1

## GANCHILLO

Ganchillo de 3,75 mm

## OTROS MATERIALES

Aguja lanera

## TENSIÓN

No se precisa una tensión exacta

## INSTRUCCIONES

**Nota:** En estas piezas se utiliza cualquier combinación de dos de los hilos A, B, C y D para la parte principal, con el borde siempre en hilo E.

Con el hilo A, hacer 4 c y 1 pr en la primera cadeneta para formar un anillo.
**Vuelta 1:** 3 c, 1 pa, *1 c, 2 pa, rep desde * 4 veces, (6 pares de pa). Rematar el hilo A.
**Vuelta 2:** Empalmar el hilo B en cualquier esp de c, 3 c, 1 pa, 1 c, 2 pa en el primer esp de c, *1 c, 2 pa, 1 c, 2 pa en el sig esp de c, rep desde * 4 veces, unir con 1 pr en la parte superior de las 3 c. Rematar el hilo B. (6 pares de pa y 12 c al aire)
**Vuelta 3:** Empalmar el hilo A en cualquier esp de c, 3 c, 2 pa en el mismo esp, *1 c, 3 pa en el sig esp de c, rep desde * hasta el final, unir con 1 pr en la parte superior de las 3 c. Rematar A. (12 grupos de 3 pa y 12 c al aire)
**Vuelta 4:** Empalmar el hilo B en cualquier esp de c y tejer como en la vuelta 3. Rematar el hilo B. (12 grupos de 3 pa y 12 c al aire)
**Vuelta 5:** Empalmar el hilo E en cualquier esp de c, 1 c, * tejer 1 pb en la parte superior de cada pa, 1 pb en el esp de c, rep desde * hasta el final, unir con 1 pr encima de la primera c. Rematar el hilo.
Repetir con C, D y E, y A, C y E.

## ACABADO

Rematar los cabos y planchar los posavasos según las instrucciones de la etiqueta del hilo.

**1** Para empalmar un nuevo color, inserte el ganchillo en el espacio bajo una cadeneta, eche el hilo y sáquelo hacia el derecho del posavasos.

**2** A continuación, haga una cadeneta para fijar el nuevo hilo en su sitio. Teja 2 cadenetas más para completar las tres primeras y después siga las instrucciones de la manera habitual.

**3** Para el ribete, empalme el nuevo color del mismo modo que los otros colores. Teja 1 pb en cada pa y cada espacio de c, y una los extremos con un pr.

# AGARRADOR DE COCINA

*Nivel de dificultad* ***

*Este agarrador* pondrá una nota de color en cualquier cocina. También puede tejer una versión más fácil, solo de rayas multicolores, prescindiendo del ribete festoneado. Use hilos lavables para poder lavarlo en la lavadora de vez en cuando.

**TÉCNICAS EMPLEADAS** Cerrar un anillo base a punto raso **p. 28**, Punto alto **p. 44**, Aumentos en punto alto **p. 50**, Círculos planos **p. 56**

## MEDIDAS

Solo de rayas: 20 cm de diámetro
Festoneado: 22 cm de diámetro

## HILO

Debbie Bliss Cotton DK de 50 g/84 m (100% algodón; cualquier hilo ligero de algodón no mercerizado servirá)

**A** x 1 **B** x 1 **C** x 1 **D** x 1

## GANCHILLO

Ganchillo de 4 mm

## OTROS MATERIALES

Aguja lanera

## TENSIÓN

Los círculos 1 al 3 miden 8 cm

## INSTRUCCIONES (TEJER 2)

Con hilo C, hacer 4 c y unirlas con 1 pr para formar un anillo.
**Vuelta 1 (D):** 3 c (se cuentan como el primer pa), 11 pa en el anillo, 1 pr en la tercera de las 3 c iniciales, rematar el hilo C. (12 p)
**Vuelta 2 (D):** Empalmar A en cualquier pa, 3 c, 1 pa en el empalme, 2 pa en cada pa hasta el final, 1 pr sobre las 3 c iniciales, rematar el hilo A. (24 p). Cont en círculos como sigue, siempre con el derecho de la labor de frente.
**Vuelta 3:** Empalmar el hilo B en cualquier pa, 3 c, 1 pa en el empalme, *1 pa en el sig pa, 2 pa en cada uno de los 2 pa sig, rep desde * hasta los últimos 2 pa, 1 pa en el sig pa, 2 pa en el sig pa, 1 pr en la tercera de las 3 c iniciales, rematar el hilo B. (40 p)
**Vuelta 4:** Empalmar el hilo D en cualquier pa, 3 c, 1 pa en el empalme, *1 pa en cada uno de los 3 pa sig, 2 pa en el pa sig, rep desde * hasta los últimos 3 pa, 1 pa en cada uno de estos, 1 pr sobre las 3 c iniciales, rematar el hilo D. (50 p)
**Vuelta 5:** Empalmar el hilo A en cualquier pa, 3 c, 1 pa en el empalme, *1 pa en cada uno de los 4 pa sig, 2 pa en el pa sig, rep desde * hasta los últimos 4 pa, 1 pa en cada uno de estos, 1 pr sobre las 3 c iniciales, rematar el hilo A. (60 p)
**Vuelta 6:** Empalmar el hilo B en cualquier pa, 3 c, 1 pa en el empalme, *1 pa en cada uno de los 5 pa sig, 2 pa en el pa sig, rep desde * hasta los últimos 5 pa, 1 pa en cada uno de estos, 1 pr sobre las 3 c iniciales, rematar el hilo B. (70 p)
**Vuelta 7:** Empalmar el hilo D en cualquier pa, 3 c, 1 pa en el empalme, *1 pa en cada uno de los 6 pa sig, 2 pa en el sig pa, rep desde * hasta los últimos 6 pa, 1 pa en cada uno de estos, 1 pr sobre las 3 c iniciales, rematar el hilo D. (80 p)

## ACABADO (SIN RIBETE)

Rematar los cabos y, con las piezas encaradas por el revés, volver a empalmar el hilo C en cualquier punto alto (atravesando ambas piezas), 1 pb en cada pa hasta el final de la vuelta. No rematar. Tejer la presilla para colgar como sigue: 12 c, saltar 6 pb, 1 pr en el sig pb. Rematar el hilo C y los cabos sueltos.

## INSTRUCCIONES DEL RIBETE FESTONEADO

No girar, *saltar el pb sig, 5 pa en el pb sig, saltar 1 pb, 1 pr en el pb sig, rep desde * hasta el final, acabando con 1 pr. Tejer la presilla para colgar como sigue: 12 c, saltar los 5 pa sig, 1 pr en el p sig. Rematar la labor y los cabos sueltos.

TÉCNICAS

# COJÍN REDONDO

*Nivel de dificultad* ***

*En esta funda de cojín, ideal para practicar* el tejido en redondo, se emplea el punto más sencillo, el punto bajo, y unos aumentos básicos para ir tejiendo círculos planos. Los círculos anterior y posterior se unen con una costura a ganchillo a punto raso.

**TÉCNICAS EMPLEADAS** Cerrar un anillo base a punto raso **p. 28**, Aumentos en punto bajo **p. 50**, Círculos planos **p. 56**, Costura a punto raso **p. 70**

### MEDIDAS
35 cm de diámetro aprox.

### HILO
Sirdar Simply Recycled Aran de 50 g/93 m (51 % algodón reciclado y 49 % acrílico; puede usar cualquier lana de peso medio, o un hilo de distinto grosor para la funda de un cojín más grande o más pequeño)

x 4

### GANCHILLO
Ganchillo de 5 mm

### OTROS MATERIALES
Marcador de puntos
Aguja lanera
Relleno de cojín de 35 cm de diámetro

### TENSIÓN
No se precisa una tensión exacta

### INSTRUCCIONES (TEJER 2)

**Nota:** Este cojín se teje en espiral. En lugar de unir los círculos, coloque un marcador en el primer punto de cada círculo y vaya trasladándolo para marcar el inicio del siguiente.

Hacer 2 c y 6 pb en la segunda c desde el ganchillo, unir el círculo con 1 pr en el primer p.
**Vuelta 1:** 1 c, 2 pb en cada p alrededor y, sin unir la vuelta, colocar el marcador. (12 p)
**Vuelta 2:** *2 pb en el p sig, 1 pb en el p sig; rep desde * hasta el final. (18 p)
**Vuelta 3:** *2 pb en el p sig, 1 pb en los 2 p sig; rep desde * hasta el final. (24 p)
**Vuelta 4:** *2 pb en el p sig, 1 pb en los 3 p sig; rep desde * hasta el final. (30 p)
**Vuelta 5:** *2 pb en el p sig, 1 pb en los 4 p sig; rep desde * hasta el final. (36 p)
**Vuelta 6:** *2 pb en el p sig, 1 pb en los 5 p sig; rep desde * hasta el final. (42 p)
Cont de este modo, añadiendo un p adicional entre aumentos en cada vuelta, hasta haber tejido 23 vueltas y tener 144 p. Para hacer una funda más grande, continuar aumentando de este modo hasta alcanzar el tamaño deseado.
Unir el círculo con un pr.
Rematar la labor y los cabos sueltos.

### ACABADO
Estirar ligeramente las piezas. Con las piezas encaradas por el revés, empalmar el hilo en el borde, insertando el ganchillo en un punto completo de cada una de ellas. Hacer una costura a punto raso alrededor del borde; al llegar aproximadamente a la mitad de la circunferencia, introducir el relleno y acabar de cerrar la funda.

1 Para confeccionar el cojín, junte las piezas circulares encaradas por el revés y empalme el hilo en la pieza delantera con un punto raso.

2 Inserte el ganchillo a través de ambas lazadas del punto siguiente de la pieza delantera y del punto correspondiente de la trasera. Eche el hilo y saque una lazada a través de ambos puntos para tejer un punto raso.

3 Cuando haya cerrado aproximadamente la mitad de la funda, meta el relleno entre los círculos de ganchillo y continúe uniéndolos a punto raso. Acabe uniendo el último punto al primero con un punto raso.

# REALIZAR UN PATRÓN DE GANCHILLO

*Si se siguen paso a paso*, los patrones de labores de ganchillo no son difíciles de realizar. Las guías para elaborar un sencillo complemento y una prenda de vestir que se muestran aquí proporcionan numerosos consejos útiles para emprender los primeros patrones de ganchillo. Esta sección comprende asimismo otras técnicas necesarias para trabajar a partir de estos patrones: acabados como ribetes o presillas, estirado y costuras, y remates.

## PATRONES DE COMPLEMENTOS SENCILLOS

Para realizar su primera labor debería elegir el patrón de un complemento para el hogar que no presente dificultad, como una funda de cojín a rayas. Este ejemplo le será útil para familiarizarse con las partes de un patrón sencillo.

**El nivel de dificultad** se indica al inicio de la mayoría de los patrones. Si es usted principiante, teja varios patrones sencillos antes de pasar a uno de nivel intermedio.

**Compruebe el tamaño** final del artículo. Si se trata de un simple cuadrado como esta funda de cojín, es fácil adecuar el tamaño añadiendo o suprimiendo puntos o vueltas.

**Es preferible usar** la lana especificada, pero si no la encuentra, elija otra.

**Haga una prueba de tensión** antes de empezar y cambie de tamaño de ganchillo si fuera necesario (p. siguiente).

**Las instrucciones para tejer** una pieza de ganchillo siempre empiezan especificando el número de cadenetas de la cadeneta base con el hilo o el ganchillo que hay que usar. Si solo se requiere un hilo y un tamaño de ganchillo, puede que no se mencionen aquí.

**Consulte la lista de abreviaturas** del patrón para interpretarlas correctamente (p. 81).

A veces, **la parte posterior de una funda de cojín** es exactamente igual que la anterior. En este caso, los colores de las rayas se invierten en la parte posterior para hacer al cojín más versátil.

**Una vez completadas las piezas** siga el apartado Acabado (o Confección) del patrón.

### FUNDA DE COJÍN A RAYAS

**Nivel de dificultad**
Fácil

**Medidas del cojín terminado**
40,5 × 40,5 cm

**Materiales**
7 ovillos de 25 g (110 m) de lana escocesa de 4 cabos, en color paja oscuro **(A)** 4 ovillos de 25 g (110 m) de lana escocesa de 4 cabos, en color azul cielo **(B)** Ganchillo de 3,5 mm (número E–4)
Relleno para cojín

**Tensión**
22 p y 24 vueltas por cada 10 cm en una muestra a punto bajo con ganchillo de 3,5 mm o del tamaño necesario para la tensión correcta. Para ganar tiempo, antes hay que perderlo en comprobar la tensión.

**Pieza anterior**
Hacer 89 c con la lana de color A.
**Vuelta 1:** 1 pb en la segunda c desde el ganchillo, 1 pb en cada una de las c restantes, girar. (88 p)
**Vuelta 2:** 1 c (NO se cuenta como p), 1 pb en cada pb, girar.
Rep la vuelta 2 hasta formar un tejido a pb.
Cambiando de color al echar el hilo sobre el ganchillo para el último pb de la vuelta anterior, tejer las rayas como sigue: 26 vueltas más con hilo A, 8 vueltas con hilo B, [8 vueltas en A, 8 en B] 2 veces, 28 vueltas con el A.
Rematar.

**Pieza posterior**
Igual que la delantera, pero sustituyendo el color B por el A, y el A por el B.

**Acabado**
Rematar los cabos sueltos.
Estirar y planchar ligeramente por el revés según las instrucciones de la etiqueta de la lana. Encarar por el derecho las piezas anterior y posterior, y coserlas por tres lados. Volver la funda del derecho, meter el relleno y coser el cuarto lado.

**Si opta por una lana diferente** compre siempre el mismo metraje, NO el mismo peso.

**Los colores sugeridos pueden sustituirse** por otros más acordes con la decoración y el gusto personal.

**Cambie de tamaño de ganchillo** si no consigue la tensión correcta con el tamaño recomendado (véase 8, a la izquierda).

**Los artículos de mercería adicionales** necesarios se especifican normalmente en el apartado Otros materiales.

**Teja en el punto especificado** en el patrón durante el número de vueltas o los cm indicados.

**Los colores de las rayas** se cambian siempre al final de la vuelta anterior al cambio de color, de manera que la primera cadeneta de vuelta de la nueva raya sea del nuevo color (p. 39).

**El remate** completa la pieza.

**Consulte en la página 70** cómo rematar los cabos sueltos.

**Consulte las instrucciones** de la etiqueta de la lana antes de intentar planchar una pieza de ganchillo. La etiqueta indicará si la lana puede plancharse a temperatura mínima, o si no se debe planchar. (Véanse los consejos de estirado y plancha en la página 68.)

**Véanse las opciones de costura en las páginas 68 y 70**. Las costuras de las piezas de ganchillo llevan su tiempo, y al hacer las primeras, conviene contar con la ayuda de una persona experta.

## PATRONES DE PRENDAS DE VESTIR

Las instrucciones de las prendas de vestir suelen empezar con el nivel de dificultad, seguido de la talla, los materiales, la tensión y las instrucciones detalladas. Para que una prenda o un complemento, como un gorro, unos mitones o unos calcetines, sienten bien es esencial elegir la talla correcta y tejer una muestra de tensión.

### ESCOGER LA TALLA

**Cómo elegir la talla correcta**: Las tallas de las prendas tejidas a ganchillo suelen venir en medidas de contorno de pecho, o como pequeña, mediana y grande (las tallas de los jerséis infantiles vienen por edades y contorno de pecho). Para elegir una talla, mejor que seguir estrictamente este criterio es regirse por las preferencias personales en cuanto a la amplitud (más ajustada o más holgada). Busque en el armario un jersey que le siente bien y con un peso y una forma similares al que va a tejer, alíselo y mida después su anchura. A continuación, compruebe que esta sea igual, o casi, que la del diagrama del patrón: esa será la talla ideal.

Haga una fotocopia del patrón y rodee con un círculo o marque todos los datos que hagan referencia a la talla elegida, empezando por el número de madejas u ovillos que debe comprar, seguido del número de cadenetas de la cadeneta base de la espalda, el largo de sisa, y así sucesivamente. Los datos de la talla más pequeña aparecen en primer lugar, con los de las demás tallas entre paréntesis. Si en las instrucciones solo figura un dato —ya sea una medida o el número de vueltas o de puntos—, es porque se aplica a todas las tallas. Antes de empezar a tejer, compruebe siempre la tensión con que trabaja (abajo).

### CONSEJOS

**Elija un nivel de dificultad** acorde con su propia experiencia. En caso de duda, o si hace tiempo que no teje a ganchillo, le conviene decantarse por un nivel fácil o para principiantes hasta que adquiera la soltura suficiente para pasar al siguiente nivel.
**El blanco es un color ideal** para tejer un jersey a ganchillo por primera vez, ya que los puntos se ven claramente. Pero si escoge un hilo blanco, tendrá que lavarse las manos cada vez que reemprenda la labor y, cuando no teja, guardar esta y el hilo en una bolsa para evitar manchas.
**Evite la lana negra o muy oscura** para tejer un jersey por primera vez, pues los puntos son difíciles de distinguir, incluso para una persona experta.
**Compre ovillos o madejas** del mismo número de tintada o lote (p. 15).
**Tenga a mano** un juego de ganchillos cuando empiece a tejer jerséis. Una vez haya probado la tensión del tejido (abajo, a la derecha), puede que necesite cambiar de tamaño de ganchillo.
**Teja las piezas siempre** en el orden indicado en las instrucciones, sea cual sea la labor que vaya a emprender. En las prendas de vestir, la espalda suele ser la primera pieza que se teje, seguida del delantero (o delanteros, en chaquetas y chalecos) y finalmente las mangas. Los bolsillos integrados en el delantero se tejen antes, y los de parche, al final.
**Si es usted principiante**, tenga cuidado al modificar los patrones, pues las tallas, formas y combinaciones de puntos suelen estar definidas con precisión y cambiarlas puede alterar mucho la forma de la prenda. En cualquier caso, no tema modificar un patrón para adecuarlo a su gusto o sus necesidades; si se equivoca, siempre puede deshacer la labor y volver a comenzar.

## MEDIR LA TENSIÓN

Antes de empezar un patrón de ganchillo, es esencial probar la tensión (tamaño del punto), si el tamaño final de la prenda importa. No todas las personas tejen igual de apretado o de flojo, por lo que puede necesitar un ganchillo de distinto tamaño para conseguir el tamaño de punto requerido en el patrón.

1 Teja una muestra de unos 13 cm con el ganchillo especificado. Marque con alfileres 10 cm en el centro y cuente los puntos que haya entre los alfileres.

2 Cuente de la misma manera el número de vueltas en 10 cm. Si hay menos puntos y vueltas de lo debido, pruebe de nuevo con un ganchillo más fino; si hay más, pruebe con uno más grueso hasta encontrar el adecuado para la tensión correcta. (La anchura del punto es más importante que la altura de las vueltas.)

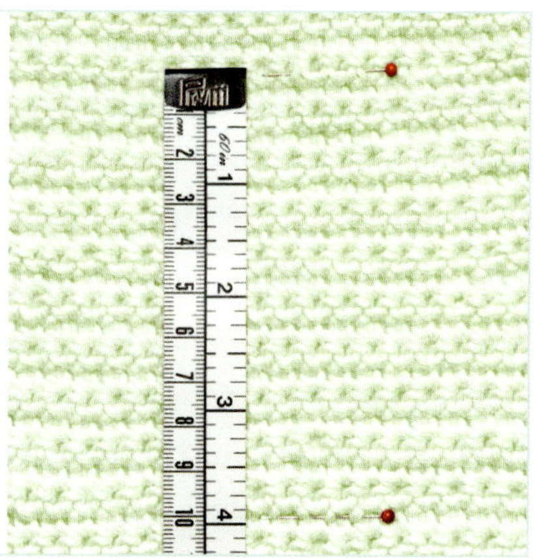

# ABREVIATURAS Y SÍMBOLOS DE LOS PUNTOS BÁSICOS

Las instrucciones de las labores de ganchillo pueden escribirse mediante abreviaturas o representarse con los símbolos de los puntos. En la página 80 se explica con más detalle cómo leer o interpretar muestras y patrones, pero aquí se presentan los puntos básicos en símbolos y abreviaturas a modo de introducción a las instrucciones de las labores y como guía de consulta rápida. Las personas zurdas deberán leer el diagrama en sentido inverso. (En la página 24 encontrarán las instrucciones básicas sobre cómo sujetar el ganchillo y el hilo.)

## ALTURA DE LOS PUNTOS

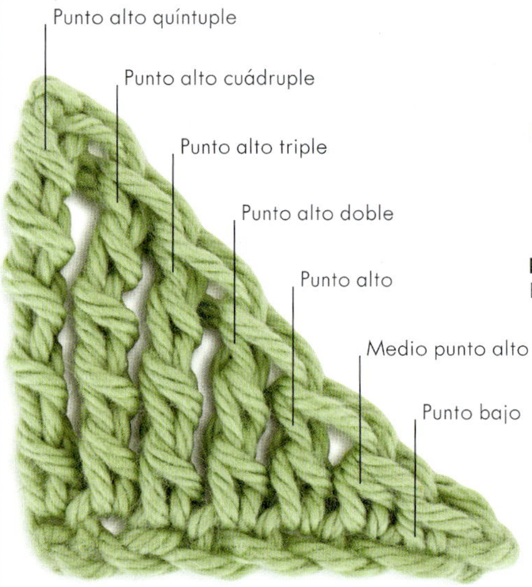


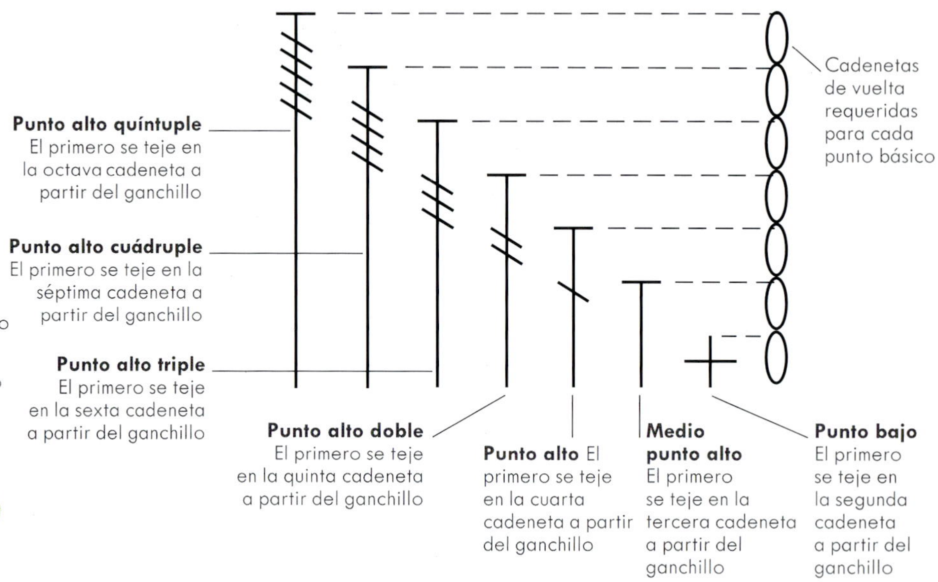


**Símbolos de los puntos:** El diagrama de la derecha muestra los símbolos de todos los puntos básicos e ilustra de manera aproximada la altura respectiva de dichos puntos. Un punto bajo tiene más o menos la altura de una cadeneta, un medio punto alto equivale a dos cadenetas, un punto alto es igual a tres, y así sucesivamente. (La imagen de arriba muestra el aspecto real de cada uno de estos puntos.) La altura determina el número de cadenetas de vuelta necesarias para empezar a tejer cada vuelta en cada uno de los puntos básicos. Las barras diagonales indican cuántas veces hay que enrollar el hilo en el ganchillo para hacer el punto. También se indica en qué cadeneta de la cadeneta base se trabaja el primer punto.

## INSTRUCCIONES PARA PUNTO BAJO

**Símbolo del punto bajo:** Las instrucciones mediante símbolos, en especial para el punto bajo, son muy fáciles de entender. Los símbolos reproducen más o menos el tamaño y la forma del punto y se leen desde abajo hacia arriba del diagrama. Para familiarizarse con las instrucciones, tanto para el punto bajo como para los demás puntos básicos, le será útil trabajar siguiendo las indicaciones escritas y el esquema de símbolos (véase la lista de abreviaturas en la página 81) al mismo tiempo.

**Punto bajo en abreviaturas**
Hacer un número cualquiera de c.
**Vuelta 1:** 1 pb en la segunda c desde el ganchillo, 1 pb en cada c restante hasta el final, girar.
**Vuelta 2:** 1 c (NO se cuenta como p), 1 pb en cada pb hasta el final, girar. Rep la vuelta 2 para obtener un tejido a pb.

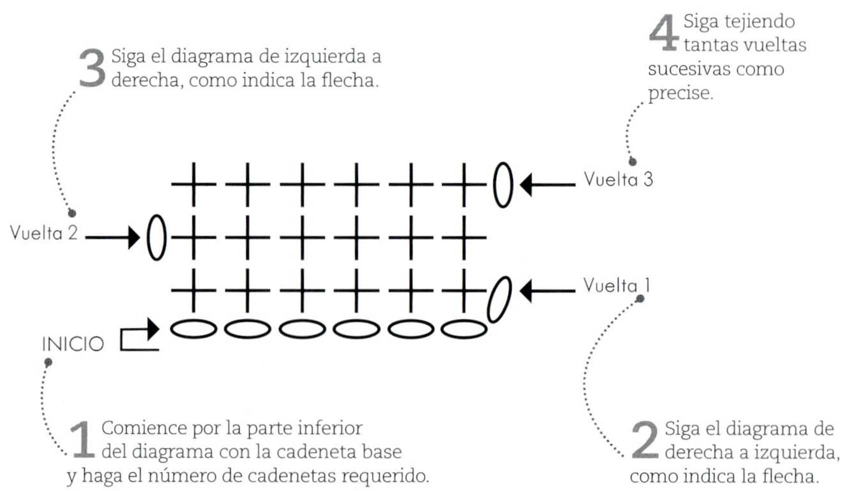

## INSTRUCCIONES PARA MEDIO PUNTO ALTO

**Símbolo del medio punto alto:** Consiste en una línea vertical con otra horizontal encima y, como en la realidad, es casi el doble de alto que el símbolo del punto bajo. Lea las instrucciones para este punto básico (abajo) y consulte el esquema. La dirección de las flechas indica cuándo se debe leer el esquema de izquierda a derecha, o a la inversa.

**Medio punto alto en abreviaturas**
Hacer un número cualquiera de c.
**Vuelta 1:** 1 mpa en la tercera c desde el ganchillo, 1 mpa en cada c rest hasta el final, girar.
**Vuelta 2:** 2 c (se cuentan como primer p), saltar el primer mpa de la vuelta inferior, *1 mpa en cada mpa sig; rep desde * hasta el final, hacer 1 mpa sobre las 2 c del extremo, girar.
Rep la vuelta 2 para obtener un tejido a mpa.

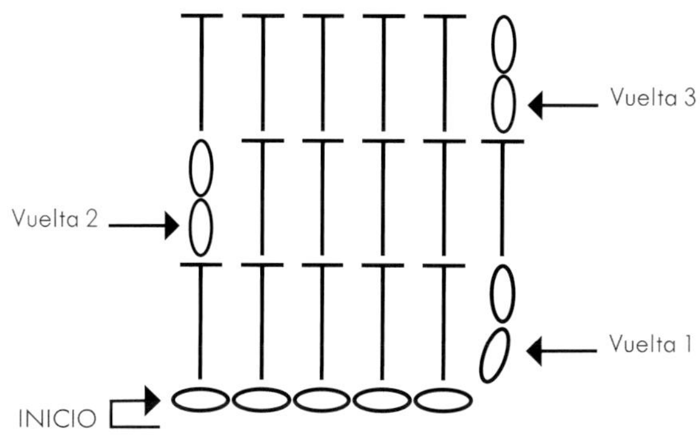


## INSTRUCCIONES PARA PUNTO ALTO

**Símbolo del punto alto:** Tiene una rayita en diagonal en el centro. El diagrama muestra claramente la cadeneta de vuelta de 3 c que se cuenta como primer punto de cada vuelta.

**Punto alto en abreviaturas**
Hacer un número cualquiera de c.
**Vuelta 1:** 1 pa en la cuarta c desde el ganchillo, 1 pa en cada c rest hasta el final, girar.
**Vuelta 2:** 3 c (se cuentan como primer pa), saltar el primer pa de la vuelta inferior, *1 pa en el sig pa; rep desde * hasta el final, hacer 1 pa sobre las 3 c del extremo, girar.
Rep la vuelta 2 para obtener el tejido a pa.

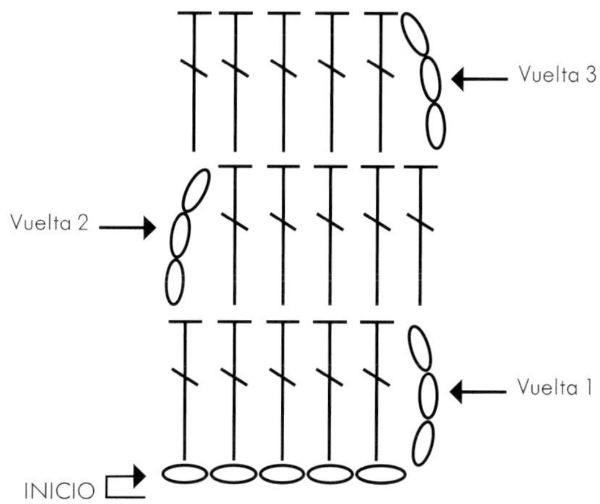


## INSTRUCCIONES PARA PUNTO ALTO DOBLE

**Símbolo del punto alto doble:** Las dos rayitas diagonales que cruzan el centro hacen referencia a las dos hebras en diagonal que se ven en el punto real.

**Punto alto doble en abreviaturas**
Hacer un número cualquiera de c.
**Vuelta 1:** 1 pad en la quinta c desde el ganchillo, 1 pad en cada c rest, girar.
**Vuelta 2:** 4 c (se cuentan como primer pad), saltar el primer pad de la vuelta inferior, *1 pad en el sig pad; rep desde * hasta el final, hacer 1 pad sobre las 4 c del extremo, girar.
Rep la vuelta 2 para obtener el tejido a pad.

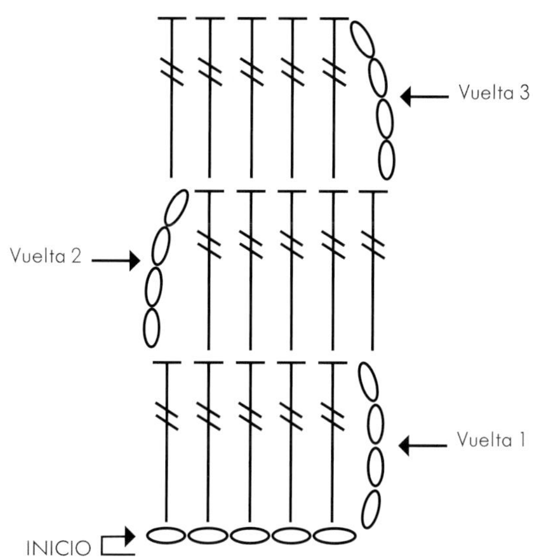

# ESTIRADO Y COSTURAS

Las costuras de una prenda o un complemento se hacen siempre con una aguja lanera o de punta roma y un hilo a tono (aquí se ha usado un hilo de distinto color para mostrar con claridad las técnicas), siguiendo el orden indicado en el patrón. Sin embargo, antes es preciso estirar con cuidado las piezas. Una vez terminadas, las costuras se planchan ligeramente por el revés y en frío.

## ESTIRAR EN HÚMEDO

**Con agua:** Si el hilo lo permite, el estirado en húmedo es el mejor método para alisar las piezas. Tras sumergirlas en agua tibia, se escurren y, para eliminar al máximo la humedad, se envuelven en una toalla. Estire la labor, con el derecho hacia abajo, sobre capas de toallas secas cubiertas con una sábana, prendiéndola con alfileres para darle la forma adecuada. No retire la pieza hasta que esté totalmente seca.

## ESTIRAR AL VAPOR

**Con vapor:** Para que el proceso sea más rápido, las piezas se pueden estirar al vapor (si el hilo lo permite). Después de prender con alfileres la labor con el derecho hacia abajo, dándole la forma correcta, plánchela suavemente al vapor con un trapo limpio humedecido por encima, pero rozándolo apenas. Nunca apoye la plancha con firmeza sobre un tejido de ganchillo, o se aplanará. Antes de retirar los alfileres, deje que se seque por completo.

## PESPUNTE

Las costuras a pespunte son más duraderas y se recomiendan a menudo en los patrones de prendas, complementos y juguetes a ganchillo.

1 Junte las piezas encaradas por el derecho y afiance el hilo con dos o tres puntadas por encima en el mismo sitio. Cosa cerca del borde, dando una puntada hacia delante y otra hacia atrás.

2 Al hacer la puntada hacia atrás, introduzca la aguja en el lugar donde termina la anterior puntada. Al final de la costura, remate el hilo del mismo modo que al principio.

## SOBREHILADO (O PUNTO POR ENCIMA)

Sobrehilado simple: Junte las dos piezas encaradas por el derecho y afiance el hilo como para el pespunte. Cosa las dos capas como muestra la imagen.

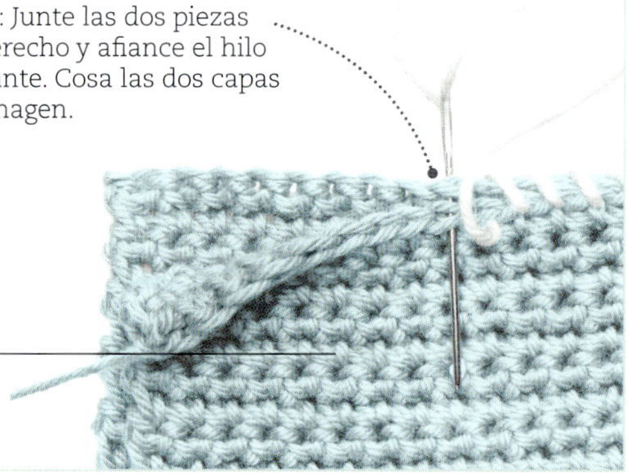


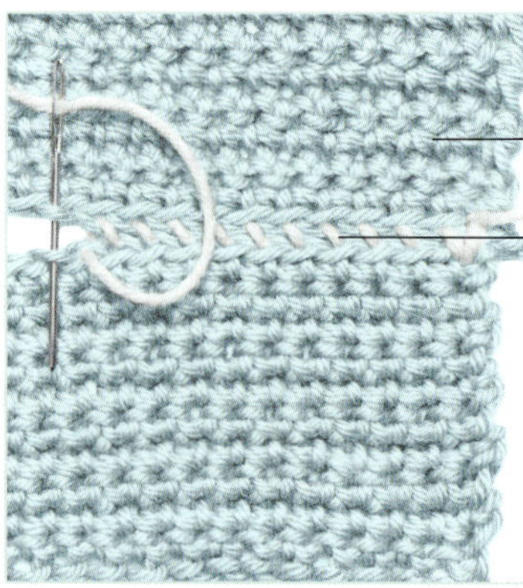


**Sobrehilado plano:** Para hacer una costura plana en la parte superior de los puntos, junte los bordes de las piezas del derecho y cósalos con un sobrehilado, pasando la aguja solo por la hebra posterior de los puntos.

## COSTURA DE BORDE A BORDE (PUNTO DE COLCHONERO)

Con este método se consigue una costura plana y pulida, también conocida como costura invisible. Se puede usar en tejidos a punto alto, como en este ejemplo, y en cualquier otro tipo de tejido a ganchillo.

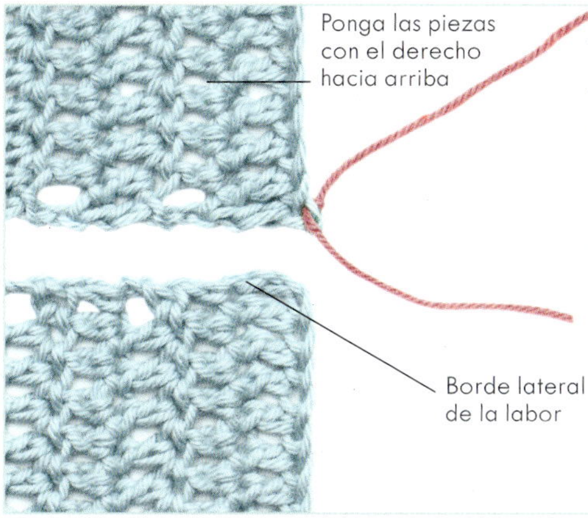


**1** Alinee las piezas con el derecho hacia arriba y borde con borde. Pase la aguja por la esquina de la pieza de arriba, dejando un cabo suelto largo.

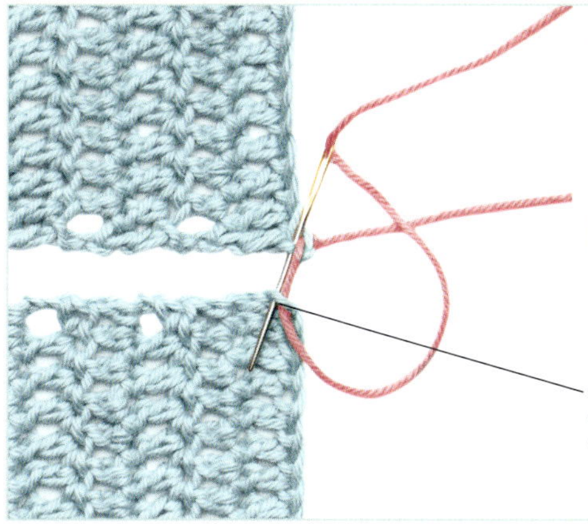


**2** Pase la aguja por la esquina de la otra pieza y luego de nuevo por el mismo sitio, atravesando las dos piezas, para afianzar bien el hilo.

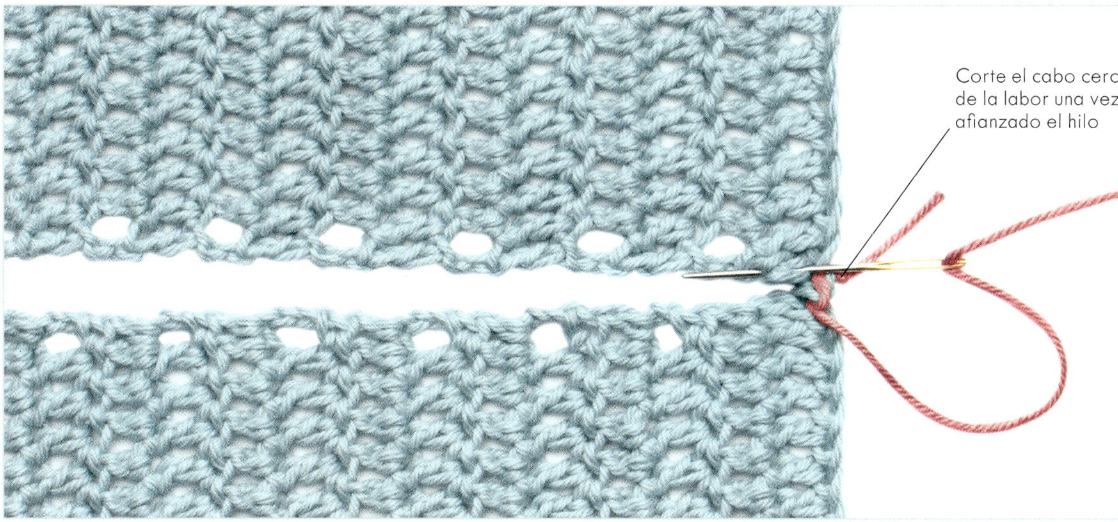


**3** Haga la siguiente puntada a través del centro del punto (un punto alto o una cadeneta de vuelta) del borde de la pieza de arriba. Haga otra puntada por el centro del punto o la cadeneta de vuelta del borde opuesto.

**4** Haga el siguiente par de puntadas del mismo modo, una a través de un punto o una cadeneta de vuelta de la pieza de arriba, y otra en la opuesta.

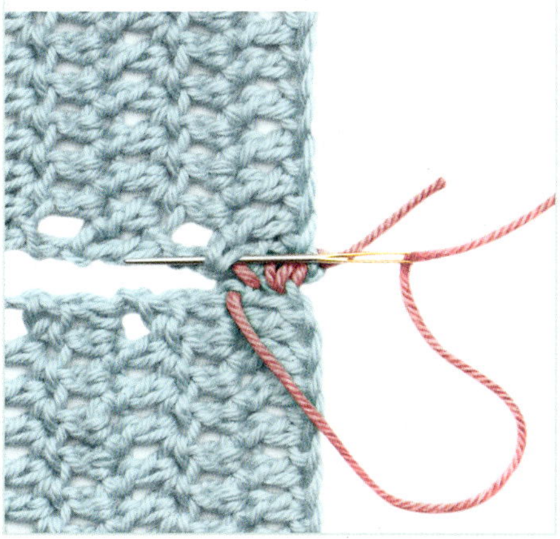

**5** Continúe cosiendo a través de un punto de cada lado alternativamente. Si el hilo del tejido abulta mucho, haga puntadas más cortas.

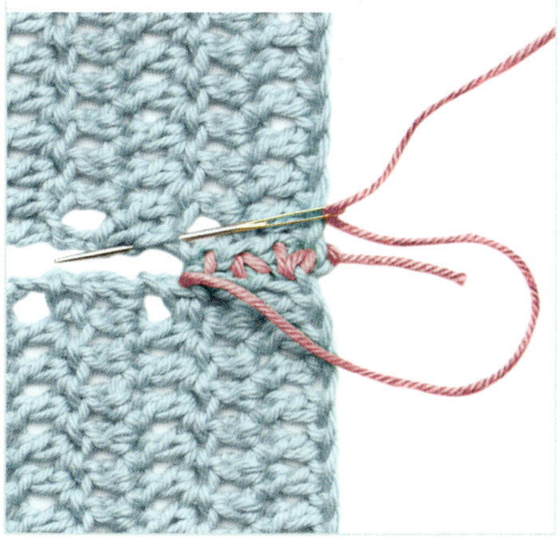

**6** Tras varias puntadas, tire del hilo para que la costura quede disimulada y resulte invisible por el derecho de la labor.

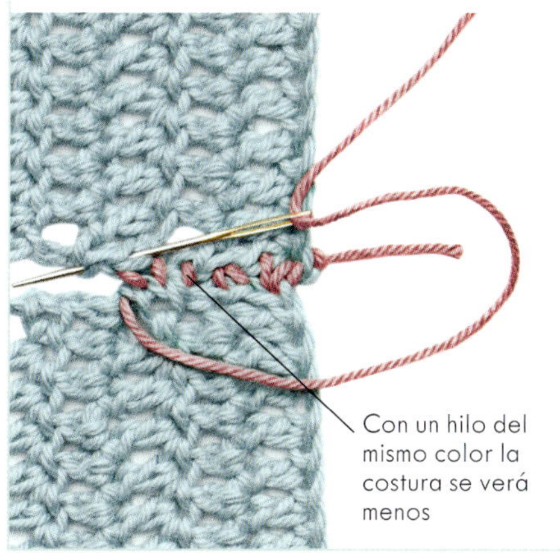

## REMATAR LOS CABOS

**En la vuelta superior:** Con una aguja lanera o de punta roma, pase el hilo por el centro de la base de 6 u 8 puntos de la última vuelta. Corte el hilo restante a ras del tejido.

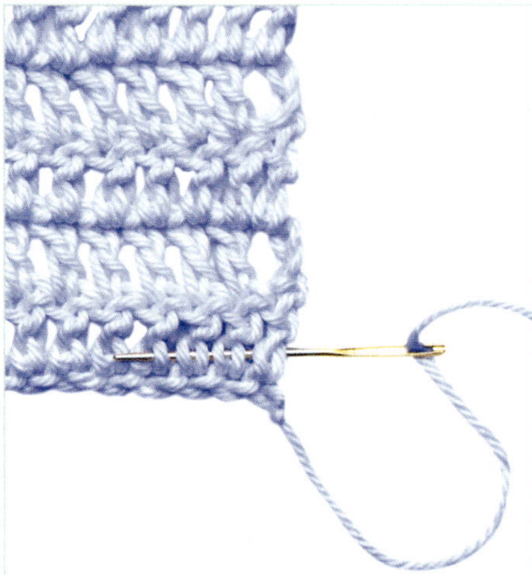

**En la vuelta inferior:** Con una aguja lanera o de punta roma, pase el hilo por el centro de la base de 6 u 8 puntos de la primera vuelta. Corte el hilo restante a ras del tejido.

**En el borde:** También se puede rematar el hilo entretejiéndolo por el borde de la labor. Así se logra un acabado más seguro, ideal para hilos resbaladizos.

## COSTURA A PUNTO RASO

1 Para una costura rápida puede usar el ganchillo en vez de una aguja lanera. Aunque se pueden hacer a punto bajo, las costuras a punto raso abultan menos. Para empezar, haga un nudo corredizo en el ganchillo.

2 Alinee las dos piezas encaradas por el derecho. Con el nudo corredizo en el ganchillo, inserte este atravesando las dos capas en el extremo de inicio de la costura, eche el hilo y saque una lazada a través de las dos capas y de la lazada del ganchillo.

3 Continúe hasta el final y remate. Si cose por la parte superior de los puntos (como en la imagen), inserte el ganchillo solo en la hebra posterior. En los orillos, o bordes de finales de vuelta, atraviese las capas a un punto de distancia del borde.

# ADORNOS DE HILO HECHOS A MANO

Hacer adornos con hilo para labores de ganchillo es fácil, pero requiere su tiempo para que queden bien. Los flecos suelen usarse para chales, mantas, alfombras y bufandas, y las borlas son ideales para adornar las puntas de las fundas de cojín o la coronilla de un gorro. A continuación encontrará las instrucciones para hacer flecos y borlas, pero también puede añadir pompones, ya sean hechos a mano o comprados, a gorros, prendas de vestir y los complementos más variados.

## CÓMO HACER UN FLECO

1 Corte dos hebras de lana el doble de largas que el fleco final y añada al menos 2,5 cm para el nudo. Alinee las dos hebras y dóblelas por la mitad. Con el revés de la labor de frente, inserte el ganchillo de delante hacia atrás a 5 mm del borde y saque la lazada.

2 Utilice el gancho del ganchillo para tirar de los extremos de las hebras y sacarlos a través de la lazada que hay en el ganchillo. Tense la lazada para fijar el fleco. Mida la longitud de las hebras tras hacer el primer nudo para asegurarse de que el fleco sea lo suficientemente largo; en caso contrario, corrija la longitud de las hebras.

3 Vaya añadiendo hebras anudadas a lo largo del borde del tejido, a intervalos regulares. Si desea que el fleco quede tupido, utilice más de dos hebras juntas. Si le cuesta pasarlas a través del tejido, pruebe con un ganchillo más pequeño o más grande. Si fuera preciso, una vez completado el fleco, recorte un poco las hebras para igualarlas.

## CÓMO HACER UNA BORLA

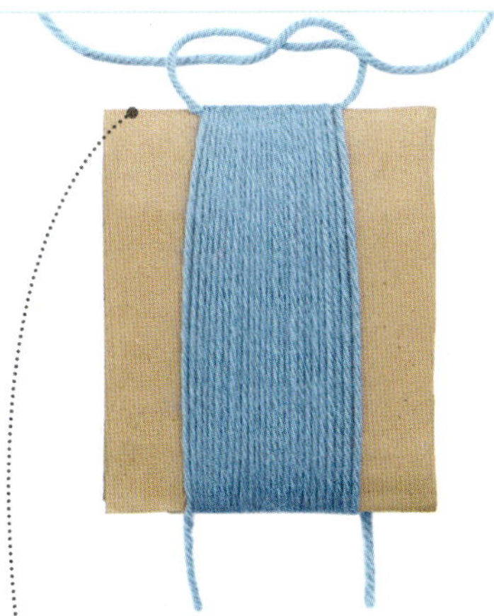

1 Recorte un trozo de cartón de 8 cm de ancho y el doble de largo que la borla final. Doble el cartón por la mitad a lo ancho. Enrolle el hilo en torno al cartón a lo largo las veces que desee para formar una borla mullida. Con una aguja de punta roma, pase una hebra de hilo por debajo de la parte superior de las vueltas y átela con un nudo bien prieto.

2 Introduzca la punta de unas tijeras entre las dos capas de cartón del extremo inferior de la borla y corte las hebras.

3 Enrolle una de las hebras largas varias veces en torno a la borla, a unos 2 cm de la parte superior. Enhebre esta hebra en una aguja de punta roma, pásela a través del centro de la borla y sáquela por la parte de arriba, junto a la otra hebra. Utilice las hebras largas para fijar la borla a la labor.

## POMPONES

**1** Trace dos círculos de 8 cm de diámetro en un cartón y un círculo de 2,5 cm de diámetro en el centro de cada uno. El diámetro del círculo exterior menos el del interior será aproximadamente el tamaño del pompón. Cuanto menor sea el círculo central, más denso será el pompón. Recorte los círculos y los centros: obtendrá dos «rosquillas» de cartón.

**2** Corte algunas hebras de hilo de 1 m y enróllelas juntas en una pequeña madeja. Superponga los cartones. Sujete los extremos de hilo en el borde y pase la madeja por el centro para enrollar el hilo.

**3** Cuando se acabe la primera madeja, haga otra. Si el centro está demasiado lleno, enhebre tantas hebras de hilo como sea posible en una aguja de ojo grande y complete con esta el enrollado. Luego inserte la punta de unas tijeras en el borde y corte a través de las vueltas.

**4** Pase una hebra doble larga entre los cartones y anúdela firmemente alrededor del centro.

**5** Enhebre el hilo en una aguja y dé unas puntadas a través del nudo. Retire con cuidado los cartones. Sacuda el pompón e iguálelo con unas tijeras, sin cortar los cabos del nudo. Para que quede más mullido, sosténgalo sobre vapor (colgado de la punta de una aguja larga, por seguridad).

# CUIDADO DE LAS LABORES DE GANCHILLO

*Después de haber invertido tanto tiempo* y esfuerzo en tejer sus labores de ganchillo, conviene tener cuidado a la hora de lavarlas y guardarlas. Comience por leer las instrucciones para el cuidado de los hilos que encontrará en la etiqueta de ovillos y madejas.

## CUIDADO DE LA LABOR

Lleve un registro de todas sus labores que incluya el patrón, la muestra de tensión, un pequeño ovillo del hilo, o de los hilos, y lo más importante, las etiquetas de todos los hilos que haya utilizado. También debería incluir las instrucciones de cuidado de cualquier elemento especial (cintas, cremalleras o automáticos) que haya añadido. Si tiene previsto regalar la labor, es importante adjuntar la información para su cuidado, a fin de que quien la reciba pueda cuidarla como es debido.

**Preparación para el lavado**

Retire los adornos y botones especiales que puedan deteriorarse con el agua o con la limpieza en seco. Para mantener la forma de las aberturas, ciérrelas con un hilván con un hilo de algodón fino que resulte fácil de retirar estirando una vez seca la prenda. Mida la pieza en todas las direcciones y anote las medidas, para poder volver a darle la forma correcta mientras aún esté húmeda.

Es buena idea coser una etiqueta de cuidados a los artículos tejidos a ganchillo, sobre todo en piezas grandes, como mantas y prendas de vestir. Puede comprar etiquetas en tiendas de lanas o manualidades, o por internet. Escriba las instrucciones con un rotulador permanente antes de añadir la etiqueta. El modo más seguro de hacerlo es cosiéndola con aguja e hilo de coser a tono.

**Lavado**

Consulte las instrucciones de lavado en la etiqueta de la madeja. Los hilos «lavables a máquina» pueden lavarse en la lavadora, con un programa para prendas delicadas y a temperatura baja o fría. No obstante, muchas etiquetas aconsejan lavar a mano.

Lave las labores de ganchillo tejidas con fibras animales con sumo cuidado, sin frotar ni agitarlas en el agua. Evite también el agua caliente, ya que puede fieltrar los hilos de lana y deteriorar otras fibras.

Disuelva un detergente suave en un cubo o un fregadero lleno de agua templada. Sumerja un único artículo y vaya metiéndolo y sacándolo con cuidado. Déjelo remojar unos minutos y luego aclárelo para eliminar los restos de jabón.

Escurra el agua con muchísimo cuidado, presionando la prenda contra el fregadero. No retuerza la prenda. Sosténgala húmeda con las manos mientras la traslada a una toalla grande. Enróllela en la toalla para eliminar más humedad.

**Secado**

Ponga a secar las labores de ganchillo planas sobre una toalla limpia, dándoles la vuelta de vez en cuando para acelerar el proceso y evitar que se enmohezcan. Los artículos de mayor tamaño, como las colchas, pueden ponerse a secar extendidos en el suelo; cubra el suelo primero con una gran lámina de plástico y luego coloque unas toallas encima antes de extender la colcha o la manta. Si el artículo es muy grande o grueso puede ser preciso cambiar las toallas con relativa frecuencia por otras secas, para ayudar a que se seque más rápidamente. Devuelva su forma y tamaño correctos a una pieza de ganchillo mientras aún esté húmeda y jamás la exponga a la luz solar directa ni la coloque cerca de una fuente de calor. Una vez esté seca, puede estirarla y plancharla al vapor si fuera preciso (p. 68). Nunca tienda una prenda de ganchillo para que se seque: el peso hará que se deforme y ya no volverá a tener su forma y tamaño originales.

**Guardar y evitar la polilla**

Compruebe con cierta regularidad que no haya agujeros delatadores. Si guarda sus prendas de ganchillo durante todo el verano, ponga un producto antipolillas en el cajón o armario y renuévelo cuando convenga.

Antes de reparar un agujero, meta la prenda apolillada en el congelador durante la noche para matar los posibles huevos. Las prendas de ganchillo demasiado grandes para meterlas en el congelador, como una manta, pueden dejarse todo el día al sol para lograr el mismo resultado.

Si no va a usar una pieza de ganchillo, guárdela plana. Si la cuelga, los puntos cederán y el daño será irreversible. Si no va a usarla durante mucho tiempo, envuélvala en papel de seda libre de ácido y recuerde colocar papel también entre los pliegues.

# TÉCNICAS BÁSICAS

*Los puntos de ganchillo básicos* pueden combinarse de varias formas para obtener infinitas texturas y efectos de relieve. Es imposible mostrar aquí todas las técnicas de ganchillo, por lo que solo se explican con detalle las más habituales. Al empezar a tejer las muestras de puntos de las páginas 82–83, conviene consultar estas instrucciones paso a paso para ver con más claridad cómo lograr las texturas.

## TEXTURAS SIMPLES

Las texturas más sencillas y sutiles se consiguen trabajando en distintas partes de los puntos o entre los puntos de la fila inferior. Antes de probar estas técnicas, deberá aprender cuáles son las partes de los puntos para identificarlas con facilidad.

### PARTES DE LOS PUNTOS

**Punto bajo:** Teja dos vueltas a punto bajo (pp. 34–35) y remate. Observe con atención la muestra y asegúrese de identificar correctamente todas las partes del punto señaladas en la imagen. Cuando el patrón indica que debe trabajar sobre el punto de abajo, el ganchillo se inserta bajo las DOS hebras (anterior y posterior) de la parte superior del punto, como se explica en la p. 35 para el punto bajo, a menos que se especifique lo contrario.

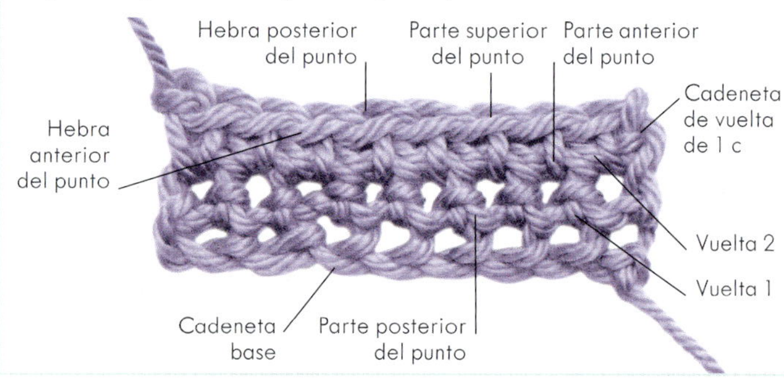


**Punto alto:** Teja dos vueltas a punto alto (pp. 44–45) y remate. Asegúrese de identificar todas las partes del punto indicadas arriba. Como en el punto bajo y todos los demás puntos de ganchillo, si el patrón indica que hay que trabajar sobre el punto de abajo, inserte siempre el ganchillo bajo las dos hebras de la parte superior, a menos que se especifique otra cosa.

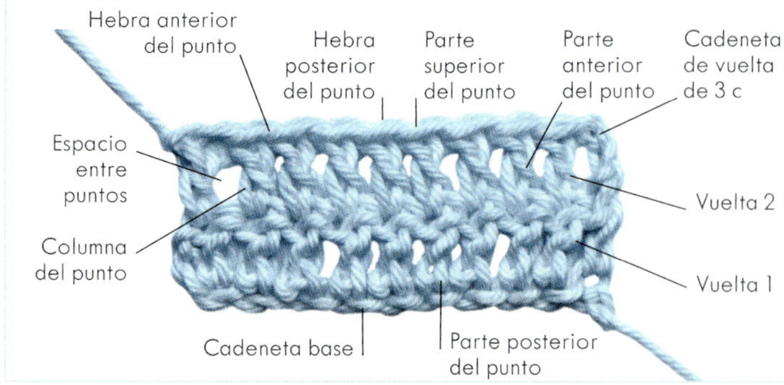


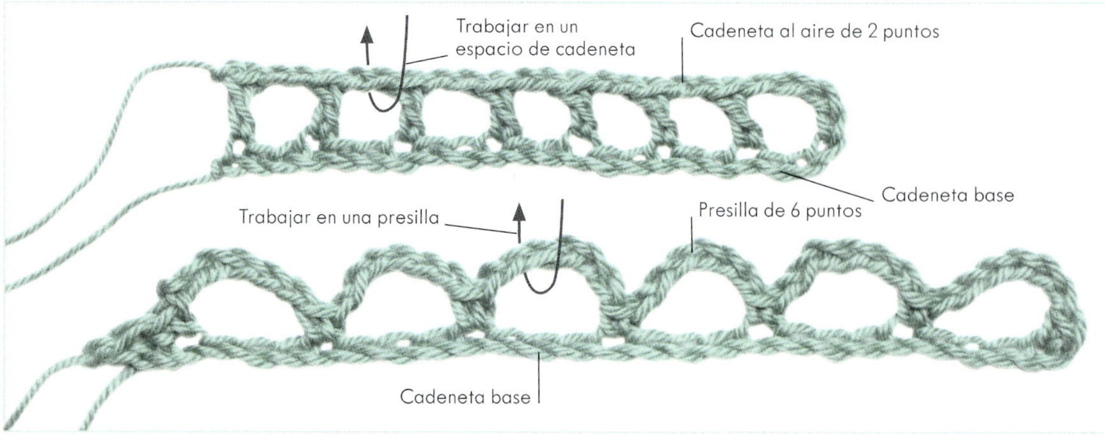


**Espacios y presillas de cadeneta:** En muchos patrones de ganchillo se introducen cadenetas para crear agujeros o espacios en el tejido. Una sola cadeneta o una corta fila de cadenetas entre otros puntos se llaman cadenetas al aire, y las series más largas, presillas de cadeneta. Cuando se indica que hay que trabajar en un espacio de cadeneta o en una presilla, el ganchillo se introduce siempre de delante atrás por el hueco que queda bajo los puntos de cadeneta, y no dentro de estos.

## TEJER A PUNTO BAJO EN LA HEBRA POSTERIOR

**Efecto de surcos:** Trabajando solo sobre las hebras posteriores de los puntos en cada vuelta a punto bajo se obtiene un efecto de surcos profundos, formados por las hebras no trabajadas.

## TEJER A PUNTO BAJO EN LA HEBRA ANTERIOR

**Efecto liso:** Trabajando solo sobre la hebra anterior de cada punto bajo en cada vuelta inferior se crea una textura menos marcada que si se trabaja solo en la hebra posterior.

## TEJER A PUNTO ALTO EN LA HEBRA POSTERIOR

**Surcos en punto alto:** Las mismas técnicas empleadas para tejer en la hebra anterior o posterior del punto bajo se pueden aplicar a todos los demás puntos para crear surcos. El tejido queda igual por las dos caras.

## TEJER EN ESPACIOS ENTRE PUNTOS

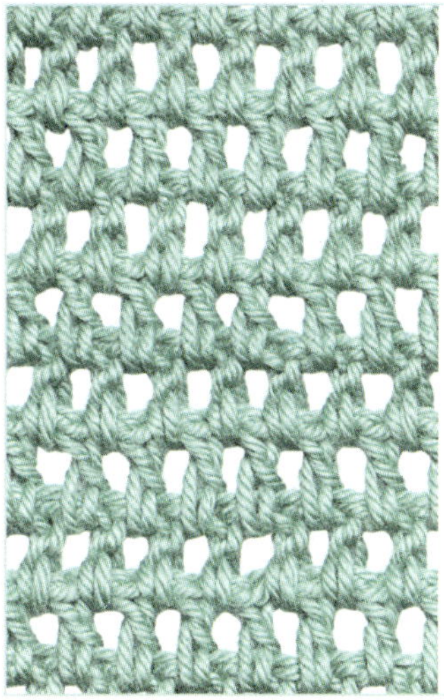

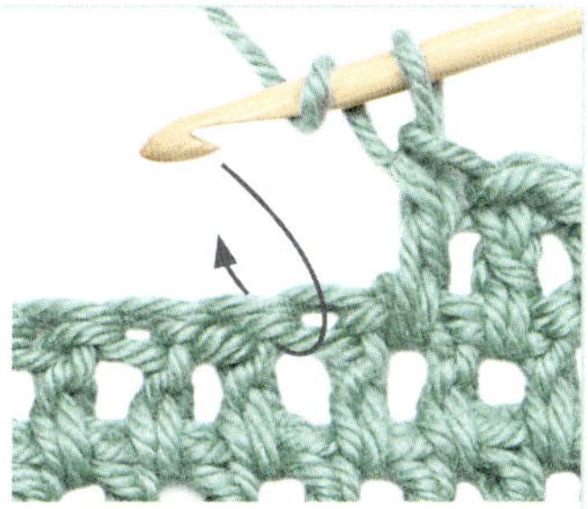

**Espacios en punto alto:** Otro modo de lograr sutiles diferencias de textura con puntos básicos es trabajar en los espacios entre los puntos de la vuelta de abajo, en vez de sobre la parte superior de los puntos.

## TRABAJAR EN UN ESPACIO DE CADENETA

**Textura simple:** El punto de tweed ilustra la textura más sencilla de las que se obtienen tejiendo en los espacios de cadeneta. Cada punto bajo se trabaja en el hueco creado bajo una cadeneta al aire entre dos puntos de la vuelta inferior, en vez de en la parte superior del punto.

**Muestra de punto de tweed**
Por tratarse de un punto muy conocido y una perfecta alternativa al punto bajo básico, la muestra se incluye aquí. (Véanse las abreviaturas en la p. 81.) Empiece con un número par de cadenetas.
**Vuelta 1:** 1 pb en la segunda c desde el ganchillo, *1 c, saltar la sig c, 1 pb en la sig c; rep desde * hasta el final, girar.
**Vuelta 2:** 1 c (NO se cuenta como punto), 1 pb en el primer pb, 1 pb en el sig esp de c, *1 c, 1 pb en el sig esp de c; rep desde * hasta el último pb, 1 pb en el último pb, girar.
**Vuelta 3:** 1 c (NO se cuenta como punto), 1 pb en el primer pb, *1 c, 1 pb en el sig esp de c; rep desde * hasta los 2 últimos pb, 1 c, saltar el sig pb, 1 pb en el último pb, girar.
Rep las vueltas 2 y 3 hasta completar la muestra.

# TEXTURAS CON RELIEVE

Estas sencillas técnicas de puntos de ganchillo abultados y agrupados generan unas bonitas texturas. Si bien pueden utilizarse para crear tejidos muy tupidos (pp. 82–83), también se usan para calados o encaje (pp. 111–113).

## PUNTO ALTO EN RELIEVE POR DELANTE

Este punto se utiliza para crear un tejido que imita el canalé del punto con dos agujas, pero también puede usarse solo en vueltas para crear un efecto de surcos o cordoncillos.

**1** Empiece con una vuelta de puntos altos. En la siguiente, haga 2 cadenetas, eche el hilo y pase el ganchillo desde delante alrededor de la columna del segundo punto alto.

**2** Para completar el punto alto, eche el hilo y saque una lazada; después (eche el hilo y saque una lazada por las 2 primeras del ganchillo) 2 veces, como muestran las flechas.

**3** Teja un punto alto alrededor de cada uno de los siguientes de la vuelta de abajo del mismo modo. Al final de la vuelta, teja un punto alto encima de la cadeneta de vuelta. Repita la segunda vuelta para conseguir una textura de surcos.

## PUNTO ALTO EN RELIEVE POR DETRÁS

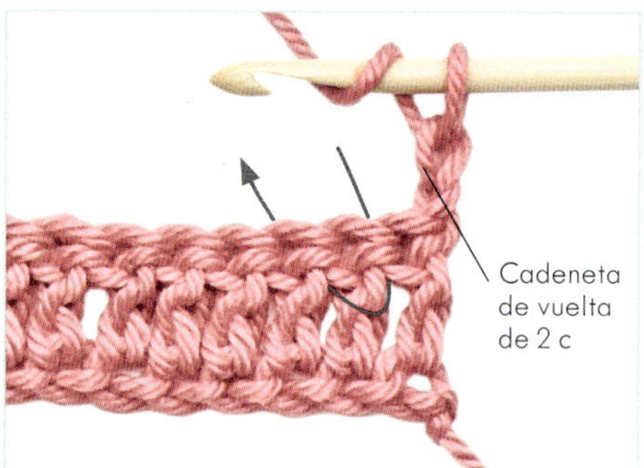


**1** Empiece con una vuelta base a puntos altos. Para iniciar la segunda vuelta, haga 2 cadenetas, eche el hilo e inserte el ganchillo desde atrás alrededor de la columna del 2.º punto alto.

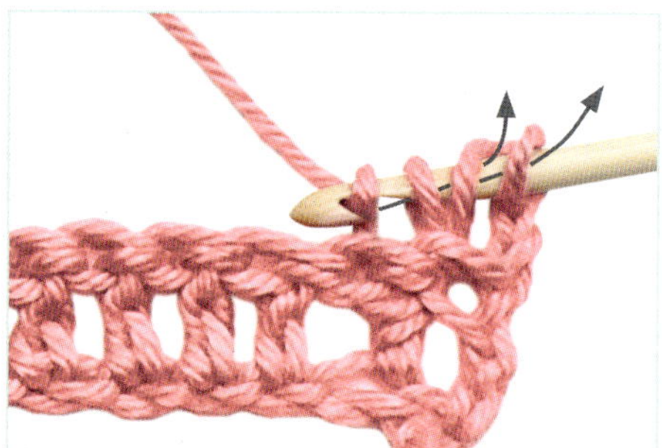

**2** Para completar el punto alto, eche el hilo y saque una lazada; después (eche el hilo y saque una lazada a través de los 2 primeros puntos del ganchillo) 2 veces, como muestran las 2 flechas.

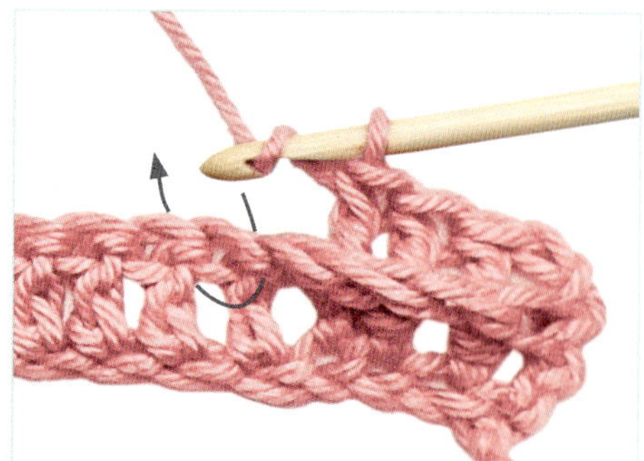

**3** Teja un punto alto alrededor de cada uno de los puntos altos de la vuelta inferior del mismo modo. Siga como en el paso 3 del punto alto por delante (arriba).

## CONCHAS

**Concha de 4 pa:** Las conchas son la técnica de puntos de ganchillo más usada. Se hacen trabajando varios puntos, normalmente altos, en un mismo punto o espacio. En este caso se han tejido 4 puntos altos en una cadeneta para formar una concha de 4 pa.

**Concha de 5 pa:** En este ejemplo se han tejido 5 puntos altos en la misma cadeneta para formar una concha de 5 pa. Se pueden tejer conchas de cualquier número de puntos altos, si bien las más frecuentes son las de 2, 3, 4, 5 o 6, y también con medios puntos altos o con puntos básicos más altos.

## BORLAS

**Efecto agrupado:** Las borlas se forman combinando las técnicas de la concha y el racimo, de manera que los puntos se juntan por arriba y por abajo.

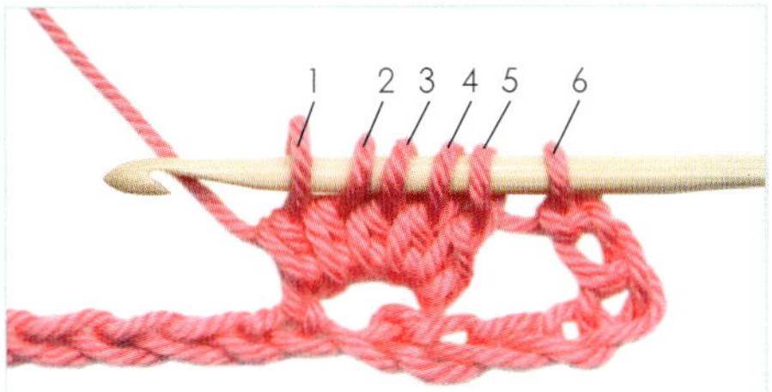


1 Para hacer una borla de 5 pa, teja 5 puntos altos incompletos (como para un racimo) en el mismo punto (como para un concha). Tendrá 6 lazadas en el ganchillo.

2 Eche el hilo alrededor del ganchillo y saque una lazada a través de las 6 lazadas.

3 De este modo se completan todos los puntos altos a la vez, unidos por arriba. Algunas borlas se completan con una cadeneta adicional, como muestra la flecha. Las borlas suelen hacerse con 3, 4 o 5 puntos altos; las de medios puntos altos se denominan piñas.

## RACIMOS

Los racimos tejidos a ganchillo son similares a conchas al revés. Se tejen uniendo por arriba varios puntos (cada uno de ellos trabajado en un punto distinto en la vuelta inferior).

1 Para hacer un racimo de 3 pa, trabaje un punto alto hasta antes de echar el hilo para completarlo. Luego, haga 1 pa incompleto similar en cada uno de los 2 puntos siguientes. Quedarán 4 lazadas en el ganchillo.

2 Eche el hilo alrededor del ganchillo y saque una lazada a través de las 4 lazadas.

3 Así se completan todos los puntos altos a la vez y quedan unidos por arriba. Se puede hacer racimos de 2, 3, 4, 5, 6 o más puntos altos, así como con medios puntos altos y puntos básicos más altos.

## MADROÑOS

1 Los madroños, o garbanzos, se inician como las conchas. Para hacer un madroño de 5 puntos altos, comience trabajando 5 puntos altos en el mismo punto.

2 Saque el ganchillo de la lazada e insértelo de atrás adelante por la parte superior del primer punto alto del grupo. Vuelva a enganchar la lazada y sáquela a través de la parte superior del primer punto alto, como muestra la flecha.

3 Así se unen todas las partes superiores de la concha y se forma una especie de borla. El madroño es más abultado que esta, ya que su parte superior sobresale debido al método de construcción. Los madroños suelen hacerse con 3, 4 o 5 puntos altos.

# GUIRNALDA DE FLORES

*Nivel de dificultad* ***

*Los motivos florales son piezas fáciles y rápidas* de hacer en las que puede poner en práctica todos los puntos aprendidos hasta ahora. Utilizando puntos de todas las alturas juntos se crean curvas ideales para los pétalos.

**TÉCNICAS EMPLEADAS** Punto bajo **p. 34**, Medio punto alto **p. 38**, Punto alto **p. 44**, Punto alto doble **p. 48**, Trabajar en un espacio de cadeneta **p. 75**

## MEDIDAS

Flor pequeña: 4,5 cm de diámetro; mediana: 5 cm; grande: 5,5 cm

## HILO

DMC Natura Just Cotton de 50 g/155 m (100% algodón; cualquier lana o hilo para ganchillo de 4 cabos servirá, o bien use hilos de distinto grosor para crear flores de distintos tamaños)

**A** x 1 **B** x 1 **C** x 1

## GANCHILLO

Ganchillo de 3 mm

## OTROS MATERIALES

Aguja lanera

## TENSIÓN

No se precisa una tensión exacta

## INSTRUCCIONES

**Nota:** Teja tres flores de cada tamaño con cada color (nueve en total de cada color).

### FLOR GRANDE (TEJER 9)

Hacer 5 c, 1 pr en la primera c para formar un anillo.
**Vuelta 1:** 1 c, 16 pb en el anillo y cerrar el círculo con 1 pr en la primera c.
**Vuelta 2:** 4 c, (1 pad, 2 c) en el p sig, *1 pad en el p sig, (1 pad, 2 c) en el p sig; rep desde * hasta acabar la vuelta, cerrar el círculo con 1 pr en la parte superior de las 4 c.
**Vuelta 3:** 1 c, (1 mpa, 2 pa, 1 pad, 2 pa, 1 mpa) todos en el sig esp de 2 c , *1 pb entre los 2 pad sig, (1 mpa, 2 pa, 1 pad, 2 pa, 1 mpa) todos en el sig esp de 2 c ; rep desde * hasta acabar la vuelta, cerrar el círculo con 1 pr en la primera c. Rematar la labor y los cabos sueltos.

### FLOR MEDIANA (TEJER 9)

Hacer 5 c, 1 pr en la primera c para formar un anillo.
**Vuelta 1:** 1 c, 12 pb en el anillo, cerrar el círculo con 1 pr en la primera c.
**Vuelta 2:** 3 c, (1 pa, 2 c) en el p sig, *1 pa en el p sig, (1 pa, 2 c) en el p sig; rep desde * hasta acabar la vuelta, cerrar el círculo con 1 pr en la parte superior de las 3 c.
**Vuelta 3:** 1 c, (1 mpa, 3 pa, 1 mpa) todos en el sig esp de 2 c, *1 pb entre los 2 pa sig, (1 mpa, 3 pa, 1 mpa) todos en el sig esp de 2 c; rep desde * hasta acabar la vuelta, cerrar el círculo con 1 pr en la primera c. Rematar la labor y los cabos sueltos.

**1** Trabaje alrededor del círculo central hasta crear los pétalos. Teja un punto bajo en el espacio entre los 2 pad siguientes después de cada pétalo.

### FLOR PEQUEÑA (TEJER 9)

Hacer 4 c, 1 pr en la primera c para formar un anillo.
**Vuelta 1:** 1 c, 10 pb en el anillo y cerrar el círculo con 1 pr en la primera c.
**Vuelta 2:** 3 c, (1 pa, 2 c) en el p sig, *1 pa en el p sig, (1 pa, 2 c) en el pa sig; rep desde * hasta acabar la vuelta y cerrar el círculo con 1 pr en la parte superior de las 3 c.
**Vuelta 3:** 1 c, (1 mpa, 3 pa, 1 mpa) todos en el sig esp de 2 c, *1 pb entre los 2 pa sig, (1 mpa, 3 pa, 1 mpa) todos en el sig esp de 2 c; rep desde * hasta acabar la vuelta y cerrar el círculo con 1 pr en la primera c. Rematar la labor y los cabos sueltos.

### ACABADO

Hacer una cadeneta de la longitud deseada enhebrando las flores para formar una guirnalda. También puede añadir a cada flor un imperdible o un cierre de alfiler y usarlas como broches.

**2** Los pétalos constan de puntos bajos, medios puntos altos y puntos altos. Teja el mismo número de puntos en cada espacio de cadenetas al aire.

# INTERPRETAR MUESTRAS DE PUNTOS SIMPLES

Tejer una labor a ganchillo a partir de un modelo o patrón por primera vez puede parecer difícil, sobre todo sin la guía de una persona experta. La mejor manera de prepararse para realizar un patrón de ganchillo es practicar tejiendo rectángulos de distintos puntos utilizando varias técnicas simples. Esta es una excelente introducción para seguir las instrucciones escritas con abreviaturas y los diagramas de símbolos.

## ENTENDER LAS INSTRUCCIONES ESCRITAS

En cuanto conozca los puntos básicos y sepa interpretar los patrones simples de las páginas 66–67, y tras revisar las páginas 74–77, en las que se explican las técnicas de puntos especiales, nada le impide probar las muestras de tejidos simples de las páginas 82–83. Basta con consultar en la página siguiente la lista de los significados de las abreviaturas y seguir paso a paso las instrucciones para las vueltas.

Empiece haciendo una cadeneta base formada por el número de cadenetas requerido, con el hilo elegido y un ganchillo del tamaño recomendado para el grosor de dicho hilo (p. 14), y teja una muestra repitiendo el patrón del punto solo unas cuantas veces para probar. (Si después decide tejer una mantita o una funda de cojín con este punto, siempre puede adecuar el tamaño del ganchillo antes de comenzar, a fin de dar al tejido la flexibilidad que desee.)

Teja lentamente cada vuelta según el patrón y marque el derecho del tejido (si lo tuviera) ya desde el principio, anudando un hilo de un color que contraste. Otro buen consejo es marcar las vueltas a medida que se van completando, o pegar una nota adhesiva por debajo para saber en qué situación se encuentra la labor. En caso de perderse en los puntos, deshaga todas las vueltas y comience de nuevo a partir de la cadeneta base.

## ENTENDER LOS DIAGRAMAS DE SÍMBOLOS

Los patrones de puntos de ganchillo pueden venir también en símbolos (p. siguiente). Los diagramas o esquemas de símbolos suelen ser más fáciles de seguir que las instrucciones abreviadas, ya que proporcionan una referencia visual aproximada del aspecto que tendrá el tejido al final. Cada punto básico está representado por un símbolo que se le parece bastante. La posición de la base de cada símbolo indica en qué punto o espacio de cadeneta de abajo debe tejerse. Si los símbolos están unidos por la base, significa que hay que tejerlos en el mismo punto de la vuelta inferior.

El comienzo de la cadeneta base estará marcado en el diagrama como el punto de inicio. Las vueltas se leen de derecha a izquierda, o bien de izquierda a derecha, siguiendo la dirección de las flechas. Aunque puede consultar las instrucciones escritas para saber cuántas cadenetas hay que hacer para la cadeneta base y cuántas veces se repite el punto en una vuelta (o las vueltas en el tejido), le será fácil trabajar solo a partir de diagramas una vez haya adquirido práctica en su lectura. Sin embargo, al principio conviene trabajar leyendo las instrucciones y a la vez recurriendo al diagrama como guía visual. En cuanto tenga completadas las primeras vueltas, podrá continuar solo con ayuda del diagrama e incluso prescindir de este, si se trata de un punto sencillo.

Este diagrama del punto de conchas calado (p. 111) es una buena introducción para trabajar a partir de un diagrama de símbolos. Comience por la parte inferior del diagrama y continúe vuelta tras vuelta siguiendo la numeración.

## PATRÓN DE UNA MUESTRA DE PUNTO DE GANCHILLO

**5** Siga el diagrama y repita las vueltas como indiquen las instrucciones escritas.

**3** Siga el diagrama de izquierda a derecha prestando especial atención al número inicial de cadenetas y puntos del borde al final de cada vuelta.

**Punto de conchas calado**

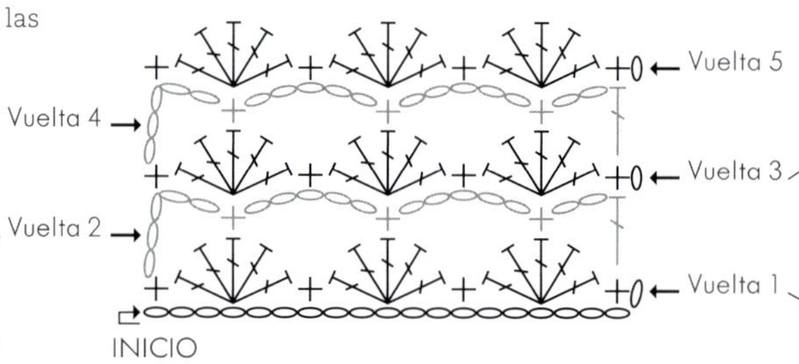


**1** Consulte las instrucciones escritas para saber cuántas cadenetas hay que hacer en la cadeneta base.

**4** Consulte las instrucciones en caso de duda acerca de si un punto se ha de tejer en una cadeneta concreta o en un espacio.

**2** Siguiendo el diagrama de derecha a izquierda, repita el patrón las veces necesarias para llenar la cadeneta base.

**Instrucciones de punto de ganchillo**
Hacer un número de c múltiplo de 6 y 2 más.
**Vuelta 1 (D):** 1 pb en la segunda c desde el ganchillo, *saltar las 2 c sig, 5 pa en la c sig, saltar las 2 c sig, 1 pb en la sig c; rep desde * hasta el final, girar.
**Vuelta 2:** 5 c (se cuentan como primer pa y un esp de 2 c), 1 pb en el pa central de la primera concha, *5 c, 1 pb en el pa central de la concha sig; rep desde *, acabando con 2 c, 1 pa en el último pb, girar.
**Vuelta 3:** 1 c (NO se cuenta como p), 1 pb en el primer pa, *5 pa en el sig pb, 1 pb en la sig presilla de 5 c; rep desde *, tejiendo el último pb de la última rep en la tercera c desde el último pb, girar. Rep las vueltas 2 y 3 para completar la muestra.

## ABREVIATURAS DE GANCHILLO

Estas son las abreviaturas utilizadas con más frecuencia en las instrucciones de ganchillo. Las de los puntos básicos figuran en la primera lista, seguidas de otras que también se usan a menudo. Las abreviaturas especiales se explican en la muestra o el patrón correspondientes.

**Abreviaturas de los puntos básicos**
Nota: Los nombres de algunos puntos básicos difieren en ciertos casos y según el país. En este libro se ha utilizado la terminología europea más habitual.

| | |
|---|---|
| **c** | cadeneta |
| **pr** | punto raso (también llamado punto falso) |
| **pb** | punto bajo (también llamado punto enano) |
| **mpa** | medio punto alto |
| **pa** | punto alto |
| **pad** | punto alto doble |
| **pat** | punto alto triple |
| **pac** | punto alto cuádruple |
| **paq** | punto alto quíntuple |

**Otras abreviaturas**

| | |
|---|---|
| **alt** | alternar/alterno(s)/a(s) |
| **aum** | aumentar/aumento |
| **c2mpa** | cerrar 2 medios puntos altos juntos (Terminología del ganchillo, p. 313) |
| **c2pa** | cerrar 2 puntos altos juntos (Terminología del ganchillo, p. 313) |
| **c2pb** | cerrar 2 puntos bajos juntos (Terminología del ganchillo, p. 313) |
| **c3mpa** | cerrar 3 medios puntos altos juntos (Terminología del ganchillo, p. 311) |
| **c3pa** | cerrar 3 puntos altos juntos (Terminología del ganchillo, p. 313) |
| **c3pb** | cerrar 3 puntos bajos juntos (Terminología del ganchillo, p. 313) |
| **cm** | centímetro(s) |
| **com** | comenzar/comienzo |
| **cont** | continuar/continuando |
| **D** | derecho (del tejido o de la labor) |
| **dis** | disminuir/disminución |
| **eh** | echar el hilo o la hebra (pasar el hilo por encima del ganchillo) |
| **esp** | espacio(s) |
| **g** | gramo(s) |
| **m** | metro(s) |
| **mm** | milímetro(s) |
| **p** | punto(s) |
| **R** | revés (del tejido o la labor) |
| **rep** | repetir/repetición |
| **rest** | restante(s) |
| **sig** | siguiente |
| * | Las instrucciones que se dan tras un asterisco o entre asteriscos se repiten tantas veces como se indique |
| ( ) | Las instrucciones entre paréntesis se repiten tantas veces como se indique |
| [ ] | Indican una repetición dentro de otra repetición |

## SÍMBOLOS DE LOS PUNTOS DE GANCHILLO

Estos son los símbolos utilizados en este libro, pero los símbolos de ganchillo no son universales; por ello, es preciso consultar la clave que acompaña a las instrucciones del patrón elegido.

**Puntos básicos** | **Puntos especiales y combinaciones de puntos** | **Conchas, racimos, borlas y madroños**

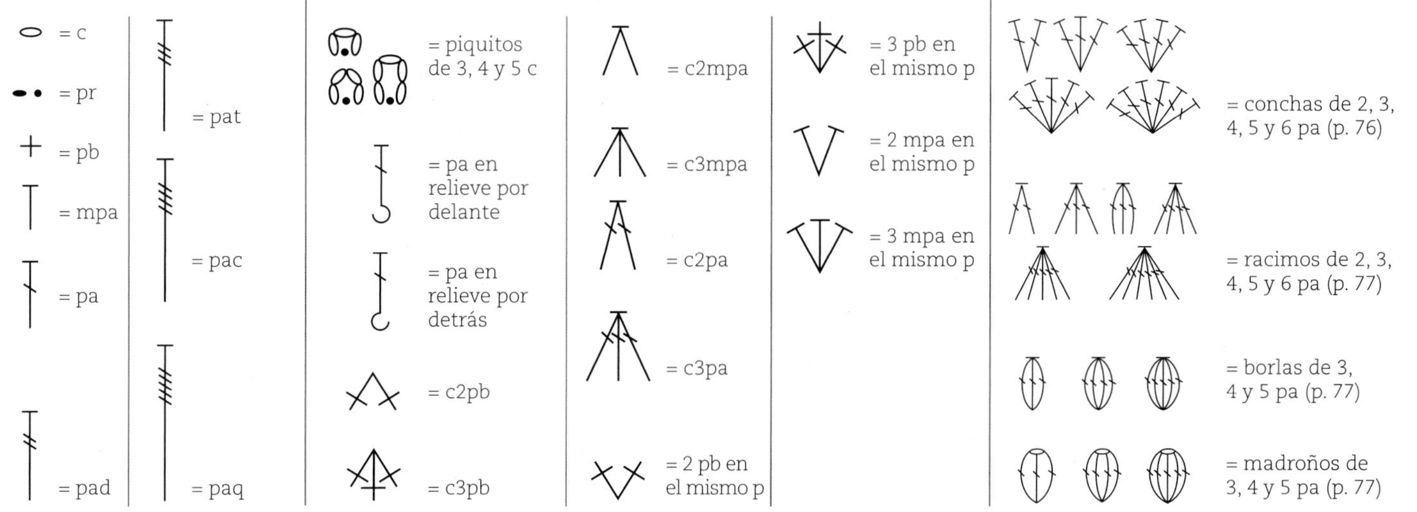

# MUESTRAS DE PUNTOS DE TEXTURA SIMPLE

Seleccionados por su facilidad, estos puntos abarcan una amplia gama de texturas. Se recomienda a los principiantes seguir las instrucciones escritas durante las primeras vueltas, consultando los símbolos (p. 83) para mayor claridad y el ejemplo de la página 81. Si en las instrucciones de un punto no se indica si se trata de la cara del derecho o del revés (como en el caso del canalé y el punto de conchas cerrado), significa que el tejido es idéntico por ambas caras y, por ende, reversible.

## PUNTO CANALÉ A GANCHILLO

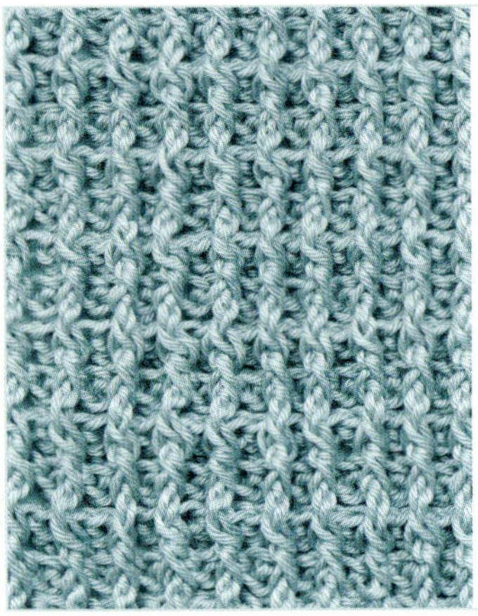

**Diagrama**

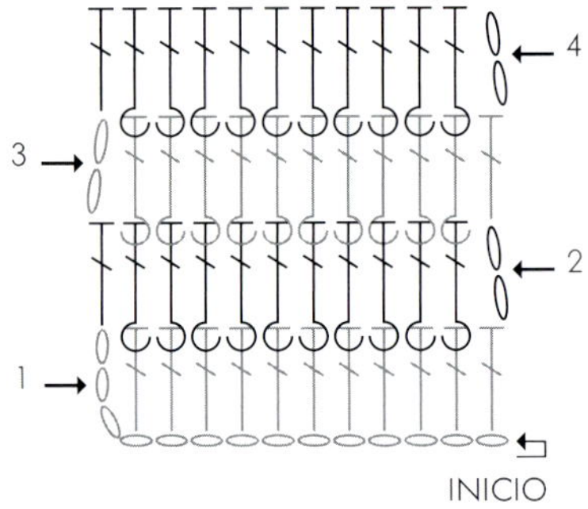


**Instrucciones**
Hacer un número de cadenetas múltiplo de 2.
**Vuelta 1:** 1 pa en la cuarta c desde el ganchillo, 1 pa en cada c rest, girar.
**Vuelta 2:** 2 c (se cuentan como primer p), saltar el primer pa, *1 pa en relieve por delante del siguiente pa, 1 pa en relieve por detrás del siguiente pa; rep desde * hasta el final, 1 pa encima de la c de vuelta al final, girar.
Rep la vuelta 2 para elaborar la muestra.

## PUNTO CRUZADO SIMPLE

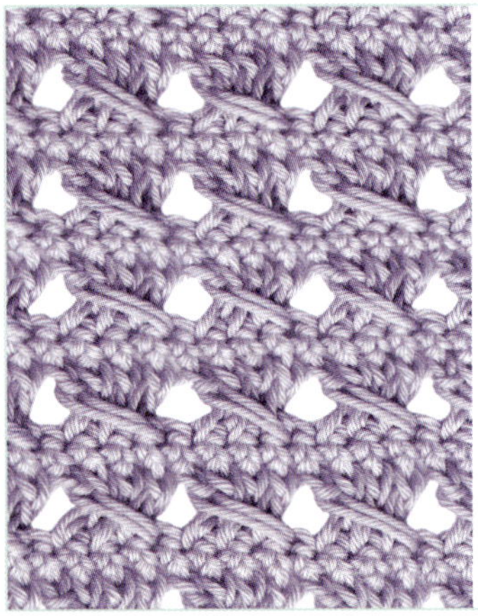

**Diagrama**

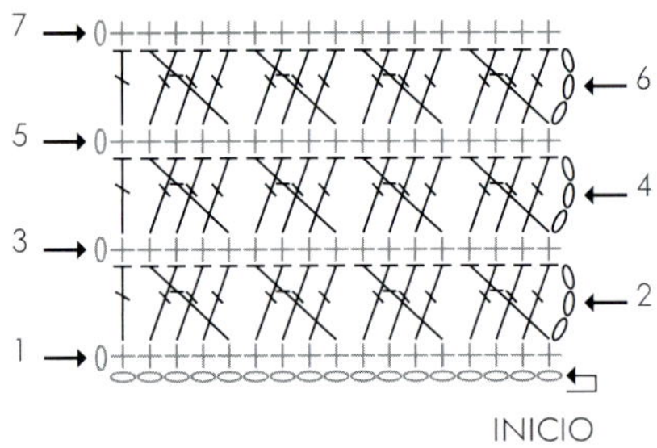


**Instrucciones**
Hacer un número de c múltiplo de 4 y 2 más.
**Vuelta 1:** 1 pb en la segunda c desde el ganchillo, 1 pb en cada c rest, girar.
**Vuelta 2 (D):** 3 c (se cuentan como primer pa), saltar el primer pb, 1 pa en cada uno de los 3 pb sig, eh e insertar el ganchillo de delante atrás en el primer pb (el pb saltado), eh y sacar una lazada larga, estirándola para llevarla por detrás hasta la posición de trabajo sin apretar el grupo de 3 pa recién hecho, (eh y sacar el hilo por las 2 primeras lazadas del ganchillo) 2 veces (llamado pa largo), * saltar el sig pb, 1 pa en cada uno de los 3 pb sig, 1 pa largo en el último pb saltado; rep desde * hasta el último pb, 1 pa en el último pb, girar.
**Vuelta 3:** 1 c (NO se cuenta como p), 1 pb en cada pa hasta el final (NO tejer un pb en la cadeneta de vuelta de 3 c), girar.
Rep las vueltas 2 y 3 para elaborar la muestra.

## PUNTO DE CONCHAS CERRADO

**Diagrama**

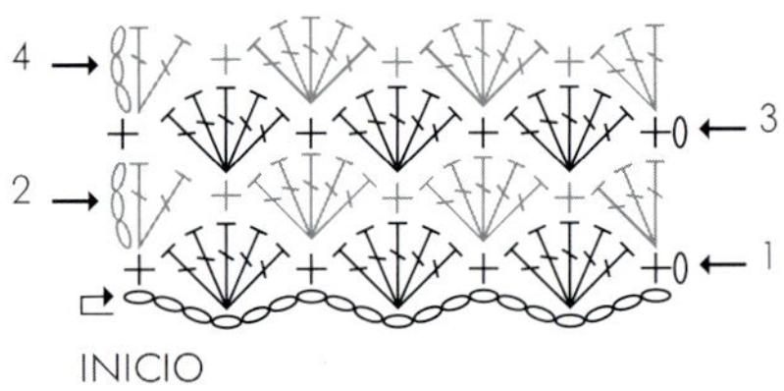


**Instrucciones**
Hacer un número de c múltiplo de 6 y 2 más.
**Vuelta 1:** 1 pb en la segunda c desde el ganchillo, * saltar las 2 c sig, 5 pa en la sig c, saltar las 2 c sig, 1 pb en la sig c; rep desde * hasta el final, girar.
**Vuelta 2:** 3 c (se cuentan como primer pa), 2 pa en el primer pb, * saltar los 2 pa sig, 1 pb en el sig pa, 5 pa en el sig pb (entre conchas); rep desde *, acabando con 3 pa (en lugar de 5) en el último pb, girar.
**Vuelta 3:** 1 c (NO se cuenta como p), 1 pb en el primer pa, *5 pa en el sig pb (entre conchas), saltar los 2 pa sig, 1 pb en el sig pa; rep desde *, trabajando el último pb encima de las 3 c del final, girar.
Rep las vueltas 2 y 3 para elaborar la muestra.

## PUNTO DE RACIMOS Y CONCHAS

**Diagrama**

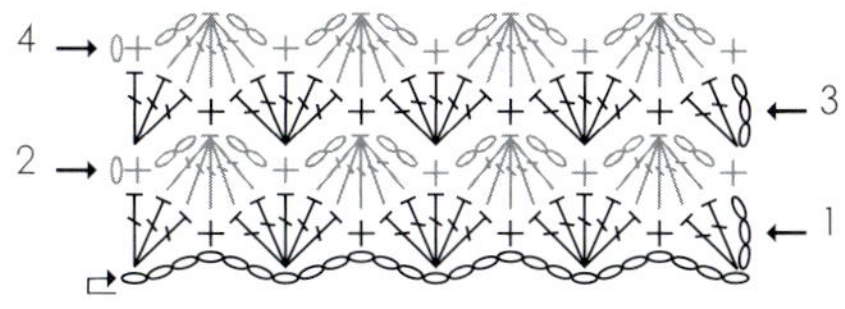


**Instrucciones**
**Nota: racimo (también llamado c5pb)** = sobre el sig grupo de 5 p (2 pa, 1 pb y 2 pa) tejer (eh e insertar el ganchillo en el p sig, eh y sacar una lazada, eh y sacar el hilo por las 2 primeras lazadas del ganchillo) 5 veces (quedarán 6 lazadas en el ganchillo), eh y sacar el hilo por las 6 lazadas (p. 77).
Hacer un número de c múltiplo de 6 y 4 más.
**Vuelta 1 (D):** 2 pa en la cuarta c desde el ganchillo, saltar las 2 c sig, 1 pb en la sig c, * saltar las 2 c sig, 5 pa en la sig c, saltar las 2 c sig, 1 pb en la sig c; rep desde * hasta las 3 últimas c, saltar las 2 c sig, 3 pa en la última c, girar.
**Vuelta 2:** 1 c (NO se cuenta como p), 1 pb en el primer pa, *2 c, 1 racimo sobre los 5 p sig, 2 c, 1 pb en el sig pa (el p central del grupo de 5 pa); rep desde *, tejiendo el último pb de la última rep encima de las 3 c del final, girar.
**Vuelta 3:** 3 c (se cuentan como primer pa), 2 pa en el primer pb, saltar las 2 c sig, 1 pb en el p sig (sobre el primer racimo), *5 pa en el sig pb, saltar las 2 c sig, 1 pb en p sig (sobre el siguiente racimo); rep desde *, acabando con 3 pa en el último pb, girar. Rep las vueltas 2 y 3 para elaborar la muestra.

## PUNTO DE BORLAS SIMPLE

**Diagrama**

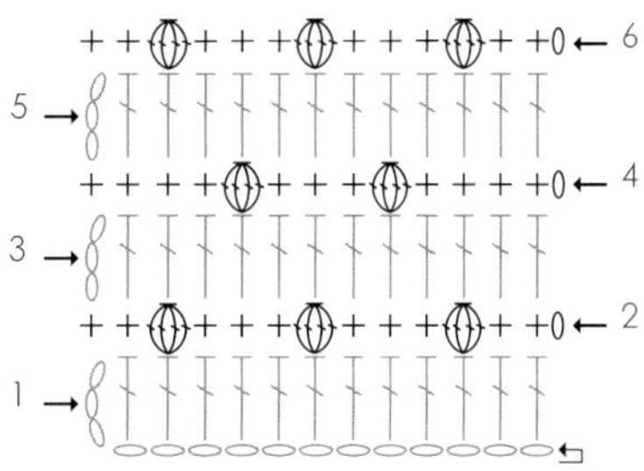


**Instrucciones**
**Nota: borla** = (eh e insertar el ganchillo en el p especificado, eh y sacar una lazada, eh y sacar el hilo por las 2 primeras lazadas del ganchillo) 4 veces en el mismo p (quedarán 5 lazadas en el ganchillo), eh y sacar el hilo por las 5 lazadas (p. 77). Hacer un número de c múltiplo de 4 y 3 más.
**Vuelta 1 (R):** 1 pa en la cuarta c desde el ganchillo, 1 pa en cada c rest, girar.
**Vuelta 2 (D):** 1 c (NO se cuenta como p), 1 pb en cada uno de los 2 primeros pa, *1 borla en el sig pa, 1 pb en cada uno de los 3 pa sig; rep desde * hasta los últimos 2 pa, 1 borla en el sig pa, 1 pb en el sig pa, 1 pb encima de las 3 c del final, girar.
**Vuelta 3:** 3 c (se cuentan como primer pa), saltar el primer pb y tejer 1 pa en cada p hasta el final, girar.
**Vuelta 4:** 1 c (NO se cuenta como p), 1 pb en cada uno de los 4 primeros pa, *1 borla en el sig pa, 1 pb en cada uno de los 3 pa sig; rep desde *, acabando con 1 pb encima de las 3 c del final, girar.
**Vuelta 5:** Rep la vuelta 3.
Rep vueltas 2 a 5, y terminar con una vuelta 5.

## CONCHAS Y CADENETAS

**Diagrama**

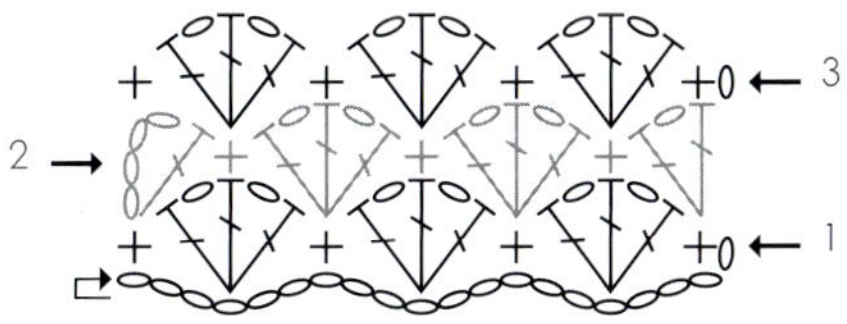


**Instrucciones**
Hacer un número de c múltiplo de 6 y 2 más.
**Vuelta 1 (D):** 1 pb en la segunda c desde el ganchillo, * saltar las 2 c sig, (1 pa, 1 c, 1 pa, 1 c, 1 pa) en la sig c, saltar las 2 c sig, 1 pb en la sig c; rep desde * hasta el final, girar.
**Vuelta 2:** 4 c (se cuentan como 1 pa y un esp de 1 c), 1 pa en el primer pb, saltar el sig pa, 1 pb en el sig pa (el central de la concha), * (1 pa, 1 c, 1 pa, 1 c, 1 pa) en el sig pb (entre conchas), saltar el sig pa, 1 pb en el sig pa (el central de la concha); rep desde *, acabando con (1 pa, 1 c, 1 pa) en el último pb, girar.
**Vuelta 3:** 1 c (NO se cuenta como p), 1 pb en el primer pa, * (1 pa, 1 c, 1 pa, 1 c, 1 pa) en el sig pb, saltar el sig pa, 1 pb en el sig pa (el central de la concha); rep desde *, tejiendo el último pb de la última rep en la tercera de las cuatro cadenetas iniciales de la vuelta anterior, girar.
Rep las vueltas 2 y 3 para elaborar la muestra.

# ADORNOS DE GANCHILLO

*Existen diversas posibilidades para añadir adornos sutiles* o atrevidos a las labores de ganchillo. Pese a que pueda parecer poco importante, elegir los botones apropiados es una prioridad, por lo que conviene hacerlo con atención y llevarse la labor terminada a la tienda para comprobar que combinen bien. Otros adornos para labores de ganchillo son cuentas, cintas, pompones, flecos, ribetes, puntillas y bordados.

## CUENTAS Y ABALORIOS

Si solo va a añadir unas pocas cuentas, puede coserlas a la labor una vez concluida. Sin embargo, si desea distribuirlas por toda la labor, lo mejor es ir incorporándolas a medida que se teje. La técnica más habitual para tejer a ganchillo con cuentas se basa en el punto bajo como tejido de fondo.

### TEJER A PUNTO BAJO CON CUENTAS

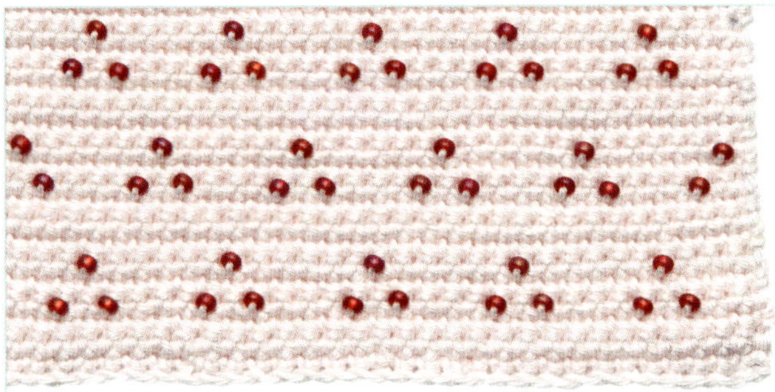

El tejido de ganchillo con cuentas se presta a una amplia variedad de diseños geométricos, únicos o espaciados de modo regular o aleatorio. Ahora bien, procure no usar demasiadas cuentas, ni muy grandes, pues harán que el tejido pese mucho y se deforme.

**1** El punto bajo con cuentas suele trabajarse a partir de esquemas que muestran la posición de cada cuenta. Estos esquemas se leen igual que los del tejido a ganchillo multicolor (p. 116), y la clave adjunta indica qué puntos se tejen a punto bajo normal y cuáles llevan una cuenta. Enlace el extremo del hilo de la labor en una lazada del hilo de coser, como muestra la imagen, y después ensarte las cuentas en la aguja para pasarlas al hilo de la labor.

**2** Siguiendo el esquema del patrón, deslice las cuentas por el hilo hasta el lugar indicado. Las cuentas siempre se colocan en las vueltas por el revés. Al llegar a la posición de una cuenta, teja el siguiente punto bajo hasta echar el hilo por última vez, de modo que le queden 2 lazadas en el ganchillo.
Deslice una cuenta hacia el tejido y eche el hilo como indica la flecha.

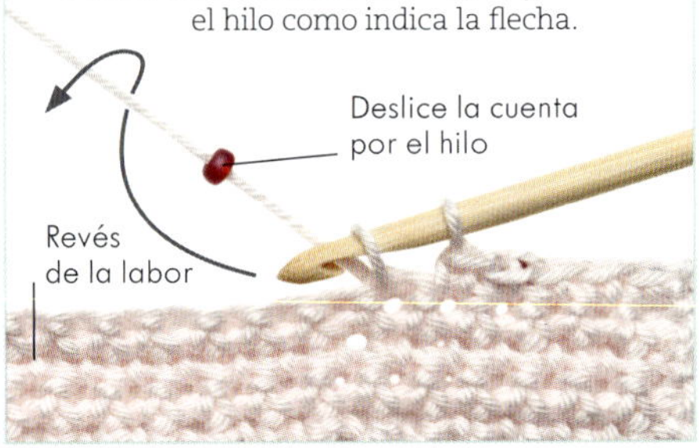


**3** Saque el hilo a través de las dos lazadas del ganchillo para completar el punto bajo.

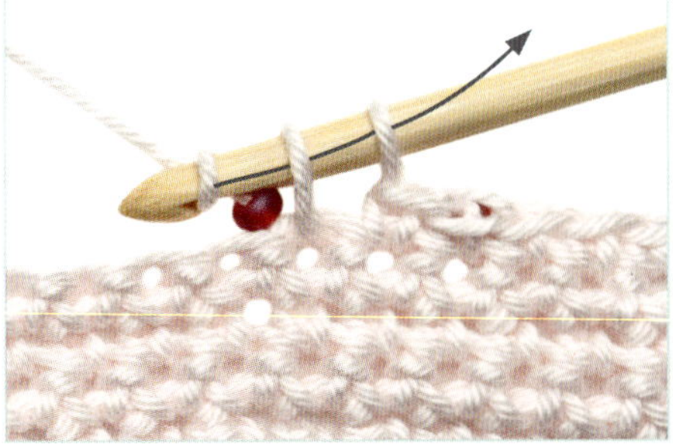

**4** Cierre el punto bajo bien prieto para que la cuenta quede ceñida al tejido por el derecho de la labor.

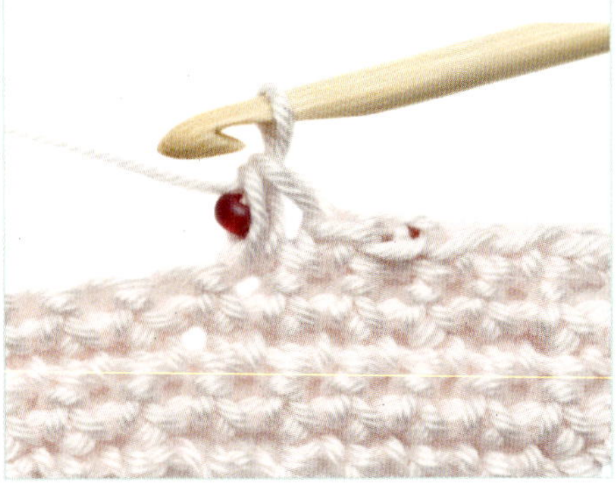

## BORDADOS

Como el punto bajo crea un tejido muy firme, resulta fácil bordar encima. Hay muchos puntos de bordado adecuados para decorar labores de ganchillo: a continuación se explican algunos de los más comunes. Para bordar se usa un hilo similar al utilizado para tejer, o bien uno algo más grueso, para que resalten las puntadas, y una aguja lanera o de punta roma como la que se utiliza para las costuras.

### FESTÓN

**Ribete:** El festón crea un acabado decorativo sobrio y pulido. Después de afianzar el hilo con 2 o 3 puntadas por encima en el borde de la labor, haga puntadas regularmente espaciadas de izquierda a derecha, como muestra la imagen.

### CADENETA

**Motivo curvo:** El punto de cadeneta bordado es ideal para motivos curvos. Sujete el hilo por el revés de la labor y vaya sacando las lazadas con el ganchillo. Para rematar, saque el extremo del hilo a través de la última lazada y páselo hacia el revés por encima de esta. Remate los cabos por el revés.

### PUNTO DE CRUZ

1 Sobre punto bajo, cada punto de cruz se borda sobre un solo punto. Complete cada cruz antes de pasar a la siguiente. Haga las puntadas más bien flojas para que no deformen el tejido.

2 Bordar líneas entrecruzadas a punto de cruz es una forma efectiva de crear un dibujo de cuadros sobre una base lisa a punto bajo y dar así un toque especial a una sencilla pieza monocolor.

## RIBETES DE GANCHILLO

En las páginas 88–93 se muestran ribetes y puntillas de ganchillo que constituyen un fantástico y sencillo adorno para diversas labores. Algunos ribetes se pueden tejer directamente en la labor (p. 86); otros se tejen por separado y luego se cosen, como se ve abajo.

### AÑADIR UN RIBETE

**Ribete cosido:** Para coser un ribete use un hilo a tono con el color de fondo de la labor y una aguja lanera. Tras afianzar el hilo en el extremo derecho de la costura con 2 o 3 puntadas por encima, una el ribete a la pieza con un sobrehilado de puntadas espaciadas a intervalos regulares, como muestra la imagen.

# DETALLES DE ACABADO

Para los detalles de acabado se utilizan técnicas de ganchillo algo distintas. A continuación se muestran algunas de las más habituales. Dedique tiempo al acabado de sus labores y practique estos métodos en muestras pequeñas antes de aplicarlos a sus piezas completadas.

## RIBETE A PUNTO BAJO

**En el borde superior o inferior de una pieza de ganchillo:** Añadir un sencillo ribete a punto bajo es un método excelente para arreglar los bordes de las piezas de ganchillo. Para tejerlo en el borde superior o el inferior, empalme el hilo al primer punto con un punto raso, teja 1 c, 1 pb en el mismo lugar que el punto raso y luego 1 pb en cada punto de abajo a lo largo de todo el borde.

**En los bordes laterales de una pieza de ganchillo:** Un ribete a punto bajo se teje del mismo modo en los orillos, o bordes de finales de vuelta, si bien no es tan fácil que quede uniforme. Para obtener un resultado perfecto, ajuste el número de puntos que necesita tejer en cada final de vuelta. Si el ribete queda ondulado, pruebe a tejer menos puntos en cada final de vuelta; si queda fruncido, teja más.

## RIBETE TEJIDO EN EL BORDE

Cualquiera de los ribetes de las páginas 88–93 que empiece con una vuelta a punto bajo puede tejerse directamente sobre la labor.

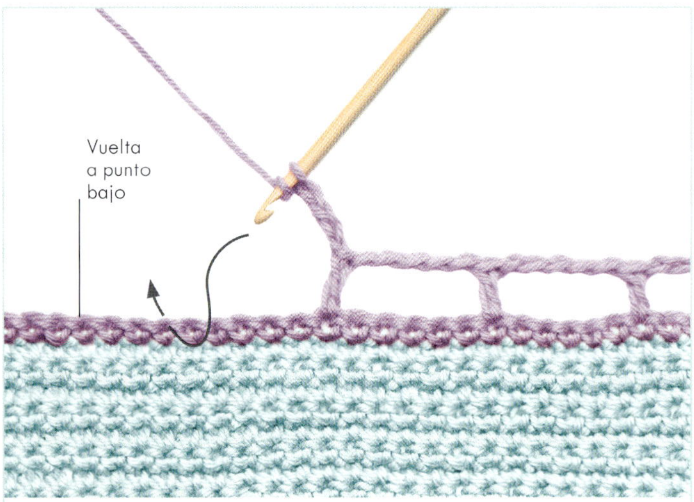


1 Con un color a contraste, empiece por tejer la vuelta a punto bajo sobre la base, después, gire la labor y teja la vuelta siguiente (la imagen muestra la segunda vuelta del ribete de conchas simples de la p. 90).

2 Al acabar la segunda vuelta, gire la labor y teja las restantes vueltas del ribete (en la imagen, la tercera y última vuelta de ribete de conchas simples).

# BOTONES DE BOLA

Unos botones de ganchillo del mismo color que la labor son un detalle de acabado sensacional. Pruebe con distintos hilos y tamaños de ganchillo para tejer botones de bola del tamaño deseado. El botón que se muestra en esta página se ha tejido con un hilo de algodón superfino y un ganchillo de 2 mm, y mide aproximadamente 1,5 cm de diámetro.

1 Teja el botón como sigue: Hacer 4 c y luego 1 pr en la primera c para formar un anillo.
**Vuelta 1 (D):** 1 c, 8 pb en el anillo (trabajando por encima del hilo del ovillo), unir con 1 pr al primer pb. (No girar al concluir las vueltas; trabajar siempre con el derecho de frente).
**Vuelta 2:** 1 c, 1 pb en el mismo pb que el último pr, 2 pb en el sig pb, (1 pb en el sig pb, 2 pb en el sig pb) 3 veces, unir con 1 pr al primer pb. (12 pb)
**Vuelta 3:** 1 c, 1 pb en cada pb hasta el final, unir con 1 pr al primer pb.
**Vuelta 4:** 1 c, 1 pb en el mismo pb que el último pr, (c2pb sobre el sig pb, 1 pb en el sig pb) 3 veces, c2pb sobre los 2 pb sig, unir con 1 pr al primer pb. (8 pb) Sacar la lazada del ganchillo y ensancharla para evitar que el botón se deshaga. Meter el cabo de la vuelta 1 dentro del botón y rellenar este bien prieto con relleno para juguetes.

2 Vuelva a pasar la lazada en el ganchillo y ténsela. Continúe el botón como sigue:
**Vuelta 5:** 1 c, c2pb sobre los 2 pb primeros (el mismo pb que el último pr y el sig pb), (2 pb sobre los 2 pb sig) 3 veces, unir con 1 pr al primer pb. (4 pb) Remate dejando un cabo suelto de al menos 20 cm. Añada relleno si es preciso. Luego, con una aguja lanera y el cabo suelto, cosa la abertura dela parte posterior del botón para cerrarlo.

3 No corte el cabo largo; consérvelo para coser el botón a la pieza.

## PRESILLAS

Hacer presillas en el borde de una funda de cojín, del delantero de una chaqueta o para abrochar prendas de bebé es muy sencillo.

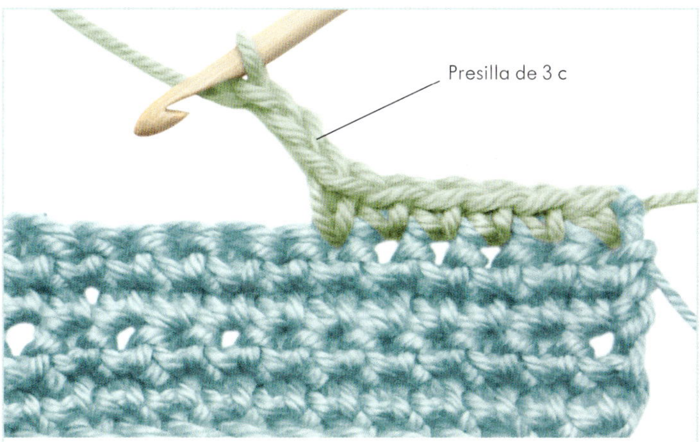


1 Trabaje a punto bajo hasta el punto donde va la presilla. Haga 2, 3 o más cadenetas, según el tamaño del botón.

2 Salte el mismo número de puntos del borde y teja el siguiente punto bajo en el punto siguiente. Compruebe si el tamaño de la presilla es el adecuado para el botón y, si fuera preciso, ajuste el número de cadenetas.

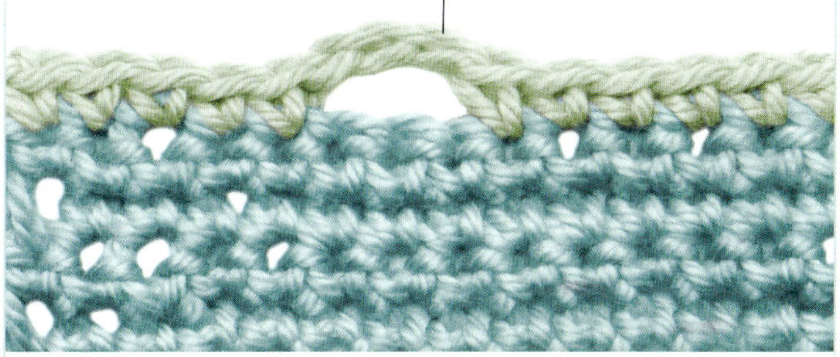


3 Continúe tejiendo a punto bajo a lo largo del borde, intercalando las presillas necesarias hasta llegar al final. Para que las presillas sean más resistentes, teja una segunda vuelta a punto bajo a lo largo de la primera, haciendo un número de puntos bajos igual al de cadenetas en cada presilla.

# MUESTRAS DE RIBETES SENCILLOS

Añadir un ribete decorativo de ganchillo a una labor por lo demás anodina puede transformarla en una pieza atractiva con un toque de elegancia. Todos los ribetes que se muestran en estas páginas se tejen a lo largo, de manera que se comienza con una cadeneta de una longitud equivalente a la del ribete que se pretende tejer. Adecuados incluso para principiantes, estos ribetes son perfectos para adornar bordes de toallas, colchas, mantas para bebés, cuellos y puños. Al hacer un ribete para rodear toda una manta, añada puntos para las esquinas; así, el ribete será más largo y podrá fruncirse para que girar resulte más fácil. Haga una pequeña muestra de prueba para calcular cuántos necesitará añadir. Consulte los símbolos y abreviaturas en la página 81.

## FLECO DE CADENETAS

**Instrucciones**
**Nota:** Este fleco se trabaja sobre una vuelta a pb. La longitud de las cadenetas colgantes puede modificarse ajustando el número de cadenetas de cada una.
Para empezar el ribete, haga 1 c más que el número de pb requerido.
**Vuelta 1 (R):** 1 pb en la segunda c desde el ganchillo, 1 pb en cada c rest, girar.
**Vuelta 2 (D):** 1 c, 1 pb en el primer pb, 29 c, 1 pb en el mismo lugar que el último pb, *1 pb en el sig pb, 29 c, 1 pb en el mismo lugar que el último pb; rep desde * hasta el final.
Rematar.

**Diagrama**

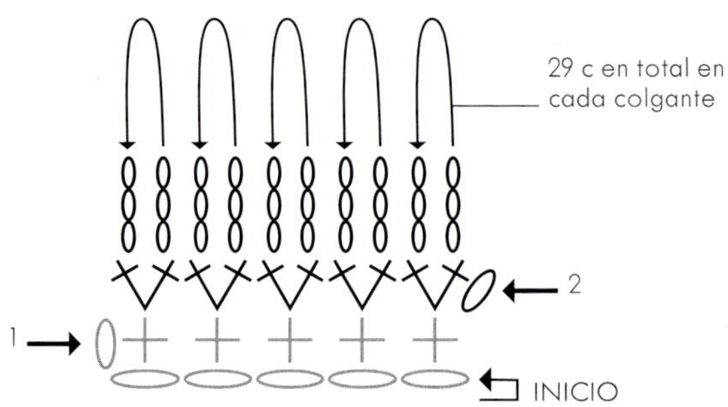


## RIBETE DE PICOS

**Instrucciones**
Hacer un número de c múltiplo de 4 y 3 más.
**Vuelta 1 (R):** 1 pa en la cuarta c desde el ganchillo, 1 pa en cada una de las c rest, girar.
**Vuelta 2 (D):** 3 c, 3 pa en el primer pa, *saltar los sig 3 pa, [1 pb, 3 c, 3 pa] en el sig pa; rep desde * hasta los últimos 3 pa, saltar los últimos 3 pa, 1 pb sobre las 3 c del final.
Rematar.

**Diagrama**

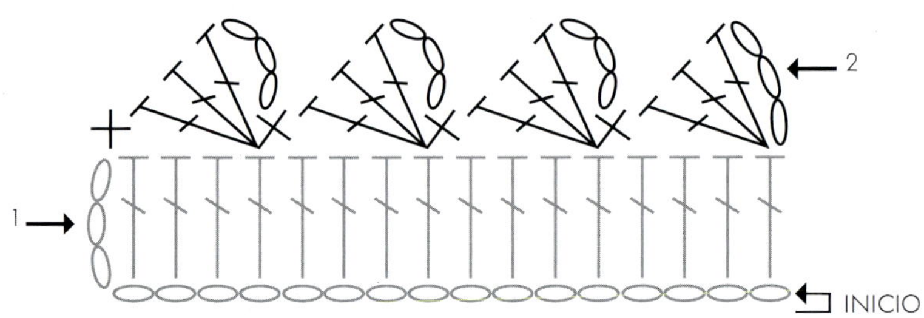

## RIBETE DE FESTÓN CON PIQUITOS

**Instrucciones**
Hacer un número de c múltiplo de 4 y 2 más.
**Vuelta 1 (R):** 1 pb en la segunda c desde el ganchillo, *5 c, saltar las 3 c sig, 1 pb en la sig c; rep desde * hasta el final, girar.
**Vuelta 2 (D):** 1 c, * (4 pb, 3 c, 4 pb) en la sig presilla de 5 c; rep desde * hasta el final.
Remater.

**Diagrama**

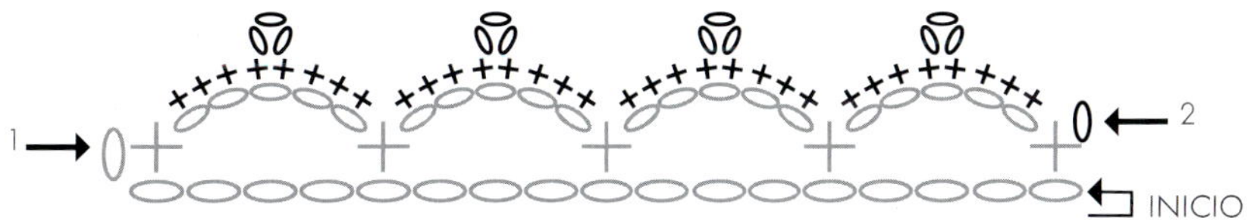


## RIBETE DE PRESILLAS DOBLES

**Instrucciones**
Hacer un número de c múltiplo de 5 y 2 más.
**Vuelta 1 (R):** 1 pb en la segunda c desde el ganchillo, 1 pb en la sig c, *5 c, saltar las 2 c sig, 1 pb en cada una de las 3 c sig; rep desde * hasta las últimas 4 c, 5 c, saltar las 2 c sig, 1 pb en cada una de las 2 c finales, girar.
**Vuelta 2 (D):** 1 c, 1 pb en el primer pb, *8 c, 1 pb en el pb central del sig grupo de 3 pb (al otro lado de la sig presilla de 5 c); rep desde *, tejiendo el último pb en el último pb de la vuelta 1.
Rematar.

**Diagrama**

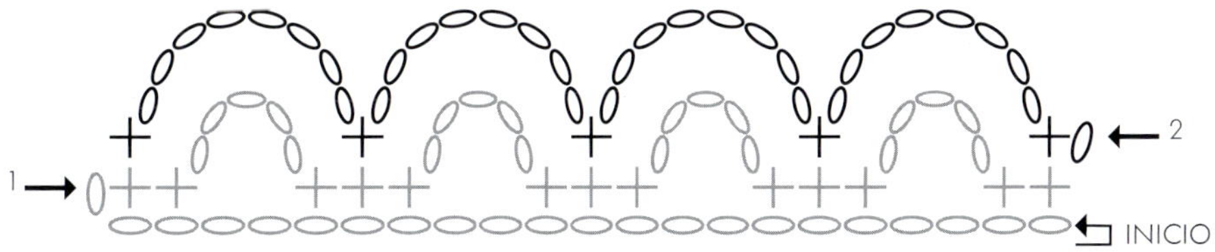


## RIBETE DE PICOS CALADO

**Instrucciones**
Hacer un número de c múltiplo de 7 y 2 más.
**Vuelta 1 (R):** 1 pb en la segunda c desde el ganchillo, 1 pb en cada una de las c rest, girar.
**Vuelta 2 (D):** 1 c, 1 pb en el primer pb, 1 mpa en el sig pb, 1 pa en el sig pb, 1 pad en el sig pb, *5 c, saltar los 3 pb sig, 1 pb en el sig pb, 1 mpa en el sig pb, 1 pa en el sig pb, 1 pad en el sig pb; rep desde * hasta los últimos 4 pb, 5 c, saltar los 3 pb sig, 1 pb en el último pb.
Rematar.

**Diagrama**

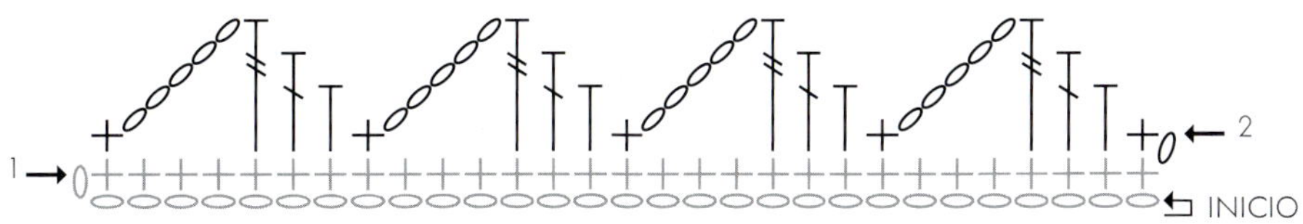

## RIBETE DE COLUMNAS

**Instrucciones**
Hacer un número de c múltiplo de 10 y 2 más.
**Vuelta 1 (R):** 1 pb en la segunda c desde el ganchillo, 1 pb en cada una de las c rest, girar.
**Vuelta 2 (D):** 1 c, 1 pb en el primer pb, *2 c, saltar el sig pb, 1 pa en el sig pb, (2 c, saltar el sig pb, 1 pad en el sig pb) 2 veces, 2 c, saltar el sig pb, 1 pa en el sig pb, 2 c, saltar el sig pb, 1 pb en el sig pb; rep desde * hasta el final. Rematar.

**Diagrama**

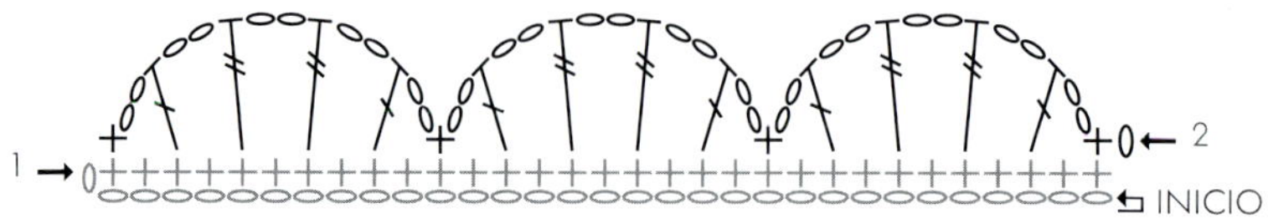


## RIBETE DE CONCHAS SIMPLES

**Instrucciones**
Hacer un número de c múltiplo de 6 y 2 más.
**Vuelta 1 (D):** 1 pb en la segunda c desde el ganchillo, 1 pb en cada una de las c rest, girar.
**Vuelta 2:** 5 c, saltar los primeros 3 pb, 1 pa en el sig pb, *5 c, saltar los 5 pb sig, 1 pa en el sig pb; rep desde * hasta los últimos 3 pb, 2 c, saltar los 2 pb sig, 1 pa en el último pb, girar.
**Vuelta 3:** 1 c, 1 pb en el primer pa, 3 c, 3 pa en el sig pa, *3 c, 1 pb en el esp de 5 c sig, 3 c, 3 pa en el sig pa; rep desde *, acabando con 3 c, saltar las primeras 2 c de las últimas 5 c, 1 pb en la sig c. Rematar.

**Diagrama**

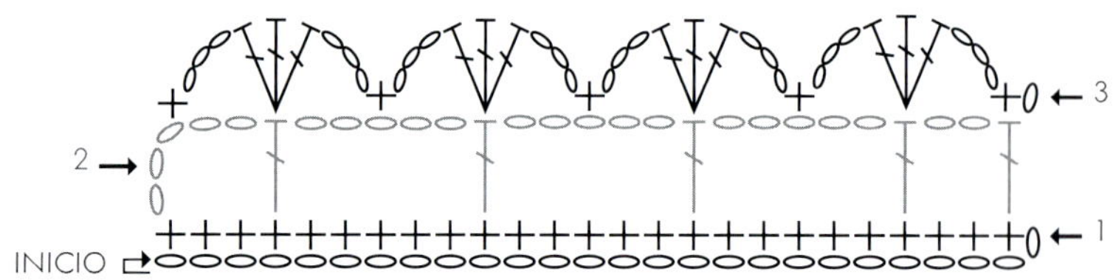


## FLECO RIZADO

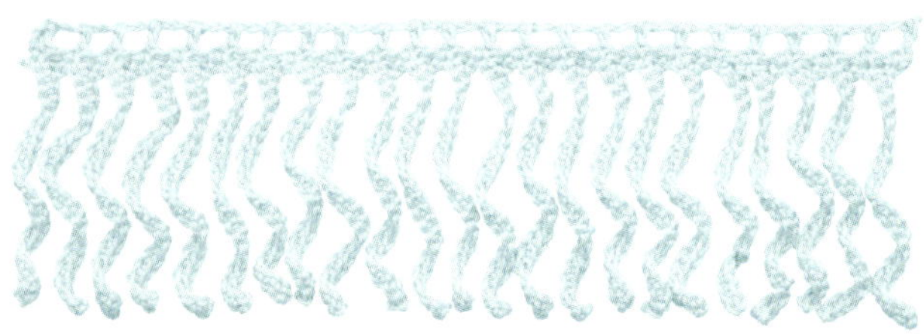

**Instrucciones**
**Nota:** El fleco se rizará de manera espontánea; no lo planche. Para empezar el ribete, hacer un número de c múltiplo de 2.
**Vuelta 1 (R):** 1 pad en la cuarta c desde el ganchillo, *1 c, saltar la sig c, 1 pad en la sig c; rep desde * hasta el final, girar.
**Vuelta 2 (D):** 1 c, 1 pb en el primer pad, *24 c, 1 pb en la segunda c desde el ganchillo, 1 pb en cada una de las 22 c rest, 1 pb en el sig pad; rep desde * hasta el final. Rematar.

**Diagrama**

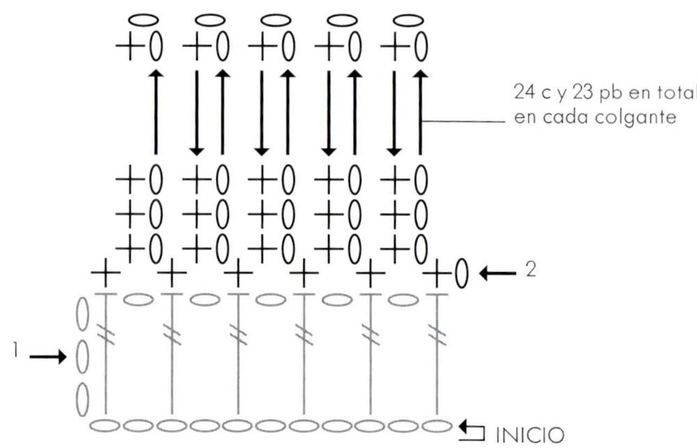

## RIBETE DE PIQUITOS TRIPLES

**Instrucciones**
Hacer un número de c múltiplo de 6 y 2 más.
**Vuelta 1 (R):** 1 pb en la segunda c desde el ganchillo, 1 pb en cada una de las c rest, girar.
**Vuelta 2 (D):** c, (1 pb, [5 c, 1 pb] 2 veces) en el primer pb, *4 c, saltar los 5 pb sig, (1 pb, [5 c, 1 pb] 3 veces) en el sig pb; rep desde * hasta el final. Rematar.

**Diagrama**

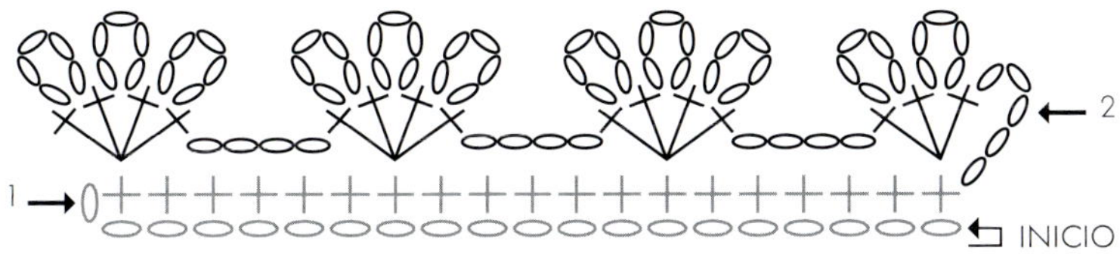


## RIBETE DE CONCHAS Y RACIMOS

**Instrucciones**
Hacer un número de c múltiplo de 8 y 4 más.
**Vuelta 1 (R):** 1 pa en la cuarta c desde el ganchillo, *saltar las 3 c sig, 6 pa en la sig c (para hacer una concha), saltar las 3 c sig, (1 pa, 1 c, 1 pa) en la sig c; rep desde * hasta las últimas 8 c, saltar las 3 c sig, 6 pa en la sig c, saltar las 3 c sig, 2 pa en la última c, girar.
**Vuelta 2 (D):** 1 c, saltar el primer pa, 1 pb en el sig pa, *4 c, (eh, insertar el ganchillo en el sig pa, eh y sacar una lazada, eh y sacarlo por los primeros 2 puntos del ganchillo) 6 veces (una en cada uno de los 6 pa de la concha), eh y sacar el hilo por las 7 lazadas del ganchillo para completar el racimo, 6 c, 1 pr en lo alto del racimo recién hecho, 4 c, 1 pb en la sig c al aire (entre 2 pa); rep desde * hasta el final, tejiendo el último pb de la última rep sobre las 3 c finales. Rematar.

**Diagrama**

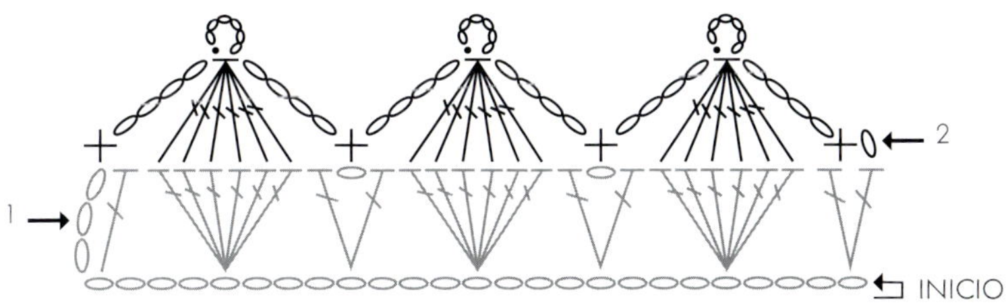


## RIBETE FESTONEADO CALADO

**Instrucciones**
Hacer un número de c múltiplo de 10 y 2 más.
**Vuelta 1 (D):** 1 pb en la segunda c desde el ganchillo, 1 pb en cada una de las c rest, girar.
**Vuelta 2:** 1 c, 1 pb en el primer pb, 2 c, saltar los 2 pb sig, 1 pb en el sig pb, 7 c, saltar los 3 pb sig, 1 pb en el sig pb, *6 c, saltar las 5 c sig, 1 pb en el sig pb, 7 c, saltar los 3 pb sig, 1 pb en el sig pb; rep desde * hasta los últimos 3 pb, 2 c, saltar los 2 pb sig, 1 pb en el último pb, girar.
**Vuelta 3:** 1 c, 1 pb en el primer pb, 13 pa en la sig presilla de 7 c, *1 pb en la sig presilla de 6 c, 13 pa en la sig presilla de 7 c; rep desde *, acabando con 1 pb en el último pb. Rematar.

**Diagrama**

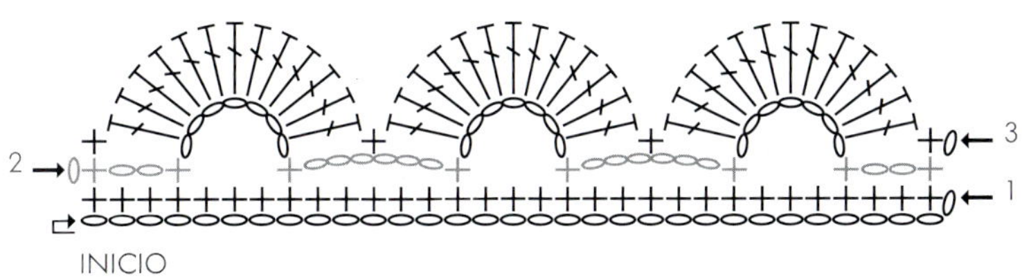

## RIBETE DE LÁGRIMAS

**Instrucciones**
Hacer un número de c múltiplo de 3.
**Vuelta 1 (R):** 1 pb en la segunda c desde el ganchillo, 1 pb en cada una de las c rest, girar.
**Vuelta 2 (D):** 1 c, 1 pb en el primer pb, 9 c, 1 pa en la sexta c desde el ganchillo, 4 c, *1 pb en cada uno de los 3 pb sig, 9 c, 1 pa en la sexta c desde el ganchillo, 4 c; rep desde * hasta el último pb, 1 pb en el último pb. Rematar.

**Diagrama**

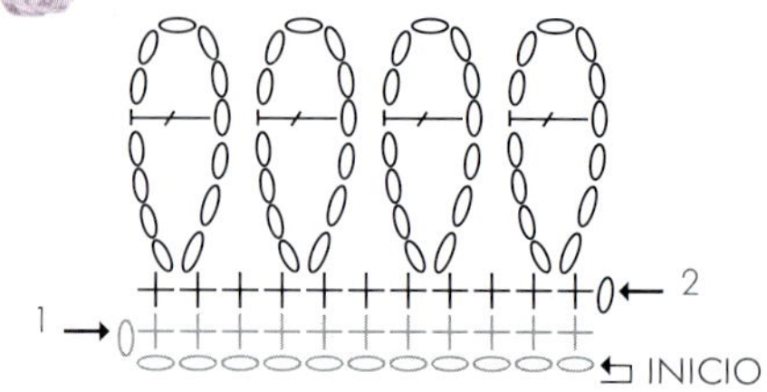


## RIBETE DE ROMBOS

**Instrucciones**
Hacer un número de c múltiplo de 6 y 2 más.
**Vuelta 1 (D):** 1 pb en la segunda c desde el ganchillo, *4 c, eh 2 veces e insertar el ganchillo en el mismo sitio que el anterior pb, (eh y sacarlo por las 2 primeras lazadas del ganchillo) 2 veces, eh 2 veces, saltar las 5 c sig e insertar el ganchillo en la sig c, (eh y sacarlo por las 2 primeras lazadas del ganchillo) 2 veces, eh y sacarlo por las 3 lazadas del ganchillo (abreviado c2pad), 4 c, 1 pb en el mismo lugar que el último pad; rep desde * hasta el final, girar.
**Vuelta 2:** 5 c, 1 pad en el primer c2pad, 4 c, 1 pb en el mismo lugar que el último pad, *4 c, c2pad en lo alto del último pad hecho y el sig, 4 c, 1 pb en el mismo lugar que el último pad; rep desde *, 4 c, eh 2 veces e insertar el ganchillo en el mismo lugar que el último pb, (eh y sacarlo por las 2 primeras lazadas del ganchillo) 2 veces, eh 3 veces e insertar el ganchillo en el último pb de la vuelta anterior, (eh y sacarlo por las 2 lazadas del ganchillo) 3 veces, eh y sacarlo por las 3 lazadas del ganchillo. Rematar.

**Diagrama**

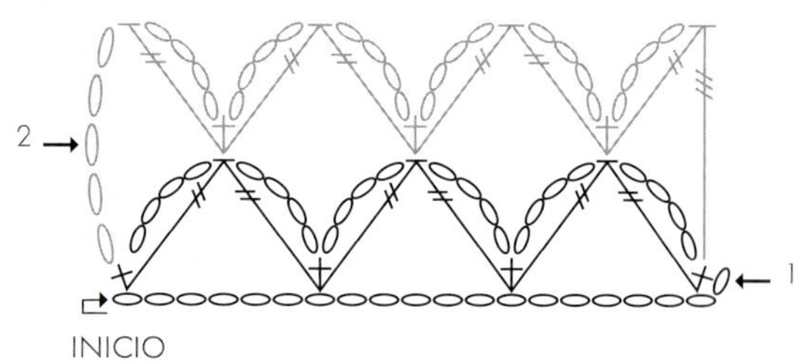


## RIBETE FESTONEADO DOBLE

**Instrucciones**
Hacer un número de c múltiplo de 5 y 2 más.
**Vuelta 1 (D):** 1 pb en la segunda c desde el ganchillo, 1 pb en cada una de las c rest, girar.
**Vuelta 2:** 6 c, saltar los primeros 2 pb, 1 pb en el sig pb, *5 c, saltar los 4 pb sig, 1 pb en el sig pb; rep desde * hasta los últimos 3 pb, 3 c, saltar los 2 pb sig, 1 pa en el último pb, girar.
**Vuelta 3:** 3 c, 3 pb en la primera presilla de 3 c, 1 pb en el sig pb, * (3 pb, 3 c, 3 pb) en la sig presilla de 5 c, 1 pb en el sig pb; rep desde *, acabando con (3 pb, 3 c, 1 pb) en la última presilla de 6 c, girar.
**Vuelta 4:** 1 c, 1 pb en el primer piquito de 3 c, *5 c, 1 pb en el sig; rep desde * hasta el final, girar.
**Vuelta 5:** 1 c, 1 pb en el primer pb, *1 c, 6 pa en la sig presilla, 1 c, 1 pb en el sig pb; rep de * al final. Rematar.

**Diagrama**

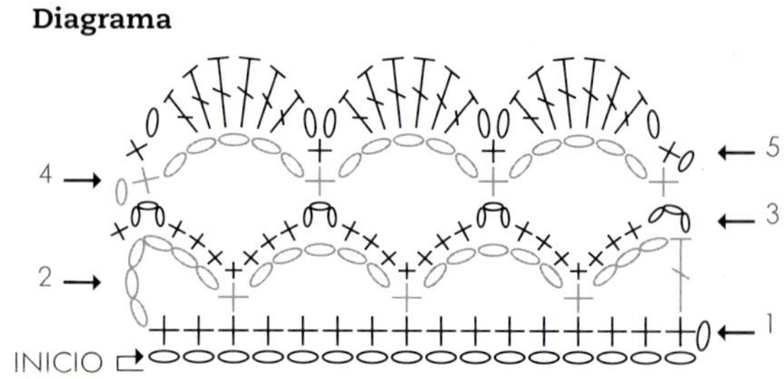

## RIBETE SENCILLO CON VARIOS PUNTOS

**Instrucciones**
Hacer un número de c múltiplo de 8 y 2 más.
**Vuelta 1 (R):** 1 pb en la segunda c desde el ganchillo, 1 pb en cada una de las c rest, girar.
**Vuelta 2 (D):** 1 c, 1 pr en el primer pb, *1 pb en el sig pb, 1 mpa en el sig pb, 1 pa en el sig pb, 3 pad en el sig pb, 1 pa en el sig pb, 1 mpa en el sig pb, 1 pb en el sig pb, 1 pr en el sig pb; rep desde * hasta el final. Rematar.

**Diagrama**

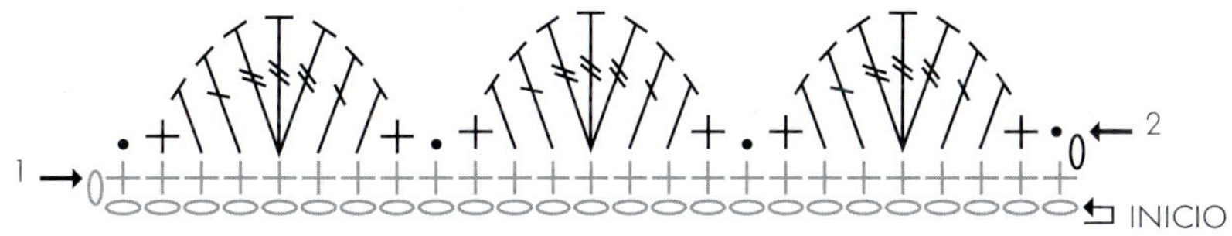


## RIBETE DE PÉTALOS

**Instrucciones**
Tejer un múltiplo de 14 c y 2 más.
**Vuelta 1 (D):** 1 pb en la segunda c desde el ganchillo, 1 pb en cada una de las c rest, girar.
**Vuelta 2:** 1 c, 1 pb en el primer pb, *6 c, saltar los 6 pb sig, (2 pa, 2 c, 2 pa) en el sig pb, 6 c, saltar los 6 pb sig, 1 pb en el sig pb; rep desde * hasta el final, girar.
**Vuelta 3:** 1 c, 1 pb en el primer pb, *6 c, (2 pa, 2 c, 2 pa) en el sig esp de 2 c, 6 c, 1 pb en el sig pb; rep desde * hasta el final. Rematar.
**Nota:** Para estirar este ribete, ponga un alfiler en cada esp de 2 c para darle la forma en punta correcta.

**Diagrama**

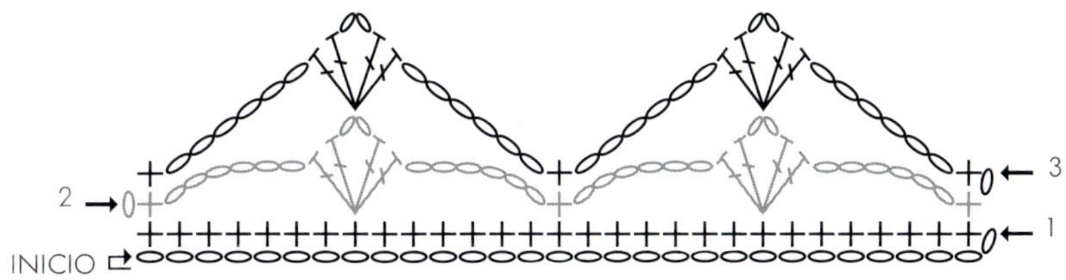


## RIBETE DE RUEDAS

**Instrucciones**
Hacer un número de c múltiplo de 6.
**Vuelta 1 (D):** 1 pb en la segunda c desde el ganchillo, *7 c, saltar las sig 5 c, 1 pb en la sig c; rep desde * hasta las últimas 3 c, 3 c, saltar las 2 c sig, 1 pb en la última c, girar.
**Vuelta 2:** 1 c, 1 pb en el primer pa, 2 c, 1 pa en el sig pb, *5 c, 1 pa en el sig pb; rep desde *, acabando con 2 c, 1 pb en la cuarta c desde el último pb de la vuelta anterior, girar.
**Vuelta 3:** 1 c, 1 pb en el primer pb, *3 c, 1 pa en el sig pa, 3 c, 1 pb en la presilla de 7 c de la vuelta 1 (recogiendo la presilla de 5 c de la vuelta anterior); rep desde * hasta el final, tejiendo el último pb de la última rep en el último pb de la vuelta 2. Rematar.

**Diagrama**

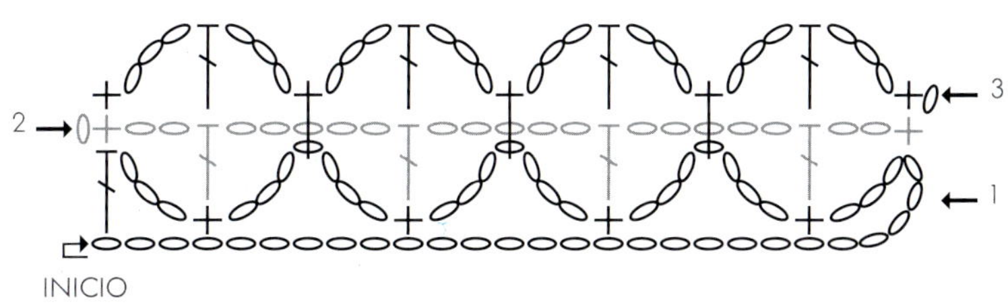

# RIBETES A GANCHILLO

*Los ribetes de ganchillo son sumamente versátiles* ya que pueden tejerse por separado o como parte de la labor. Si teje el ribete por separado, en forma de tira o puntilla, deberá añadirlo después al borde de la pieza cosiéndolo a mano a punto por encima (p. 85). Generalmente es preferible tejer el ribete directamente en la labor; de este modo se crea un tejido unificado y, al no requerir costura, se simplifica el acabado.

## RIBETEAR TELAS A GANCHILLO

No solo es posible ribetear a ganchillo tejidos de punto o de ganchillo, sino también toda suerte de telas. Un bonito ribete a ganchillo transforma artículos de uso diario como toallas, fundas de cojines y almohadas, servilletas y paños de cocina en elegantes piezas de decoración de interiores. Preparar las telas antes de tejer el ribete puede llevar algo más de tiempo, sobre todo si son muy tupidas o el borde tiende a deshilacharse. Para que esto no ocurra al insertar el ganchillo, puede ser necesario hacer un dobladillo primero. Si la tela no es demasiada tupida, es posible que pueda insertar el ganchillo sin más para tejer la primera vuelta. Sin embargo, conseguirá un acabado más pulido y homogéneo si antes prepara el borde: puede hacerlo de varias maneras y con distintos resultados en el ribete final.

### TEJER UN RIBETE A GANCHILLO MEDIANTE PERFORACIONES EN LA TELA

**1** Primero marque los puntos en los que va a insertar el ganchillo, a intervalos regulares a lo largo de la costura o el orillo.

**2** Haga una serie de agujeros en el borde del tejido con la punta del ganchillo, una aguja de zurcir grande, o un punzón para bordado si va a utilizar un hilo grueso y un ganchillo grande. Asegúrese de hacer el número de orificios necesarios para el ribete.

**3** Empalme el hilo en el primer agujero con un punto raso (p. 28) y a continuación haga 1 punto de cadeneta.

4 Teja 1 punto bajo (p. 34) en el primer agujero. No tire demasiado del hilo o la tela se arrugará.

5 A continuación teja 1 punto bajo en cada agujerito a lo largo del borde, procurando que quede bastante holgado.

## TEJER UN RIBETE A GANCHILLO SOBRE UN FESTÓN

1 Elija un hilo de coser o de bordar, o el hilo para ganchillo que vaya a utilizar para el ribete. Puede ser del mismo color que este o de un tono complementario. Con un hilo a contraste tanto con el ribete como con la tela conseguirá un efecto llamativo.

2 Haga un festón (p. 85) con puntadas separadas de manera uniforme a lo largo del borde de la tela. Asegúrese de que el número de puntadas sea un múltiplo acorde con los puntos del ribete para conseguir un acabado pulido.

3 Empalme el hilo del ribete a la parte superior horizontal del primer punto del festón.

4 Teja la primera vuelta a punto bajo sobre los puntos del festón.

5 Asegúrese de tejer el mismo número de puntos del ribete en cada punto del festón, alrededor de la línea horizontal superior. Remate el hilo y los cabos sueltos.

# COJINES RIBETEADOS

*Nivel de dificultad* ***

*Una manera fácil y rápida de personalizar* artículos comprados como cojines o fundas de almohada es añadirles un ribete o una puntilla a ganchillo. En las páginas 94–95 encontrará información detallada sobre cómo tejer un ribete a ganchillo.

**TÉCNICAS EMPLEADAS** Punto bajo **p. 34**, Punto alto **p. 44**, Trabajar en un espacio de cadeneta **p. 75**, Racimos **p. 77**, Ribetes a ganchillo **p. 94**

## MEDIDAS
Acordes con el largo del cojín

## HILO
DMC Petra Crochet Cotton Perle nº. 5 de 100 g/400 m (100 % algodón; cualquier hilo de algodón servirá para telas finas o de seda, o bien use una lana ligera para un ribete más grueso)

x 1

## GANCHILLO
Ganchillo de 2,5 mm

## OTRAS MEDIDAS
Aguja lanera
Funda de cojín ya confeccionada

## TENSIÓN
No se precisa una tensión exacta

## ABREVIATURAS ESPECIALES
**R3PA:** Racimo de 3 puntos altos. (Eh, insertar el ganchillo en el esp de c, eh y sacar una lazada, eh y sacarlo por las 2 primeras lazadas del ganchillo) 3 veces en el sig esp de 6 c, de tal manera que quedarán 4 lazadas en el ganchillo; eh y sacarlo por las 4 lazadas para cerrar el grupo de 3 pa.

## INSTRUCCIONES
Use un hilo a tono o a contraste para ribetear sus cojines, comprados o confeccionados a mano.

### RIBETE DE PRESILLAS Y RACIMOS
Prepare el borde haciendo agujeritos a intervalos regulares y a unos 5 mm de distancia del orillo. Necesitará un número de agujeros múltiplo de 8 y un agujero más para que el ribete quede bien. Con el derecho de frente, empalme el hilo al borde y haga 1 c.
**Vuelta 1:** 1 pb en cada agujero a lo largo del borde.
**Vuelta 2:** 1 c, 3 pb, *6 c, saltar los 3 pb sig, 5 pb; rep desde * hasta los últimos 6 pb, 6 c, saltar los 3 pb sig, 1 pb en cada uno de los últimos 3 pb, girar.
**Vuelta 3:** 3 c, 1 r3pa en el sig esp de 6 c, *4 c, 1 r3pa en el mismo esp, 4 c, 1 r3pa en el mismo esp, pero sin cerrar el racimo (dejar las últimas 4 lazadas en el ganchillo), 1 r3pa en el sig esp de 6 c y cerrar este racimo y el último racimo a la vez sacando el hilo por las 7 lazadas del ganchillo; rep desde * hasta el último esp de 6 c, (4 c, 1 r3pa en el mismo esp) 2 veces, 1 pa en el último pb. Rematar.

### VARIANTE DE PIQUITOS TRIPLES
Prepare el borde haciendo un festón por la cara del derecho con el mismo hilo con el que tejerá el ribete. Haga un múltiplo de 4 puntos de festón. Empalme el hilo al primer punto del festón, con el derecho de frente.
**Vuelta 1:** 4 pb en el primer punto del festón, 3 pb en cada uno de los puntos sig a lo largo del borde, girar.
**Vuelta 2:** 5 c, (1 pb, [5 c, 1 pb] 2 veces) en el primer pb, *4 c, saltar los 5 pb sig, pb en el sig pb, 4 c, saltar los 5 pb sig, (1 pb, [5 c, 1 pb] 3 veces) en el sig pb; rep desde * hasta el final. Rematar.

**Diagrama del ribete de presillas y racimos**

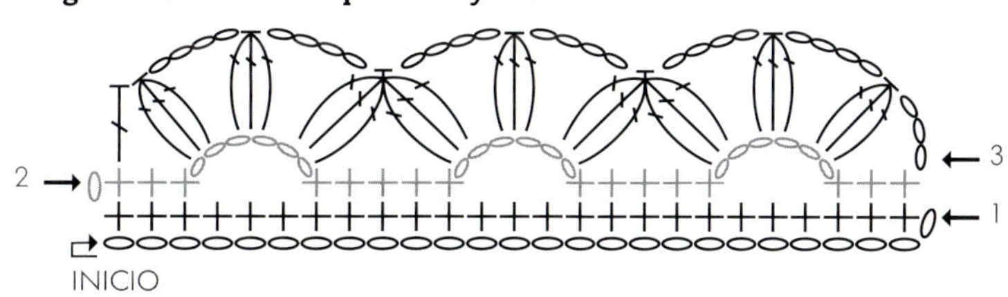


**Diagrama de la variante de piquitos triples**

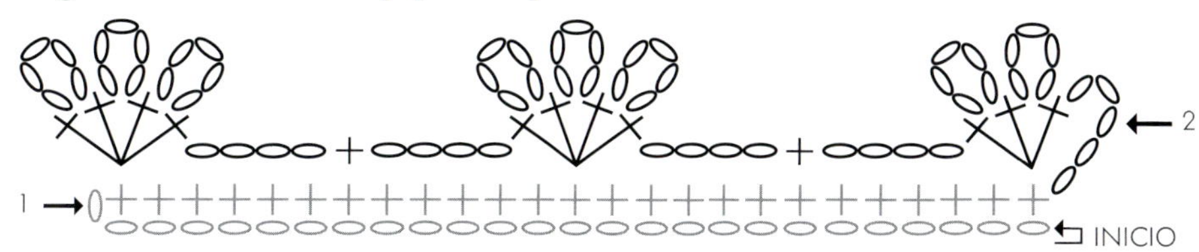

TÉCNICAS

# TEJIDO EN REDONDO

*Además de en vueltas sucesivas en línea recta,* se puede tejer a ganchillo en círculos, tanto para crear piezas tubulares como planas (llamadas medallones o rosetones). Las técnicas básicas para tejer en redondo son muy fáciles, incluso para principiantes. Muchos motivos y complementos se tejen de este modo, desde cuadrados afganos y flores hasta juguetes, gorros, mitones, cestitos y bolsas sin costuras.

## TUBOS A GANCHILLO

Las piezas tubulares a ganchillo se empiezan con una larga cadeneta base que se une para formar un anillo en torno al cual se tejen los círculos o vueltas en redondo. El cilindro más sencillo es el que se teje a punto bajo en espiral, sin cadenetas de vuelta.

### EMPEZAR UN TUBO

**1** Empiece el tubo o cilindro con una cadeneta de la longitud indicada en el patrón. Después, inserte el ganchillo en el primer punto de la cadeneta.

**2** Saque el hilo a la vez por la cadeneta y la lazada del ganchillo para completar el punto raso que unirá los extremos de la cadeneta para formar un anillo. Trabaje la primera vuelta y las siguientes como indique el patrón.

### TUBO EN ESPIRAL A PUNTO BAJO

**1** Haga el anillo base y una cadeneta. Teja el primer punto bajo en el mismo sitio que el punto raso y siga tejiendo 1 pb en cada una de las restantes cadenetas del anillo.

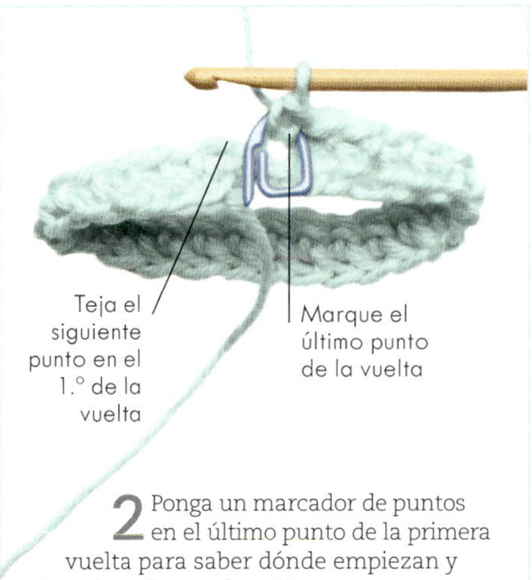


**2** Ponga un marcador de puntos en el último punto de la primera vuelta para saber dónde empiezan y terminan las vueltas. Para comenzar la segunda vuelta, teja el siguiente punto en el primero de la vuelta anterior.

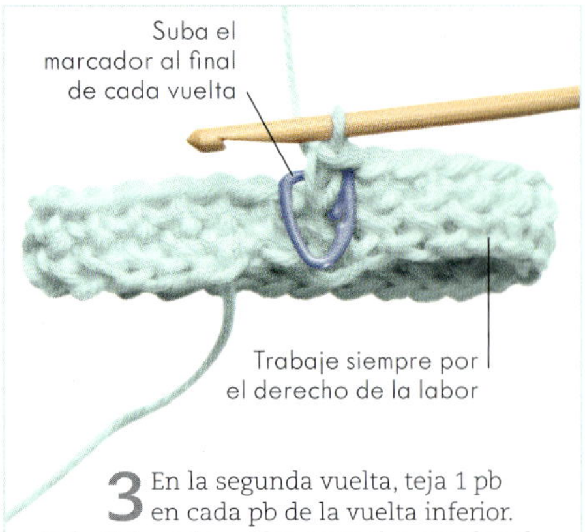


**3** En la segunda vuelta, teja 1 pb en cada pb de la vuelta inferior. Al final de cada vuelta, pase el marcador al último punto. (A medida que sube la espiral, el inicio de las vueltas se va desplazando hacia la derecha.) Continúe vuelta tras vuelta de la misma manera hasta que el tubo tenga la longitud requerida.

## TUBO A PUNTO ALTO SIN GIROS

Cuando se utilizan puntos más altos que el punto bajo para tejer tubos a ganchillo, cada vuelta se empieza con una cadeneta de vuelta.

**1** Para tejer un tubo a punto alto, empiece por hacer 3 cadenetas, con el derecho de la labor siempre de frente (sin girarla). Luego teja 1 pa en la siguiente cadeneta y en cada una de las cadenetas restantes del anillo.

**2** Al final de la vuelta, una el último punto a la parte superior de la cadeneta de vuelta inicial tejiendo un punto raso en la tercera de las 3 cadenetas.

**3** Comience la segunda vuelta con 3 cadenetas. No es necesario señalar el final de la vuelta con un marcador de puntos, puesto que la cadeneta de vuelta indica dónde empieza cada vuelta. Siga en torno al tubo, tejiendo 1 pa en cada pa de la vuelta anterior. Al final de la segunda vuelta, una el último punto a la parte superior de la cadeneta de vuelta con un punto raso. Prosiga del mismo modo, comenzando todas las vueltas siguientes con 3 cadenetas.

## TUBO A PUNTO ALTO CON GIROS

Si un tubo a punto alto debe encajar con un tejido trabajado en vueltas de otras partes de un artículo o una prenda, puede tejerse girando la labor al final de cada vuelta.

**1** Trabaje la primera vuelta a punto alto como para tejer un tubo sin giros. Luego gire la labor, teja 3 cadenetas como muestra la imagen y complete la vuelta.

**2** Para comenzar la tercera vuelta, gire la labor y teja 3 cadenetas. Continúe de este modo, uniendo el último punto con un punto raso a la parte superior de la cadeneta de vuelta al final de cada vuelta y girando la labor para iniciar la siguiente. El tejido presentará el aspecto del punto alto tejido en vueltas normales.

# CUADRADO BÁSICO MULTICOLOR

El cuadrado básico tradicional (también conocido como cuadrado afgano) es ideal para practicar y perfeccionar la técnica del punto alto. Si ya tiene experiencia en la materia, puede probar e idear múltiples variantes de este motivo cuadrado.

**Cuadrado de práctica:** Utilice un color diferente para cada vuelta hasta que aprenda a tejer estos motivos con soltura.

1 Haga 6 c y únalas con un punto raso para formar un anillo. Para la vuelta 1, haga 3 c, luego 2 pa en el anillo, luego otras 3 c seguidas de *3 pa en el anillo y 3 c.

2 Repita desde * 2 veces más. Cierre el anillo con 1 pr sobre la primera c. Corte el hilo al final de la vuelta si desea crear un cuadrado multicolor con un color distinto en cada vuelta.

3 Para la vuelta 2, empalme un nuevo hilo en cualquier espacio de 3 c, 3 c y luego 2 pa, 3 c y 3 pa en el mismo esp, *1 c y luego 3 pa, 3 c y 3 pa en el sig esp de 3 c. Repita desde * 2 veces más y después haga 1 c. Cierre la vuelta con 1 pr en la primera c.

4 Para la vuelta 3, empalme el hilo en cualquier espacio de 3 c, haga 3 c y luego 2 pa, 3 c y 3 pa en el mismo esp; 1 c y luego 3 pa en la sig c al aire; *1 c y luego 3 pa, 3 c y 3 pa en el sig esp de 3 c de la esquina; 1 c y luego 3 pa en la sig c al aire. Repita desde * alrededor y luego haga 1 c. Cierre la vuelta con un pr en la primera cadeneta.

Gire el cuadrado mientras trabaja

## UNIR MOTIVOS

**Costura plana a punto raso:** El modo más fácil de unir motivos es mediante una costura a ganchillo. Para hacer una costura a punto raso, coloque los dos motivos uno al lado del otro. Teja cada punto raso solo a través de una hebra (la posterior) de la parte superior de un punto de cada motivo. (Use un ganchillo de un número inferior al del usado para tejer los motivos, pero haga los puntos flojos.)

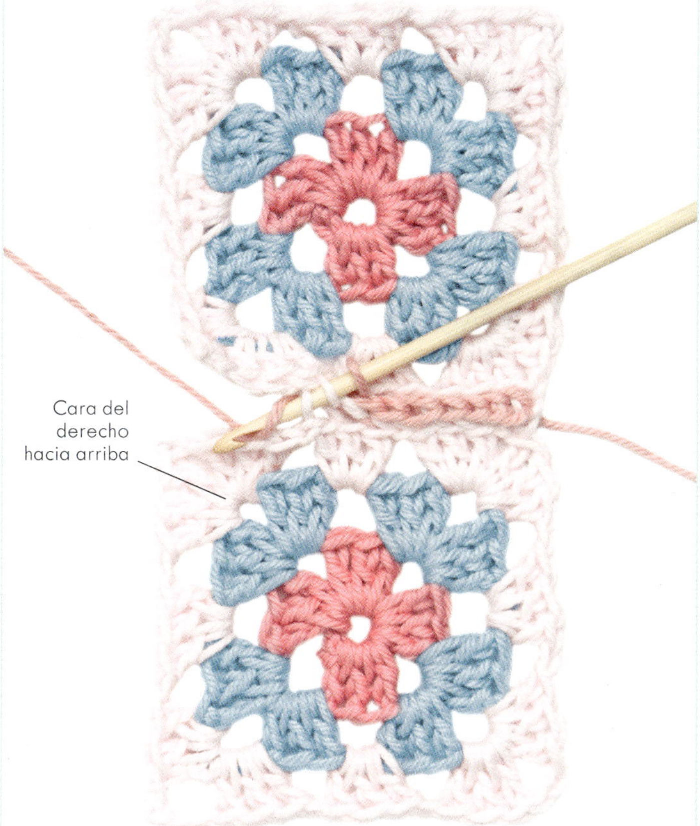

**Costura a punto bajo:** También es rápido hacer una costura a punto bajo. Esta costura forma una línea sobresaliente que puede convertirse en un elemento decorativo más por el derecho o bien ocultarse en el revés de la labor. Junte los dos motivos, ya sea por las caras del revés (la costura quedará por el derecho) o por del derecho (para que la costura quede por el revés). Luego teja cada punto bajo solo a través de una hebra de la parte superior de un punto de cada cuadrado (la hebra más cercana a usted en el cuadrado superior y la más alejada en el cuadrado inferior).

## MÉTODO DE UNIÓN SOBRE LA MARCHA

Cuando se tejen motivos puede hacerse una costura pulida y prácticamente invisible uniendo cada motivo a los contiguos sobre la marcha. Para describir esta técnica hemos elegido los cuadrados multicolores tradicionales, pero puede aplicar el mismo método a otros tipos de motivos. En primer lugar, teja un motivo completo; luego teja el segundo hasta la penúltima vuelta, pero no lo remate. Trabaje a lo largo del borde del segundo motivo, justo hasta que tenga que tejer la cadeneta de la esquina. Haga 1 cadeneta, únala con un punto raso a una de las cadenetas esquineras del primer motivo y complete el espacio de la esquina con 1 cadeneta y un grupo de tres puntos altos.

En lugar de hacer 1 cadeneta antes del siguiente grupo de puntos altos, empalme el motivo con un punto raso a la siguiente cadeneta al aire del primer motivo. Teja el siguiente grupo de puntos altos a lo largo del borde del segundo motivo, antes de unirlo al primer motivo con un punto raso como se ha indicado.

Continúe de este modo hasta llegar a la esquina siguiente, luego una la cadeneta de la esquina del segundo motivo a la de la esquina del primero como se ha indicado. Después, siga rodeando los bordes hasta completar el segundo motivo. En cuanto lo haya terminado, remate el hilo. Repítalo con todos los motivos siguientes, teniendo en cuenta que algunos de ellos solo deberán unirse por dos de sus bordes.

# MUESTRAS DE MOTIVOS SENCILLOS

Tejer motivos a ganchillo es una manera fantástica de aprovechar restos de hilo. Los motivos se pueden unir con una costura para elaborar artículos pequeños, como bolsos y fundas de cojín, o muy grandes, como colchas y mantas de bebé. Uniendo motivos también se hacen preciosos fulares y chales, sobre todo si se tejen con un hilo de mohair fino. No obstante, use hilos menos peludos para tejer sus primeros motivos, pues le resultará más sencillo aprender la técnica con una lana lisa y de peso ligero o medio. Si se guía por un diagrama, utilice los colores como especifiquen las instrucciones escritas. Los distintos tonos de los símbolos que aparecen en los diagramas se usan para diferenciar las vueltas y no indican cambios de color. (Consulte en la página 81 la lista de las abreviaturas de ganchillo y los símbolos de los puntos básicos.) Empalme los colores nuevos como se indica en la p. 57 y no gire la labor al acabar las vueltas: trabaje siempre con el derecho de frente.

## CUADRADO AFGANO TRADICIONAL

**Diagrama**

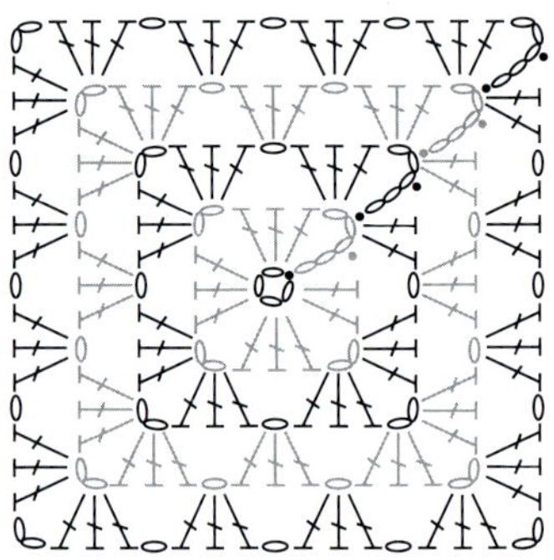

**Instrucciones**

Este cuadrado se teje en 4 colores (A, B, C y D), uno para cada vuelta. Con A, hacer 4 c y 1 pr en la primera c para formar un anillo.

**Vuelta 1 (D):** Con A, hacer 5 c (se cuentan como 1 pa y 1 esp de 2 c), (3 pa en el anillo, 2 c [estas 2 c forman un espacio de esquina]) 3 veces, 2 pa en el anillo, unir con 1 pr a la tercera de las 5 c. Rematar el hilo A.

**Vuelta 2:** Empalmar el hilo B con 1 pr a un esp de esquina de 2 c, 5 c, 3 pa en el mismo esp, *1 c, (3 pa, 2 c, 3 pa) en el sig esp de esquina de 2 c; rep desde * 2 veces más, 1 c, 2 pa en el mismo esp de esquina que las 5 c del principio de la vuelta, unir con 1 pr a la tercera de las 5 c. Rematar el hilo B.

**Vuelta 3:** Empalmar el hilo C en un esp de esquina de 2 c, 5 c, 3 pa en el mismo esp, *1 c, 3 pa en la sig c al aire, 1 c, (3 pa, 2 c, 3 pa) en el sig esp de esquina de 2 c; rep desde * 2 veces más, 1 c, 3 pa en la sig c al aire, 1 c, 2 pa en el mismo esp que las 5 c del principio de la vuelta, unir con 1 pr a la tercera de las 5 c. Rematar el hilo C.

**Vuelta 4:** Empalmar el hilo D a un esp de esquina de 2 c, 5 c, 3 pa en el mismo esp, *(1 c, 3 pa en la sig c al aire) 2 veces, 1 c, (3 pa, 2 c, 3 pa) en el sig esp de esquina de 2 c; rep desde * 2 veces más, (1 c, 3 pa en la sig c al aire) 2 veces, 1 c, 2 pa en el mismo esp que las 5 c del principio de la vuelta, unir con 1 pr a la tercera de las 5 c. Rematar.

## CUADRADO SIMPLE

**Diagrama**

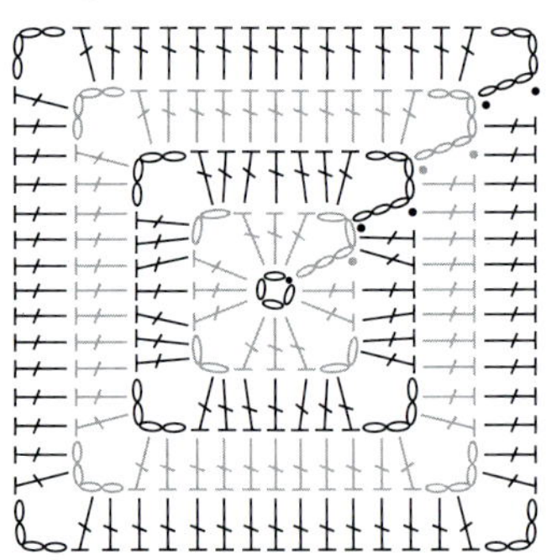

**Instrucciones**

Este cuadrado se teje en 4 colores (A, B, C y D). Con A, hacer 4 c y 1 pr en la primera c para formar un anillo.

**Vuelta 1 (D):** 5 c (se cuentan como un 1 pa y 1 esp de 2 c), (3 pa en el anillo, 2 c) 3 veces, 2 pa en el anillo, unir con 1 pr a la tercera de las 5 c.

**Vuelta 2:** Empalmar el hilo B con 1 pr a cualquier esp de 2 c, 7 c (se cuentan como 1 pa y 1 esp de 4 c), 2 pa en el mismo esp esquinero de 2 c, *1 pa en cada uno de los 3 pa sig, (2 pa, 4 c, 2 pa) en el esp esquinero de 2 c sig; rep desde * 2 veces más, 1 pa en cada uno de los 3 p sig (tejiendo el último de estos encima de la c de vuelta del inicio de la vuelta anterior), 1 pa en el mismo esp que las 7 c del inicio de la vuelta, unir con 1 pr a la tercera de las 7 c. Rematar el hilo B.

**Vuelta 3:** Empalmar el hilo C a un esp esquinero de 4 c, 7 c, 2 pa en el mismo esp, *1 pa en cada pa a lo largo de esta cara del cuadrado, (2 pa, 4 c, 2 pa) en el sig espacio esquinero de 4 c; rep desde * 2 veces más, 1 pa en cada pa a lo largo de este lado del cuadrado (trabajando el último encima de la c de vuelta del inicio de la vuelta anterior), 1 pa en el mismo esp que las 7 c del inicio de la vuelta, unir con 1 pr a la tercera de las 7 c. Rematar el hilo B.

**Vuelta 4:** Con D, rep la vuelta 3.
Rematar.

## HEXÁGONO CON FLOR

**Diagrama**

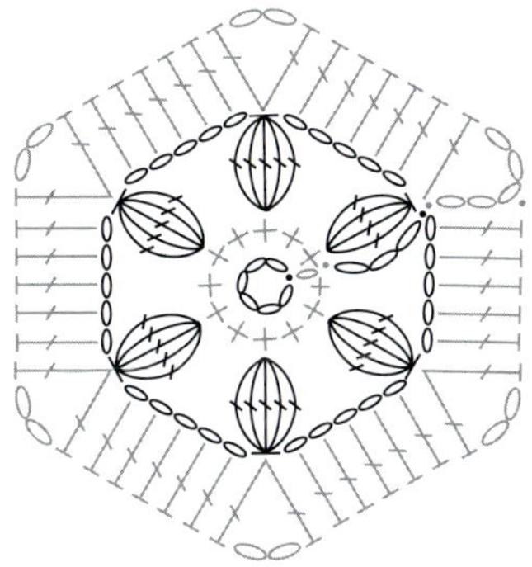

**Instrucciones**

**Borla** = (eh e insertar el ganchillo en 1 pb, eh y sacar una lazada, eh y sacar una lazada por las 2 primeras lazadas del ganchillo) 5 veces, todo en el mismo pb (quedarán 6 lazadas en el ganchillo), eh y sacarlo por las 6 lazadas.

Este hexágono se teje en 2 colores (A y B).

Con A, hacer 6 c y 1 pr en la primera c para formar un anillo.

**Vuelta 1 (D):** 1 c, 12 pb en el anillo, unir con 1 pr al primer pb.

**Vuelta 2:** 3 c, (eh e insertar el ganchillo en el mismo pb que el último pr, eh y sacar una lazada, eh y sacar una lazada por las 2 primeras lazadas del ganchillo) 4 veces, todo en el mismo pb (quedarán 5 lazadas en el ganchillo), eh y sacarlo por las 5 lazadas (así se forma la primera borla), *5 c, saltar el sig pb, 1 borla en el sig pb; rep desde * 4 veces más, 5 c, unir con 1 pr encima de la primera borla. Rematar el hilo A.

**Vuelta 3:** Empalmar el hilo B con 1 pr a la parte superior de una borla, 5 c (se cuentan como 1 pa y un esp de 2 c), 1 pa en el mismo sitio que el pr, *5 pa en el esp de 5 c sig, (1 pa, 2 c, 1 pa) encima de la sig borla; rep desde * 4 veces más, 5 pa en el esp de 5 c sig, unir con 1 pr a la tercera de las 5 c iniciales. Rematar.

## HEXÁGONO SIMPLE

**Diagrama**

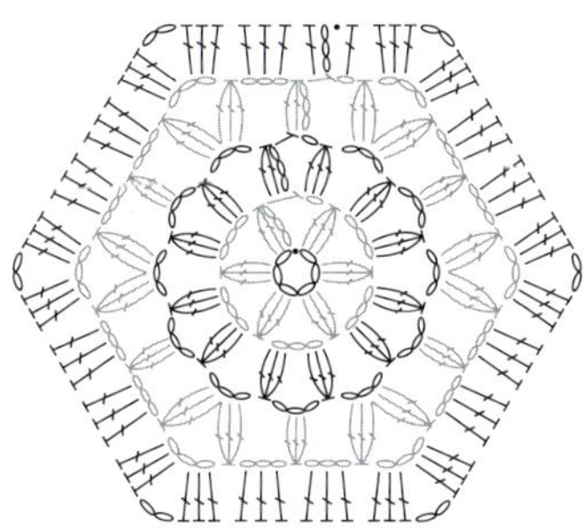

**Instrucciones**

**Racimo** = (eh e insertar el ganchillo en un esp, eh y sacar una lazada, eh y sacar una lazada por las 2 lazadas del ganchillo) 3 veces, todo en el mismo esp (quedarán 4 lazadas en el ganchillo), eh y sacar una lazada por las 4 lazadas.

Este hexágono se teje en 2 colores (A y B).

Con A, hacer 6 c y 1 pr en la primera c para formar un anillo.

**Vuelta 1(D):** 3 c, c2pa (se cuenta como primer racimo), (3 c, 1 racimo en el anillo) 5 veces, 1 c, unir con 1 mpa en la parte superior del primer racimo.

**Vuelta 2:** 3 c, c2pa en el esp formado por 1 mpa, *3 c, (1 racimo, 3 c, 1 racimo) en el sig esp de 3 c; rep desde * 4 veces más, 3 c, 1 racimo en la sig c al aire, 1 c, unir con 1 mpa encima del primer racimo cambiando al hilo B al eh por última vez. Cortar el hilo A.

**Vuelta 3:** Con B, 3 c, c2pa en el esp formado por 1 mpa, *3 c, (1 racimo, 3 c, 1 racimo) en el sig esp de 3 c, 3 c, 1 racimo en el sig esp de 3 c; rep desde * 4 veces más, 3 c, (1 racimo, 3 c, 1 racimo) en el sig esp de 3 c, 1 c, unir con 1 mpa encima del primer racimo cambiando al hilo C al eh por última vez. Cortar el hilo B.

**Vuelta 4:** Con A, 3 c, 1 pa en el esp formado por 1 mpa, *3 pa en el sig esp de 3 c, (3 pa, 2 c, 3 pa) en el sig esp de 3 c, 3 pa en el sig esp de 3 c; rep desde * 4 veces más, 3 pa en el sig esp de 3 c, (3 pa, 2 c, 3 pa) en el sig esp de 3 c, 1 pa en la sig c al aire, unir con 1 pr a la tercera de las 3 c iniciales. Rematar.

## CÍRCULO (ROSETÓN)

**Diagrama**

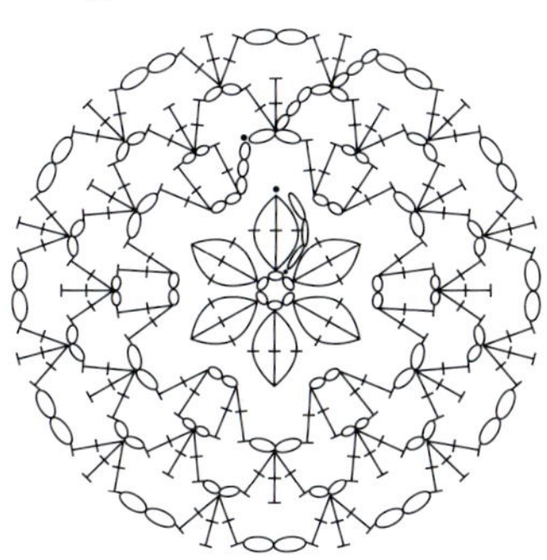

**Instrucciones**

**Racimo:** Tejer 3 puntos altos dobles a medio acabar en el sig punto y acabarlos todos juntos. Eh, insertar el ganchillo en un p, sacar una lazada, eh, sacar una lazada por las 2 lazadas, (eh, insertar el ganchillo en el mismo p, sacar una lazada, eh, sacar una lazada por las 2 lazadas) 2 veces, eh y sacarlo por las 4 lazadas d el ganchillo.

Con el hilo A, hacer 5 c y unirlas en un anillo con 1 pr.

**Vuelta 1:** 3 c, (1 racimo, 2 c) 6 veces en el anillo.

Cambiar al hilo B, empalmándolo a cualquier esp de 2 c.

**Vuelta 2:** 3 c, (1 pa, 2 c, 2 pa), (2 pa, 2 c, 2 pa) en cada esp de 2 c, cerrar el círculo con 1 pr.

Cambiar al hilo C, empalmándolo a cualquier esp de 2 c.

**Vuelta 3:** 3 c, 2 pa en el mismo esp, 2 c, (3 pa, 2 c) en cada esp, cerrar el círculo con 1 pr.

Cambiar al hilo D, empalmándolo a cualquier esp de 2 c.

**Vuelta 4:** Igual que la vuelta 3.

Rematar.

### TRIÁNGULO

**Diagrama**

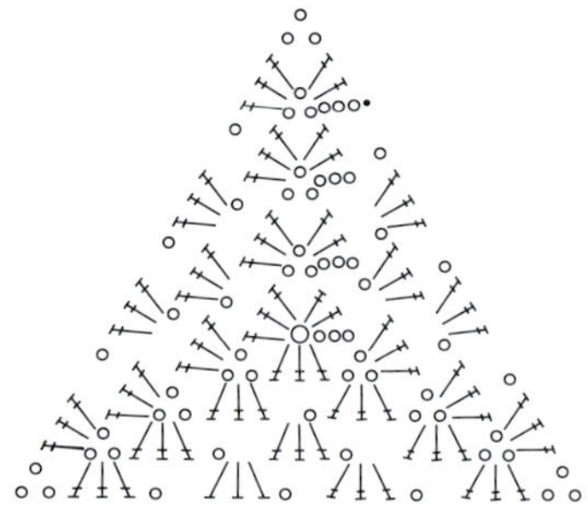

**Instrucciones**
Con hilo A, hacer 5 c y 1 pr en la primera c para cerrar el anillo.
**Vuelta 1:** 3 c, (2 pa, 3 c) en el anillo, (3 pa, 2 c) 2 veces en el anillo, cerrar el círculo con 1 pr.
Cambiar al hilo B, empalmándolo a cualquier esp de 3 c.
**Vuelta 2:** 3 c, (2 pa, 3 c, 3 pa) en el mismo esp, *2 c, (3 pa, 3 c, 3 pa) en el sig esp; rep desde * 2 veces, cerrar la vuelta con 1 pr.
Cambiar al hilo C, empalmándolo a cualquier esp de 3 c.
**Vuelta 3:** 3 c, (2 pa, 3 c, 3 pa) en el mismo esp, 2 c, 3 pa en el sig esp de 2 c, *(3 pa, 3 c, 3 pa) en el sig esp, 2 c, 3 pa en el sig esp de 2 c, 2 c; rep desde * hasta el final, cerrar la vuelta con 1 pr.
Cambiar al hilo D, empalmándolo a cualquier esp de 3 c.
**Vuelta 4:** 3 c, (2 pa, 3 c, 3 pa) en el mismo esp, 2 c, (3 pa en el sig esp de 2 c, 2 c) 2 veces, *(3 pa, 3 c, 3 pa) en el sig esp, 2 c, (3 pa el sig esp de 2 c, 2 c) 2 veces; rep desde * hasta el final, cerrar la vuelta con 1 pr. Rematar.

## MUESTRAS DE FLORES SENCILLAS

Las flores de ganchillo son bonitas, fáciles y rápidas de tejer. Puede que le apetezca tejerlas, pero se pregunte qué hacer con ellas. En primer lugar, quedan fantásticas sueltas a modo de broche: basta con coserles un imperdible en el dorso y tal vez un botón o una perla en el centro. También puede usar flores y hojas para adornar gorros, los extremos de una bufanda, los puños de unos guantes o una bolsa. Esparcidas sobre la funda de un cojín darán un toque personal a una habitación. Al seguir los diagramas, utilice los colores como indican las instrucciones escritas, ya que los distintos tonos de los símbolos se emplean para diferenciar las vueltas y no indican cambios de color. (Consulte en la página 81 la lista de abreviaturas de ganchillo y los símbolos de los puntos básicos.) Empalme los nuevos colores como se explica en la página 57 y no gire la labor al acabar las vueltas: trabaje siempre con el derecho de las flores de frente.

### FLOR HEPTAGONAL

**Diagrama**

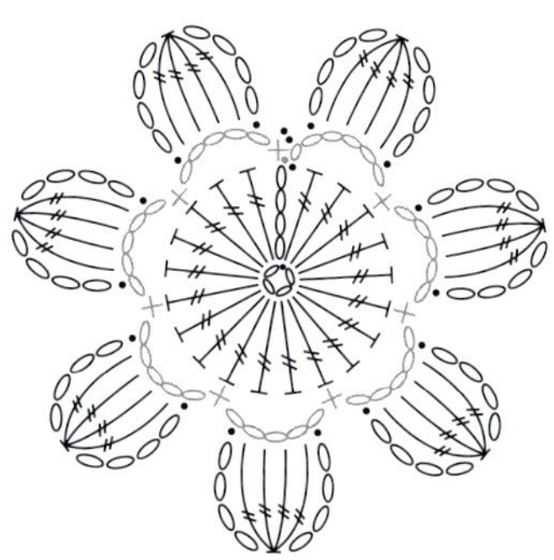

**Instrucciones**
**Racimo** = (eh 2 veces e insertar el ganchillo en un esp, eh y sacar una lazada, [eh y sacar una lazada por las 2 lazadas del ganchillo] 2 veces) 4 veces, todo en el mismo esp (quedarán 5 lazadas en el ganchillo), eh y sacar una lazada por las 5 lazadas. Esta flor se teje en 2 colores (A y B).
Con A, hacer 4 c y 1 pr en la primera c para formar un anillo.
**Vuelta 1 (D):** 4 c (se cuentan como primer pad), 20 pad en el anillo, unir con 1 pr a la cuarta de las 4 c. Rematar el hilo A.
**Vuelta 2:** Empalmar el hilo B con 1 pr en el mismo sitio que el último pr, 1 c (NO se cuenta como p), 1 pb en el mismo sitio que el último pr, (5 c, saltar los 2 pad sig, 1 pb en el sig pad) 6 veces, 5 c, unir con 1 pr al primer pb de la vuelta.
**Vuelta 3:** *Tejer (1 pr, 4 c, 1 racimo, 4 c, 1 pr) todo en la sig presilla de 5 c; rep desde * 6 veces más, unir con 1 pr al último pb de la vuelta 2. Rematar.

### FLOR DE PÉTALOS CORTOS

**Diagrama**

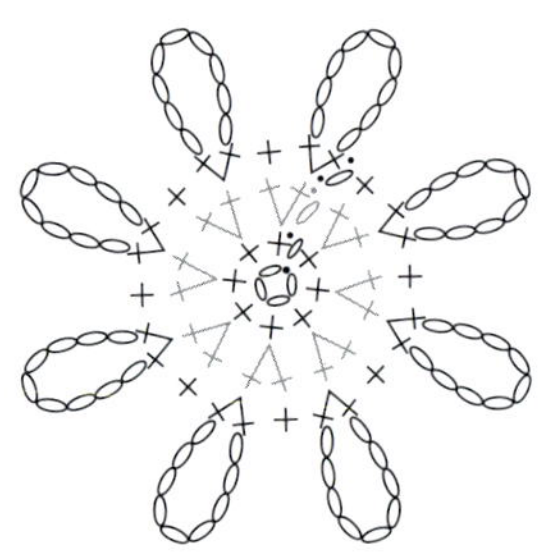

**Instrucciones**
Esta flor se teje en 2 colores (A y B).
Con A, hacer 4 c y 1 pr en la primera c para formar un anillo.
**Vuelta 1 (D):** 1 c (NO se cuenta como p), 8 pb en el anillo, unir con 1 pr al primer pb de la vuelta.
**Vuelta 2:** 1 c (NO se cuenta como p), 2 pb en el mismo sitio que el pr, *2 pb en el sig pb; rep desde * hasta el final, unir con 1 pr al primer pb de la vuelta. (16 pb). Rematar A.
**Vuelta 3:** Empalmar el hilo B con 1 pr a un pb, 1 c, (1 pb, 9 c, 1 pb) en el mismo sitio que el último pr, 1 pb en el sig pb, * (1 pb, 9 c, 1 pb) en el sig pb, 1 pb en el sig pb; rep desde * 6 veces más, unir con 1 pr al primer pb de la vuelta. Rematar.

## FLOR DE PÉTALOS LARGOS

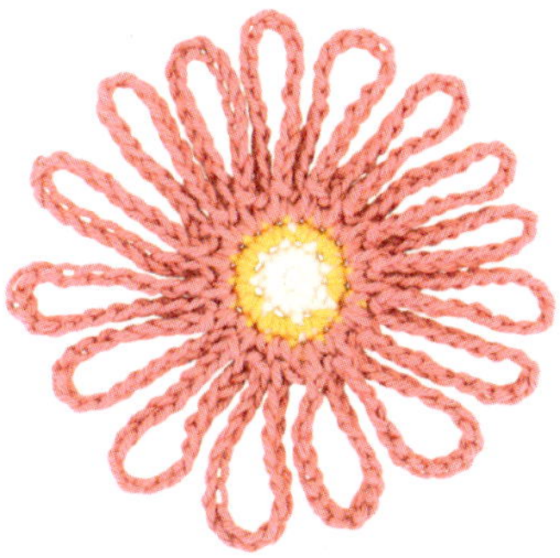

**Diagrama**

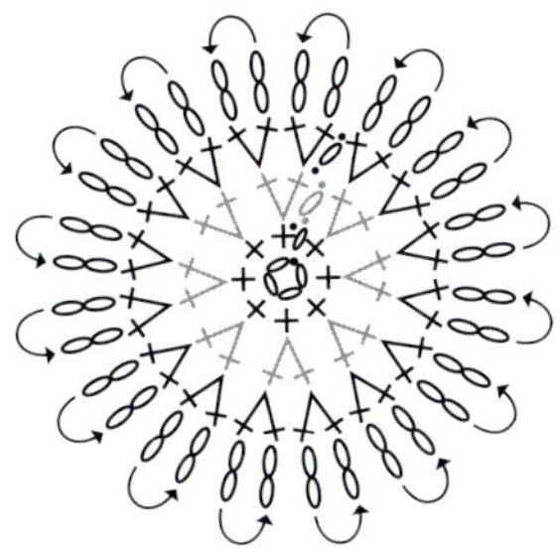

**Instrucciones**

Esta flor se teje en 3 colores (A, B y C).

Con A, hacer 4 c y 1 pr en la primera c para formar un anillo.

**Vuelta 1 (D):** 1 c (NO se cuenta como p), 8 pb en el anillo, unir con 1 pr al primer pb de la vuelta. Rematar el hilo A.

**Vuelta 2:** Empalmar el hilo B con 1 pr a un pb, 1 c (NO se cuenta como p), 2 pb en el mismo sitio que el último pr, *2 pb en el sig pb; rep desde * hasta el final, unir con 1 pr al primer pb de la vuelta. (16 pb). Rematar el hilo B.

**Vuelta 3:** Empalmar el hilo C con 1 pr a un pb, 1 c, (1 pb, 17 c, 1 pb) en el mismo sitio que el último pr, * (1 pb, 17 c, 1 pb) en el sig pb; rep desde * 14 veces más, unir con 1 pr al primer pb de la vuelta. Rematar.

## FLOR PENTAGONAL

**Diagrama**

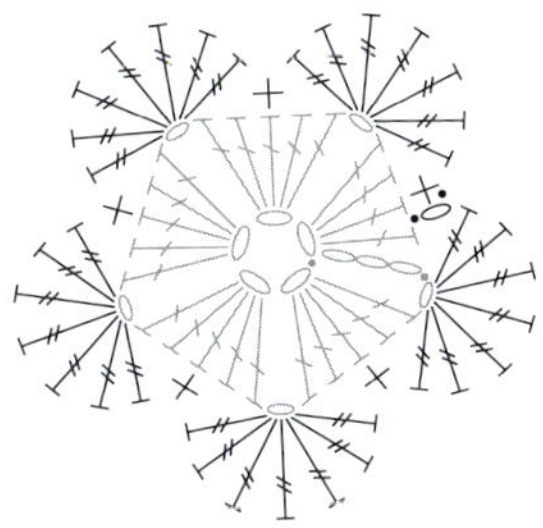

**Instrucciones**

Esta flor se teje en 2 colores (A y B).

Con A, hacer 5 c y 1 pr en la primera c para formar un anillo.

**Vuelta 1 (D):** 3 c (se cuenta como primer pa), 4 pa en el anillo, (1 c, 5 pa en el anillo) 4 veces, 1 c, unir con 1 pr encima de las 3 c iniciales. Rematar el hilo A.

**Vuelta 2:** Empalmar el hilo B con 1 pr al pa central de un grupo de 5 pa, 1 c, 1 pb en el mismo sitio que el último pr, (7 pad en la sig c al aire, 1 pb en el pa central del sig grupo de 5 pa) 4 veces, 7 pad en la sig c al aire, unir con 1 pr al primer pb de la vuelta. Rematar.

## FLOR DE PÉTALOS CUADRADOS

**Diagrama**

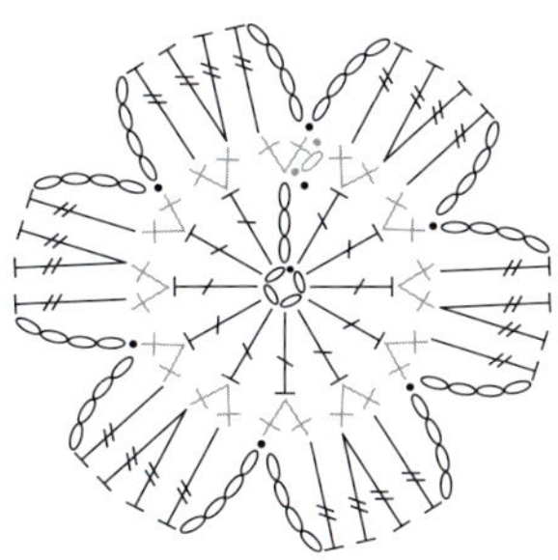

**Instrucciones**

Esta flor se teje en 3 colores (A, B y C).

Con A, hacer 4 c y 1 pr en la primera c para formar un anillo.

**Vuelta 1 (D):** 3 c (se cuenta como primer pa), 11 pa en el anillo, unir con 1 pr encima de las 3 c iniciales. Rematar el hilo A.

**Vuelta 2:** Empalmar el hilo B con 1 pr en el mismo sitio que el último pr, 1 c (NO se cuenta como p), 2 pb en el mismo sitio que el último pr, 2 pb en cada pa hasta el final, unir con 1 pr al primer pb de la vuelta. (24 pb). Rematar el hilo B.

**Vuelta 3:** Empalmar el hilo C con 1 pr a un pb, *4 c, 1 pad en el sig pb, 2 pad en el sig pb, 1 pad en el sig pb, 4 c, 1 pr en el sig pb; rep desde * 5 veces más, tejiendo el último pr en el mismo sitio que el primer pr de la vuelta. Rematar.

## HOJA SENCILLA

**Diagrama**

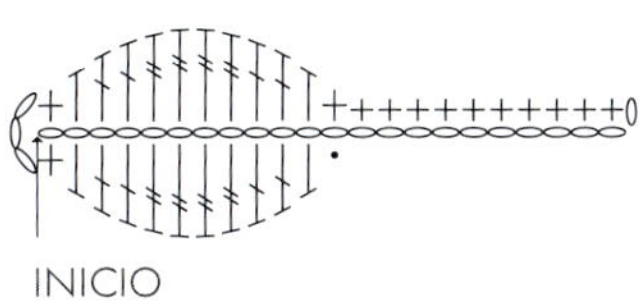


**Instrucciones**

**Nota:** Esta hoja se teje en una vuelta alrededor de la cadeneta base. Para empezar la hoja, incluido el tallo, haga 23 c.

**Vuelta 1 (D):** Trabajando solo en una hebra de cada cadeneta, tejer 1 pb en la segunda c desde el ganchillo, 1 pb en cada una de las 10 c sig (así se completa el tallo), 1 mpa en la sig c, 1 pa en cada una de las 2 c sig, 1 pad en cada una de las 4 c sig, 1 pa en cada una de las 2 c sig, 1 mpa en la sig c, 1 pb en la sig c (esta será la última c), 3 c; seguir por el otro lado de la cadeneta base (trabajando en la otra hebra de cada c) de la siguiente manera: 1 pb en la primera c, 1 mpa en la sig c, 1 pa en cada una de las 2 c sig, 1 pad en cada una de las 4 c sig, 1 pa en cada una de las 2 c sig, 1 mpa en la sig c, 1 pr en la sig c. Rematar. Aplanar el tallo.

# PUNTOS CALADOS

*El tejido calado a ganchillo con hilos finos* para cuellos de encaje, tapetes y ribetes de almohada y mantelerías, o con lanas suaves para chales, colchas y bufandas, tiene un encanto intemporal. Como ilustran las sencillas técnicas de esta página y las siguientes, las delicadas texturas del encaje a ganchillo se crean mediante espacios y presillas de cadeneta entre puntos básicos.

## TÉCNICAS DE ENCAJE SIMPLES

Varios de los puntos calados de las páginas 111–113 se explican aquí como introducción a algunas de las técnicas del encaje y las puntillas a ganchillo más populares: presillas, conchas y piquitos. Consulte los siguientes pasos para seguir las muestras de puntos calados.

### RED DE PRESILLAS

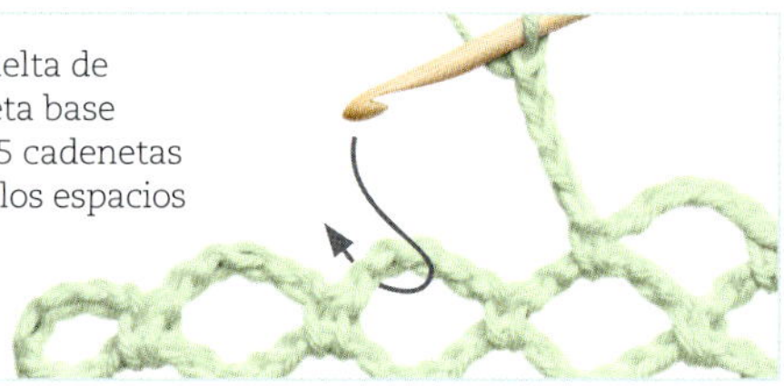

1 Tras hacer la primera vuelta de presillas sobre la cadeneta base (p. 111), teja las presillas de 5 cadenetas de las vueltas siguientes en los espacios de abajo, uniéndolas con un pb como muestra la imagen.

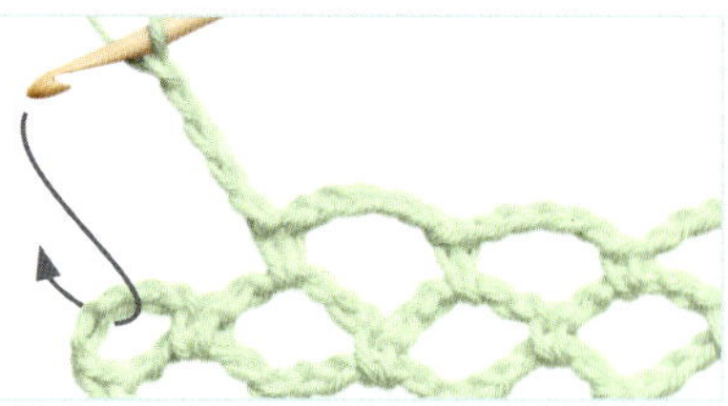

2 Recuerde que el último pb de cada vuelta se trabaja en el espacio de la cadeneta de vuelta con que se inició la vuelta anterior. Si no se hace así, la pieza será cada vez más estrecha.

### PUNTO DE RED CON CONCHAS

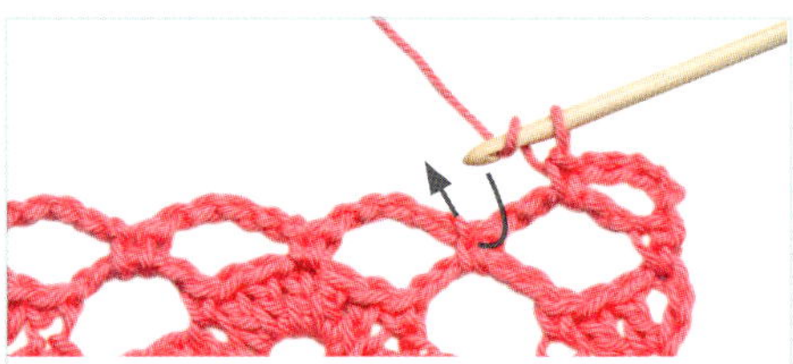

1 En la vuelta de las conchas de este punto (p. 112), cada concha comienza con un pb en una presilla. Después se tejen todos los pa de la concha sobre un solo pb.

2 Complete la concha con un pb en la presilla siguiente. Luego haga una presilla y únala a la siguiente con un pb.

3 Continúe alternando conchas y presillas hasta terminar la vuelta. Teja una vuelta de red y otra con conchas, tejiendo conchas parciales al final de vueltas alternas.

### PUNTO DE RED CON PIQUITOS

1 En este tipo de punto (p. 111) se tejen 4 cadenetas para cada piquito. Cierre el anillo del piquito con un punto raso en la cuarta c desde el ganchillo.

2 Teja 3 pb entre uno y otro piquito en cada vuelta de piquitos, como muestra la imagen.

3 Tras cada vuelta de piquitos, teja 2 c al aire sobre cada piquito y 1 pa entre piquitos, como muestra la imagen.

# PUNTO DE RED (PUNTO FILET)

El punto de red, o punto filet, es la técnica más sencilla para crear tejidos calados a ganchillo. Una vez dominada su sencilla estructura de malla con espacios llenos, solo hay que seguir un sencillo esquema para crear dibujos y motivos a base de repeticiones.

## TEJER LA MALLA BÁSICA

Para hacer la cadeneta base de la malla del punto de red no es necesario tejer un número determinado de cadenetas: basta con hacer una cadeneta extralarga y deshacer lo que sobra al terminar la pieza.

**La malla en símbolos y texto:** El diagrama muestra cómo se teje la malla del punto de red. En caso de duda, trabaje a partir de las instrucciones siguientes: Hacer un número de c múltiplo de 3 (3 c por cada cuadradito de la malla) y 5 más (para formar el borde derecho y la parte superior del primer cuadradito de la primera vuelta).
**Vuelta 1:** 1 pa en la octava c desde el ganchillo, *2 c, saltar las 2 c sig, 1 pa en la sig c; rep desde * hasta el final.
**Vuelta 2:** 5 c, saltar el primer pa, 1 pa en el sig pa, *2 c, 1 pa en el sig pa; rep desde *, tejiendo el último pa en la tercera c desde el último pa de la vuelta inferior.

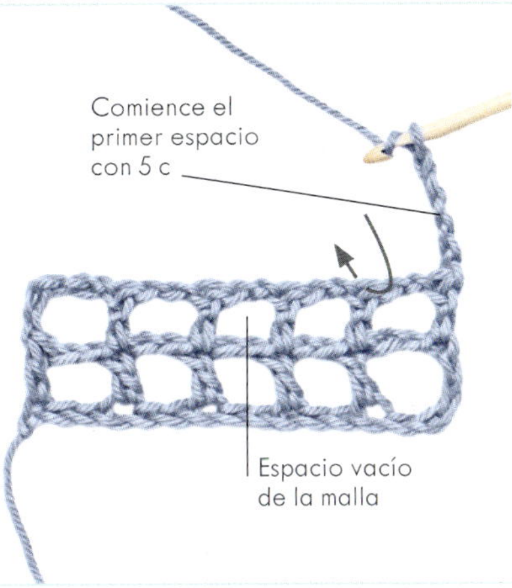


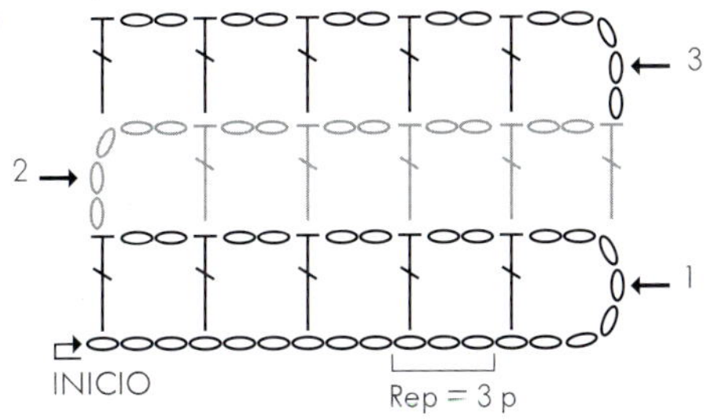


## TEJER LOS ESPACIOS LLENOS

Los motivos del punto de red a ganchillo se crean rellenando algunos cuadraditos de la malla y dejando otros vacíos. En otras palabras, los dibujos están formados por cuadrados cerrados y abiertos. Tras aprender a tejer la malla, llenar los espacios vacíos es fácil.

**Los espacios llenos en símbolos:** Este diagrama ilustra cómo se tejen los cuadraditos llenos: en vez de las 2 cadenetas para formar un cuadradito abierto, se tejen 2 puntos altos. De esta manera, cada cuadrado lleno consta de un punto alto a cada lado y 2 en el centro. Para tejer un cuadrado lleno sobre un espacio vacío de la malla, los 2 puntos altos centrales se trabajan en las 2 cadenetas al aire de la vuelta inferior. Para tejer un cuadrado lleno sobre otro, se teje un punto alto en cada uno de los puntos altos de abajo.

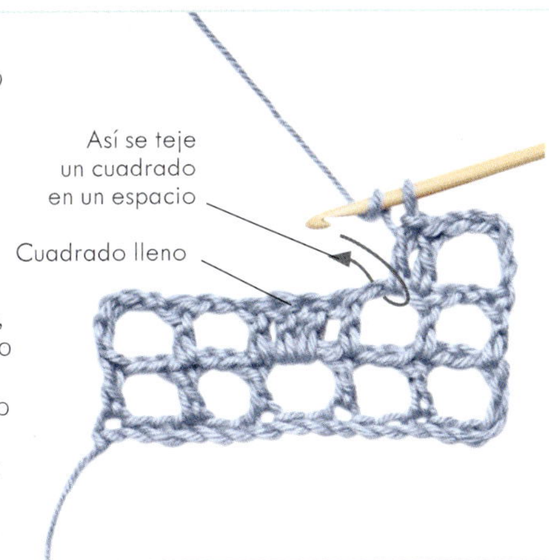


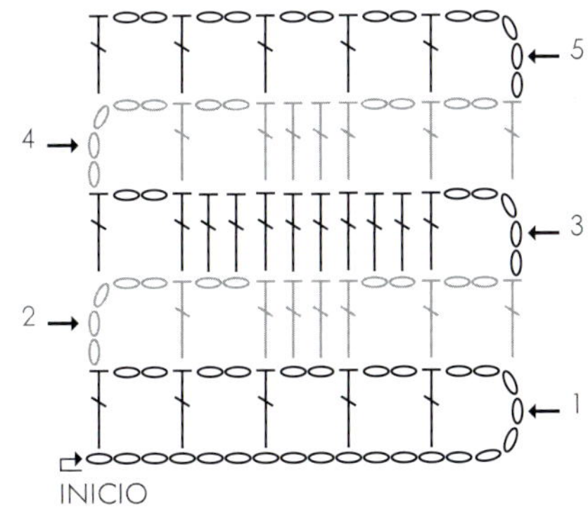


## CÓMO LEER ESQUEMAS DE PUNTO DE RED

El esquema de la derecha muestra el mismo sencillo motivo del diagrama de símbolos de arriba. Aunque los esquemas para punto de red sean más grandes y representen motivos complicados (pp. 108–110), su principio es el mismo que el de este tan elemental. Cada cuadradito representa un espacio vacío o lleno. Las personas zurdas deberán leer el diagrama y las instrucciones en sentido inverso.

Para empezar a trabajar a partir de un esquema, haga 3 cadenetas por cada cuadrado de la fila inferior, más 5 (se puede repetir el motivo del esquema tantas veces como se desee). Siguiendo las filas de abajo arriba, teja los espacios llenos y vacíos que aparecen en el esquema; la primera vuelta y todas las impares se leen de derecha a izquierda, y las pares, de izquierda a derecha.

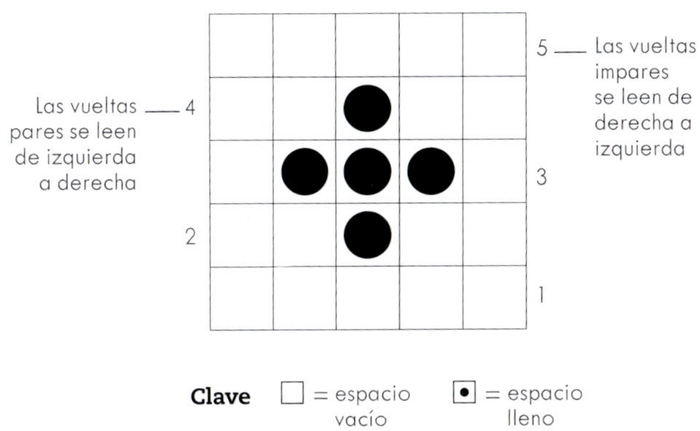

# MUESTRAS DE PUNTO DE RED

Para tejer a punto de red a partir de estos esquemas deberá seguir las instrucciones de la página 107. El mejor hilo para el punto de red es el de algodón superfino con un ganchillo adecuado (véanse los tamaños de ganchillo en la página 14). Esta técnica consiste en crear dibujos rellenando con puntos altos dobles determinadas partes de una malla de cadeneta. Al ser reversible, el punto de red es ideal para ribetes o cenefas de fundas de almohada, toallas e incluso visillos.

## NOTA ESPECIAL Y CLAVE DE SÍMBOLOS

Repita los motivos del esquema a lo ancho de la labor tantas veces como desee y teja en vueltas sucesivas hasta completar el esquema. Para continuar el motivo hacia arriba, empiece de nuevo por la vuelta 1.

**Clave** ☐ = espacio vacío ⊡ = espacio lleno

## CENEFA DE ROMBOS

**Esquema**

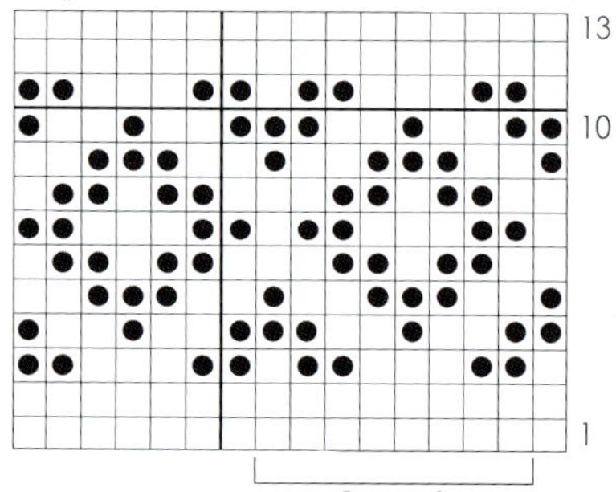


## FLORES Y CÍRCULOS

**Esquema**

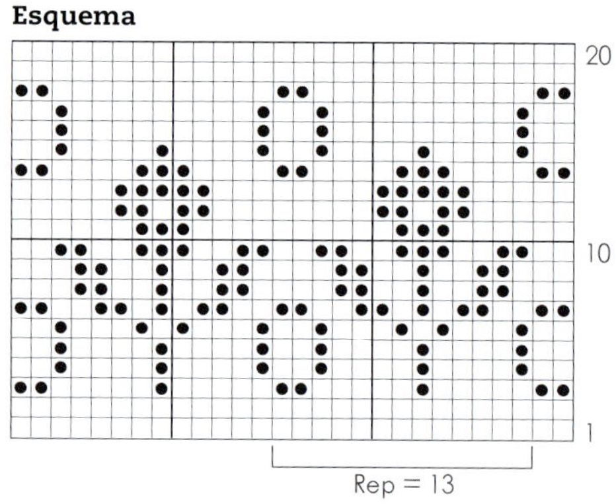


## CENEFA CON ZIGZAG

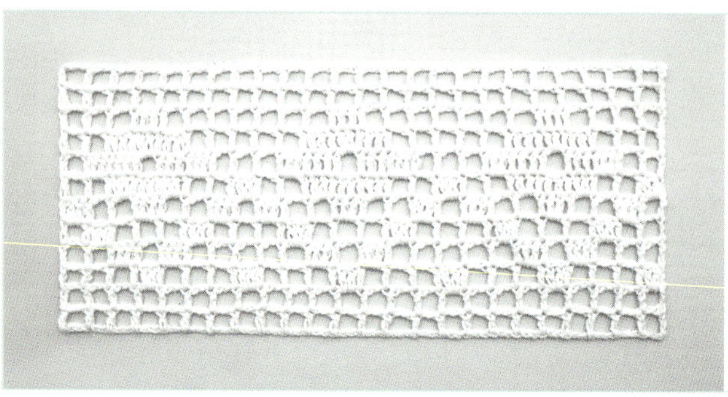

**Esquema**

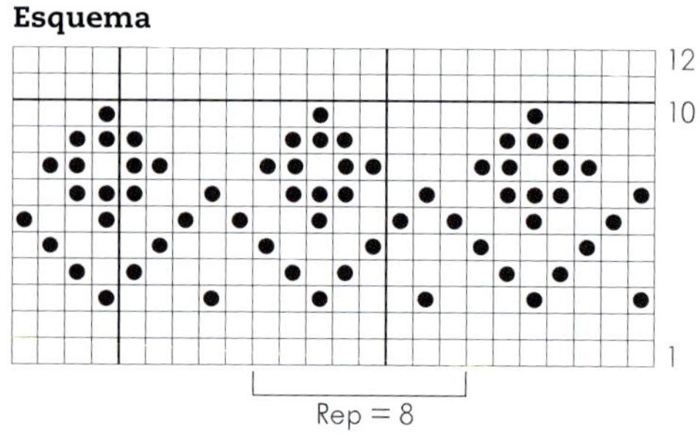

## MANZANA

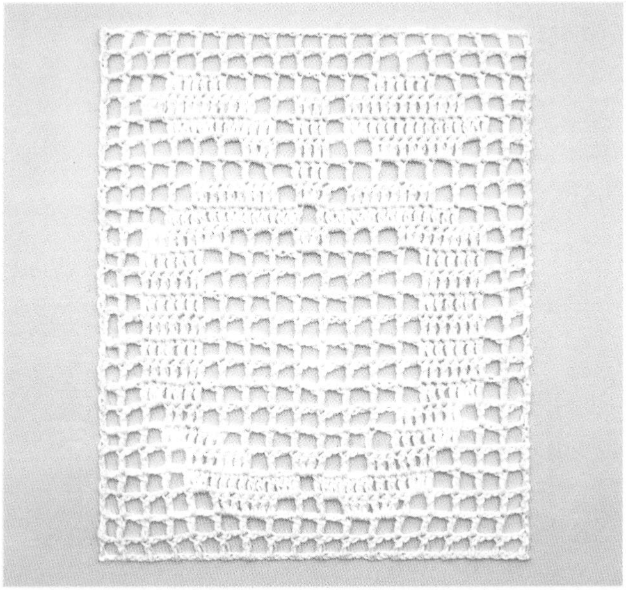

Esquema

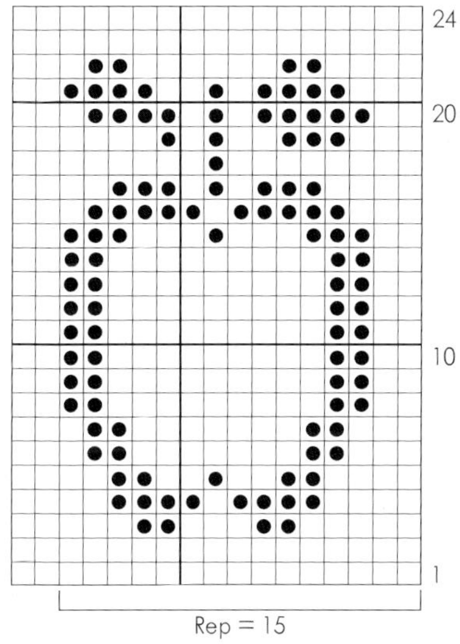


## FLOR

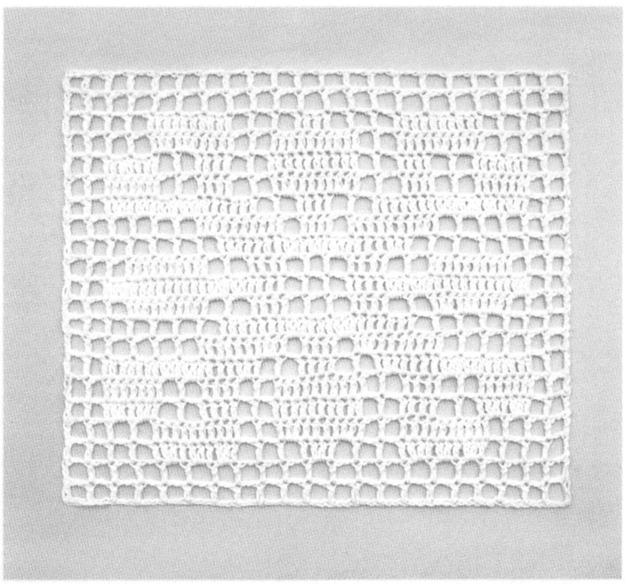

Esquema

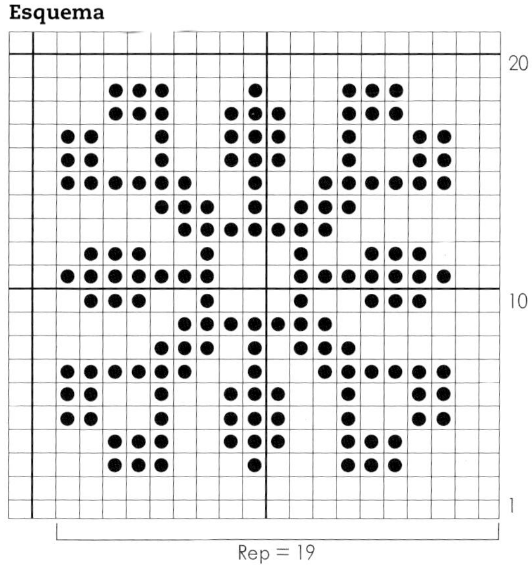


## CENEFA DE CRUCES

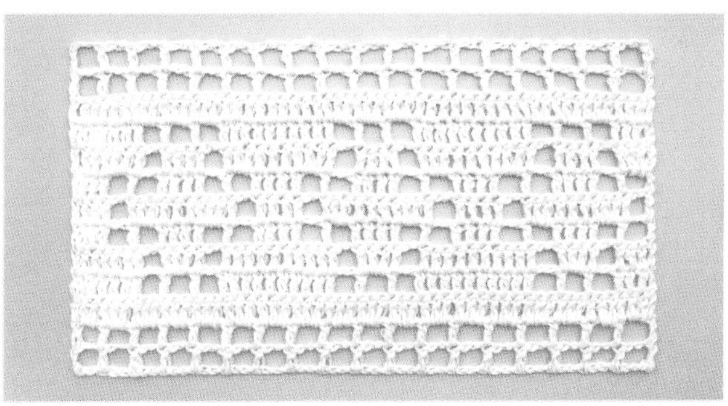

Esquema

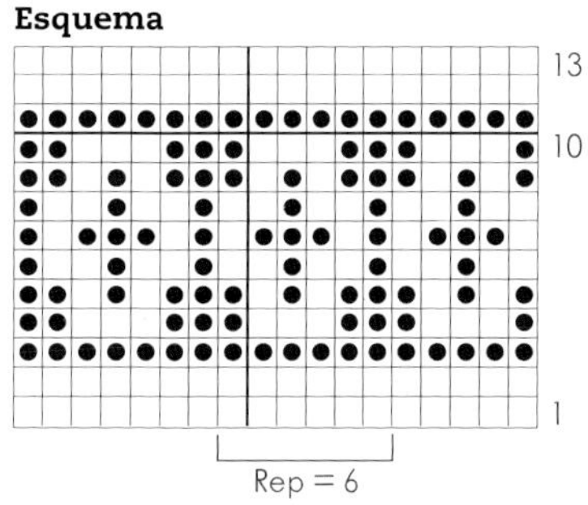

## CORAZÓN

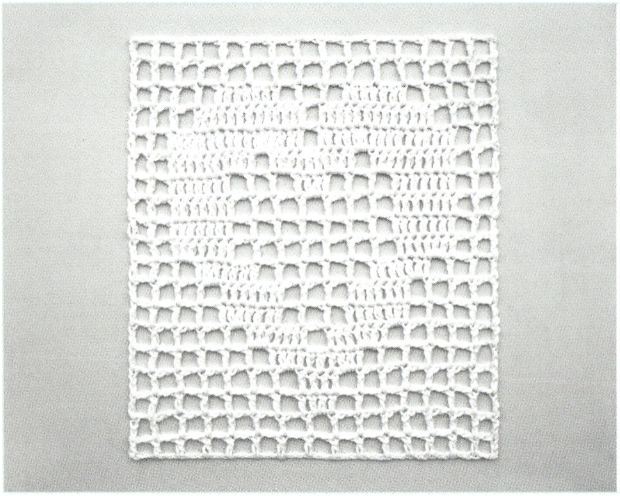

Esquema

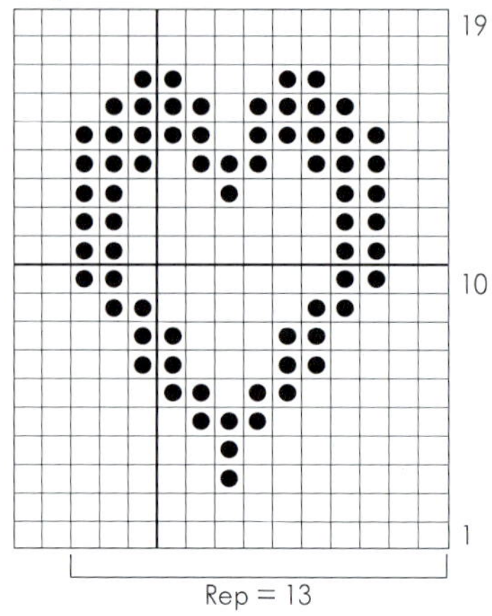


## PERRO

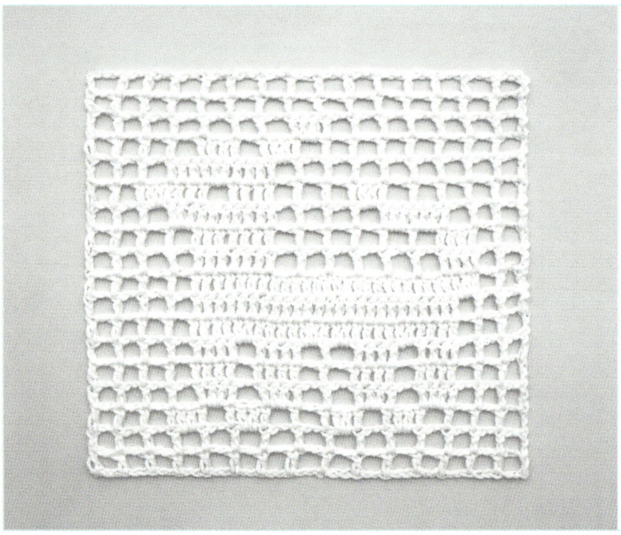

Esquema

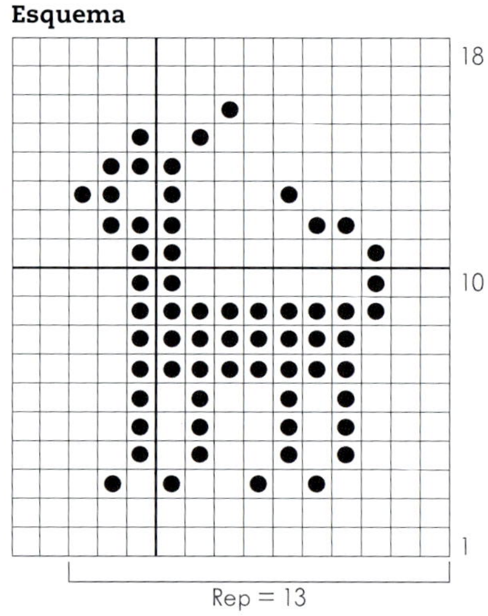


## PAJARITO

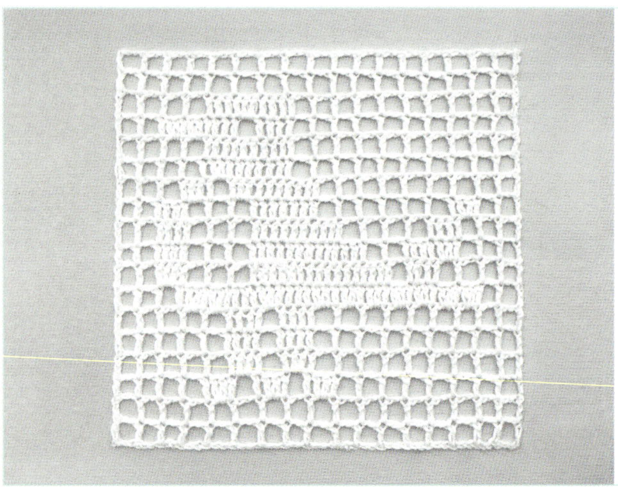

Esquema

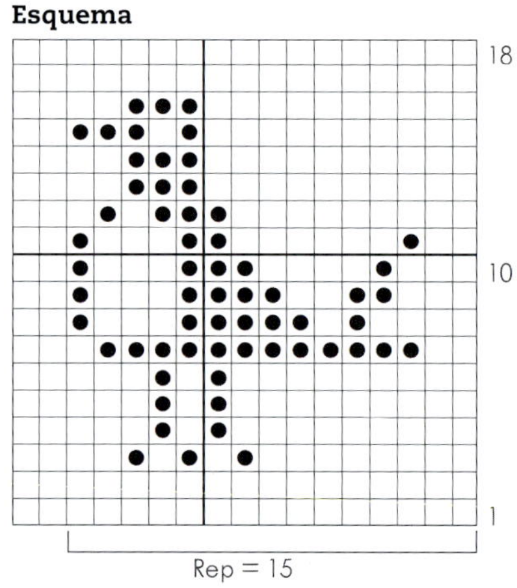

# MUESTRAS DE PUNTOS CALADOS SIMPLES

Los puntos calados a ganchillo son populares por su aspecto de encaje (véase la bufanda de las páginas 114–115) y porque se tejen más rápido que los cerrados o tupidos. Las instrucciones que se dan a continuación explican cuántas cadenetas iniciales se necesitan, de manera que, si se guía por el diagrama, consúltelas para hacer la cadeneta base. Cuando se tejen piezas anchas, como una manta, resulta difícil llevar la cuenta del número de cadenetas que se van haciendo. En este caso, es conveniente hacer una cadeneta base unos centímetros más larga de lo indicado y deshacer la parte que sobre más tarde.

## RED DE PRESILLAS

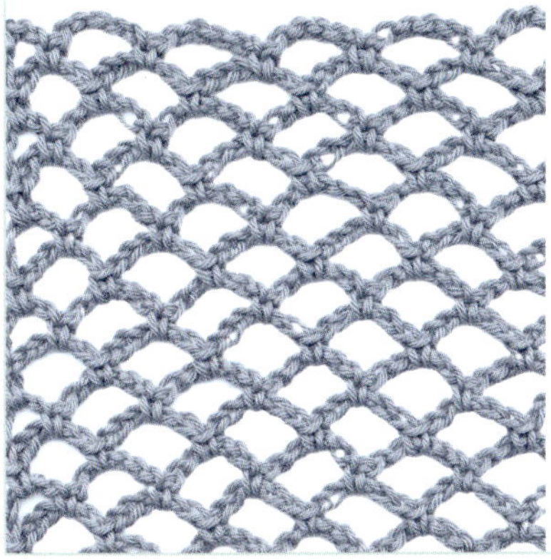

**Diagrama**

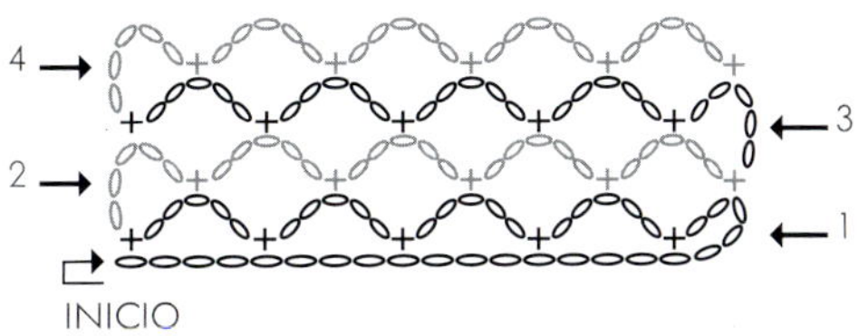


**Instrucciones**
Hacer un número de c múltiplo de 4 y 2 más.
**Vuelta 1:** 1 pb en la sexta c desde el ganchillo, *5 c, saltar las 3 c sig, 1 pb en la sig c; rep desde * hasta el final, girar.
**Vuelta 2:** *5 c, 1 pb en la sig presilla de 5 c; rep desde * hasta el final, girar. Rep la vuelta 2 para elaborar la muestra.

## PUNTO DE RED CON PIQUITOS

**Diagrama**

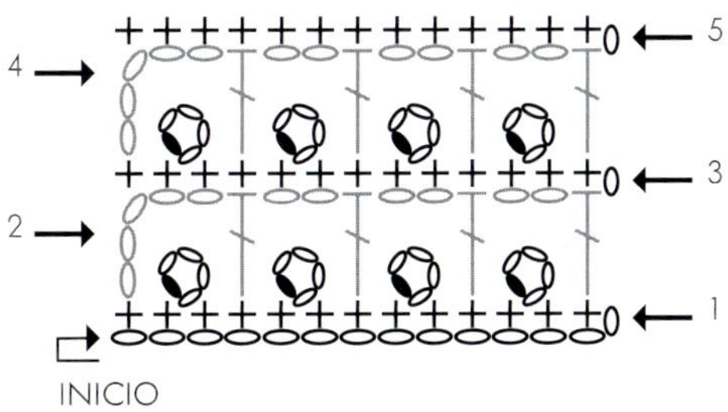


**Instrucciones**
Hacer un número de c múltiplo de 3 y 2 más.
**Vuelta 1 (D):** 1 pb en la segunda c desde el ganchillo, 1 pb en la sig c, *4 c, 1 pr en la cuarta c desde el ganchillo (esto forma el primer piquito), 1 pb en cada una de las 3 c sig; rep desde *, omitiendo 1 pb al final de la última rep, girar.
**Vuelta 2:** 5 c (se cuentan como 1 pa y un esp de 2 c), saltar los primeros 3 pb (los 2 pb anteriores al piquito y el pb después de este), 1 pa en el sig pb, *2 c, saltar los 2 pb sig (1 pb a cada lado del piquito), 1 pa en el sig pb; rep desde * hasta el final, girar.
**Vuelta 3:** 1 c (NO se cuenta como p), 1 pb en el primer pa, * (1 pb, 1 piquito, 1 pb) en el sig esp de 2 c, 1 pb en el sig pa; rep desde *, tejiendo el último pb de la última rep en la tercera c desde el último pa, girar. Rep las vueltas 2 y 3 para elaborar la muestra.

## PUNTO DE CONCHAS CALADO

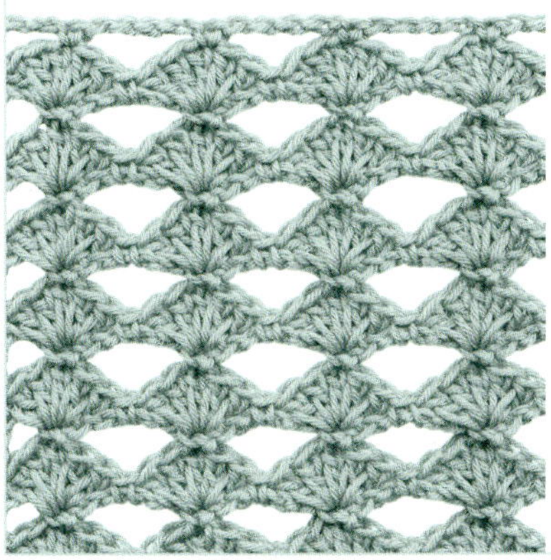

**Diagrama**

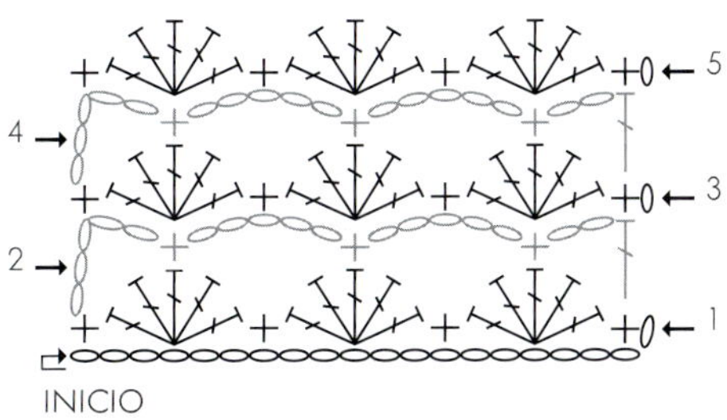


**Instrucciones**
Hacer un número de c múltiplo de 6 y 2 más.
**Vuelta 1 (D):** 1 pb en la segunda c desde el ganchillo, *saltar las 2 c sig, 5 pa en la sig c, saltar las 2 c sig, 1 pb en la sig c; rep desde * hasta el final, girar.
**Vuelta 2:** 5 c (se cuentan como el primer pa y un esp de 2 c), 1 pb en el pa central de la primera concha, *5 c, 1 pb en el pa central de la concha sig; rep desde *, acabando con 2 c, 1 pa en el último pb, girar.
**Vuelta 3:** 1 c (NO se cuenta como p), 1 pb en el primer pa, *5 pa en el sig pb, 1 pb en la presilla de 5 c sig; rep desde *, tejiendo el último pb de la última rep en la tercera c desde el último pb, girar. Rep las vueltas 2 y 3 para elaborar la muestra.

## PUNTO DE RED ONDULADA

**Diagrama**

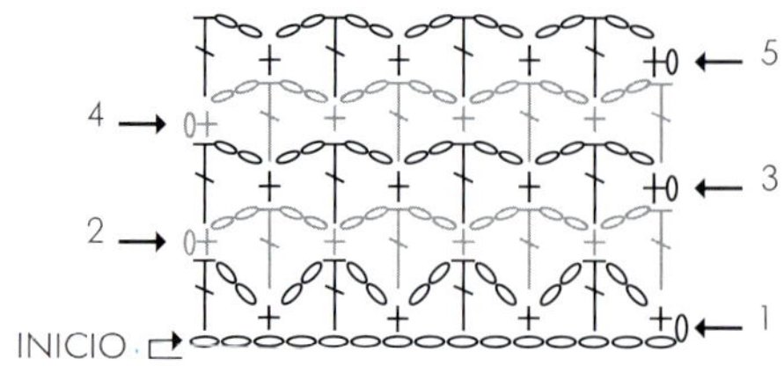


**Instrucciones**

Hacer un número de c múltiplo de 4.

**Vuelta 1:** 1 pb en la segunda c desde el ganchillo, 2 c, saltar la sig c, 1 pa en la sig c, *2 c, saltar la sig c, 1 pb en la sig c, 2 c, saltar la sig c, 1 pa en la sig c; rep desde * hasta el final, girar.

**Vuelta 2:** 1 c (NO se cuenta como p), 1 pb en el primer pa, 2 c, 1 pa en el sig pb, *2 c, 1 pb en el sig pa, 2 c, 1 pa en el sig pb; rep desde * hasta el final, girar.

Rep la vuelta 2 para elaborar la muestra.

## PUNTO DE RED EMBRIDADA

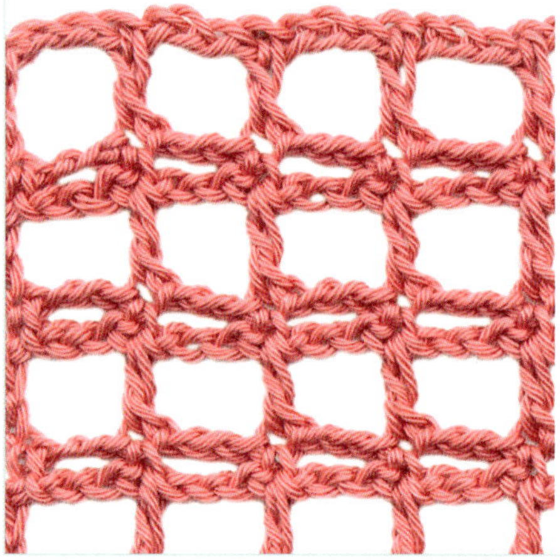

**Diagrama**

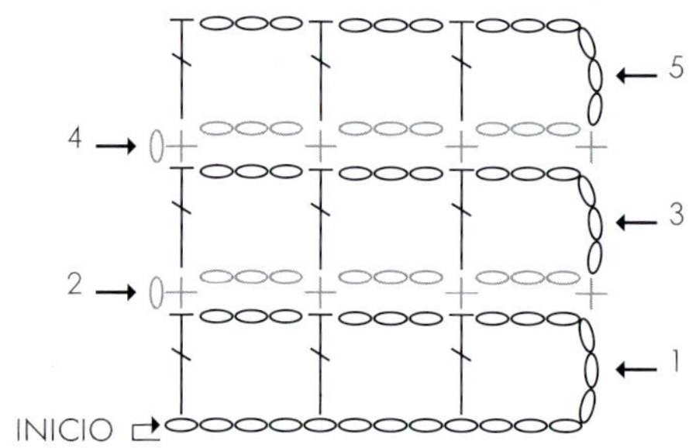


**Instrucciones**

Hacer un número de c múltiplo de 4 y 2 más.

**Vuelta 1 (D):** 1 pa en la 10.ª c desde el ganchillo, *3 c, saltar las 3 c sig, 1 pa en la sig c; rep desde * hasta el final, girar.

**Vuelta 2:** 1 c (NO se cuenta como p), 1 pb en el primer pa, *3 c, 1 pb en el sig pa; rep desde *, acabando con 3 c, saltar las 3 c sig, 1 pb en la sig c, girar.

**Vuelta 3:** 6 c (se cuenta como 1 pa y un esp de 3 c), saltar el primer pb y el primer esp de 3 c, 1 pa en el sig pb, *3 c, 1 pa en el sig pb; rep desde * hasta el final, girar.

Rep las vueltas 2 y 3 para elaborar la muestra.

## PUNTO DE RED CON CONCHAS

**Diagrama**

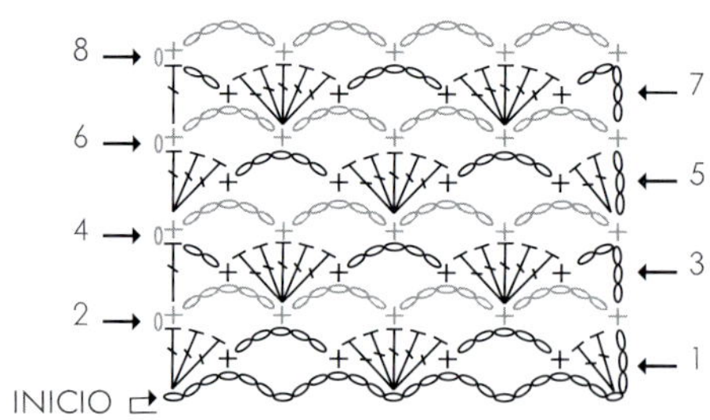


**Instrucciones**

Tejer un múltiplo de 12 c y 4 más.

**Vuelta 1 (D):** 2 pa en la cuarta c desde el ganchillo, *saltar las 2 c sig, 1 pb en la sig c, 5 c, saltar las 5 c sig, 1 pb en la sig c, saltar las 2 c sig, 5 pa en la sig c; rep desde *, acabando la última rep con 3 pa (en lugar de 5) en la última c, girar.

**Vuelta 2:** 1 c (NO se cuenta como p), 1 pb en el primer pa, *5 c, 1 pb en la sig presilla de 5 c, 5 c, 1 pb en el tercer pa de la sig concha de 5 pa; rep desde *, tejiendo el último pb de la última rep sobre las 3 c del final, girar.

**Vuelta 3:** *5 c, 1 pb en la sig presilla de 5 c, 5 pa en el sig pb, 1 pb en la sig presilla de 5 c; rep desde *, terminando con 2 c, 1 pa en el último pb, girar.

**Vuelta 4:** 1 c (NO se cuenta como p), 1 pb en el primer pa, *5 c, 1 pb en el tercer pa de la sig concha de 5 pa, 5 c, 1 pb en la sig presilla de 5 c; rep desde * hasta el final, girar.

**Vuelta 5:** 3 c (se cuentan como primer pa), 2 pa en el primer pb, *1 pb en la sig presilla de 5 c, 5 c, 1 pb en la sig presilla de 5 c, 5 pa en el sig pb; rep desde *, acabando la última rep con 3 pa (en vez de 5) en el último pb, girar.

Rep las vueltas 2 a 5 para elaborar la muestra.

## ENCAJE DE BLOQUES

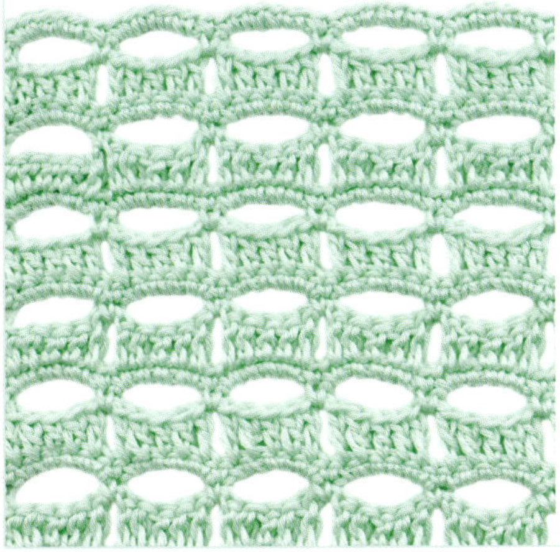

**Diagrama**

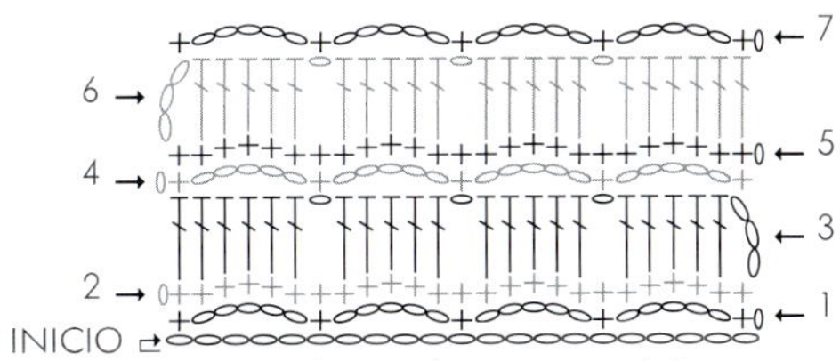


Nota: Si se trabaja a partir del diagrama, rep las vueltas 2 a 7 para elaborar la muestra.

**Instrucciones**

Hacer un número de c múltiplo de 5 y 2 más.

**Vuelta 1 (D):** 1 pb en la segunda c desde el ganchillo, *5 c, saltar las 4 c sig, 1 pb en la sig c; rep desde * hasta el final, girar.

**Vuelta 2:** 1 c (NO se cuenta como p), 1 pb en el primer pb, *5 pb en la sig presilla de 5 c, 1 pb en el sig pb; rep desde * hasta el final, girar.

**Vuelta 3:** 3 c (se cuenta como primer pa), saltar el primer pb, 1 pa en cada uno de los 5 pb sig, *1 c, saltar el sig pb, 1 pa en cada uno de los 5 pb sig; rep desde * hasta el último pb, 1 pa en el último pb, girar.

**Vuelta 4:** 1 c (NO se cuenta como p), 1 pb en el primer pa, *5 c, 1 pb en la sig c al aire; rep desde *, tejiendo el último pb de la última rep sobre las 3 c finales, girar.

Rep las vueltas 2 a 4 para elaborar la muestra.

## ENCAJE DE DIADEMAS

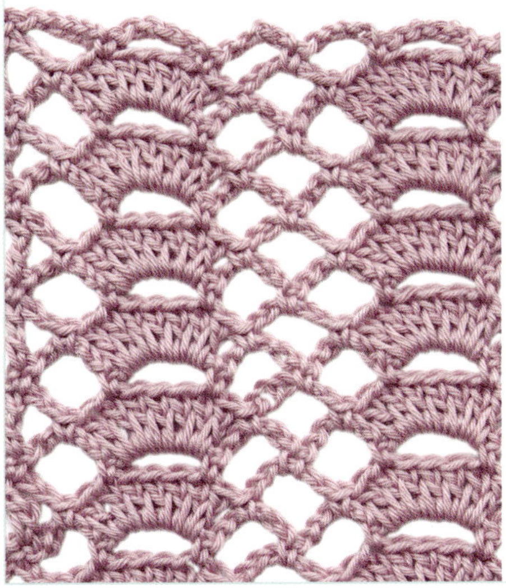

**Diagrama**

**Instrucciones**

Tejer un número de c múltiplo de 12.

**Vuelta 1 (R):** 1 pb en la segunda c desde el ganchillo, *5 c, saltar las 3 c sig, 1 pb en la sig c; rep desde * hasta las últimas 2 c, 2 c, saltar la sig c, 1 pa en la última c, girar.

**Vuelta 2 (D):** 1 c (NO se cuenta como p), 1 pb en el primer p, saltar el sig esp de 2 c, 7 pa en la sig presilla de 5 c, 1 pb en la sig presilla de 5 c, *5 c, 1 pb en la sig presilla de 5 c, 7 pa en la sig presilla de 5 c, 1 pb en la sig presilla de 5 c; rep desde *, acabando con 2 c, 1 pad en el último pb, girar.

**Vuelta 3:** 1 c (NO se cuenta como p), 1 pb en el primer pad, 5 c, 1 pb en el segundo pa de los 7 de la primera concha, 5 c, 1 pb en el sexto pa de la misma concha, *5 c, 1 pb en la sig presilla de 5 c, 5 c, 1 pb en el 2.º pa de los 7 de la sig concha, 5 c, 1 pb en el sexto pa de la misma concha; rep desde *, acabando con 2 c, 1 pad en el último pb, girar.

Rep las vueltas 2 y 3 para elaborar la muestra.

## PUNTO DE ABANICOS

**Diagrama**

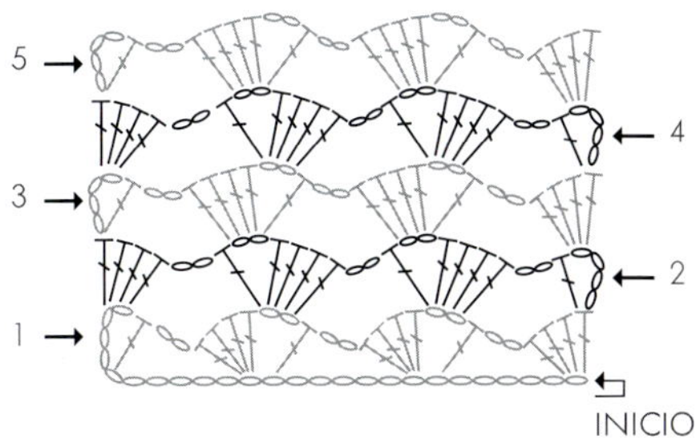


**Instrucciones**

Hacer un número de c múltiplo de 7 y 4 más.

**Vuelta 1:** 1 pa en la quinta c desde el ganchillo, 2 c, saltar las 5 c sig, 4 pa en la sig c, *2 c, 1 pa en la sig c, 2 c, saltar las 5 c sig, 4 pa en las sig c; rep desde * hasta el final, girar.

**Vuelta 2:** 4 c, 1 pa en el primer pa, *2 c, saltar el sig esp de 2 c, (4 pa, 2 c, 1 pa) en el sig esp de 2 c; rep desde * hasta el último esp de 2 c, saltar el último esp de 2 c y tejer 4 pa en la presilla de 4 c final, girar.

Repetir la vuelta 2 para elaborar la muestra.

# BUFANDA DE ENCAJE

*Nivel de dificultad* ***

*Esta bufanda calada,* tejida con técnicas de encaje a ganchillo y un hilo fino, abriga y es lo bastante ligera como para lucirla desde el otoño hasta la primavera. Consulte en las páginas 111–113 las muestras de puntos calados alternativos.

**TÉCNICAS EMPLEADAS** Punto bajo **p. 34**, Punto alto **p. 44**, Cómo hacer una borla **p. 71**, Conchas **p. 76**, Técnicas de encaje simples **p. 106**

TÉCNICAS

### MEDIDAS
125 × 14 cm aprox., con borlas de 10 cm de largo

### HILO
Rowan Fine Lace de 50 g/400 m (80 % baby alpaca y 20 % lana merina; con cualquier lana merina fina obtendrá el mismo resultado)

x 1

### GANCHILLO
Ganchillo de 3,5 mm

### OTROS MATERIALES
Aguja lanera

### TENSIÓN
No se precisa una tensión exacta

### INSTRUCCIONES
Hacer 64 c (cualquier múltiplo de 12c más 4 más servirá).
**Vuelta 1:** 2 pa en la cuarta c desde el ganchillo, *saltar 2 p, 1 pb en el p sig, 5 c, saltar 5 p, 1 pb en el p sig, saltar 2 p, 5 pa en el p sig. Repetir desde * y acabar la última rep con 3 pa (en vez de 5) en el último p. Girar.
**Vuelta 2:** 1 c, 1 pb en el primer pa, *5 c, 1 pb en la sig presilla de 5 c, 5 c, 1 pb en el tercer pa de la sig concha de 5 pa, repetir desde * y tejer el último pb de la última rep sobre la c final. Girar.
**Vuelta 3:** *5 c, 1 pb en la sig presilla, 5 pa en el sig pb, 1 pb en la sig presilla. Repetir desde * y acabando con 2 c, 1 pa en el último pb. Girar.
**Vuelta 4:** 1 c, 1 pb en el primer pa, *5 c, 1 pb en el tercer pa de la sig concha de 5 pa, 5 c, 1 pb en la sig presilla. Repetir desde * hasta el final. Girar.
**Vuelta 5:** 3 c (se cuentan como primer pa), 2 pa en el primer pb, *1 pb en la sig presilla, 5 c, 1 pb en la sig presilla, 5 pa en el sig pb. Repetir desde *, acabando la última rep con 3 pa (en vez de 5) en el último pb. Girar.
Repetir las vueltas 2 a 5 hasta que la bufanda tenga la longitud deseada. Rematar la labor y los cabos sueltos.

### CONFECCIÓN DE LAS BORLAS
Cortar el hilo en hebras de 25 cm. Atar un grupo de 15 hebras con un nudo simple a través de cada una de las presillas de los extremos de la bufanda (esta tiene 10 borlas en cada extremo).

1 Para tejer las conchas del punto utilizado en esta bufanda, inserte el ganchillo en el punto bajo de la vuelta inferior.

2 Complete cada concha como indican las instrucciones (arriba), tejiendo 5 puntos altos en el mismo punto bajo.

3 Para que la concha «se despliegue» como un abanico, teja un punto bajo en el siguiente espacio de cadenetas antes de iniciar la siguiente.

# GANCHILLO MULTICOLOR

*El tejido de ganchillo de un solo color tiene su encanto,* pero combinar colores con creatividad e imaginación es un reto aún más gratificante. Todas las técnicas para tejer combinando colores son fáciles y vale la pena dominarlas. Practique tejiendo los esquemas de las páginas 117–119, de rayas, tapicería e intarsia (p. 39 y abajo), y de punto de escalera (p. 120).

## TAPICERÍA E INTARSIA A GANCHILLO

Las técnicas de tapicería e intarsia se utilizan en tejidos a punto bajo. En la primera suelen usarse solo dos colores por vuelta: el hilo del color que no se utiliza se traslada por encima de la vuelta inferior y queda envuelto por los puntos de la vuelta superior. Cuando un color se utiliza solo en una zona del tejido, en lugar de en toda la vuelta, se emplea la técnica de intarsia, con una hebra distinta para cada zona de color.

### ESQUEMAS MULTICOLORES

**El diseño del esquema** de la labor le indicará qué técnica utilizar: tapicería o intarsia. Si consta de dos colores que se repiten a lo largo de cada fila horizontal de cuadrados, deberá usar la técnica de tapicería. En cambio, para tejer motivos aislados se usa la técnica de intarsia. Cada cuadradito del esquema representa un punto bajo.

**Esquema de tapicería**

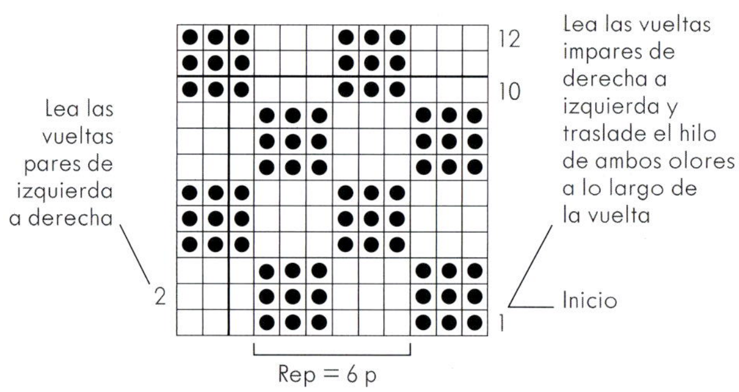


**Esquema de intarsia**

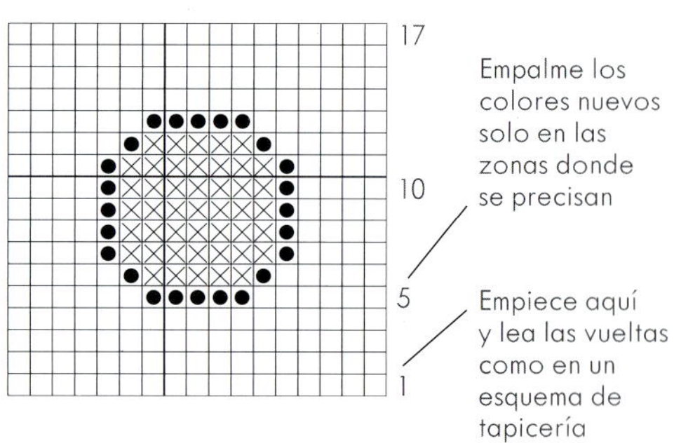


**Esquema de punto de escalera**
Se empieza por la esquina inferior derecha y se avanza en diagonal de derecha a izquierda y de izquierda a derecha alternativamente. Para evitar confusiones al seguir el esquema puede ser útil girar la página hacia la dirección desde la que se trabaja y tachar cada vuelta una vez completada.

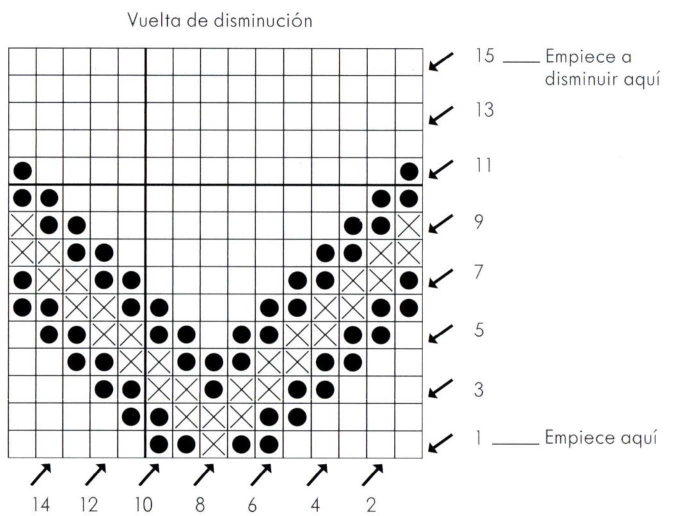

## TÉCNICA DE TAPICERÍA

1 Para cambiar de color en la técnica de tapicería, trabaje el último punto bajo hasta antes de echar el hilo por última vez, después pase el color anterior hacia el frente por encima del color nuevo y complete el punto con este.

2 Teja el punto siguiente con el nuevo color de la manera habitual, pero mantenga el hilo del color anterior estirado sobre la vuelta de abajo, de manera que quede envuelto por los puntos bajos tejidos en el nuevo color.

## TÉCNICA DE INTARSIA

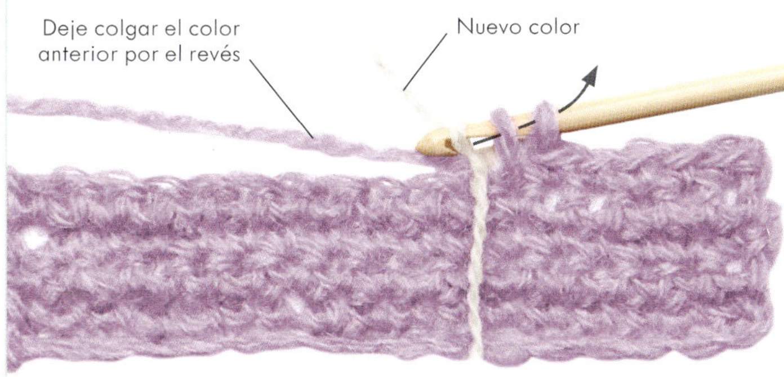


1 Para cambiar a un nuevo color en la técnica de intarsia, teja hasta el lugar del esquema en que empieza el motivo, pero deténgase antes de echar el hilo para el punto anterior. Complete luego el punto bajo con el nuevo color.

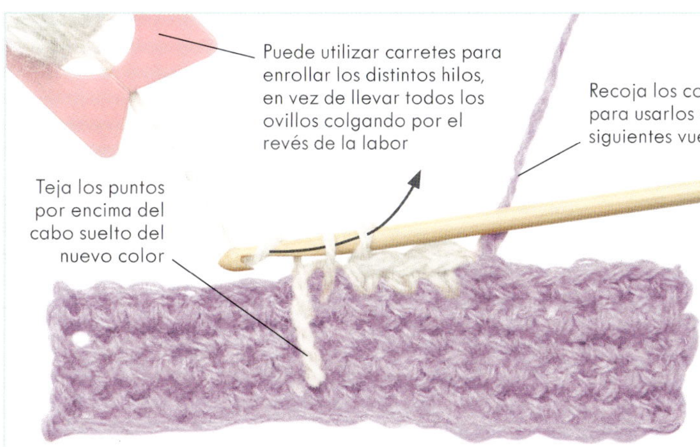


2 Teja todos los puntos requeridos con el nuevo color, como muestra la imagen. A continuación, empalme otro ovillo (o una hebra) para la siguiente zona de color de fondo. Utilice un trozo de hilo separado para cada zona de color.

# COJÍN DE INTARSIA

*Nivel de dificultad* ***

*Esta sencilla funda de cojín rectangular* con un bonito diseño de rayas y rombos se compone de dos piezas. El patrón le ofrece la posibilidad de tejer ambas caras a intarsia, o solo una, y la otra lisa.

**TÉCNICAS EMPLEADAS** Punto bajo **p. 34**, Estirado y costuras **p. 68**, Esquemas multicolores **p. 116**, Técnica de intarsia **p. 117**

## MEDIDAS

30 × 50 cm

## HILO

Rowan Pure Wool DK de 50 g/130 m (100% lana; cualquier lana ligera servirá para esta labor)

**A** x 4 **B** x 2

## GANCHILLO

Ganchillo de 4 mm

## OTROS MATERIALES

Aguja lanera

## TENSIÓN

15 p y 20 vueltas en 10 cm

## INSTRUCCIONES

**Nota:** Al cambiar el color del hilo: con hilo A, inserte el ganchillo en el p sig y saque una lazada, cambie al hilo B, eh y saque una lazada por las dos lazadas del ganchillo. Teja el p sig con hilo B. El cambio de hilo se completa en el paso final del punto anterior.

### PIEZA DELANTERA

Con hilo A, hacer 76 c.
**Vuelta 1:** 1 pb en la segunda c desde el ganchillo, pb hasta el final. (75 p)
**Vuelta 2:** 1 c, pb hasta el final de la vuelta.
**Vueltas 3–9:** Repetir la vuelta 2.
**Vuelta 10:** Con hilo B, 1 c, pb hasta el final de la vuelta.
**Vuelta 11:** Repetir la vuelta 10.
**Vuelta 12:** Con hilo A, 1 c, pb hasta el final de la vuelta.
**Vuelta 13:** Repetir la vuelta 12.
**Vueltas 14–17:** Con hilo B, 1 c, pb hasta el final de la vuelta.
**Vueltas 18–21:** Con hilo A, 1 c, pb hasta el final de la vuelta.
**Vuelta 22:** Consulte el esquema (abajo) para tejer el diseño de intarsia en colores. Trabajando en intarsia y cambiando el color del hilo antes del paso final del último p: 1 c y 10 pb con hilo A (en lo sucesivo A), 1 pb con hilo B (en lo sucesivo B), *17 pb A, 1 pb B; repetir desde * 2 veces más, 10 pb A.
**Vuelta 23:** Repetir la vuelta 22.
**Vuelta 24:** Con A, 1 c, 9 pb, 3 pb B, * 15 pb A, 3 pb B; repetir desde * 2 veces más, 9 pb A.
**Vuelta 25:** Repetir la vuelta 24.
**Vuelta 26:** Con A, 1 c, 8 pb, 2 pb B, 1 pb A, 2 pb B, * 13 pb A, 2 pb B, 1 pb A, 2 pb B; repetir desde * 2 veces más, 8 pb A.
**Vuelta 27:** Repetir la vuelta 26.
**Vuelta 28:** Con A, 1 c, 7 pb, 2 pb B, 3 pb A, 2 pb B, * 5 pb A, 1 pb B, 5 pb A, 2 pb B, 3 pb A, 2 pb B; repetir desde * 2 veces más, 7 pb A.
**Vuelta 29:** Repetir la vuelta 28.
**Vuelta 30:** Con A, 1 c, 6 pb, 2 pb B, 2 pb A, 1 pb B, 2 pb A, 2 pb B, * 3 pb A, 3 pb B, 3 pb A, 2 pb B, 2 pb A, 1 pb B, 2 pb A, 2 pb B; repetir desde * 2 veces más, 6 pb A.
**Vuelta 31:** Repetir la vuelta 30.
**Vuelta 32:** Repetir la vuelta 28.
**Vuelta 33:** Repetir la vuelta 32.
**Vuelta 34:** Repetir la vuelta 26.
**Vuelta 35:** Repetir la vuelta 34.
**Vuelta 36:** Repetir la vuelta 24.
**Vuelta 37:** Repetir la vuelta 36.
**Vuelta 38:** Repetir la vuelta 22.
**Vuelta 39:** Repetir la vuelta 38.
**Vuelta 40:** Con A, 1 c, pb hasta el final de la vuelta.
**Vueltas 41–43:** Repetir la vuelta 40.
**Vueltas 44–47:** Con B, 1 c, pb hasta el final.
**Vueltas 48–49:** Con A, 1 c, pb hasta el final.
**Vueltas 50–51:** Con B, 1 c, pb hasta el final.
**Vueltas 52–60:** Con A, 1 c, pb hasta el final.
Rematar.

### PIEZA TRASERA

Repetir las instrucciones de la delantera. Para la versión lisa, trabajar del siguiente modo:
Con hilo A, hacer 76 c.
**Vuelta 1:** 1 pb en la segunda c desde el ganchillo, pb hasta el final de la vuelta. (75 p)
**Vuelta 2:** 1 c, pb hasta el final.
**Vueltas 3–60:** Repetir la vuelta 2. Rematar.

### ACABADO

Coser las dos piezas encaradas por el derecho, dejando abierto uno de los lados cortos. Volver la funda del derecho e introducir el relleno. Para cerrar el lado abierto, cósalo o inserte una cremallera.

**Esquema**

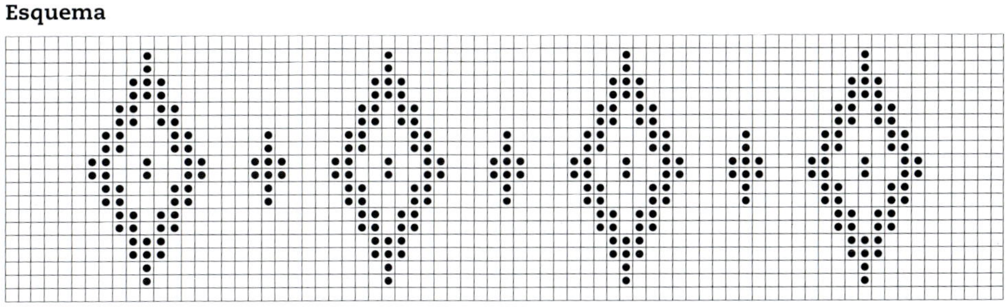

# PUNTO DE ESCALERA (PE)

En este estilo de tejido a ganchillo, cada unidad consta básicamente de tres cadenetas y tres puntos altos, y se une a punto raso al espacio de tres cadenetas de cada unidad de la vuelta anterior. Los aumentos se hacen al principio de cada vuelta hasta alcanzar la anchura máxima deseada en diagonal y luego se empieza a disminuir.

## SERIE EN AUMENTO

**Las unidades del PE** se suelen tejer a punto alto, pero también se usa el medio punto alto. Con los puntos altos la labor crece más rápido, mientras que con los medios puntos altos se consigue un tejido multicolor más detallado, pues las unidades resultantes son más pequeñas y densas.

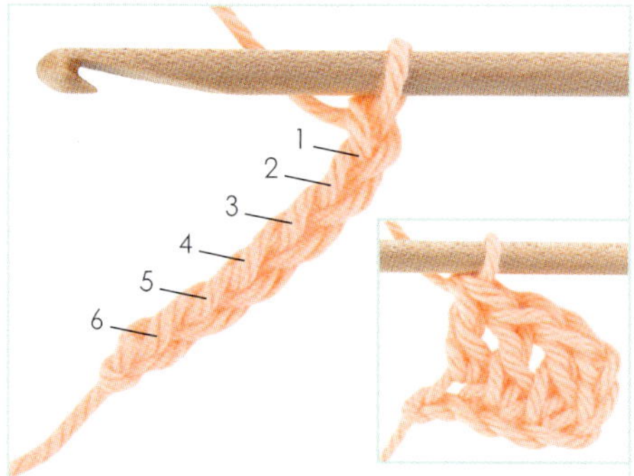


**1** Haga seis cadenetas (la base para un aumento). Teja un punto alto en la cuarta cadeneta desde el ganchillo y luego otro en cada una de las dos cadenetas siguientes. Esta es la primera unidad y se cuenta como vuelta 1.

**2** Para la vuelta 2, gire la unidad y haga seis cadenetas. Para esta vuelta se necesitan dos unidades: una es el aumento y la otra se tejerá en el espacio de tres cadenetas de la unidad de la vuelta 1.

**3** Teja un punto alto en la cuarta cadeneta desde el ganchillo y luego otro en cada una de las dos cadenetas siguientes.

**4** Salte los tres puntos altos siguientes de la vuelta 1 y teja un punto raso en el espacio creado por la tercera cadeneta de la vuelta 1.

**5** Haga tres cadenetas y luego tres puntos altos en el espacio bajo la cadeneta de la vuelta 1.

**6** Repita el paso 2 para empezar cada vuelta de aumento siguiente y después los pasos 3 y 4 a lo largo de cada vuelta hasta el final. Continúe así hasta tener el número de vueltas deseado o hasta completar las vueltas de aumento.

## SERIE EN DISMINUCIÓN

1 Para empezar a disminuir, teja un punto raso sobre cada uno de los tres últimos puntos altos tejidos y en el espacio de tres cadenetas. Aquí empezará la vuelta.

2 Haga tres cadenetas y tres puntos altos en el espacio de las cadenetas, y repita los pasos 3 y 4, como antes, a lo largo de la vuelta.

3 Al final de cada vuelta, teja un punto raso en el ultimo espacio de tres cadenetas. Gire la labor y teja a punto raso sobre los puntos altos, como antes, para iniciar la vuelta siguiente.

## CAMBIO DE COLOR EN PUNTO DE ESCALERA

**Para facilitar la tarea** necesitará un ovillo, una madeja o una bobina de hilo del color de cada sección. Cuanto más complejo sea el diseño, más ovillos tendrá que manejar. Los motivos más complicados requerirán muchos cambios de color, y por ello vale la pena preparar las madejas o bobinas necesarias de antemano. También puede transportar las hebras a lo largo de varias unidades, si fuera preciso, ya que quedarán ocultas en gran parte al tejer sobre ellas.

**El principio del tejido en escalera multicolor** es siempre el mismo: justo al acabar una unidad se deja caer el hilo y se recoge el nuevo para pasarlo por la lazada del ganchillo. Este método garantiza que la unidad sea cuadrada.

# ORGANIZADOR ENROLLABLE

*Nivel de dificultad* ***

TÉCNICAS

*Sorprenda a propios y extraños* con esta bolsa enrollable de diseño geométrico multicolor forrada de tela para tener ordenado, limpio y a mano todo lo necesario para sus labores de ganchillo.

**TÉCNICAS EMPLEADAS** Cadeneta **p. 26**, Punto alto **p. 44**, Trabajar en un espacio de cadeneta **p. 75**, Punto de escalera **p. 120**

## MEDIDAS

23,5 × 28 cm

## HILO

Paintbox Cotton DK de 50 g/125 m (100 % algodón; obtendrá un efecto similar con cualquier otro hilo de algodón ligero)

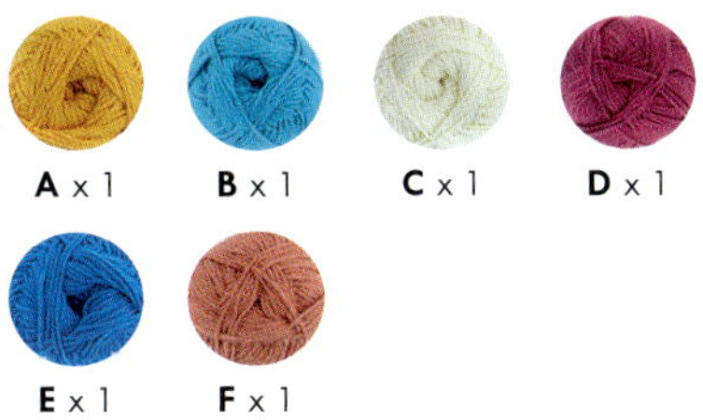


## GANCHILLO

Ganchillo de 2,5 mm

## OTROS MATERIALES

2 retales de tela y de entretela adhesiva de 45 × 55 cm

Bolígrafo borrable y regla

Máquina de coser (opcional)

## TENSIÓN

8 unidades en 10 cm

## INSTRUCCIONES

**Nota:** El cambio de color tras una unidad es total: teja un punto raso con el nuevo color para empezar la siguiente. Si el cambio de color coincide con el borde de la labor, puede hacerlo a través del último punto antes de la nueva vuelta.

Con el hilo A, hacer 6 c.

**Vuelta 1 (D):** 1 pa en la cuarta c desde el ganchillo, 1 pa en cada una de las 2 c sig, girar. (1 unidad)

**Vuelta 2:** 6 c, 1 pa en la cuarta c desde el ganchillo, 1 pa en cada una de las 2 c sig, 1 pr en el esp de 3 c de la vuelta 1, 3 c, 3 pa en el mismo esp de 3 c, girar. (2 unidades)

**Vuelta 3:** 6 c, 1 pa en la cuarta c desde el ganchillo, 1 pa en cada una de las 2 c sig, *1 pr en el sig esp de 3 c de la vuelta anterior, 3 c, 3 pa en el mismo esp de 3 c; rep desde * hasta el final, girar. (3 unidades)

**Vueltas 4–19:** Rep la vuelta 3 siguiendo el esquema para los cambios de color. (19 unidades)

**Vuelta 20 (R):** 1 pr en los 3 últimos p tejidos y en el primer esp de 3 c, 3 c, 3 pa en el esp de 3 c, *1 pr en el esp de 3 c de la vuelta anterior, 3 c, 3 pa en el mismo esp de 3 c; rep desde * hasta el final, girar. (19 unidades).

### ESQUEMA DE PUNTO DE ESCALERA

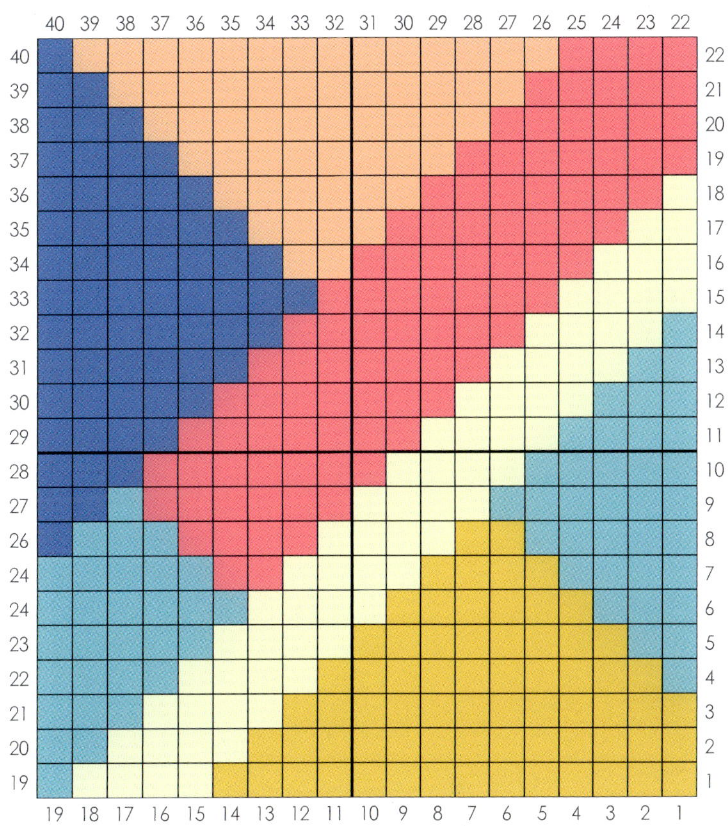


**Cómo seguir el esquema**
Se empieza por la esquina inferior derecha con una unidad y se avanza en diagonal a través del esquema, tejiendo de derecha a izquierda y luego de izquierda a derecha de manera alternativa. Es útil hacer una fotocopia del esquema o girar la página hacia la dirección desde la que se trabaja e ir tachando cada vuelta a medida que se teje. El cuadrado número 1 será la esquina superior derecha de la pieza una vez terminada.

**Unidades de colores** Visto en conjunto, el tejido de ganchillo aparece dividido en series de unidades de distintos colores. Una vez dominada la técnica, solo hay que ir repitiendo unidades y combinando colores.

**Telas coordinadas** Busque retales estampados y lisos hasta dar con los más bonitos a tono con la pieza de ganchillo. Coserlos a máquina es más rápido y seguro, pero también se pueden coser a mano.

**Vuelta 21:** 6c, 1 pa en la cuarta c desde el ganchillo, 1 pa en cada una de las c sig, * pr en el esp de 3 c de la vuelta anterior, 3c, 3 pa en el mismo esp de 3 c; rep desde * hasta el último esp de 3 c, acabar con 1 pr en el último esp de 3 c, girar. (19 unidades)
**Vuelta 22:** Rep la vuelta 20.
**Vuelta 23:** 1 pr en cada uno de los 3 últimos p tejidos y en el primer esp de 3 c, * 3 c, 3 pa en el mismo esp de 3 c, pr en el siguiente esp de 3 ; rep desde * hasta el final, acabando con 1 pr en el último esp de 3 c, girar. (18 unidades)
**Vueltas 24–40:** Rep la vuelta 23. (Se disminuye 1 unidad en cada vuelta) No cortar el hilo con el que se está trabajando. Rematar todos los demás cabos.
**Borde:** 1 c (no se cuenta como punto), 3 pb hasta la esquina, *2 pb alrededor de la columna de un pa, 1 pb en los 3 pa sig; rep desde * a lo largo de los cuatro lados, cambiando de color cuando corresponda. Rematar la labor y los cabos.

## CORDONES

Con el derecho (D) de frente, girar la pieza 90 grados en sentido antihorario, de manera que la franja de hilo D quede a la derecha. Empalmar el hilo D a la novena unidad del lado derecho contando desde abajo, hacer 61 c, girar, 1 pr en la hebra posterior de la segunda c desde el ganchillo, 1 pr en la hebra posterior de cada c hasta el inicio, 2 pb en el borde de la pieza, hacer 61 c, girar, 1 pr en la hebra posterior de la segunda c desde el ganchillo, 1 pr en la hebra posterior de cada c hasta el inicio, 1 pr en los 2 p sig. Rematar la labor y los cabos sueltos.

## ACABADO

Medir la pieza de ganchillo. Cortar la pieza de tela principal con un margen de costura de 1 cm en los lados cortos y en el lado superior. Cortar la entretela restando el margen de costura. Pegar la entretela con la plancha alineando la parte inferior de las dos piezas. Planchar el margen de costura en torno a los tres bordes. Para hacer el bolsillo, cortar una pieza de tela del mismo tamaño que la principal, plancharla por la mitad a lo largo, encarando los reveses (R) y dejando una pestaña de 1 cm. Planchar la pestaña. Poner el bolsillo doblado sobre la tela principal alineándolo con el canto del forro de la pieza principal. Doblar la pestaña planchada por detrás del canto. Prender las telas con alfileres.
Con un bolígrafo borrable y una regla, marcar la posición de los bolsillos alargados con una distancia mínima de 2,5 cm entre ellos. Coser por las líneas marcadas.
Hacer un pespunte por los cuatro lados con un margen de costura de 0,5 cm.
Prender con alfileres al R de la pieza de ganchillo y coser a mano.

# MUESTRAS DE TEJIDOS MULTICOLORES SENCILLOS

Tejer labores multicolores a ganchillo es divertido y fácil. Esta selección de puntos comprende un amplio abanico de texturas. Aunque algunos puntos tienen derecho y revés, estos tejidos son similares por ambas caras. Una de las grandes ventajas de los tejidos de ganchillo es que suelen ser reversibles. Si quiere tejer una bufanda, un chal, una manta de bebé, una colcha o una funda de cojín en uno de estos puntos, tómese el tiempo necesario para elegir una combinación de colores bonita. En la página 81 encontrará las abreviaturas y los símbolos de los puntos básicos. Cuando se utiliza algún símbolo especial, se especifica en el diagrama correspondiente.

## RAYAS A PUNTO DE ESPIGA

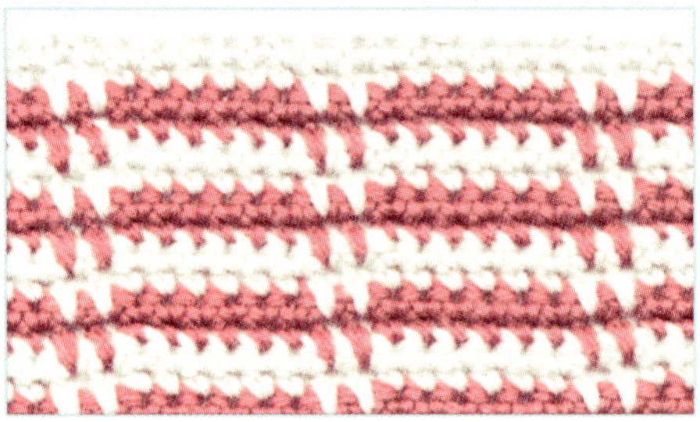

**Diagrama**

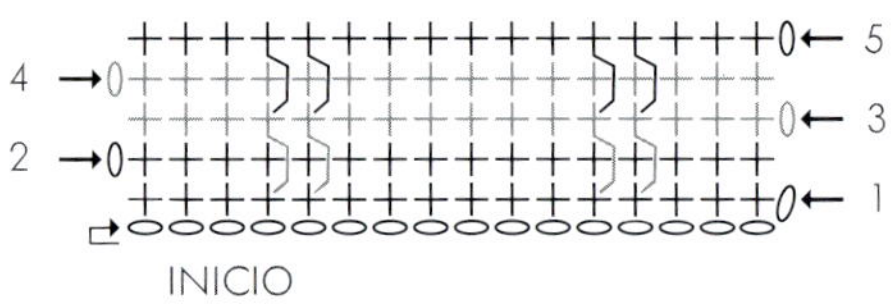


**CLAVE**

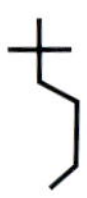


**Instrucciones**
**Punto de espiga** = en lugar de trabajar en el p sig, insertar el ganchillo de delante atrás a través de la parte superior del p situado una vuelta por debajo, eh, sacar la lazada y alargarla hasta la altura de la vuelta en curso (encerrando el p omitido), eh y sacar la lazada por dos lazadas del ganchillo para completar un pb alargado. Esta muestra se teje en 2 colores (A y B). Con A, hacer un número de c múltiplo de 8 y uno más.
**Vuelta 1 (D):** Con A, 1 pb en la segunda c desde el ganchillo, 1 pb en cada una de las c rest, girar.
**Vuelta 2:** Con A, 1 c (NO se cuenta como p), 1 pb en cada pb hasta el final, girar.
**Vuelta 3:** Con B, 1 c (NO se cuenta como p), *1 pb en cada uno de los 3 pb sig, (1 p de espiga sobre 1 p de una vuelta por debajo del p sig) 2 veces, 1 pb en cada uno de los 3 pb sig; rep desde * hasta el final, girar.
**Vuelta 4:** Con B, rep la vuelta 2.
**Vuelta 5:** Con A, rep la vuelta 3.
Rep las vueltas 2 a 5 para elaborar la muestra.

## TRIÁNGULOS A PUNTO DE ESPIGA

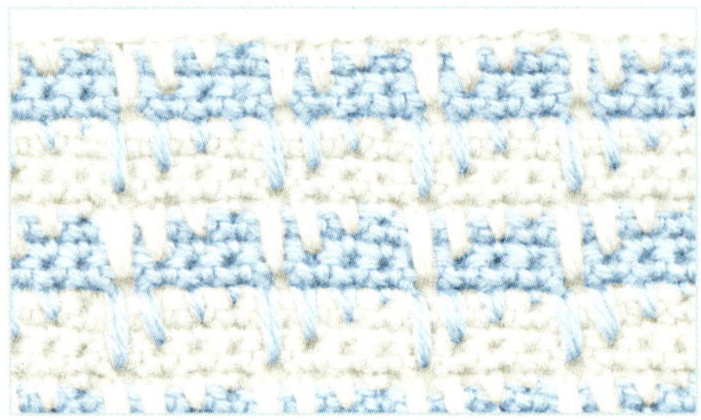

**Diagrama**

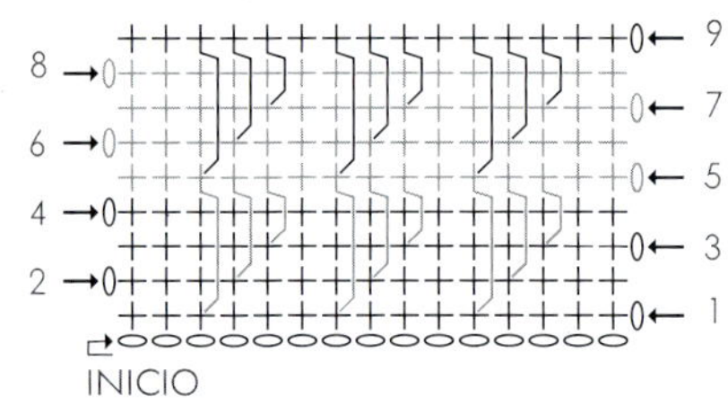


**CLAVE**

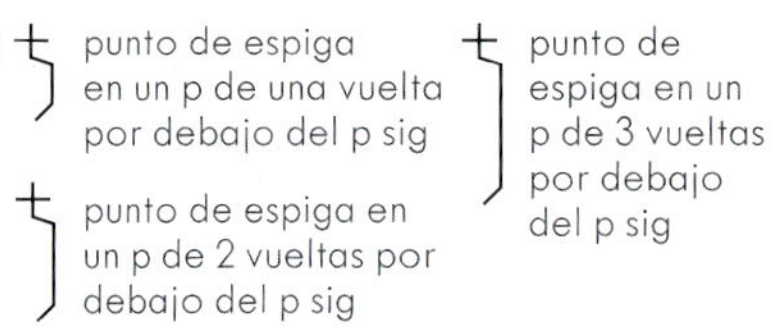


**Instrucciones**
**Punto de espiga** = en lugar de trabajar en el p sig, insertar el ganchillo de delante atrás a través del p situado 1, 2 o 3 vueltas por debajo de este p, eh, sacar la lazada y alargarla hasta la altura de la vuelta en curso (encerrando el p omitido), echar el hilo y sacarlo por las 2 lazadas del ganchillo para completar un pb alargado. Esta muestra se teje en 2 colores (A y B). Con A, hacer un número de c múltiplo de 4.
**Vuelta 1 (D):** Con A, 1 pb en la segunda c desde el ganchillo, 1 pb en cada una de las c rest, girar.
**Vuelta 2:** Con A, 1 c (NO se cuenta como p), 1 pb en cada pb hasta el final, girar.
**Vueltas 3 y 4:** Con A, rep la vuelta 2, 2 veces.
**Vuelta 5 (D):** Con B, 1 c (NO se cuenta como p), 1 pb en el primer pb, *1 pb en el sig pb, 1 p de espiga sobre el pb de una vuelta por debajo del pb sig, 1 p de espiga sobre el pb de 2 vueltas por debajo del pb sig, 1 p de espiga sobre el pb de 3 vueltas por debajo del pb sig; rep desde * hasta los últimos 2 pb, 1 pb en cada uno de los 2 pb finales, girar.
**Vueltas 6, 7 y 8:** Con B, rep la vuelta 2, 3 veces.
**Vuelta 9 (D):** Con A, rep la vuelta 5.
Rep las vueltas 2 a 9 para elaborar la muestra, acabando con una rep de la vuelta 5 o 9.

## PUNTO DE ZIGZAG SIMPLE

**Diagrama**

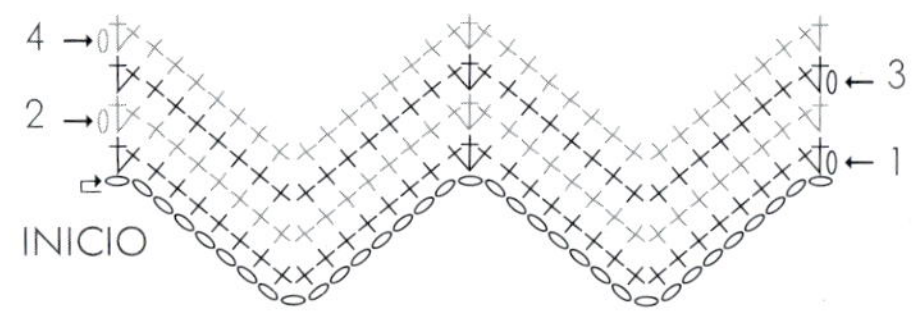


**Nota:** Si teje guiándose por el diagrama, repita las vueltas 2 y 3 para completar la muestra.

**Instrucciones**
Esta muestra se teje en 3 colores (A, B y C). Con C, hacer un múltiplo de 16 c y 2 más.
**Vuelta 1 (D):** Con A, 2 pb en la 2.ª c desde el ganchillo, *1 pb en cada una de las 7 c sig, saltar la sig c, 1 pb en cada una de las 7 c sig, 3 pb en la sig c; rep desde * hasta el final, tejiendo 2 pb (en vez de 3) en la última c, girar.
**Vuelta 2:** Con A, 1 c (NO se cuenta como p), 2 pb en el primer pb, *1 pb en cada uno de los 7 pb sig, saltar los 2 pb sig, 1 pb en cada uno de los 7 pb sig, 3 pb en el sig pb; rep desde * hasta el final, tejiendo 2 pb (en vez de 3) en el último pb, girar.
**Vueltas 3 y 4:** Con B, rep la vuelta 2.
**Vueltas 5 y 6:** Con C, (rep la vuelta 2) 2 veces.
**Vueltas 7 y 8:** Con A, (rep la vuelta 2) 2 veces.
Rep las vueltas 3 a 8 para elaborar la muestra.

# OTROS PUNTOS

*Si le apetece probar algunos puntos de ganchillo* fuera de lo común, puede elegir entre el punto tunecino simple o el peruano. Pese a que estos puntos no son difíciles, conviene dominar los básicos antes de ponerlos en práctica.

## PUNTO TUNECINO

Combina elementos del punto con dos agujas y del ganchillo. Produce un tejido de aspecto similar a una tela o al punto de jersey tricotado, según la variante utilizada. Cada vuelta se completa tejiendo dos «pasadas» (una de «ida» y otra de «vuelta»), en contraposición a las vueltas habituales del tejido a ganchillo. Además, requiere un ganchillo especial (p. 19) porque se necesita espacio para contener las numerosas lazadas que permanecen en él durante una de las pasadas de cada vuelta.

**Punto tunecino:** El punto tunecino simple es el más sencillo y crea un tejido tupido. Trabaje siempre con el D de frente.

**1** El punto tunecino se empieza con una cadeneta normal, tras la cual cada vuelta se compone de dos pasadas. Para tejer la primera vuelta (la vuelta base), inserte el ganchillo en la primera cadeneta, eh y saque una lazada, pero déjela en el ganchillo.

**2** Repita el último paso en cada cadeneta hasta el final para completar la pasada de ida de la vuelta base. Tendrá el mismo número de lazadas en el ganchillo que de cadenetas iniciales.

**3** Ahora inicie la pasada de vuelta de la vuelta base. Cuando llegue al final de la pasada de ida, no gire la labor; limítese a tejer una cadeneta.

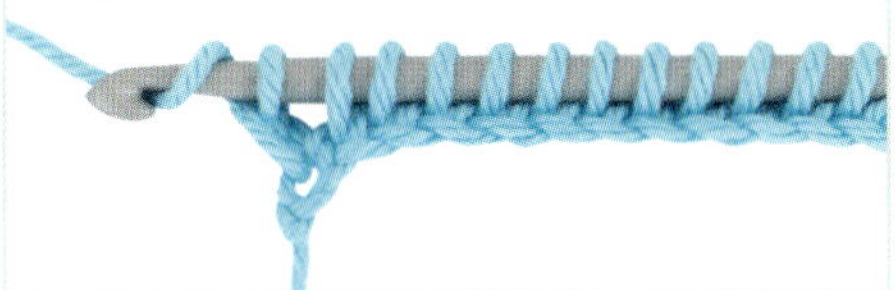

**4** A continuación, eche el hilo y sáquelo por las dos primeras lazadas del ganchillo.

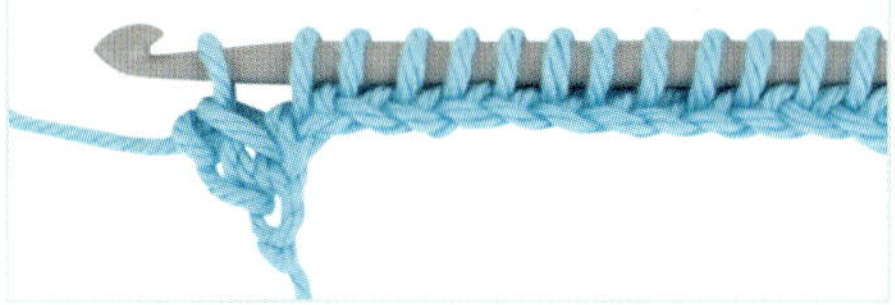

**5** Repita esta operación hasta que quede una lazada en el ganchillo. Así completará la vuelta base, o primera vuelta (una pasada de ida y una de vuelta).

**6** Para la pasada de ida de la segunda vuelta, no teja una cadeneta de vuelta: la lazada que hay en el ganchillo se cuenta como primer punto. Salte el punto vertical situado bajo el ganchillo e inserte este en el siguiente punto vertical de derecha a izquierda.

**7** Eche el hilo y sáquelo por la lazada, luego repita la operación, sacando una lazada a través de cada punto vertical hasta acabar la vuelta y dejando las lazadas en el ganchillo. Teja las pasadas de ida de todas las vueltas de esta manera, y las pasadas de vuelta como se indica en los pasos 3 y 4. Continúe trabajando a punto tunecino simple hasta que la labor tenga la medida deseada.

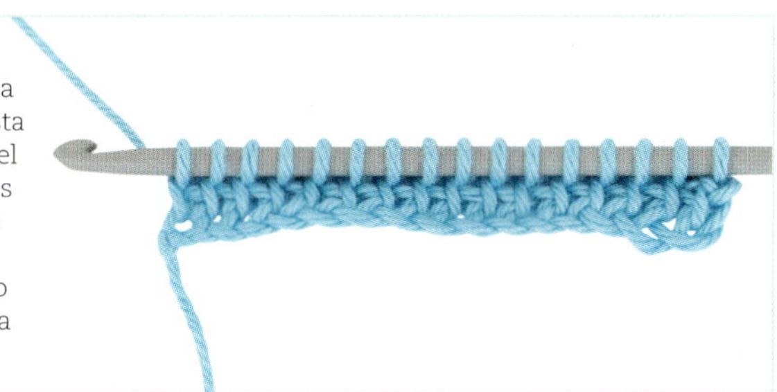

## PUNTO PERUANO

También se suele llamar punto palo de escoba, o de escoba, debido a que originalmente se utilizaba un palo de escoba para conseguir el efecto calado. Normalmente se teje con un ganchillo y una aguja de tricotar de 20 a 25 mm de diámetro para crear las grandes lazadas típicas de este punto.

**Punto peruano combinado:** Este punto, también llamado «punto pavo real», puede combinarse con puntos de ganchillo básicos para crear variantes.

1 Haga una serie de cadenetas y estire la última con el ganchillo para ensancharla y poderla meter en la aguja de tricotar.

2 Inserte el ganchillo en la cadeneta siguiente, eche el hilo y sáquelo a través de la lazada.

3 Pase la lazada a la aguja de tricotar.

4 Repita los pasos 2 y 3 hasta tener todas las lazadas en la aguja.

5 Deslice el ganchillo por debajo del primer grupo de lazadas (en las instrucciones se indicará cuántas) y sáquelas de la aguja.

6 Eche el hilo y sáquelo a través de todas las lazadas del ganchillo y luego teja varios puntos bajos en el grupo de lazadas (consulte las instrucciones para saber cuántos).

7 Continúe de esta manera hasta haber tejido en todas las lazadas. Así se completa una vuelta de punto peruano calado. Puede seguir del mismo modo, sacando lazadas por cada punto, o continuar con un punto de ganchillo habitual, o bien combinarlo con el peruano para crear bonitos motivos de encaje.

# HILOS ESPECIALES

*Si le apetece variar, en lugar de utilizar hilos de lana* puede probar algunos materiales menos comunes. Tejer a ganchillo con cuerda, alambre, trapillo (tiras de tela) y tiras de plástico es muy entretenido y, además, permite reciclar materiales. Para mostrar las técnicas hemos tejido un objeto con cada uno de estos «hilos». No es aconsejable aprender a hacer ganchillo con hilos de este tipo; asegúrese de dominar a la perfección el punto bajo antes de dar este paso.

## GANCHILLO CON CUERDA

La cuerda tejida muy prieta genera un tejido resistente adecuado para hacer cestitos y recipientes varios. Una buena elección para poner en práctica esta técnica es el cordel de jardinería, pues no es ni demasiado grueso ni demasiado fino. Además es fácil de encontrar y crea un tejido que mantiene bien la forma.

### CESTITO REDONDO DE CUERDA

1 Elija un tamaño de ganchillo adecuado para la cuerda y con el cual pueda crear un tejido a punto bajo prieto y rígido. En este caso se utilizó un ganchillo de 4,5 mm con un cordel de jardinería natural. Para aprender a tejer a ganchillo con cuerda, puede hacer este cestito. Empiece con la vuelta 1 de las instrucciones del círculo plano de la página 56.

2 Continúe siguiendo el patrón del círculo para las vueltas 2 y 3. Teja los puntos lo más prietos posible. Si el tejido no queda lo bastante prieto, empiece de nuevo con un ganchillo más fino.

3 Siga tejiendo en vueltas circulares hasta tener un círculo del tamaño deseado para la base del cesto. Para empezar los lados, teja 1 pb solo en la lazada posterior de la parte superior de cada punto en la vuelta siguiente, como muestra la imagen. De esta manera se forma un reborde saliente.

4 En las vueltas restantes, teja 1 pb sobre cada punto de la vuelta anterior insertando el ganchillo por debajo de ambas lazadas. Así se formará un tubo (véanse los consejos para tejer en espiral en la página 98). Continúe de este modo hasta alcanzar la altura deseada.

# GANCHILLO CON ALAMBRE

Siempre que sea lo bastante fino, el alambre resulta fácil de tejer a ganchillo, si bien requiere cierta práctica lograr que los puntos queden uniformes. Como en el caso de la cuerda, se recomienda tejer solo a punto bajo, pues los puntos más complejos son difíciles de distinguir entre las flexibles y amplias lazadas. Un método fantástico para dar el toque final a una labor de alambre a ganchillo es añadirle cuentas o abalorios y convertirla en una sencilla joya, como el brazalete que se muestra aquí.

## BRAZALETE DE ALAMBRE CON ABALORIOS

El alambre más adecuado para ganchillo es el de cobre de 0,3 mm de grosor, que puede adquirirse por Internet en tiendas de manualidades o de artículos para bisutería. Para este alambre necesitará un ganchillo de 3 mm.

**1** Ensarte todos los abalorios en el alambre antes de comenzar a tejer. Para este brazalete se han utilizado 27 cuentas de cristal de unos 6 o 7 mm de diámetro, pero se recomienda ensartar unas 10 más de las previstas, por si fallan los cálculos.

**2** Cree su propio esquema, indicando dónde desea colocar los abalorios. Este es el esquema utilizado para este sencillo brazalete. (Consulte en la página 84 cómo tejer a ganchillo con cuentas.)

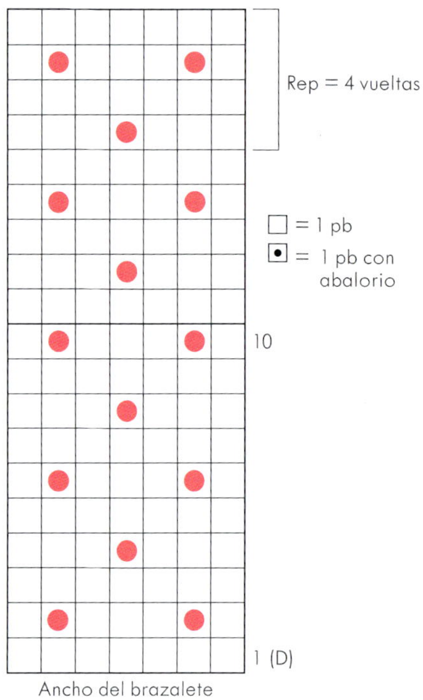


**3** Para empezar haga 8 cadenetas con el alambre en el que ha ensartado las cuentas. Siga luego el esquema tejiendo los puntos bastante flojos. Cada vez que llegue a la posición de un abalorio (siempre en una vuelta por el revés de la labor), trabaje el punto hasta antes de echar el hilo por última vez, deslice el abalorio hacia la labor y complete el punto.

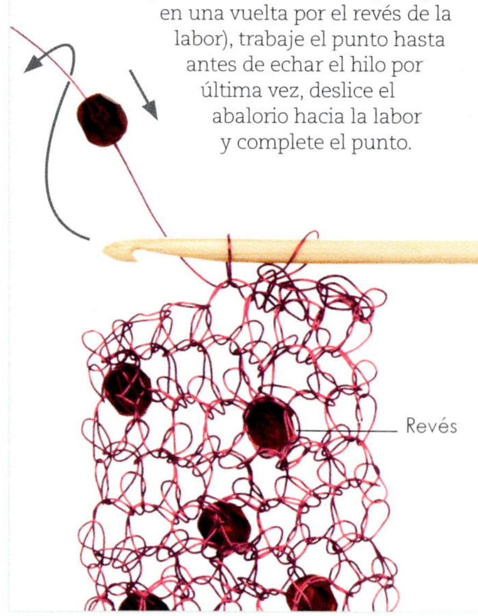


**4** Siga tejiendo hasta tener la longitud deseada. Acabe con una vuelta por el derecho (sin abalorios), de modo que el revés quedará de frente para la siguiente vuelta. Coloque el extremo opuesto del brazalete tras la vuelta siguiente y teja la última vuelta uniendo ambas capas, insertando el ganchillo a través de la cadeneta base de la segunda capa, como muestra la imagen.

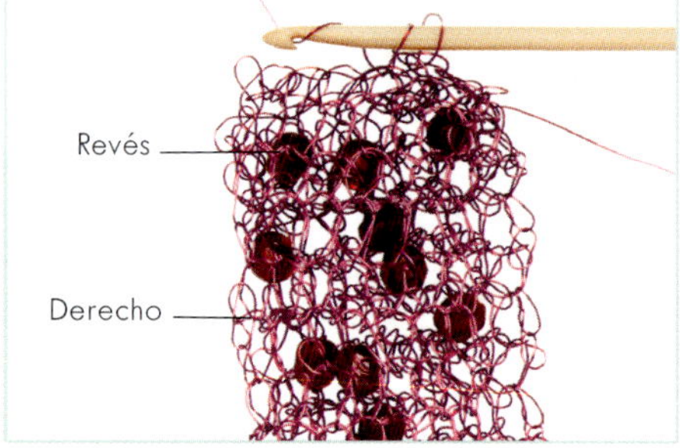

**5** Una vez finalizada la costura a punto bajo, corte el alambre y remate. Con una aguja lanera, oculte los cabos sueltos bajo la costura y enrolle el alambre con firmeza varias veces alrededor del borde de la labor. Luego recorte el resto del alambre a ras del brazalete y vuelva este del derecho.

## OTRO MODELO

También puede tejer un brazalete solo con alambre y decorarlo después. Este se ha tejido sin cuentas ni adornos. Los botones se han cosido después a lo largo del centro con un hilo de seda brillante en un color a contraste.

# GANCHILLO CON TRAPILLO

La mayor ventaja de tejer a ganchillo con tiras de tela, o trapillo, es que la paleta de color es ilimitada, pues el «hilo» puede ser cualquier tela de algodón, incluso estampada o de rayas. Para ensayar esta técnica, teja círculos con tiras de tela y hágase un bolso con ellos.

## PREPARACIÓN DE LAS TIRAS DE TELA

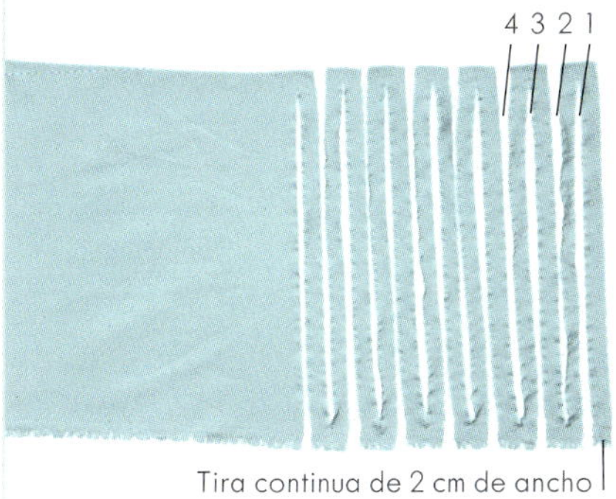


**1** Para hacer una tira continua de 2 cm de ancho, corte o rasgue la tela de orillo a orillo, deteniéndose a 1,5 cm del borde aproximadamente.

**2** A medida que vaya rasgando las tiras, enróllelas en ovillos. Para tejer a ganchillo con tiras de tela se precisa mucho material. Para comenzar la labor puede preparar algunos ovillos de cada uno de los colores necesarios y hacer más después si fuera necesario.

## TEJER DOS CÍRCULOS PARA HACER UN BOLSO

**1** Para conseguir un tejido firme, utilice un ganchillo de 10 mm y tiras de algodón fino de 2 cm de ancho. El punto ideal para tejer con trapillo es el punto bajo. Para empezar cada círculo, teja la vuelta 1 de las instrucciones para círculos planos de la página 56 (pero deje el cabo suelto por el revés de la labor y no teja los puntos de esta vuelta sobre él).

**2** Continúe el patrón, introduciendo colores nuevos para hacer rayas, si lo desea, hasta que el círculo tenga el tamaño deseado para el bolso. Teja después un segundo círculo del mismo tamaño. Saque los cabos sueltos con el ganchillo a través de unos cuantos puntos por el revés, remátelos y córtelos a ras de la labor.

**3** Forre los dos círculos con una tela estampada a tono (el borde del forro debe llegar hasta la base de la parte superior de los puntos de la última vuelta).

**4** Prenda con alfileres el círculo delantero y el trasero encarados por el revés y cósalos, con hilo de coser o para ganchillo de algodón fino y de un color a tono, justo por debajo de la parte superior de los puntos de la última vuelta, dejando una abertura en la parte de arriba. Para la correa, haga una trenza larga con tiras de tela o use un cordón de pasamanería largo.

# JUGUETES DE GANCHILLO

*Aunque hacer muñecos a ganchillo parece difícil,* lo cierto es que es relativamente fácil y rápido. Esta guía paso a paso para tejer un osito le enseña a tejer las piezas, a rellenarlas y a coserlas, y a dotarle de rasgos faciales (consulte las instrucciones en las pp. 135–137).

## TÉCNICAS PARA HACER JUGUETES DE GANCHILLO

Cualquier persona con conocimientos medios de ganchillo puede tejer este gracioso osito siguiendo las instrucciones que se dan en las páginas 135 a 137. Esta labor es ideal para tejer su primer muñeco de ganchillo. El poder ver el aspecto que tienen las piezas antes de rellenarlas le hará tener confianza en que su osito acabará teniendo la forma deseada.

Los consejos que se dan en estos pasos son aplicables a los juguetes de ganchillo en general. Empiece por seleccionar los hilos y el ganchillo necesarios. Para el osito del ejemplo solo se precisa hilo de dos colores. Escoja un ganchillo que permita obtener un tejido tupido a punto bajo, entre uno y dos tamaños por debajo del tamaño recomendado para el hilo elegido (p. 14).

**Los materiales adicionales necesarios** para este osito son los mismos que para la mayoría de los muñecos y juguetes: hilo de bordar para los rasgos faciales, ojos de seguridad o botones para los ojos, y relleno especial para juguetes. Tenga MUCHO cuidado si el muñeco es para un niño pequeño; lo mejor en este caso es bordar los ojos o usar ojos para muñecos que cumplan la normativa de seguridad.

## TEJER UN OSITO

1 Ponga un marcador de puntos o una hebra de un hilo de distinto color para marcar la posición de cada ojo, de manera que, cuando haya acabado la cabeza, pueda colocar los ojos de seguridad simétricamente.

2 Empiece a rellenar la cabeza justo después de comenzar a menguar, cuando la abertura aún es lo bastante grande como para hacerlo fácilmente. Asegúrese de meter suficiente relleno para toda la cabeza.

3 Cuando haya acabado la cabeza quedará un pequeño agujero. Deje un cabo suelto lo bastante largo para coserlo. Pase el cabo en torno a la abertura con una aguja lanera.

4 Tire del cabo para cerrar el agujero y dé unas puntadas para asegurarse de que no se abra. También puede usar este cabo para coser el cuerpo a la cabeza; si va a hacerlo, no remate el hilo.

5 Coloque los ojos de seguridad y, a continuación, cosa el hocico a la cara con un sobrehilado (p. 68) con un hilo del mismo color que el hocico.

6 Con el hilo de bordar, haga una boca y una nariz en el hocico como las de la imagen, o dé otra expresión a su osito con un diseño propio.

7 Una la cabeza al cuerpo con una costura pulida (por ejemplo, a punto de colchonero, p. 69), alternando puntadas en el cuerpo y en la cabeza a medida que va girando. Puede usar cualquier otra técnica de costura discreta y que asegure que la cabeza quede bien sujeta y no se bambolee.

8 Al rellenar las extremidades utilice el mango del ganchillo o cualquier objeto largo, como una aguja de tricotar, para empujar bien el relleno hasta el fondo. Utilice esta técnica para introducir más relleno y asegurarse de que las extremidades queden bien duras.

9 Una las extremidades al cuerpo en la posición que muestra la imagen, con una costura similar a la de la cabeza y de manera que no puedan soltarse, pero tengan cierta movilidad. Para permitir que se muevan, cosa brazos y piernas al cuerpo desde un pequeño punto lateral en vez de por la punta.

# OSITO

*Nivel de dificultad* ***

*Nadie olvida el primer osito que tuvo,* y este, sin duda alguna, se convertirá en un juguete memorable. Tejido en redondo a partir de anillos ajustables para que las manos y los pies queden bien redonditos, resulta fácil y muy agradable de hacer.

**TÉCNICAS EMPLEADAS** Punto bajo **p. 34**, Aumentos en punto bajo **p. 50**, Disminuciones en punto bajo **p. 52**, Hacer un anillo ajustable **p. 57**, Juguetes **p. 132**

## MEDIDAS

28 × 16 cm aprox.

## HILO

Rico Design Essential Cotton DK de 50 g/130 m (100 % algodón mercerizado; puede utilizar cualquier hilo ligero)

**A** x 1 **B** x 1

## GANCHILLO

Ganchillo de 3,75 mm

## OTROS MATERIALES

2 marcadores de puntos
Aguja lanera
Ojos de seguridad negros de 12 mm
Aguja e hilo de bordar marrón
Fieltro marrón para el interior de las orejas
Relleno para juguetes
Cinta de terciopelo de 1 cm de ancho

## TENSIÓN

No se precisa una tensión exacta

## TÉCNICAS ESPECIALES

**Anillo ajustable:** Enrolle el hilo 2 veces en un dedo; inserte el ganchillo y eche el hilo; saque el ganchillo a través del hilo enrollado y haga un punto de cadeneta. Teja la primera vuelta en el «anillo» y tire con suavidad del cabo suelto para cerrarlo antes de unir los p en círculo con un pr.

## INSTRUCCIONES

Siga estas indicaciones y consulte las páginas 132–133 para montar el osito.

**Nota:** El osito se teje en espiral. No una las vueltas; ponga un marcador en el primer punto de cada vuelta y trasládelo para marcar el inicio de la siguiente.

### CABEZA

Con hilo A, hacer un anillo ajustable y tejer 6 pb en el anillo. (6 p)
**Vuelta 1:** 2 pb en cada p hasta el final. (12 p)
**Vuelta 2:** *1 pb, 2 pb en el p sig; rep desde * hasta el final. (18 p)
**Vuelta 3:** *2 pb, 2 pb en el p sig; rep desde * hasta el final. (24 p)
**Vuelta 4:** *3 pb, 2 pb en el p sig; rep desde * hasta el final. (30 p)
**Vuelta 5:** *9 pb, 2 pb en el p sig; rep desde * hasta el final. (33 p)
**Vuelta 6:** *10 pb, 2 pb en el p sig; rep desde * hasta el final. (36 p)
**Vuelta 7:** *11 pb, 2 pb en el p sig; rep desde * hasta el final. (39 p)
**Vuelta 8:** *12 pb, 2 pb en el p sig; rep desde hasta el final. (42 p)
**Vuelta 9:** *13 pb, 2 pb en el p sig; rep desde * hasta el final. (45 p)
Colocar 2 marcadores de puntos en la vuelta siguiente a 10 p de distancia para señalar la posición de los ojos.
**Vuelta 10:** *14 pb, 2 pb en el p sig; rep desde * hasta el final. (48 p)
**Vuelta 11:** *15 pb, 2 pb en el p sig; rep desde * hasta el final. (51 p)
**Vuelta 12:** *16 pb, 2 pb en el p sig; rep desde * hasta el final. (54 p)
**Vueltas 13 y 14:** 1 pb en cada p hasta el final.
**Vuelta 15:** *C2pb, 7 pb; rep desde * hasta el final. (48 p)
**Vuelta 16:** *C2pb, 6 pb; rep desde * hasta el final. (42 p)
**Vuelta 17:** *C2pb, 5 pb; rep desde * hasta el final. (36 p)
**Vuelta 18:** *C2pb, 4 pb; rep desde * hasta el final. (30 p)
**Vuelta 19:** *C2pb, 3 pb; rep desde * hasta el final. (24 p)
**Vuelta 20:** *C2pb, 2 pb; rep desde * hasta el final. (18 p)
**Vuelta 21:** *C2pb, 1 pb; rep desde * hasta el final. (12 p)
Meter un poco de relleno en la cabeza.
**Vuelta 22:** *C2pb; rep desde * hasta el final. (6 p)
Dejar la lazada de trabajo en un imperdible y colocar los ojos en la cabeza en los puntos marcados en la vuelta 10.
Acabar de rellenar la cabeza. Pasar el hilo cortado a través de los últimos 6 p y tirar para cerrar la abertura de la base de la cabeza. Rematar el hilo y cortar los cabos sueltos.

### HOCICO

Con hilo B, hacer un anillo ajustable y tejer 6 pb en el anillo. (6 p)
**Vuelta 1:** 2 pb en cada p hasta el final. (12 p)
**Vuelta 2:** *3 pb, 2 pb en el p sig; rep desde * hasta el final. (15 p)
**Vuelta 3:** 1 pb en cada p hasta el final.
**Vuelta 4:** *4 pb, 2 pb en el p sig; rep desde * hasta el final. (18 p)
**Vueltas 5 y 6:** 1 pb en cada p hasta el final.
**Vuelta 7:** * 5 pb, 2 pb en el p sig; rep desde * hasta el final. (21 p)
**Vuelta 8:** 1 pb en cada p hasta el final.
Cortar el hilo dejando un cabo largo y pasar este a través de la lazada para afianzarlo. Colocar el hocico en su sitio y coserlo a la cara del osito. Bordar el detalle de la boca y la nariz con hilo marrón.
Rematar el hilo y cortar los cabos sueltos.

**CUERPO**
Con hilo A, hacer un anillo ajustable y tejer 6 pb en él. (6 p)
**Vuelta 1:** 2 pb en cada p hasta el final. (12 p)
**Vuelta 2:** *3 pb, 2 pb en el p sig; rep desde * hasta el final. (15 p)
**Vuelta 3:** *4 pb, 2 pb en el p sig; rep desde * hasta el final. (18 p)
**Vuelta 4:** 1 pb en cada p hasta el final.
**Vuelta 5:** *5 pb, 2 pb en el p sig; rep desde * hasta el final. (21 p)
**Vuelta 6:** 1 pb en cada p hasta el final.
**Vuelta 7:** *6 pb, 2 pb en el p sig; rep desde * hasta el final. (24 p)
**Vuelta 8:** 1 pb en cada p hasta el final.
**Vuelta 9:** *7 pb, 2 pb en el p sig; rep desde * hasta el final. (27 p)
**Vuelta 10:** 1 pb en cada p hasta el final.
Meta un poco de relleno en el cuerpo.
**Vuelta 11:** *8 pb, 2 pb en el p sig; rep desde * hasta el final. (30 p)
**Vuelta 12:** 1 pb en cada p hasta el final.
**Vuelta 13:** *9 pb, 2 pb en el p sig; rep desde * hasta el final. (33 p)
**Vuelta 14:** 1 pb en cada p hasta el final.
**Vuelta 15:** *10 pb, 2 pb en el p sig; rep desde * hasta el final. (36 p)
**Vuelta 16:** 1 pb en cada p hasta el final.
**Vuelta 17:** *C2pb, 10 pb; rep desde * hasta el final. (33 p)
**Vuelta 18:** *C2pb, 9 pb; rep desde * hasta el final. (30 p)
**Vuelta 19:** *C2pb, 3 pb; rep desde * hasta el final. (24 p)
**Vuelta 20:** *C2pb, 2 pb; rep desde * hasta el final. (18 p)
**Vuelta 21:** *C2pb, 1 pb; rep desde * hasta el final. (12 p)
**Vuelta 22:** *C2pb; rep desde * hasta el final. (6 p) Cortar el hilo dejando un cabo largo y pasar este a través de la lazada para rematar. Acabar de rellenar el osito. Enhebrar el cabo suelto en una aguja lanera, pasarlo por los últimos 6 p y tirar de él para cerrar la abertura del cuello. Coser el cuerpo a la cabeza de manera que quede bien fijo. Rematar y cortar los cabos sueltos.

**BRAZOS (TEJER 2)**
Rellenar los brazos a medida que se avanza.
Con hilo A, hacer un anillo ajustable y tejer 6 pb en él. (6 p)
**Vuelta 1:** 2 pb en cada p hasta el final. (12 p)
**Vuelta 2:** *1 pb, 2 pb en el p sig; rep desde * hasta el final. (18 p)
**Vuelta 3:** *2 pb, 2 pb en el p sig; rep desde * hasta el final. (24 p)
**Vueltas 4–6:** 1 pb en cada p hasta el final.
**Vuelta 7:** *C2pb, 2 pb; rep desde * hasta el final. (18 p)
**Vuelta 8:** *C2pb, 4 pb; rep desde * hasta el final. (15 p)
**Vuelta 9:** *C2pb, 3 pb; rep desde * hasta el final. (12 p)
**Vueltas 10–19:** 1 pb en cada p hasta el final.
**Vuelta 20:** C2pb, 1 pb en cada p hasta el final. (11 p)
**Vueltas 21–25:** 1 pb en cada p hasta el final.
**Vuelta 26:** C2pb, 1 pb en cada p hasta el final. (10 p)
**Vueltas 27 y 28:** 1 pb en cada p hasta el final.
Cortar el hilo dejando un cabo suelto largo y pasar este por la lazada para rematar.
Acabar de rellenar los brazos.
Enhebrar el cabo suelto en una aguja lanera y pasarlo a través de los últimos 10 p, tirar de él para cerrar el agujero del hombro y rematar.
Colocar los brazos en su sitio y coserlos al cuerpo.

**PATAS (TEJER 2)**
Rellenar las patas a medida que se avanza.
Con hilo A, hacer un anillo ajustable y tejer 6 pb en él. (6 p)
**Vuelta 1:** 2 pb en cada p hasta el final. (12 p)
**Vuelta 2:** 2 pb, 2 pb en el p sig, 2 pb, 3 mpa en el p sig, 2 mpa, 3 mpa en el p sig, 2 pb, 2 pb en el último p. (18 p)
**Vuelta 3:** 3 pb, 2 pb en el p sig, 2 pb, 1 mpa, 2 mpa en el p sig, 4 mpa, 2 mpa en el p sig, 1 mpa, 1 pb, 2 pb en el p sig, 2 pb. (22 p)

**Las patas se tejen** desde los pies hacia arriba. Empiece con un anillo ajustable (p. 57) y mantenga una tensión uniforme a medida que aumenta el número de puntos con cada vuelta. Rellene las patas a medida que avanza.

**Vuelta 4:** 2 pb en el primer p, 8 pb, 3 mpa en el p sig, 5 mpa, 3 mpa en el p sig, 6 pb. (27 p)
**Vuelta 5:** 1 pb en cada p hasta el final.
**Vuelta 6:** 1 pb, c2pb, 8 pb, c2pb, 6 pb, c2pb, 6 pb. (24 p)
**Vuelta 7:** 11 pb, c3mpa, 3 mpa, c3mpa, 4 pb. (20 p)
**Vuelta 8:** 3 pb, c2pb, 4 pb, c2pb, 1 pb, c2pb, 1 pb, c2pb, 3 pb. (16 p)
**Vuelta 9:** 8 pb, c2pb, 1 pb, c2pb, 3 pb. (14 p)
**Vuelta 10:** 1 pb en cada p hasta el final.
**Vuelta 11:** C2pb, 1 pb en cada p hasta el final. (13 p)
**Vueltas 12–16:** 1 pb en cada p hasta el final.
**Vuelta 17:** C2pb, 1 pb en cada p hasta el final. (12 p)
**Vueltas 18–22:** 1 pb en cada p hasta el final.
**Vuelta 23:** C2pb, 1 pb en cada p hasta el final. (11 p)
**Vueltas 24–28**: 1 pb en cada p hasta el final.
**Vuelta 29:** C2pb, 1 pb en cada p hasta el final. (10 p)
Cortar el hilo dejando un cabo suelto largo y pasar este por la lazada final para rematar.
Acabar de rellenar las patas.
Enhebrar el cabo suelto en una aguja lanera y pasarlo a través de los últimos 10 p, tirando para cerrar la abertura de la pata, y rematar. Colocar las patas en su sitio y coserlas al cuerpo.

**OREJAS (TEJER 2)**
Con hilo A, hacer un anillo ajustable y tejer 6 pb en él. (6 p)
**Vuelta 1:** 2 pb en cada p hasta el final. (12 p)
**Vuelta 2:** *1 pb, 2 pb en el p sig; rep desde * hasta el final. (18 p)
**Vuelta 3:** 1 pb en cada p hasta el final.
**Vuelta 4:** *2 pb, 2 pb en el p sig; rep desde * hasta el final. (24 p)
**Vuelta 5:** 1 pb en cada p hasta el final.
**Vuelta 6:** *3 pb, 2 pb en el p sig; rep desde * hasta el final. (30 p)
**Vuelta 7:** 1 pb en cada p hasta el final.
**Vuelta 8:** C2pb, 1 pb en cada p hasta el final. (29 p)
**Vuelta 9:** C2pb, 1 pb en cada p hasta el final. (28 p)
Cortar el hilo, dejando un cabo suelto largo, y rematar.
Recortar dos piezas de fieltro y coserlas al interior de las orejas con una bastilla; las puntadas no deben verse por el otro lado.
Coser las orejas a la cabeza. Rematar y cortar los cabos sueltos. Atar una cinta de terciopelo en torno al cuello del osito.

# GANCHILLO FIELTRADO

*Cuando se fieltra, el tejido a ganchillo encoge,* y es imposible controlar en qué medida. Por suerte, con ganchillo fieltrado pueden confeccionarse muchas cosas que no requieren medidas precisas, desde fundas de cojín hasta bolsos. Los motivos recortados en fieltro son fantásticos para broches o adornos de otras labores de ganchillo.

## NOCIONES BÁSICAS DE FIELTRADO

No se recomienda realizar un patrón de una prenda de vestir fieltrada hasta haber adquirido experiencia con piezas más pequeñas. Antes de emprender una labor concreta, lea las nociones básicas de fieltrado y los consejos para fieltrar de abajo. Los mejores hilos para el ganchillo fieltrado son los de lana 100 % y otras fibras animales que no se hayan hilado demasiado tensos, como las lanas cardadas. Cuanto más largas son las fibras de un hilo, más fácilmente se suelen fieltrar. Un hilo de mezcla de fibras con al menos un 50 % de lana o fibra animal aptas para el fieltrado se fieltrarán en distinto grado; lo mejor es hacer una prueba con una muestra para comprobar si un hilo se fieltra, pues algunas lanas se tratan para evitarlo. Descarte las lanas etiquetadas como «lavables a máquina».

### PREPARACIÓN DE LA MUESTRA

Haga una prueba con una muestra tejida con el hilo que pretende usar para determinar cuánto se encogerá al fieltrarlo. Ahora bien, recuerde que el fieltrado no es una ciencia exacta, ya que son muchas las variables que intervienen en el proceso: la agitación de la lavadora, la temperatura del agua, el detergente empleado, el contenido de fibra del hilo, el centrifugado y el color.

Teja a punto bajo un cuadrado de unos 20 cm de lado; con muestras más pequeñas es imposible tomar medidas exactas de cuánto encogerá un hilo, porque se encogen más de lo habitual.

Para medir la tensión antes y tras el fieltrado, anude hilos de distintos colores y a ser posible no fieltrables, a unos 20 p de distancia en una vuelta horizontal y a unas 20 vueltas de distancia verticalmente, y tome nota de cuántos puntos hay entre ellos. Así tendrá marcadores claros que le permitirán medir la distancia entre puntos y vueltas una vez haya fieltrado la pieza. Como sabrá el número de vueltas y puntos existente entre dichos marcadores, podrá calcular la tensión por centímetro y, por consiguiente, en qué proporción se ha encogido la muestra.

Prepare una muestra como se explica arriba y métala después en la lavadora junto con una toalla de lavabo grande. (La toalla aumentará la agitación del agua, por lo que se recomienda meter una siempre para facilitar el proceso de fieltrado.) Añada la mitad del detergente que usaría normalmente para una carga completa. Seleccione una temperatura del agua de 40 °C para un hilo con mohair, y de 60 °C para los hilos de lana 100 %.

Lave la muestra con un programa de lavado y centrifugado completo. Estire con delicadeza la muestra lavada en ambas direcciones, póngala con el derecho hacia arriba sobre la tabla de planchar y devuélvale la forma rectangular con unas palmaditas.

Déjela secar por completo, ya que únicamente sabrá cuánto encoge de verdad cuando esté seca del todo. En caso necesario, haga algunas pruebas más con nuevas muestras, modificando la temperatura o la duración del programa de lavado. Lleve un registro detallado de las pruebas en el que anotará la tensión, el tamaño del ganchillo, las medidas de las muestras antes y después del fieltrado, los ajustes de la lavadora y el tipo y la cantidad de detergente utilizados.

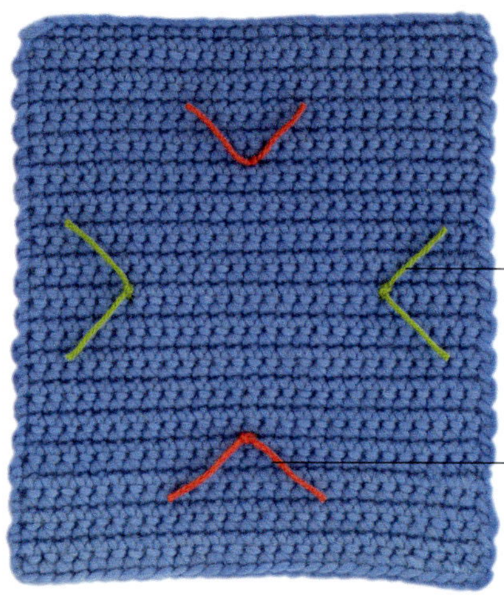

Los marcadores amarillos ayudan a medir el encogimiento en horizontal tras el fieltrado

Los marcadores rojos ayudan a medir el encogimiento en vertical tras el fieltrado

### CONSEJOS PARA FIELTRAR

- Si es la primera vez que intenta fieltrar una pieza, teja varias muestras con hilos de distintos grosores y lávelas juntas en la misma carga de la lavadora para comparar los diferentes grosores del fieltro.
- Si pretende fieltrarlas, no teja las labores muy prietas, porque se fieltrarán mejor si queda espacio entre los puntos, ya que la agitación es la parte más importante del proceso de fieltrado.
- Si va a fieltrar una o más piezas de distintos colores, meta una toallita atrapacolor en la lavadora: esta absorberá el tinte que desprendan e impedirá que se destiñan.
- Con el fieltrado, los colores de la lana palidecen un poco debido a las altas temperaturas y al detergente, pero ello confiere un aspecto más bonito al fieltro.
- Tras fieltrar prendas en la lavadora, limpie el tambor con un paño húmedo para eliminar las fibras que se hayan podido desprender.

## ANTES Y DESPUÉS DE FIELTRAR

El tejido de ganchillo cambia de aspecto cuando se somete al proceso de fieltrado, que lo ablanda y lo encoge, a veces más a lo ancho que a lo largo, en función del hilo. También se crean efectos decorativos si la pieza se teje a rayas o se borda antes de fieltrar.

**Muestras a punto bajo**
Como se aprecia en la imagen, la muestra fieltrada es considerablemente más pequeña que antes de fieltrar, pero si se compara con la tejida a medio punto alto de abajo, el fieltrado es menos intenso y aún se distinguen los puntos con bastante claridad. Esto ocurre por dos motivos: en primer lugar, el punto bajo es un punto pequeño y prieto, de manera que el hilo tiene poco espacio en el tejido para moverse y crear la fricción necesaria para el fieltrado; en segundo lugar, la muestra tiene rayas, y los distintos colores también afectan al fieltrado. Dos hilos de diferente color pueden fieltrarse de modo ligeramente distinto, debido a la distinta composición química de los tintes y a que podrían haberse fieltrado ya ligeramente durante el proceso de tintura.

Muestra a punto bajo antes del fieltrado
Anchura = 20 cm
Longitud = 20 cm

Muestra a punto bajo fieltrada
Anchura = 16,5 cm
Longitud = 18,5 cm

**Muestras a medio punto alto**
El medio punto alto es menos compacto y más alto, y queda más espaciado en el tejido que el punto bajo. Si esta muestra se ha fieltrado más que la tejida a punto bajo de arriba es porque el hilo tiene más espacio para que se cree una buena fricción. Con esta prueba se puede saber en qué medida se fieltrará la labor acabada, estableciendo el porcentaje de encogimiento a partir de las medidas.

Recuerde que si la labor consta de diferentes piezas cosidas, debe coserlas primero, pues cada pieza se fieltrará de manera ligeramente distinta e irregular, como se aprecia en los bordes de la muestra a punto bajo fieltrada. Así mismo, la costura de las piezas podría afectar al fieltrado. Nunca se sabe cuánto encogerá una pieza con el fieltrado; de hecho, la muestra de prueba solo es una guía para conocer la tensión que hay que aplicar.

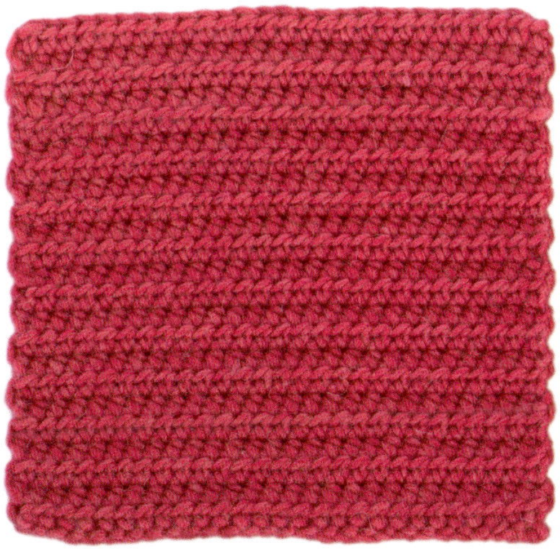

Muestra a medio punto alto antes del fieltrado
Anchura = 20 cm
Longitud = 20 cm

Muestra a medio punto alto fieltrada
Anchura = 16 cm
Longitud = 17 cm

# LABORES

# MANTAS Y COJINES

Un artículo cuadrado o rectangular es ideal para empezar. Tejidos en mil colores, los clásicos motivos cuadrados, de espiguilla y de flores del ganchillo tradicional iluminarán cualquier rincón del hogar.

# MANTA DE FLORES

*Nivel de dificultad* ***

*Esta colorida versión de la típica* manta de flores se ensambla directamente a ganchillo, por lo que queda estupenda por ambas caras, pues se eliminan las feas costuras. Es ideal para aprovechar restos de hilo.

**TÉCNICAS EMPLEADAS** Punto alto **p. 44**, Círculos planos **p. 56**, Empalmar un nuevo color **p. 57**, Trabajar en un espacio de cadeneta **p. 75**, Unión sobre la marcha **p. 101**

## MEDIDAS

80 × 120 cm (o 90 × 170; 100 × 190) aprox.

## HILO

Sirdar Snuggly DK de 50 g/165 m (55 % nailon y 45 % acrílico; utilice cualquier hilo ligero, de lana o acrílico, o bien uno mezclado; también puede usar restos de hilo ligero)

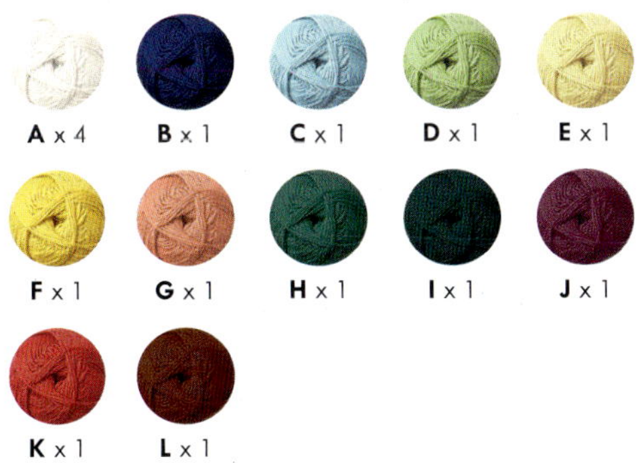


## GANCHILLO

Ganchillo de 4 mm

## OTROS MATERIALES

Aguja lanera

## TENSIÓN

No se precisa una tensión exacta

## TÉCNICAS ESPECIALES

**Piña:** (Eh, insertar el ganchillo en 1 p, eh y sacar una lazada, llevándola hasta la altura de un mpa) 4 veces (quedan 9 lazadas), eh y sacarlo por las lazadas.

**Madroño**: Véase la p. 77

## INSTRUCCIONES

### FLORES

**Vuelta 1:** Con cualquier color a contraste, tejer 3 c que se contarán como primer pa, tejer 1 pa en la tercera c desde el ganchillo y, a continuación, 10 pa en la misma c. Unir la vuelta con 1 pr.

Cambiar de color.

**Vuelta 2:** 2 c, tejer 1 piña en el primer pa, 1 c, *1 piña, 1 c; rep desde * hasta el final de la vuelta, unir la vuelta con 1 pr.

Cambiar de color.

**Vuelta 3:** 3 c, tejer 1 madroño en la parte inferior de la c, 3 c, *tejer un madroño en la sig c al aire, 3 c; rep desde * hasta el final de la vuelta, unir la vuelta con 1 pr.

Teja tantos motivos florales como precise para el tamaño de manta que desee confeccionar. Para una manta pequeña, tejer 96 flores; para una mediana, 153, y para una grande, 190.

### ENSAMBLAR LAS FLORES

Con el tono elegido para el borde, tejer una última vuelta alrededor de un motivo floral de la siguiente manera:

Empalmar el hilo a un esp de 3 c cualquiera. Hacer 3 c, (1 pa, 3 c, 2 pa) en el mismo esp de c, *(2 pa, 1 c, 2 pa) en el sig esp de 3 c 2 veces, (2 pa, 3 c, 2 pa) en el sig esp de 3 c; rep desde * dos veces más, (2 pa, 1 c, 2 pa) en el sig esp de 3 c 2 veces, unir la vuelta con 1 pr.

Para unir la siguiente flor a la primera terminada, tejer un borde alrededor de la nueva flor de la siguiente manera:

Con el color del borde, empalmar el hilo a un esp de 3 c cualquiera. Hacer 3 c, (1 pa, 3 c, 2 pa) en el mismo esp de c, (2 pa, 1 c, 2 pa) en el sig esp de 3 c dos veces, (2 pa, 1 c) en el sig esp de 3 c, tejer 1 pr en la c central de cualquier esp de esquina de 3 c del primer motivo para unir las esquinas, 1 c, 2 pa de nuevo en el esp de 3 c inicial del segundo motivo. Tejer *2 pa en el sig esp de 3 c, 1pr en el sig esp de c del primer motivo, 2 pa de nuevo en el esp de 3 c inicial del segundo motivo; rep desde * otra vez, (2 pa, 1 c) en el sig esp de 3 c, 1pr en la c central de la sig c de esquina del primer motivo, 1 c, 2 pa en el esp de 3 c inicial del segundo motivo, (2 pa, 1 c, 2 pa) en el sig esp de 3 c 2 veces, (2 pa, 3 c, 2 pa) en el sig esp de 3 c, (2 pa, 1 c, 2 pa) en el sig esp de 3 c 2 veces, unir la vuelta con 1 pr.

Unir el resto de los motivos de la primera fila de este modo, empalmando cada flor al motivo floral anterior por un lado. En la segunda fila de motivos, unir la primera flor de la fila al motivo inferior tal como se ha indicado previamente. Para los motivos restantes, unir dos lados del motivo con el motivo contiguo y el de debajo tal como se ha indicado.

Para hacer una manta pequeña, disponer 8 motivos de ancho por 12 de largo. Para una mediana, 9 motivos de ancho por 17 de largo. Y para una grande, 10 de ancho por 19 de largo.

### ACABADO

Empalmar el hilo del color del borde a cualquier esquina de la manta.

Hacer 3 c, 4 pa en el esp de esquina elegido, cont alrededor de toda la manta tejiendo (2 pa, 1 c, 2 pa) en cada esp de c, (2 pa, 1 c, 2 pa) en cada esp de unión de dos motivos y 5 pa en cada esp de esquina. Unir la vuelta con 1 pr.

Rematar todos los cabos sueltos y estirar la manta ligeramente para darle forma, con cuidado de no aplastar los motivos.

# MANTA DE SOFÁ

*Nivel de dificultad* ✱✱✱

*Esta manta* se teje a una velocidad asombrosa gracias al hilo supergrueso y al ganchillo de tamaño grande utilizados. El punto de tweed es muy sencillo: se teje a punto bajo y cadeneta, y crea una textura suntuosa con el mínimo esfuerzo.

**TÉCNICAS EMPLEADAS** Cadeneta **p. 26**, Punto raso **p. 28**, Punto bajo **p. 34**, Trabajar en un espacio de cadeneta **p. 75**, Ribete a punto bajo **p. 86**



### MEDIDAS
98 × 120 cm aprox.

### HILO
Sirdar Big Softie de 50 g/45 m (51% lana y 49% acrílico; cualquier lana o hilo acrílico supergruesos servirán; si prefiere una manta más suave y lujosa, utilice lana de alpaca)

**A** x 17 **B** x 3

### GANCHILLO
Ganchillo de 10 mm

### OTROS MATERIALES
Aguja lanera

### TENSIÓN
No se precisa una tensión exacta

### TÉCNICAS ESPECIALES
**Punto cangrejo:** Consiste simplemente en tejer a pb a la inversa a lo largo de una vuelta, circular en este caso, de izquierda a derecha, no de derecha a izquierda. Tras completar una vuelta a pb, no girar la labor; hacer 1 c, *insertar el ganchillo en el p sig de la derecha, no en el que se acaba de hacer, sino en el sig; sacar una lazada, eh como de costumbre y sacarlo a través de las dos lazadas del ganchillo; rep desde *en toda la vuelta.

### INSTRUCCIONES
Con hilo A, hacer 81 c.
**Vuelta 1:** 1 pb en la segunda c desde el ganchillo, (1 c, saltar 1 c, pb en la sig c) hasta el final.
**Vuelta 2:** 1 c, 1 pb en el primer pb, 1 pb en la c al aire, (1 c, 1 pb en la c al aire) hasta el final, pb en el último pb.
**Vuelta 3:** 1 c, 1 pb en el primer pb, (1 c, pb en la c al aire) hasta la última c al aire, saltar el sig pb, 1 pb en el último pb. Rep las dos últimas vueltas hasta que la labor mida unos 120 cm de longitud, o la longitud deseada. Rematar el hilo.

### ACABADO
Estirar la manta y alisarla con cuidado. Empalmar el hilo B a cualquier punto del borde y tejer de manera uniforme a pb a lo largo de los cuatro lados de la manta, tejiendo 3 pb en cada esquina. Cerrar la vuelta con 1 pr, sin girar la labor; en su lugar, tejer 1 vuelta a punto cangrejo. Rematar todos los cabos y alisar el ribete con suavidad.

**Añadir un ribete** a la manta conferirá a su labor un acabado profesional, con un borde homogéneo por todos los lados. Consulte en las páginas 181 y 242 más labores con ribete a punto cangrejo.

# COLCHA MULTICOLOR

*Nivel de dificultad* ***

*Esta colcha, que evoca el arcoíris,* saca el máximo partido a los tonos vivos de los hilos. La técnica de unión sobre la marcha con hilo blanco crea un bonito borde y ahorra tiempo, lo cual va muy bien cuando se teje un artículo de gran tamaño como este.

**TÉCNICAS EMPLEADAS** Punto alto **p. 44**, Trabajar en un espacio de cadeneta **p. 75**, Unión sobre la marcha **p. 101**, Cuadro simple **p. 102**

### MEDIDAS
180 × 110 cm aprox.

### HILO
Sirdar Snuggly Baby Bamboo DK de 50 g/ 95 m (80 % bambú y 20 % lana; un hilo de cualquier peso y contenido de fibras servirá (la lana será más cálida); cambie de ganchillo según el grosor: recuerde que esto afectará al tamaño y la textura de la manta)

### GANCHILLO
Ganchillo de 4 mm

### OTROS MATERIALES
Aguja lanera

### TENSIÓN
No se precisa una tensión exacta

### INSTRUCCIONES
Hacer 4 c, unir con 1 pr para formar un anillo.
**Vuelta 1:** 3 c (se cuentan como primer pa), 2 pa en el anillo, 3 c, *3 pa en el anillo, 3 c; rep desde * 2 veces.
Cerrar la vuelta con 1 pr encima de la primera c.
**Vuelta 2:** 1 pr en el sig esp de esquina, 3 c, (1 pa, 3 c, 2 pa) en el esp de esquina, 3 pa, *(2 pa, 3 c, 2 pa) en el sig esp de esquina, 3 pa; rep desde * hasta el final de la vuelta. Cerrar la vuelta con 1 pr en la parte superior de la primera c.
**Vuelta 3:** 1 pr en el sig esp de esquina, 3 c, (1 pa, 3 c, 2 pa) en el esp de esquina, 1 pa en cada pa hasta el sig esp de esquina, *(2 pa, 3 c, 2 pa) en el sig esp de esquina, 1 pa en cada pa hasta el sig esp de esquina; rep desde * hasta el final. Cerrar la vuelta con 1 pr en la parte superior de la primera c.
Rep la última vuelta 2 veces. Rematar. Tejer 14 cuadrados de cada color (84 en total).
Estirar las piezas ligeramente.

### EMPALMAR LOS CUADRADOS
Ordenar los cuadrados por colores, como muestra la fotografía. Empalmar el hilo G al esp de esquina del primer cuadrado y tejer la vuelta sig como la tercera. Tomar el sig cuadrado y tejer a lo largo de 2 lados según las instrucciones de la tercera vuelta; al llegar al esp de esquina, tejer 2 pa, 1 c en la esquina y luego empalmar el cuadrado 2 al 1 con un pr en la esquina correspondiente, 1 c, 2 pa en la esquina, 1 pr en el p correspondiente del cuadrado 1, luego *3 p a lo largo del sig lado, 1 pr en el p correspondiente del cuadrado 1; rep desde * hasta la esquina sig, 2 pa, 1 c en la esquina, unir a la c de la esquina correspondiente y tejer a lo largo del lado restante. Así se unen dos cuadrados. Seguir uniendo de este modo los 7 cuadrados de la primera fila, y luego cada cuadrado de la fila siguiente a la parte superior del primero de la misma manera; a partir de esta fila, habrá que unir por dos lados algunos cuadrados.

### RIBETE
Empalmar el hilo G a cualquier esp de esquina.
Tejer 1 vuelta a pa, tejiendo (2 pa, 3 c, 2 pa) en los esp de las esquinas.

**Consulte las páginas 100 a 104** para obtener más información sobre cómo tejer estos clásicos cuadrados de colores; encontrará además instrucciones para tejer distintos cuadrados, triángulos y otros motivos.

# ARRULLO

*Nivel de dificultad* ***

*Esta preciosa mantita se ha tejido* con el método de unión sobre la marcha, de manera que, al acabar, no es preciso ensamblar los cuadrados. Planifique las combinaciones de color antes de comprar los hilos.

**TÉCNICAS EMPLEADAS** Punto alto **p. 44**, Trabajar en un espacio de cadeneta **p. 75**, Tejer en espacios entre puntos **p. 75**, Cuadrado básico multicolor **p. 100**

## MEDIDAS

92 × 107 cm aprox.

## HILO

Rowan Pure Wool DK de 50 g/125 m (100% lana; cualquier lana ligera pura o mezclada servirá para conseguir un efecto similar)

## GANCHILLO

Ganchillo de 4 mm

## OTROS MATERIALES

Aguja lanera

## TENSIÓN

No se precisa una tensión exacta

## TÉCNICAS ESPECIALES

**Tejer entre columnas o puntos**: En lugar de insertar el ganchillo bajo la «V» superior del punto de la vuelta anterior (en este caso, un pa), se inserta por debajo del punto en sí o, lo que es lo mismo, entre las columnas de los puntos de la vuelta anterior. De este modo se consigue que los «pétalos» se abran y se separen una vez completado el cuadrado.

**Unión sobre la marcha a punto raso:** Para unir un cuadrado tejido hasta la vuelta 2 (incluida) a un cuadrado completo (tejido hasta la vuelta 3, incluida) y empalmarlos sobre la marcha, se reemplaza el esp de esquina de 3 c por 1 c, 1 pr de unión y 1 c, tras realizar el primer racimo de esa esquina. Sustituir el espacio de 1 c entre los racimos laterales por 1 pr de unión.

**Para completar el punto:** Insertar el ganchillo en 1 esp (ya sea en el esp de esquina de 3 c o en el del borde de 1 c), eh, pasar el hilo desde atrás del esp de C hacia delante y también por la lazada del ganchillo.

**Unión a punto raso:** Insertar el ganchillo en el punto, eh, sacar el hilo a través del p y de la lazada del ganchillo.

## INSTRUCCIONES

Para hacer una pieza del mismo tamaño que la de la fotografía, tejer 168 cuadrados.

### PARA TODOS LOS CUADRADOS

**Base:** Con el color elegido, hacer 4 c y 1 pr en el primer p para formar un anillo.

**Vuelta 1:** 3 c (se cuentan como 1 pa), 11 pa en el anillo. Unir con 1 pr a la tercera de las 3 c. Rematar. (12 p)

**Vuelta 2:** Empalmar un segundo color tejiendo entre las columnas de los puntos de la vuelta 1, 3 c (se cuentan como 1 pa) y 1 pa en el mismo esp entre columnas, 2 pa en cada esp hasta el final. Unir con 1 pr a la tercera de las 3 c. Rematar. (24 p)

**Esta labor se teje** con muchos colores, por lo que conviene asegurarse de que combinen bien antes de malgastar el dinero en costosos ovillos. Haga un boceto a color con los tonos que le gusten y luego teja unos cuantos cuadrados de muestra.

**Cada cuadrado o motivo** se comienza con un anillo base. Consulte en la página 28 cómo hacer un anillo base a punto raso.

**SOLO PARA EL PRIMER CUADRADO**
**Vuelta 3:** Empalmar un tercer color tejiendo entre las columnas de los puntos de la vuelta 2, 3 c (se cuentan como 1 pa), 2 pa en el mismo lugar. 3 c (esp de esquina), 3 pa en el mismo lugar (forma una esquina). *1 c, saltar 3 p de la vuelta 2, 3 pa en el sig esp, 1 c, saltar 3 p de la vuelta 2, 3 pa, 3 c, 3 pa en el sig esp. Rep desde * 2 veces, 1 c, saltar 3 p de la vuelta 2, 3 pa en el sig esp, 1 c, unir con un pr a la tercera de las 3 c. Rematar todos los cabos.

**PARA EL RESTO DE CUADRADOS**
Encarar por el derecho un cuadrado sin acabar con uno acabado (hasta la vuelta 3).

**PARA UNIR A UN CUADRADO COMPLETO**
**Vuelta 3:** Para unir un cuadrado a otro completo, empalmar el tercer color elegido y tejer entre las columnas de los puntos de la vuelta 2. Hacer 3 c (se cuentan como 1 pa) y 2 pa en el mismo lugar, 1 c, 1 pr de unión en el esp de esquina de 3 c del cuadrado completo, 1 c, 3 pa en el mismo lugar (forma una esquina), 1 pr de unión en el sig esp de 1 c del cuadrado completo, saltar 3 p de la vuelta 2, 3 pa en el sig esp. Unir con 1 pr en el sig esp de 1 c del cuadrado completo, saltar 3 p de la vuelta 2, 3 pa en el sig esp, 1 c, 1 pr de unión en el esp de esquina de 3 c del cuadrado completo, 1 c, 3 pa en el mismo esp. *1 c, saltar 3 p de la vuelta 2, 3 pa en el sig esp, 1 c, saltar 3 pa de la vuelta 2, 3 pa, 3 c, 3 pa en el sig esp. Rep desde * una vez más. 1 c, saltar 3 p de la vuelta 2, 3 pa en el sig esp, 1 c, unir con 1 pr a la tercera de las 3 c. Rematar todos los cabos.

**PARA UNIR A DOS CUADRADOS**
Colocar el cuadrado incompleto encarado por el derecho con uno de los cuadrados acabados (el tercero quedará a la izquierda).
**Vuelta 3:** Empalmar el nuevo color y tejer entre las columnas de los puntos de la vuelta 2. Hacer 3 c (se cuentan como pa), 2 pa en el mismo lugar, 1 c, 1 pr de unión en el esp de esquina de 3 c del cuadrado completo de encima, 1 c, 3 pa en el mismo lugar (forma una esquina). Unir con 1 pr en el sig esp de 1 c del cuadrado completo de arriba, saltar 3 p de la vuelta 2, 3 pa en el sig esp, unir con 1 pr en el esp de 1 c del cuadrado completo de arriba, saltar 3 p de la vuelta 2, 3 pa en el sig esp, unir con un 1 pr en el esp de esquina de 3 c del cuadrado completo de arriba, 1 pr de unión en el esp de esquina de 3 c del cuadrado completo de arriba a la izquierda, 1 c, 3 pa en el mismo esp. *1 c, saltar 3 p de la vuelta 2, 3 pa en el sig esp, 1 c, saltar 3 pa de la vuelta 2, 3 pa, 3 c, 3 pa en el sig esp. Rep desde * una vez más. Hacer 1 c, saltar 3 p de la vuelta 2, 3 pa en el sig esp, 1 c, unir con 1 pr a la tercera de las 3 c. Rematar todos los cabos.

**PARA UNIR A TRES CUADRADOS**
Colocar el cuadrado incompleto encarado del derecho sobre los cuadrados completos, de tal manera que quede un cuadrado arriba, otro a la izquierda de ese cuadrado y un cuadrado a la izquierda de este último.
**Vuelta 3:** Empalmar el nuevo color y tejer entre las columnas de los puntos de la vuelta 2. Hacer 3 c (se cuentan como 1 pa), 2 pa en el mismo lugar. Hacer 1 c, 1 pr de unión en el esp de esquina de 3 c del cuadrado completo de arriba, 1 c, 3 pa en el mismo lugar (forma una esquina). Unir con 1 pr al sig esp de 1 c del cuadrado completo de arriba, saltar 3 p de la vuelta 2, 3 pa en el sig esp, unir con 1 pr al sig esp de 1 c al aire del cuadrado completo de arriba, saltar 3 p de la vuelta 2, 3 pa en el sig esp, 1 pr de unión al esp de esquina de 3 c del cuadrado completo de arriba, 1 pr de unión al esp de esquina de 3 c del cuadrado completo de arriba a la izquierda, 1 pr de unión en el esp de esquina de 3 c del cuadrado completo de la izquierda, 3 pa en el mismo esp. Unir con 1 pr al sig esp de 1 c del cuadrado completo de la izquierda, saltar 3 p de la vuelta 2, 3 pa en el sig esp, unir con 1 pr en el sig esp de 1 c del cuadrado completo de la izquierda, saltar 3 pa de la vuelta 2, 3 pa en el sig esp, 1 c, 1 pr de unión en el esp de esquina de 3 c del cuadrado completo de la izquierda, 1 c, 3 pa en el mismo esp. Hacer 1 c, saltar 3 p de la vuelta 2, 3 pa en el sig esp, 1 c, saltar 3 p de la vuelta 2, 3 pa, 3 c, 3 pa en el sig esp, 1 c, saltar 3 p de la vuelta 2, 3 pa en el sig esp, 1 c, unir con 1 pr a la tercera de las 3 c. Rematar todos los cabos

**RIBETE**
**Vuelta 1:** Empalmar el hilo B o el del color de su elección en cualquier esp de esquina de 3 c. Hacer 3 c, 2 pa, 3 c, 3 pa. Tejer 1 pa en cada pa a lo largo de cada borde, 1 pa en cada esp de 1 c y 2 pa en cada esp de esquina de 3 c desde el cuadrado inferior. Tejer 3 pa, 3 c, 3 pa en cada esp de esquina de 3 c. Unir con 1 pr y rematar.
**Vuelta 2:** Empalmar el hilo A en cualquier esp de esquina de 3 c. Hacer 3 c, 2 pa, 3 c, 3 pa. Tejer 1 pa en cada pa a lo largo de cada borde. Tejer 3 pa, 3 c, 3 pa en cada esp de esquina de 3 c. Unir con 1 pr y rematar.

# COJÍN DE ESPIGUILLA

*Nivel de dificultad* ***

*El tejido de espiguilla de distintos colores* resulta muy vistoso y requiere muy poco esfuerzo. El hilo de algodón, al ser muy liso, hace que se creen zigzags con picos y valles bien definidos.

**TÉCNICAS EMPLEADAS** Cadeneta **p. 26**, Punto bajo **p. 34**, Dar forma a la labor **p. 50**, Estirado y costuras **p. 68**

## MEDIDAS

35 × 35 cm aprox.

## HILO

Twilleys Freedom Sincere DK de 50 g/115 m (100 % algodón orgánico; cualquier hilo ligero servirá; en vez de algodón, puede usar una mezcla de lana para una funda calentita) y Rico Design Baby Cotton Soft DK de 50 g/125 m (50 % algodón y 50 % acrílico)

**A** x 1 **B** x 1 **C** x 1

## GANCHILLO

Ganchillo de 4 mm

## OTROS MATERIALES

Aguja lanera
Relleno de cojín cuadrado de 35 cm
2 botones negros

## TENSIÓN

No se precisa una tensión exacta

## INSTRUCCIONES

Con hilo A, hacer 73 c.
**Vuelta 1:** 1 pb en la segunda c desde el ganchillo,
1 pb en cada c hasta el final. Girar. (72 p)
**Vuelta 2:** 1 c, 1 pb en el mismo p, 7 pb, saltar los 2 pb sig, 7 pb, *2 pb en cada uno de los 2 p sig, 7 pb, saltar los sig 2 pb, 7 pb; rep desde * hasta el último p, 2 pb en el último p. Girar.
La vuelta 2 genera la forma. Rep hasta alcanzar la longitud deseada, cambiando de color cada 4 vueltas en el orden siguiente:
Hilo A
Hilo B
Hilo C
Cuando el tejido mida aproximadamente 75 cm, acabando con cuatro vueltas del hilo A, rematar todos los cabos.

## ACABADO

Estirar la labor ligeramente para darle forma.
Envolver con ella el relleno de cojín, de manera que en la parte posterior se solape aproximadamente hasta la mitad. El borde de inicio de la pieza debe quedar arriba y solapar la parte inferior de la labor. Coser de abajo arriba las dos costuras laterales de la parte inferior del cojín; después, coser de arriba abajo las dos costuras laterales superiores, superponiéndolas a las inferiores.
Para cerrar la funda, coser los botones al borde inferior de la pieza, en el punto correspondiente a los pb saltados situado junto al final de cada punto. Así se formarán los ojales.

**Para evitar que el ganchillo** ceda una vez haya introducido el relleno, dé un par de puntadas a punto por encima bajo los botones para unir los dos zigzags blancos de la solapa y de la parte posterior de la funda de cojín.

# COJÍN TRADICIONAL

*Nivel de dificultad* ✱✱✱

*Esta moderna versión del cojín* tradicional se teje rápidamente y, aun así, resulta muy llamativa. Es una labor fácil para principiantes que genera resultados asombrosos.

**TÉCNICAS EMPLEADAS** Cadeneta **p. 26**, Punto raso **p. 28**, Punto alto **p. 44**, Círculos planos **p. 56**, Cuadro básico multicolor **p. 100**

## MEDIDAS

40 cm de lado

## HILO

Debbie Bliss Cotton DK de 50 g/84 m (100% algodón; puede utilizar cualquier hilo ligero para esta labor)

**A** x 2 **B** x 2 **C** x 4 **D** x 2

## GANCHILLO

Ganchillo de 3,75 mm

## OTROS MATERIALES

Aguja lanera
Relleno de cojín cuadrado de 40 cm

## TENSIÓN

Las vueltas 1 a 3 miden 8 cm

## INSTRUCCIONES (TEJER 2)

Trabajar siempre con el derecho de frente. Con A, 4 c y 1 pr en la primera c para formar un anillo.

**Vuelta 1:** 4 c (se cuentan como 1 pa y 1 c), *3 pa en el anillo, 1 c, rep desde * 2 veces, 3 pa en el anillo, unir con 1 pr a la tercera de las 4 c. Rematar A.

**Vuelta 2:** Empalmar B en un esp de c, 3 c (se cuentan como primer pa), 2 pa, 2 c, 3 pa en el mismo esp de c, 1 c, *3 pa, 2 c, 3 pa en el sig esp de c, 1 c; rep desde * 2 veces, unir con 1 pr encima de las 3 c iniciales. Rematar B.

**Vuelta 3:** Empalmar C en un esp de c de esquina, 3 c (se cuentan como primer pa), 2 pa, 2 c, 3 pa en el mismo esp de c, 1 c, 3 pa en el sig esp de c, 1 c, *3 pa, 2 c, 3 pa en el sig esp de c, 1 c, 3 pa en el sig esp de c, 1 c; rep desde * 2 veces, unir con 1 pr encima de las 3 c iniciales. Rematar C.

**Vuelta 4:** Empalmar D en un esp de c de esquina, 3 c (se cuentan como primer pa), 2 pa, 2 c, 3 pa en el esp de c, 1 c, 3 pa en el sig esp de c, 1 c, 3 pa en el sig esp de c, 1 c, *3 pa, 2 c, 3 pa en el sig esp de c, 1 c, 3 pa en el sig esp de c, 1 c, 3 pa en el sig esp de c, 1 c; rep desde * 2 veces, unir con 1 pr encima de las 3 c iniciales. Rematar D.

Cont tejiendo cada vuelta como la vuelta 4 con la siguiente secuencia de colores; en cada vuelta se tejerá una secuencia adicional de 3 pa en el esp de c a cada lado del cuadrado, las esquinas quedan iguales.

**Vueltas 5 y 6:** Hilo C.
**Vuelta 7:** Hilo A.
**Vueltas 8 y 9:** Hilo C.
**Vuelta 10:** Hilo B.
**Vueltas 11 y 12:** Hilo C.
**Vuelta 13:** Hilo D.
**Vuelta 14:** Hilo C.
**Vuelta 15:** Hilo A.

Cuando se tejen dos vueltas seguidas en C, es mejor unir con 1 pr la vuelta al sig esp de esquina en lugar de rematar el hilo y volverlo a empalmar.

Rematar la labor y todos los cabos.

**Dado que el tejido** para este cojín tradicional es calado, el relleno será visible. El relleno empleado en el ejemplo es ideal porque está forrado de blanco. Sin embargo, si decide tejer una funda de cojín de otros colores, quizá convenga que forre el relleno de un color a tono antes de introducirlo en ella.

## ACABADO

Planchar el delantero y el trasero siguiendo las instrucciones de la etiqueta del hilo. Encarar ambas piezas por el revés, volver a empalmar A al esp de la esquina superior izquierda y, trabajando a través del delantero y el trasero, unir tres lados del cojín como sigue: 1 pb en el esp de c, *1 pb encima de cada uno de los sig 3 pa, 1 pb en el esp de c; rep desde * hasta la esquina, 3 pb en el esp de c de la esquina; rep desde * hasta el sig esp de esquina, 3 pb en el esp de c de la esquina; rep desde * hasta la esquina superior derecha. Con la parte superior del cojín abierta, introducir el relleno y cerrar continuando a pb hasta el primer p y luego 1 pr encima del primer pb. Rematar la labor y todos los cabos.

# COJÍN-BÚHO

*Nivel de dificultad* ***

*Este colorido búho de juguete* se ha tejido a punto tunecino simple. Practique esta técnica, para la cual se utiliza un ganchillo muy largo, en un cuadrado de muestra antes de intentar tejer la forma utilizada en esta labor.

**TÉCNICAS EMPLEADAS** Cadeneta **p. 26**, Punto bajo **p. 34**, Punto alto **p. 44**, Punto tunecino **p. 127**

### MEDIDAS

38 × 31cm

### HILO

Rowan Handknit Cotton de 50 g/85 m (100 % algodón; cualquier hilo ligero servirá para conseguir un aspecto similar)

**A** x 3

**B** x 1

**C** x 1

**D** x 1

**E** (una pequeña cantidad)

**F** (una pequeña cantidad)

### GANCHILLO

Ganchillos de 4 y 5 mm
Ganchillo tunecino de 5,5 mm

### OTROS MATERIALES

Aguja lanera
50 cm de tela de algodón adecuada para relleno de cojín
220 g aprox. de relleno para juguetes

### TENSIÓN

17 p y 16 vueltas en 10 cm

### ABREVIATURAS Y TÉCNICAS ESPECIALES

**PTS:** Punto tunecino simple. Hacer el número necesario de cadenetas hasta obtener la longitud deseada (p. 127).

**Vuelta base:** Pasada de ida: Insertar el ganchillo en el primer esp de C desde el ganchillo. Eh y sacar una lazada. *Insertar en la siguiente, eh y sacar una lazada. Rep desde * conservando todas las lazadas en el ganchillo.
Pasada de vuelta: Eh y sacar el hilo por una lazada.
*Eh y sacar el hilo por dos lazadas. Rep desde * hasta que quede una lazada en el ganchillo.

**Vueltas siguientes:** Pasada de ida: Trabajando de nuevo hacia delante, *insertar el ganchillo de lado a lado debajo de la sig barra vertical (detrás de la barra frontal y delante de la barra posterior), eh y sacar una lazada. Rep desde * hasta el final, conservando todas las lazadas en el ganchillo. Sacar una lazada del último p.
Pasada de vuelta: Eh y sacar el hilo por una lazada. *Eh y sacar la hebra por dos lazadas. Rep desde * hasta que quede una sola lazada en el ganchillo. Repetir la segunda vuelta. En las instrucciones, una vuelta comprende la pasada de ida y la de vuelta.

**Aumento:** En la pasada de ida, colocar el ganchillo debajo de la barra horizontal entre los puntos verticales habituales para recoger un punto. Eh, sacar el hilo y dejar la nueva lazada en el ganchillo para completar el aum.

**Disminución:** En la pasada de ida, colocar el ganchillo bajo dos lazadas verticales, eh y sacar el hilo por las dos lazadas para completar la dis.

**Empalmar colores:** Se hace siempre en la pasada de vuelta. Cuando tenga la última lazada de hilo A en el ganchillo, coloque el hilo sobre el color B de forma que se entrelacen y luego empiece la vuelta como de costumbre en hilo B.

## INSTRUCCIONES

### DELANTERO

**Vuelta 1:** Con el ganchillo tunecino e hilo A, hacer 25 c; recoger las lazadas (25 lazadas en el ganchillo) y tejer la pasada de vuelta.
**Vuelta 2:** Recoger 1 p de aum (2 lazadas en el ganchillo), recoger los sig 21 p, aum, recoger los últimos 2 p (27 lazadas en el ganchillo). Pasada de vuelta.
**Vuelta 3:** Igual que la vuelta 2, aum entre el 2.° y el 3.er p, y entre el 3.er y el 2.° p en el otro extremo (29 lazadas). Pasada de vuelta.
**Vuelta 4:** Como la vuelta 2. (31 lazadas)
**Vuelta 5:** Como la vuelta 2. (33 lazadas)
**Vuelta 6 (inicio de las alas):** Enrollar 25 g de hilo C aparte para tener dos ovillos de C. Sacar el hilo A del ganchillo, con C hacer un nudo corredizo y 3 c, recoger 2 lazadas. (3 lazadas de hilo C en el ganchillo.) Recoger la lazada de hilo A, recoger el resto de la vuelta en hilo A. Con C, hacer un nudo corredizo y 3 c, recoger 2 p. (3 p con C en el ganchillo.) (3 C, 33 A, 3 C = 39 p). Pasada de vuelta. Cuando se deban sacar las lazadas en esta vuelta y las siguientes, consultar las instrucciones para «empalmar colores» (izquierda).
**Vuelta 7:** Con hilo C, recoger 3 lazadas (4 lazadas en el ganchillo), recoger 31 lazadas de A y 4 de C (4 C, 31 A, 4 C = 39 p). Tejer la pasada de vuelta en la secuencia de colores a partir de aquí.
**Vuelta 8:** Con hilo C, recoger una lazada, aum, recoger 2 lazadas más en C, 31 en A, 2 en C, aum, recoger las 2 últimas lazadas (5 C, 31 A, 5 C = 41 p). Rematar A.
**Vuelta 9:** Recoger hasta tener 6 C en el ganchillo, 29 D y 6 C. (41 p)
**Vuelta 10:** Aum entre el 2.° y el 3.er p, y entre el 3.° y el 2.° en el otro extremo. Recoger puntos hasta tener 7 C, 29 D y 7 C. (43 p)
**Vuelta 11:** Recoger 8 C, 27 D y 8 C. (43 p)
**Vuelta 12:** Aum como en la vuelta 10, 10 C, 25 A, 10 C. (45 p)

A partir de aquí se indica la secuencia de colores que debe tener en el ganchillo para cada vuelta, y aum como en la vuelta 10.
**Vuelta 13:** 10 C, 25 A, 10 C. (45 p)
**Vuelta 14:** Vuelta de aum 12 C, 23 A, 12 C. (47 p)
**Vuelta 15:** Vuelta de aum 13 C, 23 A, 13 C. Rematar A. (49 p)
**Vuelta 16:** 13 C, 23 D, 13 C. (49 p)
**Vuelta 17:** 13 C, 23 D, 13 C. (49 p)
**Vuelta 18:** Vuelta de aum 14 C, 23 D, 14 C. Rematar D. (51 p)
**Vuelta 19:** 14 C, 23 A, 14 C. (51 p)
**Vuelta 20:** 14 C, 23 A, 14 C. (51 p)
**Vuelta 21:** Vuelta de aum 15 C, 23 A, 15 C. (53 p)
**Vuelta 22:** 15 C, 23 A, 15 C. Rematar A. (53 p)
**Vuelta 23:**: 15 C, 23 D, 15 C. (53 p)
**Vuelta 24:** Como la vuelta 23.
**Vuelta 25:** 14 C, 25 D, 14 C. Rematar D. (53 p)
**Vuelta 26:** 13 C, 27 A, 13 C. (53 p)
**Vuelta 27:** 13 C, 27 A, 13 C. (53 p)
**Vuelta 28:** 13 C, 27 A, 13 C. (53 p)
**Vuelta 29:** 12 C, 29 A, 12 C. Rematar A. (53 p)
**Vuelta 30:** 12 C, 29 D, 12 C. (53 p)
**Vuelta 31:** 12 C, 29 D, 12 C. (53 p)
**Vuelta 32:** Se empieza a dis en los bordes exteriores (véanse las instrucciones de «disminución», p. 158). La dis al final de vuelta se hace a 3 p del final, luego se recoge el último p como de costumbre. Recoger el primer p en C, dis, recoger 8 p más en C, 31 en D, 8 en C, dis, recoger el último p. (10 C, 31 D, 10 C = 51 p). Rematar D.
**Vuelta 33:** 10 C, 31 A, 10 C. (51 p)
**Vuelta 34:** Dis en ambos extremos como se ha indicado, 8 C, 33 A, 8 C. (49 p)
**Vuelta 35:** 8 C, 33 A, 8 C. (49 p)
**Vuelta 36:** Empieza la cabeza. Dis en ambos extremos. 6 C, 10 A, 15 B, (empezar con un segundo ovillo de hilo A) 10 A, 6 C. (47 p)
**Vuelta 37:** 5 C, 9 A, 19 B, 9 A, 5 C. (47 p)
**Vuelta 38:** Dis en ambos extremos 3 C, 8 A, 23 B, 8 A, 3 C. (45 p)
**Vuelta 39:** Dis en ambos extremos 2 C, 6 A, 27 B, 6 A, 2 C. (43 p)
Pasada de vuelta: también menguará en esta parte de la vuelta. Eh y sacar el hilo por 2 lazadas, sacar hasta que queden 3 lazadas en el ganchillo, eh y sacar el hilo en C a través de las 3 lazadas. Rematar C. (41 p)
**Vuelta 40:** Con hilo A, pasar una lazada a través del último p en C, 5 A, 31 B, 5 A. (41 p)
**Vuelta 41:** Dis en ambos extremos, 2 A, 35 B, 2 A. Rematar A. (39 p)
**Vuelta 42:** Colocar el ganchillo bajo el borde de la lazada en A y sacar a través de esta una lazada en B, dis, recoger 33 lazadas en B, dis, recoger la última lazada. (37 p)
**Vuelta 43:** Dis en ambos extremos. (35 p)
**Vuelta 44:** Dis en ambos extremos. (33 p)

**Las rayas azul y beis** representan el plumaje del pecho de este búho. Para más información sobre cómo cambiar el color del hilo, consulte la página 39; encontrará más labores multicolor en las páginas 116–119.

**Vuelta 45:** Dis en ambos extremos. (31 p)
**Vuelta 46:** Dis en ambos extremos. (29 p)
**Vueltas 47–53:** Pts. (29 p)
**Vuelta 54:** Aum en ambos extremos. (31 p)
**Vuelta 55:** Aum en ambos extremos. (33 p)
**Vuelta 56–Comienzo de las orejas:** Recoger 12 p (quedarán 13 lazadas en el ganchillo). Pasada de vuelta. (13 p)
**Vuelta 57:** Recoger 7 lazadas (8 lazadas en el ganchillo). Pasada de vuelta.
**Vueltas 58–63:** Recoger 1 p menos en cada vuelta (en la vuelta 63 quedarán solo 2 p). Cambiar al ganchillo de 5 mm e, insertándolo bajo barras verticales, tejer a pr descendiendo por la oreja y a lo largo de la cabeza, hasta que queden 12 p en el ganchillo en la vuelta 56. Cambiar de nuevo al ganchillo tunecino y recoger el resto de la vuelta (12 p). Pasada de vuelta.
**Vuelta 57:** Pr a través de las 4 lazadas, recoger hasta tener 8 lazadas en el ganchillo. Pasada de vuelta.
**Vueltas 58–63:** Dis al inicio de cada vuelta. Rematar B. Remeter todos los cabos.

### TRASERO (ÍNTEGRO EN HILO A)

**Vueltas 1–5:** Como el delantero.
**Vuelta 6:** 3 c, recoger 2 lazadas, luego 33 lazadas del cuerpo con una hebra larga de A, 3c, recoger estas lazadas (39 lazadas en el ganchillo). Pasada de vuelta.
**Vueltas 7–38:** Tejer como el delantero, aum y dis donde se indica. Al acabar cada vuelta debe tener en el ganchillo la cantidad de lazadas señaladas.
**Vuelta 39:** Dis en ambos extremos, tejer la pasada de vuelta como de costumbre. (43 p)
**Vuelta 40:** Dis en ambos extremos. (41 p)
**Vuelta 41:** Dis en ambos extremos. (39 p)
**Vuelta 42:** Dis en ambos extremos. (37 p)
**Vueltas 43–63:** Como el delantero, rematar todos los cabos.

### OJOS (TEJER 2)

Con hilo F y un ganchillo de 4 mm, hacer un nudo corredizo en la hebra, 3 c, 12 pa en la primera c, rematar con una unión invisible dejando un cabo de 15 cm para coser el ojo a la cara. Tirar de la hebra para que no quede un agujero en el centro del ojo y coser. Con hilo B, añadir una V en el centro de cada ojo.

### PICO

Con hilo E y ganchillo de 4 mm.
**Vuelta 1:** Hacer un nudo corredizo y 2 c, 1 pb en la primera c, girar. (1 pb)
**Vuelta 2:** 1 c, 2 pb en 1 pb. (2 p)
**Vuelta 3:** 1 c, 2 pb en el primer pb, 1 pb en el sig pb. (3 p)
**Vuelta 4:** 1 c, 2 pb en el primer pb, 1 pb en los sig 2 p. (4 p)
**Vuelta siguiente:** Para rodear el triángulo, 1 c, 5 pb a lo largo del primer lado, 2 c, 5 pb a lo largo del segundo lado, 1 c, 1 pb en cada pb.

(14 pb) Rematar con una unión invisible dejando un cabo de 20 cm para coser el pico al rostro. Coser los ojos y el pico a la cabeza.

**GARRAS (TEJER 2)**
Con hilo B y ganchillo de 4 mm.
**Vuelta 1:** Hacer un nudo corredizo y 7 c, pb en la segunda c desde el ganchillo, 1 pb en el resto de la c, girar. (6 pb)
**Vuelta 2:** 1 c, 2 pb en el primer pb, 1 pb en los sig 4 p, 2 pb en el último pb, girar. (8 p)
**Vuelta 3:** 3 c, 1 pa en el mismo p, 1 pa en los sig 2 p, 2 pa en cada uno de los sig 2 p, pa en los sig 2 p, 2 pa en el último p. (12 p)
**Vuelta 4–primera uña:** 2 c, 1 pa en el mismo p, 1 pa en los sig 2 p, girar. (3 p)
**Vuelta 5:** 2 c, dis 1 pa, rematar.
**Segunda uña:** Empalmar el hilo al sig p de la vuelta 3.
**Vuelta 4:** 3 c, dis 1 pa 2 veces, 1 pa en el sig p, girar. (3 p)
**Vuelta 5:** 2 c, dis 1 pa, rematar.
**Tercera uña:** Empalmar el hilo al sig p de la vuelta 3.
**Vuelta 4:** 3 c, 1 pa en el sig p, 2 pa sobre las 3 c, girar. (3 p)
**Vuelta 5:** 2 c, dis 1 pa, rematar.
**Rodear la garra a pb:** Empezar con una c base, tejer 10 pb ascendiendo por un lado, 2 c, 5 pb descendiendo por el otro lado, 1 pr en el sig p.
**Uña del medio:** 6 pb ascendiendo por el primer lado, 2 c, 6 pb descendiendo por el lado opuesto, 1 pr en el sig p.
**Tercera uña:** 5 pb ascendiendo por un lado, 2 c, 10 pb descendiendo por el otro lado, 1 c, 1 pb a lo largo de la c base, 1 pr en el primer pb, rematar dejando un cabo de 15 cm para coser la garra al cuerpo.

**CÓMO HACER EL RELLENO**
Con el delantero del búho como guía, dibujar el contorno y recortar la plantilla dejando 1 cm de margen. Cortar dos piezas de tela de las medidas exactas y coserlas; rellenar antes de cerrar la parte inferior.

**ACABADO**
Con un ganchillo de 5 mm y el color adecuado, encarar ambas partes del búho por el revés con el delantero de frente y, empezando por la parte de abajo de un ala, tejer a pb todo el borde. Introducir el relleno antes de cerrar a pb la parte inferior del cojín. Coser las garras al cuerpo. Rematar la labor y ocultar los cabos sueltos.

**El efecto tupido del punto simple tunecino** hace que este búho parezca muy pulido y compacto, con las alas de color frambuesa plegadas. Las garras se tejen con puntos de ganchillo normales y se cosen al cuerpo.

# ARTÍCULOS PARA EL HOGAR Y REGALOS

La paleta de colores de moda de los hilos para ganchillo abre infinitas posibilidades para poner al día la casa –desde unos prácticos cestos hasta una alfombra rústica– y regalar algo hecho con las propias manos.

# CESTITOS PARA ESCRITORIO

*Nivel de dificultad* ***

*Estos cestitos prácticos y coloridos* son una labor ideal para principiantes. Fáciles y rápidos de tejer, sirven para guardar lápices y otros objetos de papelería o incluso como joyeros. Se tejen en espiral y presentan tamaños variados.

**TÉCNICAS EMPLEADAS** Cadeneta **p. 26**, Punto bajo **p. 34**, Cambiar de color **p. 39**, Aumentos en punto bajo **p. 50**, Círculos planos **p. 56**

### MEDIDAS

Lapicero: 7 × 10 cm; cesto pequeño: 6,5 × 4 cm; cesto ancho: 12 × 7 cm

### HILO

Texere Yarns C4 Linen de 200 g/450–600 m (100% lino; utilice cuerda o un hilo de fibra vegetal grueso (lino o algodón) para evitar un aspecto acolchado)

**A** x 1

**B** x 1

### GANCHILLO

Ganchillo de 5 mm

### OTROS MATERIALES

Marcador de puntos
Aguja lanera

### TENSIÓN

Apriete bien los puntos para que los cestos queden firmes y no se comben

### INSTRUCCIONES

**Nota:** Coloque un marcador de puntos en el primer p de cada vuelta y desplácelo hacia arriba a medida que las va completando.

### CESTITO ALTO

Con hilo A, hacer 2 c, tejer 6 pb en la segunda c desde el ganchillo.
**Vuelta 1:** 2 pb en cada p. (12 p)
**Vuelta 2:** *2 pb en el sig p, 1 pb en el sig p; rep desde * hasta el final. (18 p)
**Vuelta 3:** *2 pb en el sig p, 1 pb en los sig 2 p; rep desde * hasta el final. (24 p)
**Vuelta 4:** *2 pb en el sig p, 1 pb en los sig 3 p; rep desde * hasta el final. (30 p)
**Vuelta 5:** Trabajando solo en las hebras posteriores, 1 pb en cada p hasta el final.
A partir de la vuelta 5, cont tejiendo en círculos a través de ambas lazadas (1 pb en cada p hasta el final) hasta que la labor mida 10 cm. Con hilo B, tejer 3 vueltas en círculo o las necesarias hasta obtener la altura deseada. Rematar la labor y los cabos.

### CESTITO PEQUEÑO

Con hilo B, seguir las instrucciones para tejer el cestito alto hasta el final de la vuelta 5. A partir de la quinta vuelta, cont tejiendo en círculos a través de ambas lazadas (1 pb en cada p hasta el final) hasta que el cesto mida 5 cm tenga o la altura deseada. Rematar la labor y los cabos.

### CESTITO ANCHO

Con hilo B, seguir las instrucciones para tejer el cestito alto hasta el final de la vuelta 4.
**Vuelta 5:** *2 pb en el sig p, 1 pb en los sig 4 p; rep desde * hasta el final. (36 p)
**Vuelta 6:** *2 pb en el sig p, 1 pb en los sig 5 p; rep desde * hasta el final. (42 p)

**Para que sean más resistentes** y queden más rígidos, estos cestos se tejen con hebra doble. Cuando alcance el diámetro que le interese para cada uno de ellos, empiece a tejer en vertical hasta llegar ala altura deseada.

**Vuelta 7:** *2 pb en el sig p, 1 pb en los sig 6 p; rep desde * hasta el final. (48 p)
**Vuelta 8:** Tejiendo solamente en las hebras posteriores, 1 pb en cada p hasta el final.
Cont tejiendo en círculos a través de ambas lazadas (1 pb en cada p hasta el final) durante 4 vueltas.
Con hilo A, tejer 4 vueltas o las necesarias hasta alcanzar la altura deseada. Rematar la labor y los cabos.

# CESTOS RÍGIDOS

*Nivel de dificultad* ***

*Estos cestos se tejen* en un abrir y cerrar de ojos pues se utiliza un hilo muy grueso reciclado. Elija el tamaño del ganchillo según el grosor del hilo y haga los puntos bien prietos para conseguir un tejido rígido.

**TÉCNICAS EMPLEADAS** Cambiar de color **p. 39**, Aumentos en punto bajo **p. 50**, Círculos planos **p. 56**, Tejer a punto bajo en la hebra posterior **p. 75**

## MEDIDAS

Grande: 20 × 17 cm aprox.
Mediano: 15 × 15 cm aprox.
Pequeño: 14 × 10 cm aprox.

## HILO

DMC Hoooked Zpaghetti de 800 g/ 120 m (100% trapillo de camiseta reciclada; utilice cualquier hilo supergrueso; incluso podría elaborar su propio hilo a partir de jerséis y camisetas viejas).

**A** x 1 **B** x 1

## GANCHILLO

Ganchillo de 12 mm

## OTROS MATERIALES

Marcador de puntos
Aguja lanera

## TENSIÓN

No se precisa una tensión exacta

## INSTRUCCIONES

**Nota:** Estos cestos se tejen en espiral. No cierre las vueltas; en su lugar, coloque un marcador en el primer punto de cada vuelta y desplácelo hacia arriba a medida que las va completando.

### CESTO GRANDE

Con hilo A, hacer 2 c, tejer 6 pb en la segunda c desde el ganchillo, cerrar la vuelta dando 1 pr en el primer punto.
**Vuelta 1:** 1 c, tejer 2 pb en cada p, no cerrar la vuelta, colocar el marcador. (12 p)
**Vuelta 2:** *2 pb en el sig p, 1 pb en el sig pb, rep desde * hasta el final. (18 p)
**Vuelta 3:** *2 pb en el sig p, 1 pb en los sig 2 pb, rep desde * hasta el final. (24 p)
**Vuelta 4:** *2 pb en el sig p, 1 pb en los sig 3 pb, rep desde * hasta el final. (30 p)
**Vuelta 5:** *2 pb en el sig p, 1 pb en los sig 4 pb, rep desde * hasta el final. (36 p)
**Vuelta 6:** *2 pb en el sig p, 1 pb en los sig 5 pb, rep desde * hasta el final. Cerrar la vuelta con 1 pr. (42 p)
**Vuelta 7:** 1 c, 1 pb por la hebra posterior de cada p. Cerrar con 1 pr.
**Vuelta 8:** 1 c, 1 pb en cada p. No cerrar la vuelta.
Tejer 5 vueltas como la última vuelta.
**Vuelta 14:** 3 c, pa en la parte baja del mismo p, saltar el sig p, *2 pa en el sig p, saltar el sig p; rep desde * hasta el final de la vuelta, unir a la parte superior de la primera c con 1 pr.
**Vuelta 15:** Como la vuelta 8.
**Vuelta 16:** 1 c, 7 pb, 7 c, saltar los 7 pb sig, 14 pb, 7 c, saltar los 7 pb sig, pb hasta el final.
**Vuelta 17:** 1 c, (1 pb hasta el esp de 7 c, 7 pb en el esp de 7 c) 2 veces, pb hasta el final. Cerrar la vuelta con 1 pr. Rematar todos los cabos.

### CESTO MEDIANO

Con hilo A, seguir las instrucciones para tejer el cesto grande hasta la vuelta 5. (36 p)
**Vuelta 6:** 1 c, 1 pb por la hebra posterior de cada p. Cerrar la vuelta con 1 pr.
**Vuelta 7:** 1 c, 1 pb en cada p. No cerrar la vuelta. Tejer como la última vuelta 3 veces, cambiar al hilo B y tejer 2 vueltas más.
**Vuelta 13:** 1 c, 6 pb, 6 c, saltar los sig 6 pb, 12 pb, 6 c, saltar los sig 6 pb, pb hasta el final.
**Vuelta 14:** 1 c, (1 pb hasta el esp de 6 c, 6 pb en el esp de 6 c) 2 veces, pb hasta el final. Cerrar la vuelta con 1 pr. Rematar todos los cabos.

### CESTO PEQUEÑO

Con hilo B, seguir las instrucciones para tejer el cesto grande hasta la vuelta 4. (30 p)
**Vuelta 5:** 1 c, 1 pb por la hebra posterior de cada p. Cerrar la vuelta con 1 pr. Cambiar al hilo A.
**Vuelta 6:** 1 c, 1 pb en cada p. No cerrar la vuelta. Rep la vuelta 6 otras 4 veces. Cerrar la vuelta con 1 pr. Rematar la labor y los cabos.

**Para aprovechar mejor el espacio**, aquí tenemos un trío de cestos apilables. Los dos más grandes llevan asas para transportarlos con comodidad.

# BOLSA PARA JUGUETES

*Nivel de dificultad* ✱✱✱

*Esta bonita bolsa es perfecta* para la habitación de cualquier niño. Tejida en espiral a punto bajo, es una labor que cualquier principiante puede acometer. Estas instrucciones permiten tejer una bolsa mediana y una grande.

**TÉCNICAS EMPLEADAS** Cerrar un anillo base a punto raso **p. 28**, Cambiar de color **p. 39**, Aumentos en punto bajo **p. 50**, Disminuciones en punto bajo **p. 52**

## MEDIDAS

25 (o 30) × 40 (o 45) cm

## HILO

Sirdar Simply Recycled Aran de 50 g/93 m (51% algodón reciclado y 49% acrílico; utilice cualquier hilo de peso medio o de mezcla de algodón)

**A** x 2 **B** x 1 **C** x 1

## GANCHILLO

Ganchillo de 3,5 mm

## OTROS MATERIALES

Marcador de puntos
Aguja lanera

## TENSIÓN

14 p y 16 vueltas en 10 cm

## INSTRUCCIONES

**Nota:** Esta bolsa se teje en espiral, sin girar ni unir los extremos al final de cada vuelta.

Con hilo A, hacer 4 c y unir con 1 pr para formar un anillo.
**Vuelta 1:** 1 c (no se cuenta como punto), 6 pb en el anillo, colocar el marcador en el último p de la vuelta (desplazarlo hacia arriba al final de cada vuelta para señalar el último p). (6 p)
**Vuelta 2:** 2 pb en cada p. (12 p)
**Vuelta 3:** *1 pb en el sig p, 2 pb en el sig p, rep desde * hasta el final. (18 p)
**Vuelta 4:** *1 pb en los sig 2 p, 2 pb en el sig p, rep desde * hasta el final. (24 p)
**Vuelta 5:** *1 pb en los sig 3 p, 2 pb en el sig p, rep desde * hasta el final. (30 p)
**Vuelta 6:** *1 pb en los sig 4 p, 2 pb en el sig p, rep desde * hasta el final. (36 p)
**Vuelta 7:** *1 pb en los sig 5 p, 2 pb en el sig p, rep desde * hasta el final. (42 p)
**Vuelta 8:** *1 pb en los sig 6 p, 2 pb en el sig p, rep desde * hasta el final. (48 p)
**Vuelta 9:** *1 pb en los sig 7 p, 2 pb en el sig p, rep desde * hasta el final. (54 p)
**Vuelta 10:** *1 pb en los sig 8 p, 2 pb en el sig p, rep desde * hasta el final. (60 p)
**Vuelta 11:** *1 pb en los sig 9 p, 2 pb en el sig p, rep desde * hasta el final. (66 p)
**Vuelta 12:** *1 pb en los sig 10 p, 2 pb en el sig p, rep desde * hasta el final. (72 p)
**Vuelta 13:** *1 pb en los sig 11 p, 2 pb en el sig p, rep desde * hasta el final. (78 p)
**Vuelta 14:** *1 pb en los sig 12 p, 2 pb en el sig p, rep desde * hasta el final. (84 p)
**Vuelta 15:** *1 pb en los sig 13 p, 2 pb en el sig p, rep desde * hasta el final. (90 p)
**Vuelta 16:** *1 pb en los sig 14 p, 2 pb en el sig p, rep desde * hasta el final. (96 p)

**Solo para bolsa de tamaño grande**
**Vuelta sig:** *1 pb en los sig 15 p, 2 pb en el sig pb, rep desde * hasta el final. (102 p)
A partir de la vuelta 1, cont sin dar forma a la labor hasta que mida 16 cm para la bolsa mediana, y 18 cm para la bolsa grande.

**Solo para bolsa de tamaño grande**
**Vuelta sig:** *1 pb en los sig 15 p, c2pb, rep desde * hasta el final. (96 pb)

**Ambos tamaños**
**Vuelta sig:** *1 pb en los sig 14 p, c2pb, rep desde * hasta el final. (90 pb)
**Vuelta sig:** *1 pb en los sig 13 p, c2pb, rep desde * hasta el final. (84 pb)
**Vuelta sig:** *1 pb en los sig 12 p, c2pb, rep desde * hasta el final. (78 pb)
**Vuelta sig:** *1 pb en los sig 11 p, c2pb, rep desde * hasta el final. (72 pb)
Cambiar al hilo B y tejer 6 (u 8) vueltas a pb.
Cambiar al hilo C y tejer 2 (o 2) vueltas a pb.

## ASA

Al principio de la vuelta sig, hacer 20 c, saltar 12 p, pb hasta el final de la vuelta. (60 p y 20 c)
**Vuelta sig:** 1 pb en cada c y 1 pb en cada p hasta el final de la vuelta. (80 p)
Tejer 4 (o 5) vueltas a pb como se ha indicado.
**Vuelta final:** 1 pr en cada pb hasta el final.
Rematar la labor y los cabos. Dar forma a la bolsa y estirarla ligeramente según las instrucciones de la etiqueta del hilo.

# ALFOMBRA REDONDA

*Nivel de dificultad* ***

*Esta alfombra tejida en redondo* aporta un toque de estilo a cualquier dormitorio. El hilo grueso con el que está confeccionada es cálido y agradable al tacto de los pies desnudos, y se teje con rapidez con ayuda de un ganchillo de gran tamaño.



**TÉCNICAS EMPLEADAS** Medio punto alto **p. 38**, Punto alto **p. 44**, Disminuciones en punto alto **p. 53**, Círculos planos **p. 56**, Trabajar en un espacio de cadeneta **p. 75**

## MEDIDAS
90 cm de diámetro

## HILO
Cygnet Seriously Chunky de 100 g/48 m (100 % acrílico; cualquier hilo muy grueso con alto contenido de fibras sintéticas servirá para esta labor)

x 6

## GANCHILLO
Ganchillo de 12 mm

## OTROS MATERIALES
Aguja lanera

## TENSIÓN
Las vueltas 1 a 2 miden 15 cm de diámetro

## ABREVIATURAS Y TÉCNICAS ESPECIALES
Los racimos de puntos altos se tejen así:

**RMPA:** Racimo de medios puntos altos (c2mpa). Insertar el ganchillo en el p, eh, sacar el hilo, eh y sacar el hilo por 1 lazada, insertar el ganchillo en el p, eh, sacar el hilo, eh y sacar la hebra por las 3 lazadas del ganchillo.

**RPA:** Racimo de puntos altos (c2pa). Eh, insertar el ganchillo en el p, eh, sacar el hilo, eh y sacar el hilo por 2 lazadas, eh, insertar el ganchillo en el p, eh, sacar el hilo, eh y sacar el hilo por 2 lazadas, eh y sacar el hilo por las 3 lazadas del ganchillo.

**RPAD:** Racimo de puntos altos dobles (c3pa). Eh 2 veces, insertar el ganchillo en el punto, eh, pasar el hilo, eh y sacar el hilo por 2 lazadas 2 veces, eh 2 veces, insertar el ganchillo en el p, eh, pasar el hilo, eh y sacarlo por 2 lazadas 2 veces, eh y sacar el hilo por las 3 lazadas del ganchillo.

**Doble racimo a punto alto:** c2pa, 1 c, c2pa todo en el mismo esp de c.

## INSTRUCCIONES
Hacer 4 c, 1 pr en la primera c para hacer un anillo.

**Vuelta 1:** 2 c, 1 mpa en el anillo, 1 c, *1 rmpa en el anillo, 1 c, rep desde * 6 veces más, 1 pr encima del primer mpa para cerrar la vuelta. (8 rmpa)

**Vuelta 2:** 1 pr en el sig esp de c, 3 c, 1 pa en el esp de c, 2 c, *c2pa en el sig esp de c, 2 c, rep desde * hasta el final, 1 pr encima del primer pa para cerrar la vuelta. (8 c2pa)

**Vuelta 3:** 1 pr en el sig esp de c, 3 c, 1 pa en el esp de c, 1 c, c2pa en el mismo esp de c, 1 c, *c2pa, 1 c, c2pa en el sig esp de c, 1 c, rep desde * hasta el final, 1 pr en el primer pa para cerrar la vuelta. (8 dobles racimos)

**Vuelta 4:** 1 pr en el sig esp de c, 3 c, 1 pa en el esp de c, 1 c, *c2pa en el sig esp de c, 1 c, rep desde * hasta el final, 1 pr en el primer pa para cerrar la vuelta. (16 c2pa)

**Vuelta 5:** 1 pr en el sig esp de c, 3 c, 1 pa en el esp de c, 1 c, c2pa en el mismo esp de c, 1 c, *c2pa, 1 c, c2pa en el sig esp de c, 1 c, rep desde * hasta el final, 1 pr en el primer pa para cerrar la vuelta. (16 dobles racimos)

**Vuelta 6:** 1 pr en el sig esp de c, 3 c, 1 pa en el esp de c, 1 c, *c2pa en el sig esp de c, 1 c, rep desde * hasta el final, 1 pr en el primer pa para cerrar la vuelta. (32 c2pa)

**Vuelta 7:** 1 pr en el sig esp de c, 3 c, 1 pa en el esp de c, 1 c, c2pa en el mismo esp de c, 1 c, c2pa en el sig esp de c, 1 c, *c2pa, 1 c, c2pa en el sig esp de c, 1 c, c2pa en el sig esp de c, 1 c, rep desde * hasta el final, 1 pr en el primer pa para cerrar la vuelta. (16 c2pa y 16 dobles racimos)

**Vuelta 8:** Como la vuelta 6. (48 rpa)

**Vuelta 9:** 1 pr en el sig esp de c, 5 c, *1 pad en el sig esp de c, 1 c, rep desde * hasta el final, cerrar con un pr en la cuarta de las 5 c.

**Vuelta 10:** 1 pr en el sig esp de c, 3 c, 1 pa en el esp de c, 1 c, c2pa en el mismo esp de c, 1 c, c3pa en el sig esp de c, 1 c, *c2pa, 1 c, c2pa en el sig esp de c, 1 c, c3pa en el sig esp de c, 1 c, rep desde * hasta el final, 1 pr en el primer pa para cerrar la vuelta. (24 dobles racimos y 24 rpa grandes tejidos)

**Vuelta 11:** Como la vuelta 6. (72 c2pa)

**Vuelta 12:** 1 c, *1 pb encima de 1 c2pa, 1 pb en 1 esp de c, rep desde * hasta el final, 1 pr en 1 c para cerrar la vuelta.

## ACABADO
Rematar bien los cabos por el revés. Prender la alfombra con alfileres a una superficie plana y rociarla con agua, darle forma de círculo plano y dejarla secar. Puede coser un forro antideslizante en el revés.

**Los racimos de puntos altos** y de medios puntos altos crean un tejido de malla que se extiende hacia el exterior de la alfombra y contrasta con los puntos más prietos del borde y con el pulido acabado que aporta la última vuelta trabajada a punto bajo.

# FUNDA DE TABURETE

*Nivel de dificultad* ***

*Los vivos colores de esta funda de taburete* la convierten en una labor llamativa, además de práctica. Tejida en redondo a punto alto y punto bajo, se trata de una labor ideal para personas con cierta experiencia en el ganchillo.

**TÉCNICAS EMPLEADAS** Punto bajo **p. 34**, Punto alto **p. 44**, Disminuciones en punto bajo **p. 52**, Círculos planos **p. 56**, Empalmar un nuevo color **p. 57**

## MEDIDAS

27 cm de diámetro

## HILO

Rowan Pure Wool Aran de 100 g/170 m (100 % lana; cualquier hilo de peso medio, preferiblemente lana superlavable, producirá un efecto similar)

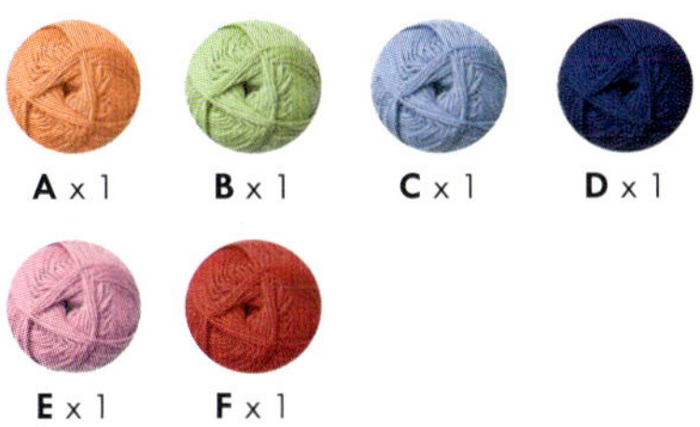


## GANCHILLO

Ganchillo de 4,5 mm

## OTROS MATERIALES

Aguja lanera

## TENSIÓN

Los círculos 1 al 3 miden 10 cm de diámetro

## INSTRUCCIONES

Con hilo A, hacer 4 c, unir con 1 pr para formar un anillo (véase p. 56).

**Vuelta 1:** 3 c, 1 pa, *1 c, 2 pa, rep desde * 4 veces, 1 c, unir con 1 pr encima de 1 c (se habrán tejido 6 pares de pa), rematar A.

**Vuelta 2:** Empalmar el hilo B en cualquier esp de c, 3 c, 1 pa, 1 c, 2 pa en el mismo esp de c, *1 c, 2 pa, 1 c, 2 pa en el sig esp de c, rep desde * 4 veces, 1 c, unir con 1 pr en la parte superior de las 3 c. (6 pares de pa y 12 esp de c). Rematar B.

**Vuelta 3:** Empalmar el hilo C en cualquier esp de c, 3 c, 2 pa en el mismo esp de c, *1 c, 3 pa en el sig esp de c, rep desde * hasta el final, 1 c, unir con 1 pr en la parte superior de las 3 c, rematar el hilo C. (12 grupos de 3 pa y 12 esp de c)

**Vuelta 4:** Empalmar el hilo D en cualquier esp de c, tejer como la vuelta 3, rematar el hilo D. (12 grupos de 3 pa y 12 esp de c)

**Vuelta 5:** Empalmar el hilo E en cualquier esp de c, 3 c, 1 pa, 1 c, 2 pa en el mismo esp de c, *1 c, (2 pa, 1 c, 2 pa) en el sig esp de c, rep desde * 10 veces, 1 c, unir con el pr por encima de 3 c, rematar el hilo E. (12 pares de pa y 24 esp de c)

**Vuelta 6:** Empalmar el hilo F en cualquier esp de c, tejer como la vuelta 3, rematar el hilo F. (24 grupos de 3 pa y 24 esp de c)

**Vuelta 7:** Empalmar el hilo A en cualquier esp de c, tejer como la vuelta 3, rematar el hilo A. (24 grupos de 3 pa y 24 esp de c)

**Vuelta 8:** Empalmar el hilo B en cualquier esp de c, tejer como la vuelta 3, rematar el hilo B. (24 grupos de 3 pa y 24 esp de c)

**Vuelta 9:** Empalmar el hilo C en cualquier esp de c, tejer como la vuelta 3, pero hacer 2 c entre cada 3 pa, rematar el hilo C. (24 grupos de 3 pa y 24 esp de c)

**Vuelta 10:** Empalmar el hilo D en cualquier esp de c, 1 c, * tejer 1 pb en la parte superior de cada pa, 1 pb en el esp de c, rep desde * hasta el final, unir con 1 pr en la parte superior de 1 c (96 pb), no girar la labor, no rematar el hilo. Cont tejiendo los círculos menguando como se indica a continuación:

**Vuelta 11:** 1 c, *1 pb en cada uno de los sig 6 pb, c2pb, rep desde * hasta el final, unir con 1 pr encima de 1 c. (84 p)

**Vuelta 12:** 1 c, 1 pb en cada pb hasta acabar la vuelta, unir con 1 pr encima de la tercera c.

**Vuelta 13:** Como la vuelta 12.

**Vuelta 14:** 1 c, *1 pb en cada uno de los sig 5 pb, c2pb, rep desde * hasta el final, unir con 1 pr encima de 1 c. (72 p)

**Vuelta 15:** Como la vuelta 12.

**Vuelta 16:** 1 c, *1 pb en cada uno de los sig 4 pb, c2pb, rep desde * hasta el final. (60 p)

**Vuelta 17:** Como la vuelta 12. Rematar la labor y los cabos.

**El punto alto** aporta un bonito aspecto calado a esta funda. La parte inferior se teje a punto bajo para que quede tupida, lo que asegura que se ajuste bien al taburete.

# PUFS RÚSTICOS

*Nivel de dificultad* ***

*Estos sencillos pufs son* una manera fantástica de aportar un toque de color al hogar. Para ajustar su tamaño, basta con tejer más o menos vueltas de aumento.

**TÉCNICAS EMPLEADAS** Cadeneta **p. 26**, Círculos planos **p. 56**, Estirado y costuras **p. 68**, Rematar los cabos **p. 70**, Tejer a punto bajo en la hebra posterior **p. 75**

## MEDIDAS
Grande: 40 cm de diámetro
Pequeño: 30 cm de diámetro

## HILO
Trapillo de tela de camiseta Hooplayarn de 500 g/100 m (95–100 % algodón y 0–5 % licra; cualquier hilo supergrueso de tejido de algodón o de punto elástico servirá)

**A** x 4 **B** x 5

## GANCHILLO
Ganchillo de 8 mm

## OTROS MATERIALES
Marcador de puntos
Aguja lanera
2 cojines circulares de 40 × 15 cm y 30 × 8 cm aprox., o un edredón liviano para rellenar el puf grande

## TENSIÓN
Los círculos 1 a 3 miden 12 cm de diámetro aprox.

## INSTRUCCIONES
**Nota:** Primero se teje la parte superior de cada puf y luego el lado. La base se teje aparte y se cose al final; esto permite sacar el cojín o el relleno para lavar las fundas.

### PARTE SUPERIOR
Con un ganchillo de 8 mm, hacer 6 c y 1 pr en la primera c para formar un anillo.
**Vuelta 1:** 6 pb en el anillo; no cerrar la vuelta, cont tejiendo en espiral con el derecho de frente usando el marcador de puntos para señalar el último p de cada vuelta (retirar y recolocar el marcador tras el último pb de cada vuelta). (6 p)
**Vuelta 2:** 2 pb en cada pb. (12 p)
**Vuelta 3:** (1 pb, 2 pb en el sig pb) hasta el final. (18 p)
**Vuelta 4:** (2 pb, 2 pb en el sig pb) hasta el final. (24 p)
Cont aumentando según lo indicado, tejiendo 1 pb más entre cada aumento y realizando 6 aumentos de modo homogéneo en cada vuelta hasta que la labor mida 30 (o 40) cm. Anotar el recuento de puntos; se precisará para tejer la base del puf.
**Vuelta sig:** 1 pb en la hebra posterior de cada pb hasta el final.
**Vuelta sig y subsig:** 1 pb en cada p hasta el final, cont tejiendo en espiral, sin aumentar, hasta que el lado mida 8 (o 15) cm de alto. Rematar la labor y los cabos. Se recomienda remeter bien los cabos sueltos y afianzarlos con unas puntadas, pues, dada la naturaleza del hilo, con el tiempo podrían soltarse y deshilacharse.

### BASE
Tejer como la parte superior, aumentando según lo indicado hasta que el recuento de puntos coincida con el anotado de la parte de arriba. Rematar la labor y los cabos.

**El trapillo de punto elástico o de algodón**, un subproducto de la industria de la confección, es cada vez más popular para tejer a ganchillo. Su grosor permite tejer estos pufs rápidamente y obtener una bonita textura anudada.

### ACABADO
Rellenar el puf con un cojín o un edredón. Unir la base a la parte inferior del lado cosiendo a través de la última vuelta de este y la última de la base para asegurarla. Remeter los cabos sueltos y coserlos para que no se suelten. Dar forma redondeada a los pufs.

# MÓVIL DE PULPO

*Nivel de dificultad* ***

*Este simpático pulpo* convertirá la habitación del bebé en un escenario del fondo del mar. Para que quede fuera del alcance de los deditos infantiles bastará con adaptar la longitud de la cadeneta que lo sostiene.

**TÉCNICAS EMPLEADAS** Punto bajo **p. 34**, Medio punto alto **p. 38**, Punto alto **p. 44**, Dar forma **pp. 50–52**, Hacer un anillo ajustable **p. 57**, Juguetes **pp. 132–133**

## MEDIDAS

33 cm, tentáculos incluidos

## HILO

Paintbox Yarns Cotton DK de 50 g/125 m (100 % algodón; cualquier hilo de algodón de peso medio servirá)

**A** x 2 **B** x 1 **C** x 1 **D** x 1

## GANCHILLO

Ganchillo de 3 mm

## OTROS MATERIALES

Marcador de puntos
2 ojos de seguridad de 10 mm
Relleno para juguetes

## TENSIÓN

No se precisa una tensión exacta: basta con que el tejido quede lo bastante prieto para que el relleno no asome entre los puntos.

## ABREVIATURA ESPECIAL

**PBHP:** Punto bajo en la hebra posterior. Tejer un pb insertando el ganchillo solo en la hebra posterior del p sig.

## INSTRUCCIONES

**Nota:** El cuerpo del pulpo se teje en redondo, en espiral. No cierre las vueltas ni haga cadenetas de vuelta a menos que se indique; en su lugar, coloque un marcador al principio de cada vuelta y súbalo para señalar el inicio de la siguiente. 1 c al inicio de una vuelta no se cuenta como p.

### CUERPO DEL PULPO

Con el hilo A, hacer un anillo ajustable.
**Vuelta 1:** Tejer 6 pb en el anillo y tirar para cerrarlo. No cerrar la vuelta: para trabajar en espiral, poner un marcador e irlo subiendo cada vez que se completa una vuelta.
**Vuelta 2:** 2 pb en cada pb. (12 p)
**Vuelta 3:** (1 pb en el pb sig, 2 pb en el pb sig) hasta el final. (18 p)
**Vuelta 4:** (2 pb en cada uno de los 2 pb sig, 2 pb en el pb sig) hasta el final. (24 p)
**Vuelta 5:** (3 pb, 2pb en el pb sig) hasta el final. (30 p)
**Vuelta 6:** (4 pb, 2 pb en el pb sig) hasta el final (36 p)
**Vuelta 7:** (5 pb, 2 pb en el pb sig) hasta el final. (42 p)
**Vuelta 8:** 1 pbhp en cada p.
**Vueltas 9-11:** 1 pb en cada p.
**Vuelta 12:** (6 pb, 2pb en el p sig) hasta el final. (48 p)
**Vuelta 13:** 1 pb en cada p. Colocar los ojos de seguridad encima de la vuelta 13, con 13 puntos de separación, en la parte anterior del pulpo.
Tejer 4 vueltas a pb.
**Vuelta 18:** (7 pb, 2 pb en el pb sig) hasta el final. (54 p)
Tejer 3 vueltas a pb.
**Vuelta 22:** (8 pb, 2 pb en el pb sig) hasta el final. (60 p)
Tejer 3 vueltas a pb.
**Vuelta 26:** (8 pb, c2pb) hasta el final. (54 p)
Tejer 3 vueltas a pb.

Empezar a rellenar el cuerpo ahora, antes de que la abertura quede demasiado pequeña.

**Vuelta 30:** (7 pb, c2pb) hasta el final. (48 p)

**Carita adorable**
Los ojos situados muy abajo y la sencilla boquita sonriente dan expresividad a los amigurumis, unos animalitos tejidos a ganchillo al estilo japonés que suelen tener rasgos antropomórficos.

**Vuelta 33:** (6 pb, c2pb) hasta el final. (42 p)
Tejer una vuelta a pb.
**Vuelta 35:** (5 pb, c2pb) hasta el final. (36 p)
Tejer una vuelta a pb.
**Vuelta 37:** (4 pb, c2pb) hasta el final. (30 p)
**Vuelta 38:** (3 pb, c2pb) hasta el final. (24 p)
**Vuelta 39:** (2 pb, c2pb) hasta el final. (18 p)
**Vuelta 40:** (1 pb, c2pb) hasta el final. (12 p)
**Vuelta 41:** C2pb hasta el final. (6 p)
Rematar dejando un cabo largo. Enhebrar el cabo en una aguja lanera, pasarlo en torno a la abertura , tirar con fuerza de él para cerrarla y rematar.

**TENTÁCULOS**

Empalmar de nuevo el hilo A la parte inferior del pulpo en una hebra libre de la vuelta 8.
**Vuelta 1:** 1 c, (1 pb, 2 pb en el p sig) hasta el final, cerrar la vuelta a pr. (63 p)
**Vuelta 2:** 2 c (se cuentan como 1 mpa), 1 mpa en mismo p, 1 mpa en cada p hasta el final, cerrar la vuelta a pr. (64 p)
**Vuelta 3:** 1 c, *1 pb, 1 mpa, 3 pa, 1 mpa, 1 pb, 1 pr; rep desde * hasta el final. (64 p)
**Vuelta 4:** 1 c, 1 pb en cada p hasta el pa sig, 42 c, 2 pa en la tercera c desde el ganchillo, 3 pa en cada una de las 4 c sig, 2 pa en cada una de las 27 c sig, 1 pa en cada una de las 8 c sig, 1 pb en el sig mpa de la vuelta 3; rep desde * 4 veces más, **1 pb en cada p hasta el pa sig, 47 c, 2 pa en la tercera c desde el ganchillo, 3 pa en cada una de las 4 c sig, 2 pa en cada una de las 32 c sig, 1 pa en cada una de las 8 c sig, 1 pb en el sig mpa de la vuelta 3; rep desde ** 2 veces más, 1 pb en cada p hasta el final, cerrar la vuelta a pr. (8 tentáculos)

**BASE DE LOS TENTÁCULOS**

Con el hilo B, hacer un anillo ajustable.
**Vuelta 1:** Tejer 6 pb en el anillo y tirar para cerrarlo. No cerrar la vuelta: para trabajar en espiral, poner un marcador e irlo subiendo cada vez que se completa una vuelta.
**Vuelta 2:** 2 pb en cada pb. (12 p)
**Vuelta 3:** (1 pb en el pb sig, 2 pb en el pb sig) hasta el final. (18 p)
**Vuelta 4:** (2 pb en cada uno de los 2 pb sig, 2 pb en el pb sig) hasta el final. (24 p)
**Vuelta 5:** (3 pb, 2pb en el pb sig) hasta el final. (30 p)
**Vuelta 6:** (4 pb, 2 pb en el pb sig) hasta el final. (36 p)
**Vuelta 7:** (5 pb, 2 pb en el pb sig) hasta el final. (42 p)
**Vuelta 8:** 1 c, (1 pb en el p sig, 2 pb en el p sig) hasta el final, cerrar la vuelta a pr. (63 p)
**Vuelta 9:** 2 c (se cuentan como 1 mpa), 1 mpa en el mismo p, 1 mpa en cada p hasta el final, cerrar la vuelta a pr. (64 p)

**Tentáculos en espiral** Los tentáculos son simples volantes hechos aumentado muchos puntos rápidamente a lo largo de varias vueltas: esto hace que el tejido se retuerza y enrolle.

**Vuelta 10:** 1 c, *1 pb, 1 mpa, 3 pa, 1 mpa, 1 pb, 1 pr; rep desde * hasta el final. (64 p)
**Vuelta 11:** 1 c, 1 pb en cada p hasta el pa sig, 42 c, 2 pa en la tercera c desde el ganchillo, 3 pa en cada una de las 4 c sig, 2 pa en cada una de las 27 c sig, 1 pa en cada una de las 8 c sig, 1 pb en el sig mpa de la vuelta 3; rep desde * 4 veces más, **1 pb en cada p hasta el sig pa, 47 c, 2 pa en la tercera c desde el ganchillo, 3 pa en cada una de las 4 c sig, 2 pa en cada una de las 32 c sig, 1 pa en cada una de las 8 c sig, 1 pb en el sig mpa de la vuelta 3; rep desde ** 2 veces más, 1 pb en cada p hasta el final, cerrar la vuelta a pr. (8 tentáculos)

Coser la base de los tentáculos a la base del cuerpo encaradas por el D y luego unir la parte superior y la inferior de los tentáculos como se indica a continuación: Con la base de los tentáculos (en hilo A) de frente, empalmar el hilo B al p de la izquierda de cada tentáculo, hacer 1 c, insertar el ganchillo en el mismo punto y en el correspondiente de hilo B de abajo, y tejer 1 pb. Tejer de la misma manera 1 pb a través de todos los pares de p correspondientes a lo largo del siguiente tentáculo y luego trabajar a pb a lo largo del lado derecho del tentáculo, tejiendo 1 pb a través de los pares de p correspondientes: estos serán las lazadas inferiores libres de la cadeneta inicial de los tentáculos. Rematar el hilo al llegar al final de la cadeneta del tentáculo. Volver a empalmar el hilo a la izquierda del siguiente tentáculo y trabajar de la misma manera hasta que los ocho tentáculos estén unidos por un lado.

**ESTRELLAS DE MAR (1 DE CADA HILO B, C Y D, SI SE DESEA)**

Con el hilo del color elegido, hacer un anillo ajustable, * tejer 2 c, 1 pb en la segunda c desde el ganchillo, 1 pr en el anillo; rep desde * 4 veces, cerrar la vuelta con 1 pr y tirar de la lazada para cerrar el agujero. Rematar.

**ACABADO**

Rematar todos los cabos y bordar una boquita en la parte anterior del cuerpo, en la vuelta 3 y sobre el punto central entre los ojos.
Aplicar las estrellas de mar (si se desea) en la parte superior izquierda de la cabeza, como se ve en la foto.
Empalmar el hilo A a la cabeza y hacer una cadeneta de la longitud deseada para colgar el pulpo. Rematar.
Arreglar los tentáculos retorciendo los volantes para que caigan en la dirección adecuada formando unas bonitas espirales.

**Detalles opcionales** Unas sencillas estrellas de mar cosidas en lo alto de la cabeza pondrán una nota de color al pulpo. Puede tejer tantas como desee y añadir algunas en los tentáculos.

# CESTO PARA EL GATO

*Nivel de dificultad* ✱✱✱

*Este colorido cesto para el gato* aprovecha el hilo de tela de camiseta, un subproducto de la industria de la confección muy de moda últimamente. Resulta gratificante tejer con este tipo de hilo, pues su grosor permite que la labor avance con rapidez.

**TÉCNICAS EMPLEADAS** Círculos planos **p. 56**, Hacer un anillo ajustable **p. 57**, Tejer a punto bajo en la hebra posterior **p. 75**

### MEDIDAS
44 cm de diámetro aprox.

### HILO
Hoooked Zpagetti de 850 g/120 m (100% trapillo de camiseta reciclada; puede usar cualquier hilo supergrueso de tela de camiseta, de algodón o de lana fieltrada para conseguir un efecto similar. Si desea que el cesto quede más rígido, utilice una hebra doble)

A x 1 B x 1 C x 1

### GANCHILLO
Ganchillo de 10 mm

### OTROS MATERIALES
Marcador de puntos
Aguja lanera
Cojín circular (opcional)

### TENSIÓN
No se precisa una tensión exacta

### TÉCNICAS ESPECIALES
**Anillo ajustable:** Enrollar el hilo 2 veces en el dedo. Insertar el ganchillo y echar el hilo. Sacar el ganchillo a través del hilo y hacer una cadeneta. Tejer la primera vuelta en el anillo y tirar suavemente del hilo para cerrarlo antes de unir los p en círculo a punto raso.

**Punto cangrejo:** Consiste simplemente en tejer a pb a la inversa a lo largo de una vuelta (circular en este caso) de izquierda a derecha, no de derecha a izquierda. Tras completar una vuelta a pb, no girar la labor; hacer 1 c, *insertar el ganchillo en el p sig de la derecha, no en el que se acaba de hacer, sino en el sig; sacar una lazada, eh como de costumbre y sacarlo a través de las dos lazadas del ganchillo; rep desde *en toda la vuelta.

### INSTRUCCIONES

**Nota:** El cesto se teje en espiral. No cierre las vueltas al acabarlas. Marque el primer punto de cada vuelta con un marcador de puntos o una hebra de hilo de otro color para saber dónde empiezan las vueltas y llevar un seguimiento de los puntos.

Con hilo A, hacer un anillo ajustable y tejer 6 pb en el anillo. (6 p)
**Vuelta 1:** 2 pb en cada pb hasta el final. (12 p)
**Vuelta 2:** *1 pb en el sig p, 2 pb en el sig p, rep desde * hasta el final. (18 p)
**Vuelta 3:** Con hilo B, *1 pb en los sig 2 p, 2 pb en el sig p, rep desde * hasta el final. (24 p)
**Vuelta 4:** Con hilo A, *1 pb en los sig 3 p, 2 pb en el sig p, rep desde * hasta el final. (30 p)
**Vuelta 5:** *1 pb en los sig 4 p, 2 pb en el sig p, rep desde * hasta el final. (36 p)
**Vuelta 6:** Con hilo B, *1 pb en los sig 5 p, 2 pb en el sig p, rep desde * hasta el final. (42 p)
**Vuelta 7:** Con hilo A, *1 pb en los sig 6 p, 2 pb en el sig p, rep desde * hasta el final. (48 p)
**Vuelta 8:** *1 pb en los sig 7 p, 2 pb en el sig p, rep desde * hasta el final. (54 p)
**Vuelta 9:** Con hilo B, *1 pb en los sig 8 p, 2 pb en el sig p, rep desde * hasta el final. (60 p)
**Vuelta 10:** Con hilo A, *1 pb en los sig 9 p, 2 pb en el sig p, rep desde * hasta el final. (66 p)
**Vuelta 11:** *1 pb en los sig 10 p, 2 pb en el sig p, rep desde * hasta el final. (72 p)
**Vuelta 12:** Con hilo B, *1 pb en los sig 11 p, 2 pb en el sig p, rep desde * hasta el final. (78 p)
**Vuelta 13:** Con hilo A, *1 pb en los sig 12 p, 2 pb en el sig p, rep desde * hasta el final. (84 p)
**Vuelta 14:** *1 pb en los sig 13 p, 2 pb en el sig p, rep desde * hasta el final. (90 p)
**Vuelta 15:** 1 pb por la hebra posterior de cada p hasta el final.
**Vuelta 16:** 1 pb en cada p (por la hebra anterior y posterior) hasta el final.
**Vuelta 17:** Con hilo B, 1 pb en cada p hasta el final.
**Vueltas 18–19:** Con hilo A, 1 pb en cada p hasta el final.
**Vuelta 20:** Con hilo B, 1 pb en cada p hasta el final.
**Vueltas 21–22:** Con hilo A, 1 pb en cada p hasta el final.
**Vuelta 23:** Con hilo C, 1 p cangrejo en cada p hasta el final. 1 pr al final de la vuelta para unir. Rematar la labor y los cabos. Introducir el cojín circular en el cesto (opcional).

**Pese a su simplicidad**, el punto bajo crea un efecto regular muy bonito. Conviene usar un hilo poco elástico para que el cesto quede rígido. Puede ajustar el diámetro y la altura añadiendo o restando aumentos y vueltas.

# PUNTOS DE LIBRO

*Nivel de dificultad* ***

*Estos puntos de libro,* sencillos y rápidos de tejer, son ideales para aprovechar restos de hilo. Utilice un hilo grueso para tejer un punto de libro para un libro de mesa y un hilo más fino para hacer uno para una novela o un libro de pequeño formato.

**TÉCNICAS EMPLEADAS** Cadeneta **p. 26**, Punto raso **p. 28**, Punto bajo **p. 34**, Punto alto **p. 44**

## MEDIDAS

18 × 2 cm aprox., con una borla de 18 cm

## HILO

DMC Petra Crochet Cotton Perle n.° 5 de 100 g/400 m (100% algodón; use restos de hilos de algodón para ganchillo finos para esta labor) y DMC Petra Crochet Cotton Perle n.° 3 de 100 g/280 m (el punto de libro saldrá algo más grande o más pequeño en función del grosor del hilo)

**A** x 1

**B** x 1

## GANCHILLO

Ganchillos de 2 y de 2,5 mm

## OTROS MATERIALES

Aguja lanera

Cuentas variadas (opcional)

## TENSIÓN

No se precisa una tensión exacta

## INSTRUCCIONES

Con el ganchillo de 2 mm, si se trabaja con hilo del n.° 5, más fino, o de 2,5 mm, si se usa el hilo del n.° 3, más grueso, hacer 42 c.

**Vuelta 1:** 6 pb en la segunda c desde el ganchillo, saltar la sig c, 1 pb en la sig c, saltar la sig c, *6 pb en la sig c, saltar la sig c; 1 pb en la sig c, saltar la sig c; rep desde * hasta la última c, tejer (6 pb, 1 c, 6 pb) en la última c, no girar la labor. Girar la labor 180 grados y tejer retrocediendo por la lazada sin trabajar de cada c como sigue: *saltar la sig c, 1 pb en la sig c, saltar la sig c, 6 pb en la sig c; rep desde * hasta el final, 1 c, 1 pr en el primer pb para cerrar la vuelta.

**Vuelta 2:** 4 c (se cuentan como 1 pa, 1 c), 1 pa en el 2.° pb desde la primera vuelta, (1 c, 1 pa) en cada uno de los sig 3 pb, saltar los sig 3 pb, *(1 pa, 1 c) en cada uno de los sig 3 pb, 1 pa en el sig pb, saltar 3 pb; rep desde * hasta el último grupo de 6 pb, (1 pa, 1 c) en cada uno de los sig 4 pb, 1 pa en el sig pb, 3 c, **(pa, 1 c) en cada uno de los sig 4 pb, 1 pa en el sig pb, saltar los sig 3 pb; rep entre * y **, cerrar la vuelta con 1 pr. Rematar la labor y los cabos.

## ACABADO

Cortar dos hebras de hilo de 36 cm de largo y doblarlas por la mitad. Insertar la lazada a través del esp de 3 c de un extremo del punto de libro. Pasar las hebras a través de la lazada y tirar de ellas para afianzarlas y hacer la borla; si lo desea, trence el hilo. Ensartar algunas cuentas en el extremo de la borla y hacer un nudo para que no se salgan.

**La tira principal se teje** en redondo trabajando a ambos lados de la cadeneta inicial. Observe la diferencia de medidas entre los puntos de libro, que se han tejido con un grosor de hilo y un tamaño de ganchillo diferentes.

# FUNDA DE LIBRO

*Nivel de dificultad* ***

*Esta práctica funda de ganchillo* protegerá ese libro que está leyendo y lleva consigo de un lado para otro. Se teje muy rápido en redondo y en vueltas rectas, y se cierra con un botón y un ojal.

**TÉCNICAS EMPLEADAS** Medio punto alto **p. 38**, Rayas simples **p. 39**, Círculos planos **p. 56**, Trabajar en un espacio de cadeneta **p. 75**, Botones de bola **p. 87**

## MEDIDAS

21 × 16 cm aprox.

## HILO

Sirdar Hayfield Bonus Chunky de 100 g/137 m (100% acrílico; puede usar cualquier hilo grueso, preferiblemente acrílico, para mayor durabilidad)

**A** x 1

**B** x 1

## GANCHILLO

Ganchillo de 5,5 mm

## OTROS MATERIALES

Aguja lanera

Botón de 3 cm en un color a tono

## TENSIÓN

13 p y 9,5 vueltas en 10 cm a medio punto alto

## INSTRUCCIONES

Con el hilo A, hacer 20 c.

**Vuelta 1:** Tejer 1 mpa en la segunda c desde el ganchillo y 1 mpa en cada p hasta el final. (19 p). Cont tejiendo 1 mpa en cada p en la hebra posterior de la cadeneta base hasta el final. (38 p)

Empezar a tejer en redondo. No girar ni cerrar las vueltas.

**Vueltas 2–12:** 1 mpa en cada p.

Cambiar al hilo B.

**Vueltas 13–18:** 1 mpa en cada p.

**Vuelta 19:** 1 mpa en cada p, 1 c, girar.

Empezar a tejer en vueltas rectas.

**Vuelta 1:** 1 mpa en los 19 p sig, 1 c, girar. (19 p)

**Vuelta 2:** 1 mpa en cada p, 1 c, girar.

**Vueltas 3–7:** Rep la vuelta 2.

**Vuelta 8:** 1 mpa en los primeros 8 p, 3 c, saltar 3 p, 1 mpa en los últimos 8 p, 1 c, girar.

**Vuelta 9:** 1 pb en los primeros 8 p, 3 pb rodeando las 3 c, 1 pb en los últimos p.

Rematar los cabos.

## ACABADO

Meter el libro en la funda y doblar la solapa para marcar la posición del botón. Coser el botón con una hebra de lana.

**Trabajando a punto medio alto** con un hilo grueso se obtiene un tejido tupido, ideal para esta funda. El toque original lo pondrá el estilo del botón.

**Detalle del ojal**
Asegúrese de que el botón elegido sea más grande que el ojal. La propia elasticidad del hilo y de los puntos hará que el ojal ceda para que el botón pueda pasar. Si el ojal fuera demasiado grande, el botón se saldría, y la bolsa no se cerraría bien.

# ALFILETERO-FLOR

*Nivel de dificultad* ***

*La base de este colorido alfiletero* se teje en espiral, mientras que el uso de puntos variados crea bonitos motivos con la máxima facilidad.

**TÉCNICAS EMPLEADAS** Punto raso **p. 28**, Dar forma **p. 50**, Círculo plano **p. 56**, Empalmar un nuevo color **p. 57**, Tejer a punto bajo en la hebra posterior **p. 75**

## MEDIDAS
8 cm de diámetro aprox.

## HILO
DMC Petra Cotton Perle n.° 3 de 100 g/280 m (100% algodón; puede utilizar cualquier resto de hilo para ganchillo)

A x 1 B x 1 C x 1 D x 1 E x 1

## GANCHILLO
Ganchillo de 2,5 mm

## NOCIONES
Marcador de puntos
Aguja lanera
Relleno para juguetes

## TENSIÓN
No se precisa una tensión exacta

## INSTRUCCIONES

**Nota:** No cierre las vueltas; coloque un marcador en el primer punto de cada vuelta y desplácelo hacia arriba a medida que las va completando para señalar el inicio de la siguiente. La cadeneta al comienzo de las vueltas no tejidas en espiral no se cuenta como punto.

Con hilo A, hacer 2 c.
**Vuelta 1:** 6 pb en la segunda c desde el ganchillo, cerrar la vuelta con 1 pr.
**Vuelta 2:** 1 c, 2 pb en cada p, cerrar la vuelta con 1 pr. (12 p)
**Vuelta 3:** 1 c, 1 pb en cada p, cerrar la vuelta con 1 pr. (12 p)
**Vuelta 4:** 1 c, 1 pb, (3 pa en el sig p, 1 pb) 5 veces, 3 pa en el último p, cerrar la vuelta con 1 pr. Rematar.
Cambiar al hilo B, empalmándolo a cualquier pa central de un grupo de 3 pa.
**Vuelta 5:** 1 c, *3 pb en el pa, 1 pa en el sig pa, 1 pad en el pb, 1 pa en el sig pa; rep desde * hasta acabar la vuelta. Cerrar la vuelta con 1 pr. (36 p)
**Vuelta 6:** 1 c, 1 pb, (2 pb en el sig p, 5 pb) hasta acabar la vuelta, finalizar con solo 4 pb, cerrar la vuelta con 1 pr. Rematar. (42 p)
Cambiar al hilo C. Empalmarlo al primer pb de un par.
**Vuelta 7:** 1 c, (1 pb, 1 c, 1 pb, 1 mpa, 1 pa, 3 pa en el sig p, 1 pa, 1 mpa) hasta acabar la vuelta. Cerrar la vuelta con 1 pr, Rematar. (54 p)
Cambiar al hilo D, empalmándolo a cualquier pa central de un grupo de 3 pa.
**Vuelta 8:** 1 c, *3 pb en el pa central, 1 pb, 1 mpa, 1 pa, saltar 1 pb, 1 pad en la c al aire, saltar 1 pb, 1 pa, 1 mpa, 1 pb; rep desde * hasta acabar la vuelta. (60 p)
**Vuelta 9:** 1 c, 1 pb en cada p hasta acabar la vuelta. Tejer la siguiente vuelta en la hebra anterior de cada p.
**Vuelta 10:** 2 pr, 1 c, *2 pb, 1 mpa, 1 pa, 3 pa en el sig p, 1 pa, 1 mpa, 2 pb, 1 pr; rep desde * hasta acabar la vuelta. Rematar.
Cambiar al hilo E, empalmándolo a la hebra posterior de cualquier punto de la vuelta 9.
**Vuelta 11:** 1 c, 1 pb en la hebra posterior en cada p. (60 pb en la hebra posterior)
Tejer 6 vueltas rectas a pb regular, trabajando en espiral y colocando un marcador al com de cada vuelta y desplazándolo a medida que avanza.
**Vuelta sig:** (8 pb, c2pb) toda la vuelta. (54 pb)
**Vuelta sig:** (7 pb, c2pb) toda la vuelta. (48 pb)
**Vuelta sig:** (6 pb, c2pb) toda la vuelta. (42 pb)
Continuar así, menguando 6 p por vuelta tejiendo 1 pb menos entre menguados, hasta que queden 6 p. Rellene el alfiletero antes de que el agujero sea demasiado pequeño.
Rematar el hilo, pasarlo a través de los puntos restantes y tirar de él para cerrar el agujero. Rematar los cabos.

**Para tejer en redondo** debe tejer primero una vuelta base y cerrarla para formar un anillo. Consulte la página 28 para más información sobre el tejido a punto raso y la creación de un anillo base.

# GORROS Y BUFANDAS

Los gorros y las bufandas de ganchillo son complementos de invierno indispensables. En esta selección de prendas cómodas y calentitas hallará una gran variedad de puntos, además de adornos como pompones y borlas.

# CAPOTA PARA BEBÉ

*Nivel de dificultad* ***

*Este gorrito es muy sencillo:* un rectángulo doblado por la mitad y cosido de modo que forma una punta en la coronilla. Cree su propia secuencia de rayas y texturas cambiando el punto de cada raya, como en el ejemplo, o use un único punto.

**TÉCNICAS EMPLEADAS** Rayas simples **p. 39**, Punto alto **p. 44**, Disminuciones en punto bajo **p. 52**, Estirado y costuras **p. 68**, Ribete a punto bajo **p. 86**

### TALLA
0–3 (o 3–6) meses

### HILO
Debbie Bliss Baby Cashmerino de 50 g/125 m (55 % lana merina, 33 % acrílico y 12 % cachemira; cualquier lana ligera servirá; se recomienda un hilo «baby», más suave y con fibras fáciles de lavar)

**A** x 1 **B** x 1 **C** x 1

### GANCHILLO
Ganchillo de 4 mm

### OTROS MATERIALES
Aguja lanera
Botón rosa de 15 mm

### TENSIÓN
18 pb en un cuadrado de 10 cm de lado

### INSTRUCCIONES
Con hilo A, hacer 56 c (o 62).
**Vuelta 1:** 1 mpa en la tercera c desde el ganchillo, 1 mpa en cada c hasta el final. (54 mpa, o 60)
**Vuelta 2:** 2 c, 1 mpa en cada p hasta el final.
**Vuelta 3:** Como la vuelta 2. Cambiar al hilo B.
**Vuelta 4:** 1 c, 1 pb en cada p hasta acabar la vuelta.
**Vueltas 5–7:** Como la vuelta 4. Cambiar al hilo C.
**Vuelta 8:** 3 c, 1 pa en cada p hasta acabar la vuelta.
**Vuelta 9:** Como la vuelta 8.
**Vueltas 10–18:** Rep la secuencia de rayas de las vueltas 1–9. Cambiar al hilo A.
**Vueltas 19–21:** 2 c, 1 mpa en cada p hasta el final.
Cambiar al hilo B y tejer recto a pb hasta que la pieza mida 15 o 16 cm aprox.

### ACABADO
Doble la pieza por la mitad a lo largo para formar la capota y cosa la parte superior para cerrarla (será la parte de atrás de la capota).
**Vuelta 1:** Con hilo C, hacer 20 c para la tira de la barbilla, unir la cadeneta a la esquina inferior del gorrito y tejer de manera uniforme a pb a lo largo de la abertura de la cara, tejer 3 pb en el esp de la esquina para girar y luego a pb de manera continua a lo largo de la parte inferior del gorrito (el cuello), cerrar la vuelta con 1 pr.
**Vuelta 2:** 1 pb en cada c de la tira de la barbilla, 3 pb en la última c, luego girar la labor 180 grados y retroceder tejiendo en las hebras inferiores no trabajadas de la cadeneta. Completar la abertura para la cara a pb continuo y luego tejer (c2pb, 1 pb) a lo largo del borde del cuello para disminuir, 1 pb en cada pb a lo largo de la tira de la barbilla, hasta el pb central de los 3 pb, 3 c, saltar el sig pb, 1 pb en el sig pb hasta el final de la tira de la barbilla.
Rematar la labor y los cabos.
Coser el botón en la esquina inferior de la capota correspondiente al ojal de la tira de la barbilla.

**Consulte en las páginas 68 y 70** las técnicas de costura. Para disimular la costura en la medida de lo posible, utilice un hilo del mismo color que el tejido circundante.

# GORRO CON OREJAS

*Nivel de dificultad* ✱✱✱

*Su bebé irá hecho una monería* con este gorro de oso tejido en redondo, como una cúpula. Las dos piezas de las orejas se tejen aparte y se unen mediante una costura.

**TÉCNICAS EMPLEADAS** Cadeneta **p. 26**, Punto raso **p. 28**, Punto bajo **p. 34**, Medio punto alto **p. 38**, Círculos planos **p. 56**

### TALLA
1–5 años

### HILO
Rowan Kid Classic de 50 g/140 m (70 % lana, 22 % mohair y 8 % poliamida; utilice para esta labor cualquier lana o lana mezclada ligera) y Rowan Pure Wool DK de 50 g/125 m (100 % lana)

**A** x 1 **B** x 1

### GANCHILLO
Ganchillo de 4,5 mm

### OTROS MATERIALES
Marcador de puntos
Aguja lanera

### TENSIÓN
15 mpa y 20 vueltas en 10 cm

### INSTRUCCIONES
Con hilo A, hacer 3 c y 8 mpa en la tercera c desde el ganchillo, 1 pr en el primer p para cerrar.
**Vuelta 1:** 2 mpa en cada mpa, cerrar la vuelta con 1 pr en el primer p. (16 mpa)
**Vuelta 2:** 2 c, *2 mpa en el sig p, 1 mpa en el sig p, rep desde * hasta el final de la vuelta, cerrar la vuelta con 1 pr en el primer p. (24 mpa)
**Vuelta 3:** 2 c, *1 mpa en el sig p, 2 mpa en el sig p, 1 mpa en el sig p, rep desde * hasta el final de la vuelta, cerrar la vuelta con 1 pr en el primer p. (32 mpa)
**Vuelta 4:** 2 c, *1 mpa en los sig 2 p, 2 mpa en el sig p, 1 mpa en el sig p, rep desde * hasta el final de la vuelta, cerrar la vuelta con 1 pr en el primer p. (40 mpa)
**Vuelta 5:** 2 c, *1 mpa en los sig 3 p, 2 mpa en el sig p, 1 mpa en el sig p, rep desde * hasta el final de la vuelta, cerrar la vuelta con 1 pr en el primer p. (48 mpa)
Cont de este modo, tejiendo 1 p adicional entre cada aum hasta tener 72 p.
Tejer recto, sin aum (1 mpa en cada p) 10 cm. Rematar el hilo. Empalmar el hilo B a la vuelta inferior del gorro, tejer 1 vuelta entera a pb y cerrarla con 1 pr.
Rematar la labor y los cabos.

### OREJAS (TEJER 2)
Con hilo A, tejer en espiral, colocando un marcador al final de cada vuelta y desplazándolo hacia arriba al iniciar la siguiente. Hacer 2 c y 6 pb en la tercera c desde el ganchillo, cerrar la vuelta con 1 pr en el primer p. Cont tejiendo en espiral el resto de la pieza de la oreja.
**Vuelta 1:** 1 c, 2 pb en cada pb, no cerrar la vuelta. (12 pb)
**Vuelta 2:** *1 pb en el sig pb, 2 pb en el sig pb, rep desde * hasta el final de la vuelta. (18 pb)
**Vuelta 3:** *1 pb en los sig 2 pb, 2 pb en el sig pb, rep desde * hasta el final. Cerrar la vuelta con 1 pr. (24 pb) Rematar el hilo. Con hilo B, tejer dos orejas más siguiendo estas instrucciones hasta la vuelta 2.

### ACABADO
Estire con cuidado las piezas del gorro. Cosa cada pieza de oreja en hilo A a una pieza en hilo B, encarándolas por el revés y dejando la pieza en hilo B por delante. Cosa una oreja a cada lado del gorro.

**Haga un anillo bien prieto** en el centro de cada pieza de las orejas para lograr un acabado más pulido. Consulte en la página 56 más detalles para tejer círculos planos.

# GORRO PARA HOMBRE

*Nivel de dificultad* ***

*Este gorro se teje en redondo,* desde la coronilla hacia el borde. Tejido íntegramente a punto bajo, las rayas le imprimen un estilo clásico. El ribete se consigue tejiendo en torno a las columnas a punto bajo de la vuelta inferior.

**TÉCNICAS EMPLEADAS** Cadeneta **p. 26**, Punto bajo **p. 34**, Cambiar de color **p. 39**, Aumentos en punto bajo **p. 50**

## TALLA

Para un hombre adulto

## HILO

Debbie Bliss Bluefaced Leicester British Wool de 50 g/75 m (100% lana; con cualquier lana de peso medio o mezcla de lana logrará un efecto similar)

**A** x 1 **B** x 1 **C** x 1

## GANCHILLO

Ganchillos de 4,5 y de 5 mm

## OTROS MATERIALES

Marcador de puntos
Aguja lanera

## TENSIÓN

17 p y 20 vueltas en 10 cm

## ABREVIATURAS ESPECIALES

**PBRDEL:** Punto bajo en relieve por delante. Desde delante de la labor, inserte el ganchillo de derecha a izquierda alrededor de la columna del pb de la vuelta anterior, eh, sacar el hilo, eh alrededor del ganchillo y sacar el hilo por las 2 lazadas del ganchillo para hacer 1 pb.

**PBRDET:** Punto bajo en relieve por detrás. Desde atrás de la labor, inserte el ganchillo de derecha a izquierda alrededor de la columna del pb de la vuelta anterior, eh, sacar el hilo, eh alrededor del ganchillo y sacarlo por las dos lazadas del ganchillo para hacer 1 pb.

## INSTRUCCIONES

**Nota:** No cierre las vueltas; en su lugar, coloque un marcador en el primer punto de cada vuelta y desplácelo a medida que las completa para señalar el inicio de la siguiente.

Con hilo A y un ganchillo de 5 mm, hacer 2 c.
**Vuelta 1:** 9 pb en la segunda c desde el ganchillo, colocar el marcador. (9 p)
**Vuelta 2:** 2 pb en cada pb hasta el marcador. (18 p)
**Vuelta 3:** *1 pb, 2 pb en el sig pb, rep desde * hasta el marcador. (27 p)
**Vuelta 4:** *2 pb, 2 pb en el sig pb, rep desde * hasta el marcador. (36 p)

**Combinar colores** formando rayas es más complicado que tejer en un solo color, pero el esfuerzo merece la pena y resulta fácil una vez se domina la técnica. Consulte la página 39 para más detalles.

**Vuelta 5:** *3 pb, 2 pb en el sig pb, rep desde * hasta el marcador. (45 p)
**Vuelta 6:** 1 pb en cada p hasta el marcador.
**Vuelta 7:** *4 pb, 2 pb en el sig pb, rep desde * hasta el marcador. (54 p)
**Vuelta 8:** 1 pb en cada p hasta el marcador.
**Vuelta 9:** *5 pb, 2 pb en el sig pb, rep desde * hasta el marcador. (63 p)
**Vuelta 10:** 1 pb en cada p hasta el marcador.
**Vuelta 11:** *6 pb, 2 pb en el sig pb, rep desde * hasta el marcador. (72 p)
**Vuelta 12:** 1 pb en cada p hasta el marcador.
**Vuelta 13:** *7 pb, 2 pb en el sig pb, rep desde * hasta el marcador. (81 p)
Tejer recto en vueltas continuas a pb hasta que el gorro mida 10,5 cm.
Con hilo B, tejer 2 vueltas a pb.
Con hilo C, tejer 2 vueltas a pb.
Con hilo B, tejer 2 vueltas a pb.
Con hilo A, tejer 3 vueltas a pb.
Con hilo B, tejer 2 vueltas a pb.
Con hilo C, tejer 2 vueltas a pb.
Con hilo B, tejer 2 vueltas a pb.
Con hilo A, tejer 2 vueltas a pb.
**Vuelta sig:** Con hilo B y el ganchillo de 4,5 mm, c2pb, 1 pb en cada p hasta el final. (80 p)
**Vuelta sig:** *pbrdel, pbrdet, rep desde * hasta el final, pr en los sig 2 p.
Rematar la labor y los cabos.

# GORRO CON OREJERAS

*Nivel de dificultad* ***

*Esta labor sencilla y divertida* hará que su hija, o hijo, lleve las orejas calentitas en invierno. De hecho, ¡es posible que nunca quiera quitárselo! El medio punto alto aporta una calidez sin igual a este gorro tejido en redondo desde la coronilla.

**TÉCNICAS EMPLEADAS** Medio punto alto **p. 38**, Cambiar de color **p. 39**, Círculos planos **p. 56**, Hacer un anillo ajustable **p. 57**, Ribete a punto bajo **p. 86**

### TALLA

3–4 años (o 4–5; 5–6)

El gorro mide 45, 47 y 48 cm de circunferencia

### HILO

Debbie Bliss Cashmerino DK de 50 g/110 m (55% lana merina, 33% acrílico y 12% cachemira; con cualquier hilo ligero con alto contenido de lana merina conseguirá un efecto similar)

**A** x 1 **B** x 1

### GANCHILLO

Ganchillo de 3,5 mm

### OTROS MATERIALES

Aguja lanera

Dos círculos recortados en cartón de 6 cm de diámetro con un agujero central de 2,5 cm de diámetro para hacer el pompón, o use una pomponera.

### TENSIÓN

19 p y 8 vueltas en 10 cm

### TÉCNICAS ESPECIALES

**Anillo ajustable:** Véase la p. 57

### INSTRUCCIONES

**Vuelta 1:** Hacer un anillo ajustable (p. 57) con hilo A, hacer 2 c (se cuentan como 1 p al principio de cada vuelta) y luego 6 mpa en el anillo. Cerrar el anillo con 1 pr. (7 p)
**Vuelta 2:** 2 c, 1 mpa en el mismo p, 2 mpa en cada p hasta el final, unir en círculo con 1 pr. (14 p)
**Vuelta 3:** 2 c, *2 mpa en el sig p, 1 mpa en el sig p; rep desde * hasta el último p, 2 mpa en el sig p, unir en círculo con 1 pr. (21 p)
**Vuelta 4:** 2 c, *2 mpa en el sig p, 1 mpa en cada uno de los sig 2 p; rep desde * hasta los 2 p finales, 2 mpa en el sig p, 1 mpa en el sig p, unir en círculo con 1 pr. (28 p)
Cont de este modo, aumentando 7 p en cada vuelta hasta tener 9 vueltas en total. (63 p)
**Vuelta 10:** 2 c, 1 mpa en cada p hasta el final, unir en círculo con 1 pr.
**Vuelta 11:** 2 c, *2 mpa en el sig p, 1 mpa en cada uno de los sig 8 p; rep desde * hasta los 8 p finales, 2 mpa en el sig p, 1 mpa en cada uno de los sig 7 p, unir en círculo con 1 pr. (70 p)
**Vuelta 12:** 2 c, *2 mpa en el sig p, 1 mpa en cada uno de los sig 9 p; rep desde * hasta los 9 p finales, 2 mpa en el p sig, 1 mpa en cada uno de los sig 8 p, unir en círculo con 1 pr. (77 p)
**Vuelta 13:** 2 c, 1 mpa en cada p hasta el final, unir en círculo con 1 pr.
**Vuelta 14:** 2 c, *2 mpa en el sig p, 1 mpa en cada uno de los sig 10 p; rep desde * hasta los 10 p finales, 2 mpa en el sig p, 1 mpa en cada uno de los sig 9 p, unir en círculo con 1 pr. (84 p)

**Solo tallas mediana y grande**
**Vuelta 15:** 2 c, 1 mpa en cada p hasta el final, unir en círculo con 1 pr.
**Vuelta 16:** 2 c, *2 mpa en el sig p, 1 mpa en cada uno de los sig 11 p; rep desde * hasta los 11 p finales, 2 mpa en el sig p, 1 mpa en cada uno de los sig 10 p, unir en círculo con 1 pr. (91 p)

**Solo talla grande**
**Vuelta 17:** 2 c, 1 mpa en cada p hasta el final, unir en círculo con 1 pr.
**Vuelta 18:** 2 c, *2 mpa en el sig p, 1 mpa en cada uno de los sig 12 p; rep desde * hasta los 12 p finales, 2 mpa en el sig p, 1 mpa en cada uno de los sig 11 p, unir en círculo con 1 pr. (98 p)

**Todas las tallas**
Tejer recto (como en la vuelta 10) hasta que el gorro tenga 15 cm (o 16; 17) de profundidad.
**Vuelta sig:** Con hilo B, hacer 1 c, 1 pb en cada p hasta el final, unir en círculo con 1 pr.
**Vuelta sig:** Con hilo A, hacer 2 c, 1 mpa en cada p hasta el final, unir en círculo con 1 pr.
**Vuelta sig:** Con hilo B, hacer 1 c, 1 pb en cada p hasta el final, unir en círculo con 1 pr. Cortar el hilo B.
**Vuelta sig:** Con hilo A, hacer 2 c, 1 mpa en cada p hasta el final, unir en círculo con 1 pr. Cortar el hilo A.

### OREJERAS

Volver a empalmar el hilo A en el p 15 (o 15; 16) después del final de la última vuelta. Hacer 2 c, 1 mpa en cada uno de los sig 14 p (o 15, 16). Girar.
**Vuelta 1:** Hacer 2 c, c2mpa, tejer 1 mpa en cada p hasta los 2 p finales, c2mpa. 12 p (o 13; 14). Girar.
Rep la vuelta 1 hasta que queden 2 p (o 1; 2). Rematar el hilo. Tejer una segunda orejera igual en el lado opuesto del gorro.

### RIBETE

Empalmar el hilo B al final de la última vuelta completa tejida. Hacer 1 c.
Tejer 1 pb en cada p.
En la primera orejera, tejer 2 pb en cada extremo de la vuelta hasta la punta de la orejera. Hacer 26 c, luego girar y, empezando en la tercera c desde el ganchillo, tejer 1 pb en cada c.
Tejer 2 pb en cada extremo de la vuelta.
Tejer 1 pb en cada p a lo largo de la base.
Tejer la segunda orejera igual que la primera.
Tejer 1 pb en cada p hasta el final de la vuelta. Cerrar con 1 pr. Rematar el hilo.

### ACABADO

Hacer un pompón de 6 cm con hilo B y coserlo a la coronilla del gorro.
Rematar todos los cabos.

# BOINA DE RAYAS

*Nivel de dificultad* ***

*Esta boina es fácil y rápida de tejer,* además del regalo perfecto para una buena amiga. Se teje en redondo en varios tonos de gris empezando por la coronilla y aumentando en cada vuelta.

**TÉCNICAS EMPLEADAS** Cadeneta **p. 26**, Cerrar un anillo base a punto raso **p. 28**, Punto alto **p. 44**, Círculos planos **p. 56**, Borlas **p. 77**

### TALLA
Para una mujer adulta

### HILO
Rico Essentials Merino DK de 50 g/120 m (100% lana merina; con cualquier hilo de lana ligero logrará un efecto similar)

**A** x 1 **B** x 1 **C** x 1

### GANCHILLO
Ganchillo de 4 mm

### OTROS MATERIALES
Aguja lanera

### TENSIÓN
8 borlas en 10 cm

### TÉCNICAS ESPECIALES
**B:** Borla. (Eh e insertar el ganchillo en el p, eh y sacar una lazada, eh y sacarlo por las 2 primeras lazadas del ganchillo) 4 veces en el mismo p, eh y sacarlo por las 5 lazadas.

**B INICIAL:** Borla inicial. Hacer 3 c, (eh e insertar el ganchillo en el p, eh y sacar una lazada, eh y sacarlo por las 2 primeras lazadas del ganchillo) 3 veces en el mismo p, eh y sacarlo por las 4 lazadas.

**DIS 1 B:** Disminuir 1 borla. (Eh e insertar el ganchillo en el p, eh y sacar una lazada, eh y sacarlo por las 2 primeras lazadas del ganchillo) 4 veces en el mismo p, rep en el p sig, eh y sacarlo por las 10 lazadas.

**Punto cangrejo**: Véase la p. 147.

### INSTRUCCIONES
**Nota:** Desde la vuelta 3, cada vuelta empieza en la parte superior de una borla, y cada borla se teje en otra anterior. El hilo se puede ir subiendo de vuelta en vuelta; de este modo se obtiene un acabado más pulido.

Con hilo A, hacer 4 c y 1 pr en la última c desde el ganchillo para formar un anillo.

**Vuelta 1:** 3 c (se cuentan como 1 pa), 11 pa en el anillo central. (12 p)

**Vuelta 2:** 3 c, (se cuentan como 1 pa), tejer una b inicial en el p sig, 1 b en cada uno de los 11 p sig, 1 pr encima de las 3 c para cerrar. (12 b)

Cont en vueltas de colores alternos.

**Vuelta 3:** Con hilo B, 1 pr encima de la borla sig, (b inicial, 1 b) en la misma borla, 2 b en cada una de las 11 b sig, 1 pr encima de las 3 c para cerrar. (24 b)

**Vuelta 4:** Con hilo C, 1 pr encima de la borla sig, 1 b inicial en la misma borla, 1 c, (1 b en la borla sig, 1 c) 23 veces, 1 pr encima de las 3 c para cerrar. (24 b)

**Vuelta 5:** Con hilo A, 1 pr encima de la borla sig, (b inicial, 1 b) en la misma borla, (1 b en la borla sig, 2 b en la borla sig) 11 veces, 1 pr encima de las 3 c para cerrar. (36 b)

**Vuelta 6:** Con hilo B, 1 pr encima de la borla sig, b inicial en la misma borla, 1 c, (1 b en la borla sig, 1 c) hasta el final, 1 pr encima de las 3 c para cerrar. (36 b)

**Vuelta 7:** Con hilo C, 1 pr encima de la borla sig, (b inicial, 1 b) en la misma borla, 1 b en cada una de las 2 borlas sig, (2 b en la borla sig, 1 b en cada de las 2 borlas sig) 11 veces, 1 pr encima de las 3 c para cerrar. (48 b)

**Vuelta 8:** Con hilo A, tejer como en la vuelta 6. (48 b)

**Vuelta 9:** Con hilo B, 1 pr encima de la borla sig, (b inicial, 1 b) en la misma borla, 1 b en cada de las 3 borlas sig, (2 b en la borla sig, 1 b en cada una de las 3 borlas sig) 11 veces, 1 pr encima de las 3 c para cerrar. (60 b)

**Vuelta 10:** Con hilo C, tejer como en la vuelta 6. (60 b)

**Vuelta 11:** Con hilo A, rep la vuelta 10.

**Vuelta 12:** Con hilo B, rep la vuelta 10.

**Vuelta 13:** Con hilo C, rep la vuelta 10.

**Vuelta 14 (vuelta de disminución):** Con hilo A, 1 pr encima de la borla sig, 3 c, (eh e insertar el ganchillo en la misma borla, sacar una lazada, eh y sacarlo por las 2 primeras lazadas del ganchillo) 3 veces, (eh e insertar el ganchillo en la borla sig, sacar una lazada, eh y sacarlo por las 2 primeras lazadas del ganchillo) 4 veces, eh y sacarlo por las 8 lazadas del ganchillo, 1 c, (1 b en la borla sig, 1 c) 3 veces, *dis 1 b, 1 c, (1 b en la borla sig, 1 c) 3 veces; rep desde * otras 10 veces, 1 pr encima de las 3 c para cerrar. (48 b)

**Vuelta 15:** Con hilo B, tejer como en la vuelta 6. (48 b)

**Vuelta 16 (vuelta de disminución):** Con hilo C, 1 pr encima de la borla sig, 3 c, (eh e insertar el ganchillo en la misma borla, sacar una lazada, eh y sacarlo por las 2 primeras lazadas del ganchillo) 3 veces, (eh e insertar el ganchillo en la borla sig, sacar una lazada, eh y sacarlo por las 2 primeras lazadas del ganchillo) 4 veces, eh y sacarlo por las 8 lazadas del ganchillo, 1 c, (1 b en la borla sig, 1 c) 2 veces, * dis 1 b, 1 c, (1 b en la borla sig, 1 c) 2 veces; rep desde * otras 10 veces, 1 pr encima de las 3 c para cerrar. (36 b)

Cortar el hilo C.

**Vuelta 17:** Con hilo A, 1 pr en la borla sig, 1 c (no se cuenta como 1 pb), 1 pb encima de la misma borla, 1 pb encima de cada c y cada borla hasta el final, 1 pr encima del primer pb para cerrar. (72 p)

**Vueltas 18–19:** 1 c (no se cuenta como 1 pb), 1 pb en el mismo p, 1 pb en cada pb hasta el final, 1 pr encima del primer pb para cerrar.

**Vuelta 20:** 1 c, tejer a punto cangrejo toda la vuelta y cerrar con 1 pr.

Rematar los cabos.

# BOA DE VOLANTES

*Nivel de dificultad* ✱✱✱

*Para crear los volantes* de esta delicada boa de ganchillo se utilizan aumentos múltiples. Este modelo se trabaja en redondo, tejiendo a ambos lados de la cadeneta inicial. Puede modificar la longitud de la boa a su antojo fácilmente.

**TÉCNICAS EMPLEADAS** Cómo hacer una cadeneta base **p. 26**, Punto alto **p. 44**, Punto alto doble **p. 48**, Aumentos en punto alto **p. 50**



### MEDIDAS

150 × 10 cm aprox.

### HILO

Rowan Kidsilk Haze de 25 g/210 m (70% mohair y 30% seda; para lograr el mismo efecto ligero y vaporoso, utilice un mohair fino; también puede usar hilo para encaje, si bien obtendrá un efecto distinto)

x 3

### GANCHILLO

Ganchillo de 4,5 mm

### OTROS MATERIALES

Aguja lanera

### TENSIÓN

No se precisa una tensión exacta

### INSTRUCCIONES

Hacer una cadeneta unos 10 cm más corta que la prenda acabada.

Para esta boa de 150 cm de largo se hizo una cadeneta de unos 140 cm. Luego, hacer 3 c extra (se cuentan como primer pa en la vuelta 1).

**Vuelta 1:** 2 pa en la cuarta c desde el ganchillo, 1 pa en cada c hasta el final, no cerrar la vuelta ni girar, tejer 3 pa en la última c, luego girar la labor 180 grados y tejer 1 pa en la hebra inferior sin trabajar de cada c hasta el final, cerrar la vuelta con 1 pr encima de la primera c.

**Vuelta 2:** 3 c, 1 pa en la parte inferior de la c, 3 pa en el pa central del grupo de 3 pa de la vuelta 1, 2 pa en cada pa hasta el extremo opuesto de la boa, 3 pa en el pa central, luego 2 pa en cada p hasta el final, cerrar la vuelta con 1 pr encima de la primera c.

**Vuelta 3:** 4 c, 1 pad en la parte inferior de la c, 2 pad en cada pa hasta el pa central del grupo de 3 pa de la vuelta 2, 3 pad en el pa central, 2 pad en cada pa hasta el otro extremo de la boa, 3 pad en el pa central, 2 pad en cada pa hasta el final, cerrar la vuelta con 1 pr encima de la primera c.

**Vuelta 4:** 5 c (se cuentan como 1 pad, 1 c), (1 pad, 1 c), todo en la parte inferior de 1 c, (1 pad, 1 c) en cada pad hasta el pad central del grupo de 3 pad de la vuelta 3, (1 pad, 1 c, 1 pad, 1 c, 1 pad) en el pad central, (1 pad, 1 c) en cada pad hasta el otro extremo de la boa, (1 pad, 1c, 1 pad, 1 c, 1 pad) en el pad central, (1pad, 1 c) en cada pad hasta el final, cerrar la vuelta dando 1 pr encima de la primera c.

A partir de aquí, cont tejiendo vueltas del mismo modo si se desea: tejer una vuelta de aumento con 2 pa en cada p o esp de c, o bien tejer una vuelta lisa o cualquier tipo de vuelta de volante hasta alcanzar la amplitud deseada para el volante.

Rematar la labor y los cabos. No estire la boa o alisará los volantes.

**Teja aumentos adicionales** en cada vuelta para obtener unos volantes más anchos o vueltas lisas entre los aumentos si prefiere que su boa quede menos voluminosa.

# CHAL A PUNTO PERUANO

*Nivel de dificultad* ✱✱✱



*¿Qué mejor complemento para una boda* o una fiesta estival en el jardín que este delicado chal tejido a punto peruano con un hilo fino? Viendo el magnífico resultado nadie adivinaría lo fácil que resulta tejerlo.

**TÉCNICAS EMPLEADAS** Cómo hacer una cadeneta base **p. 26**, Técnicas de encaje simples **p. 106**, Punto peruano **p. 128**

## MEDIDAS

60 × 150 cm aprox.

## HILO

Rowan Kidsilk Haze de 25 g/210 m (70% mohair y 30% seda; con cualquier hilo de mohair para encaje logrará un efecto similar. También puede usar cualquier hilo ligero para hacer un chal más grueso; los hilos no esponjosos le darán más cuerpo

x 5

## GANCHILLO

Ganchillo de 4,5 mm

## OTROS MATERIALES

Aguja de tricotar gruesa o un palo de 20 mm × 35 o 40 cm

Aguja lanera

## TENSIÓN

6 grupos de 4 lazadas (24 pb) y 4 vueltas en 10 cm

## INSTRUCCIONES

**Nota:** Este chal es una labor de ganchillo tejida recta a punto peruano. La primera mitad se teje en un lado de la vuelta base a pb, que aquí se denomina «central» por corresponder al centro de la espalda, y la otra mitad en el lado opuesto. De este modo se consigue un chal con dos lados simétricos. Si le cuesta insertar el ganchillo en la parte superior del pb para colocar la lazada siguiente en la aguja de tricotar, use un ganchillo más pequeño y afilado; recuerde utilizar el de 4,5 mm para tejer a pb.

### VUELTA BASE CENTRAL Y PRIMER LADO

Hacer 144 c, asegurándose de que queden bonitas y amplias. Dejar un cabo largo por si se equivoca en la cuenta y necesita añadir unas cuantas c más para obtener el número correcto de puntos de la vuelta base. Insertar el ganchillo debajo de la hebra posterior de la primera c y tejer 1 pb. Insertar el ganchillo del mismo modo y tejer 1 pb en cada c hasta el final. (144 pb)

### VUELTA MODELO

Recoger una lazada en la aguja de tricotar en cada pb a lo ancho. (144 lazadas)
Sacar las lazadas en grupos de 4, tejiendo 4 pb en cada grupo. (144 pb = 36 grupos)
Rep la vuelta modelo hasta alcanzar la mitad de la longitud deseada. Rematar.

### SEGUNDO LADO

Empalmar el hilo al final de la vuelta base, lo más lejos posible del cabo, y tejer una vuelta modelo como la del primer lado.

### ACABADO

Rematar todos los cabos. No estire el chal pues, de hacerlo, alisará la bonita textura vaporosa del hilo. Préndalo con alfileres, dándole el tamaño adecuado, rocíelo con un poco de agua y déjelo secar al aire.

**Diagrama de trabajo**

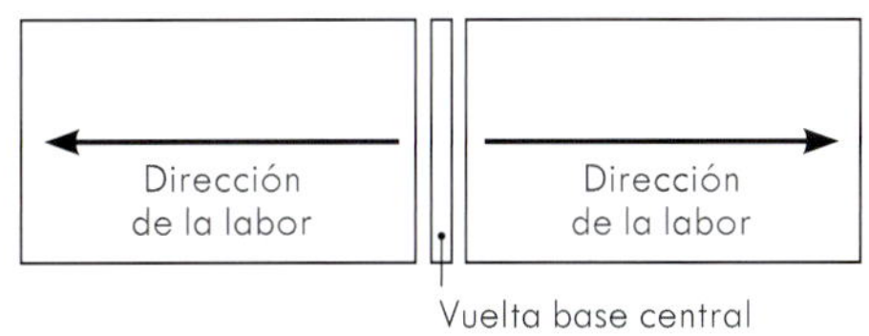


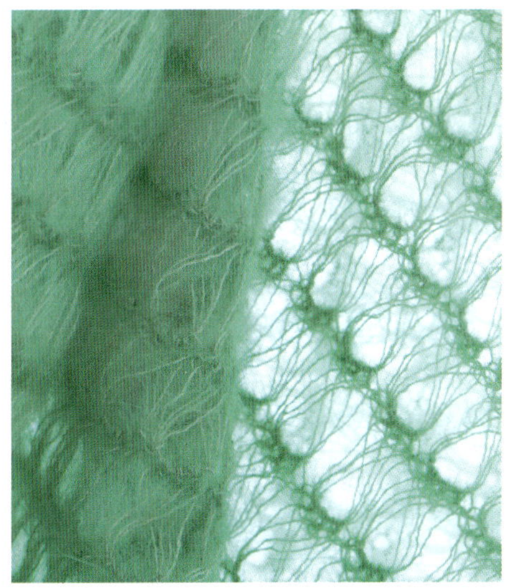

**Teja la vuelta base central** a punto bajo solo en la hebra posterior de la cadeneta inicial para generar lazadas uniformes a cada lado del chal y poder tejer de modo simétrico hacia fuera a partir de ella.

# CUELLO-BUFANDA

*Nivel de dificultad* ***

*Esta bufanda tan calentita y agradable* al tacto se teje en redondo con la forma de una banda de Moebius. Al darle media vuelta, el tejido parece infinito y cada vuelta de ganchillo aumenta tanto en la parte superior como en la inferior de la labor.

**TÉCNICAS EMPLEADAS** Cadeneta **p. 26**, Punto raso **p. 28**, Punto bajo **p. 34**, Trabajar en un espacio de cadeneta / Punto de tweed **p. 75**

## MEDIDAS

92 × 18 cm

## HILO

Rowan Felted Tweed Aran de 50 g/87 m (50 % lana, 25 % alpaca y 25 % viscosa; con cualquier hilo de peso medio con alto contenido de lana logrará un efecto similar)

x 4

## GANCHILLO

Ganchillo de 5,5 mm

## OTROS MATERIALES

Marcador de puntos
Aguja lanera

## TENSIÓN

16 p y 18 vueltas en 10 cm

## INSTRUCCIONES

Hacer 148 c.
**Vuelta base:** Empezando en la tercera c desde el ganchillo, tejer *1 pb en el sig p, 1 c, saltar el sig p; rep desde * hasta el último p, 1 pb en el último p.
Unir con 1 pr a la última c desde el ganchillo (es decir, la base del primer p), dándole media vuelta (lo que significa que la vuelta 1 se tejerá en la base de los p de la vuelta base).
Marcar el primer p con el marcador de puntos o un imperdible. (El marcador sirve para ver con facilidad dónde ha empezado la vuelta, pues el carácter reversible de esta bufanda cerrada y del tejido pueden hacer que resulte difícil.)
**Vuelta 1:** 1 c, *1 pb en la c al aire de la vuelta inferior, 1 c, saltar 1 p; rep desde * hasta el final, unir con 1 pr.
**Vuelta 2:** 3 c, *saltar el sig p, 1 pb en la c al aire de la vuelta inferior, 1 c; rep desde * hasta el último p, 1 pb en el último p, unir con 1 pr.
Rep estas 2 vueltas 7 veces más (16 vueltas en total).
Rematar la labor y los cabos.

**El punto de tweed** es un punto de ganchillo básico que crea un tejido tupido, ideal para ir calentito en invierno.

# BUFANDA DE HOMBRE

*Nivel de dificultad* ***

*Esta confortable bufanda* se teje de arriba abajo, a lo largo en lugar de a lo ancho, con medios puntos altos intercalados, y se remata en ambos extremos con un fleco de borlas que la hacen aún más larga.

**TÉCNICAS EMPLEADAS** Cómo hacer una cadeneta base **p. 26**, Medio punto alto **p. 38**, Rayas simples **p. 39**, Hacer una borla **p. 71**, Tejer en espacios entre puntos **p. 75**

## MEDIDAS
17 × 230 cm

## HILO
Debbie Bliss Rialto Chunky de 50 g/ 60 m (100 % lana merina extrafina superlavable; con cualquier hilo grueso de lana merina logrará un efecto similar)

**A** x 2 **B** x 2 **C** x 2 **D** x 2

## GANCHILLO
Ganchillo de 6,5 mm

## OTROS MATERIALES
Aguja lanera

## TENSIÓN
8 p y 9,5 vueltas en 10 cm

## INSTRUCCIONES
Con hilo A, hacer 182 c.
**Vuelta 1:** 1 mpa en la tercera c desde el ganchillo, 1 mpa en cada c hasta el final, girar.
**Vuelta 2:** 2 c, *1 mpa en el esp entre los primeros 2 p, rep desde * hasta el final, girar.
Con hilo B, rep la vuelta 2, 2 veces.
Con hilo C, rep la vuelta 2, 2 veces.
Con hilo D, rep la vuelta 2, 2 veces.
Con hilo A, rep la vuelta 2, 2 veces.
Con hilo B, rep la vuelta 2, 2 veces.
Con hilo C, rep la vuelta 2, 2 veces.
Con hilo D, rep la vuelta 2, 2 veces.
Rematar la labor y los cabos.

## BORLAS
Con hilo a tono, hacer una borla al final de cada vuelta en ambos extremos de la bufanda como sigue:
Cortar cuatro hebras de hilo de 25 cm de longitud, doblarlas por la mitad y pasarlas a través de una lazada al final de la vuelta y pasar los extremos a través de la lazada, tirar para atarlas y fijarlas en su sitio (véase p. 71).

**Tejiendo un medio punto alto** en los espacios entre puntos se crean «bolsas» diminutas que, junto con el hilo grueso con el que se teje esta bufanda, retienen el aire caliente y mantienen calentito a quien la lleve.

# MITONES, ZAPATILLAS Y CALCETINES

Vístase de ganchillo de la cabeza a los pies. Olvídese para siempre de los dedos de manos y pies fríos gracias a esta selección de prendas ultracalentitas pensadas para todos los miembros de la familia.

# MITONES INFANTILES

*Nivel de dificultad* ***

*Tejidos a punto bajo,* estos sencillos mitones a rayas son ideales para practicar los cambios de color. El agujero para el pulgar se obtiene sin darles forma, dejando parte de la costura sin cerrar a la hora de coserlos.

**TÉCNICAS EMPLEADAS** Cadeneta **p. 26**, Punto bajo **p. 34**, Medio punto alto **p. 38**, Cambiar los colores **p. 39**, Sobrehilado (o punto por encima) **p. 68**, Conchas **p. 76**

### TALLA
8–10 años

### HILO
King Cole Merino Blend DK de 50 g/104 m (100% lana; puede utilizar cualquier hilo ligero con mezcla de lana, preferiblemente lavable a máquina)

**A** x 1 **B** x 1 **C** x 1

### GANCHILLO
Ganchillo de 5 mm
Ganchillo de 6 mm

### OTROS MATERIALES
Aguja lanera

### TENSIÓN
14 p y 18 vueltas en 10 cm a punto bajo

### INSTRUCCIONES (TEJER 2)
**Nota:** Para trabajar con otro color, el hilo se cambia al echarlo por última vez para el último pb de la vuelta; al final se corta, no se transporta.

Con el hilo A y el ganchillo de 6 mm, hacer 27 c.
Cambiar al ganchillo de 5 mm para el resto de la labor.
**Vuelta 1 (R):** 1 pb en la segunda c desde el ganchillo, 1 pb en cada p hasta el final, cambiar al hilo B. (20 p)
**Vuelta 2 (D):** 1 c, 1 pb en cada p hasta el final, girar.
**Vuelta 3:** Como la vuelta 2, cambiar al hilo C al final de la vuelta.
Cont tejiendo a punto bajo con la siguiente secuencia de colores:
**Vueltas 4 y 5:** Hilo C.
**Vueltas 6 y 7:** Hilo A.
**Vueltas 8 y 9:** Hilo B.
**Vueltas 10 y 11:** Hilo C.
**Vueltas 12 y 13:** Hilo A.
**Vueltas 14 y 15:** Hilo B.
**Vueltas 16 y 17:** Hilo C.
**Vueltas 18 y 19:** Hilo A.
**Vueltas 20 y 21:** Hilo B.
**Vueltas 22 y 23:** Hilo C.
**Vueltas 24 y 25:** Hilo A.
Rematar la labor y los cabos.
Volver a empalmar el hilo C a la esquina superior derecha de la vuelta 1, tejer el ribete de conchas como sigue: 1 pb en el primer p, 1 pr en el sig pb, *5 mpa en el sig pb, saltar 1 pb, 1 pr en el sig pb, rep desde * hasta el final. Rematar el hilo C (se tejen 8 conchas a mpa).
Girar la labor 180 grados, empalmar el hilo C al borde superior derecho y rep el ribete de conchas.

### ACABADO
Con el D de frente, doblar la pieza por la mitad y hacer una costura a lo largo del borde de las vueltas, dejando 2 cm abiertos para el pulgar.
Opcional: Tejer una vuelta a pb alrededor de la abertura para el pulgar para rematarla y reforzarla.
Rematar todos los cabos.
Planchar según las instrucciones de la etiqueta del hilo.

**Los puños de estos mitones** se decoran con conchas de medios puntos altos. Consulte en las páginas 38 y 39 la información sobre el medio punto alto y las rayas sencillas.

# MANOPLAS CON CORDÓN

*Nivel de dificultad* ***

*¿Qué mejor complemento* para un niño pequeño que una labor tejida en colores vivos con un punto básico? Estas manoplas a punto bajo en espiral se tejen en un abrir y cerrar de ojos y son la labor ideal para cualquier principiante.



**TÉCNICAS EMPLEADAS** Punto bajo **p. 34**, Rayas simples **p. 39**, Aumentos en punto bajo **p. 50**, Disminuciones en punto bajo **p. 52**, Círculos planos **p. 56**

### TALLA
6–10 años

### HILO
Debbie Bliss Baby Cashmerino de 50 g/125 m (55 % lana merina, 33 % acrílico y 12 % cachemira; con cualquier hilo ligero de 4 cabos suave con contenido sintético logrará un tejido similar y duradero)

A x 1 B x 1 C x 1

### GANCHILLO
Ganchillo de 3,25 mm

### OTROS MATERIALES
Marcador de puntos
Aguja lanera

### TENSIÓN
No se precisa una tensión exacta

### INSTRUCCIONES (TEJER 2)

**Nota:** Tal vez le resulte útil marcar el último p de las 4 primeras vueltas con un marcador de puntos. No cierre las vueltas; en su lugar, coloque el marcador en el primer punto de cada vuelta y desplácelo hacia arriba a medida que las complete para señalar el inicio de la siguiente.

Con hilo A, hacer 4 c, 1 pr en la primera c para formar un anillo.
**Vuelta 1:** 6 pb en el anillo. (6 p)
**Vuelta 2:** 2 pb en cada p. (12 p)
**Vuelta 3:** *1 pb en el sig p, 2 pb en el sig p, rep desde * hasta el final de la vuelta. (18 p)
**Vuelta 4:** *1 pb en los 2 p sig, 2 pb en el sig p, rep desde * hasta el final de la vuelta. (24 p)
**Vuelta 5 en adelante:** Cont tejiendo a pb hasta que la pieza mida 8 cm.

**El cordón que une** las manoplas tiene 100 puntos de cadeneta, pero puede variar su longitud en función de la altura del niño añadiendo u omitiendo puntos.

### ABERTURA PARA EL PULGAR
**Vuelta sig:** 6 c, saltar 6 pb, pb hasta el final de la vuelta (esta es la primera de 6 c).
**Vuelta sig:** 1 pb en cada una de las 6 c, pb hasta el final.
Tejer 1 pb en cada p en 3 vueltas más.
Rematar el hilo A.
Empalmar el hilo B en cualquier pb, tejer 2 vueltas a pb en hilo B, rematar el hilo B.
Empalmar el hilo C en cualquier pb, tejer 2 vueltas a pb en hilo C, rematar el hilo C.
Volver a empalmar el hilo A a cualquier pb, tejer 3 vueltas a pb en hilo A.
Rematar la labor y los cabos.

### PULGAR
Empalmar el hilo A en cualquier punto de la abertura para el pulgar. Tejer 12 pb de manera uniforme alrededor de la abertura. Cont tejiendo a pb en espiral hasta que el pulgar mida 3,5 cm.
**Vuelta sig:** C2pb hasta el final de la vuelta. (6 p)
Cortar el hilo dejando un cabo largo, enhebrar el cabo en una aguja lanera y pasarlo a través del resto de los puntos, tirar del hilo y rematar. Empalmar el hilo A en 1 pb de la última vuelta de la primera manopla, hacer 100 c (o las necesarias para la longitud que se desee) y 1 pr en cualquier p de la última vuelta de la segunda manopla.
Rematar la labor y todos los cabos.

# MITONES DE MUJER

*Nivel de dificultad* ***

*Estos prácticos mitones* poseen una bonita textura tridimensional creada por las piñas y el canalé de puntos altos en relieve de los puntos.

**TÉCNICAS EMPLEADAS** Medio punto alto **p. 38**, Punto alto **p. 44**, Aumentos en punto bajo **p. 50**, Sobrehilado (o punto por encima) **p. 68**, Texturas con relieve **p. 76**

### TALLA
20 cm (o 22; 24) aprox.

### HILO
Cascade 220 Superwash de 100 g/200 m (100% lana; puede utilizar cualquier hilo ligero)

x 1

### GANCHILLO
Ganchillos de 3,75 y 4 mm

### TENSIÓN
18 pa y 14 vueltas en un cuadrado de 10 cm de lado

### OTROS MATERIALES
Aguja lanera

### TÉCNICAS Y ABREVIATURAS ESPECIALES
**PARDEL:** Punto alto en relieve por delante. Desde delante de la labor, eh, insertar el ganchillo de derecha a izquierda en torno a la columna del pa de la vuelta anterior, eh, sacar una lazada, eh, sacar el hilo por las 2 lazadas del ganchillo, eh y sacarlo por las últimas 2 lazadas del ganchillo, haciendo un p alto.

**PARDET:** Punto alto en relieve por detrás. Desde el revés de la labor, eh, insertar el ganchillo de derecha a izquierda en torno a la columna del pa de la vuelta anterior, eh, sacar una lazada, eh, sacar el hilo por las 2 lazadas del ganchillo, eh y sacarlo por las 2 lazadas del ganchillo, haciendo un punto alto.

**Piña:** *Eh, insertar el ganchillo en 1 p, eh y sacar el hilo a través del punto, eh, sacar el hilo por las dos lazadas en el ganchillo; rep desde * 3 veces (quedarán 5 lazadas en el ganchillo), eh y sacar el hilo por todas las lazadas del ganchillo.

### INSTRUCCIONES
Con el ganchillo de 4 mm, hacer 40 (o 44; 48) c. Cambiar al ganchillo de 3,75 mm.
**Vuelta 1:** 1 pa en la cuarta c desde el ganchillo (las 3 primeras c se cuentan como 1 pa), y en cada c hasta el final. Girar (37 p, o 39; 43)
**Vuelta 2:** 3 c (se cuentan como el primer pardet), * 1 pardel, 1 pardet; rep desde * hasta el final.
**Vuelta 3:** 3 c ( se cuentan como el primer pardet), * 1 pardet, 1 pardel; rep desde* hasta el final. Rep las dos últimas vueltas hasta que el puño mida unos 8 cm, o lo que se desee.

### MITÓN DERECHO
**Vuelta 1 (D):** 2 c (se cuentan como 1 mpa), 1 mpa en cada p hasta el final, girar. Rep la última vuelta 2 veces más.
**Vuelta 4:** 3 c (se cuentan como 1 pa), (1 piña, 1 pa) 9 (o 9; 10) veces, mpa hasta acabar la vuelta, girar. Rep la vuelta 1, 3 veces.
**Vuelta 8:** 3 c, (1 pa, 1 piña) 8 (u 8; 9) veces, mpa hasta acabar la vuelta, girar. Rep la vuelta 1, 3 veces.
**Vuelta 12:** Como la vuelta 4.
**Vuelta 13:** Como la vuelta 1.
Rematar dejando un cabo suelto largo para la costura.

### MITÓN IZQUIERDO
**Vuelta 1 (D):** 2 c (se cuentan como 1 mpa), 1 mpa en cada p hasta el final, girar.
Rep la última vuelta 2 veces más.
**Vuelta 4:** 3 c (se cuentan como 1 pa), mpa hasta los últimos 19 (o 19; 21) p, (1 piña, 1 pa) 9 (o 9; 10) veces; 1 pa en el último p, girar.
Rep la vuelta 1 tres veces.
**Vuelta 8:** 3 c, mpa hasta los últimos 17 (o 17; 19) p, (1 piña, 1 pa) 8 (u 8; 9) veces, 1 pa en el último p, girar.
Rep la vuelta 1, 3 veces.
**Vuelta 12:** Como la vuelta 4.
**Vuelta 13:** Como la vuelta 1.
Rematar dejando un cabo suelto largo para la costura.

### ACABADO
Doblar cada mitón por la mitad a lo largo, encarándolo por el derecho y hacer una costura lateral de 5 cm de longitud de arriba abajo. Rematar el hilo y volver a empalmarlo 6 cm aprox. más abajo de la costura para dejar espacio para el pulgar (comprobar que sea la distancia adecuada para su mano). Coser hasta la base del puño.

**Estos mitones** son, básicamente, dos rectángulos cosidos con un agujero para el pulgar. Consulte en las páginas 68–69 información detallada sobre costuras.

# MITONES-MANOPLAS

*Nivel de dificultad* ***

*Gracias a estos híbridos de mitón y manopla* de estilo escandinavo ya no tendrá que quitarse las manoplas cada vez que necesite usar los dedos: bastará con retirar la pieza que los cubre.

**TÉCNICAS EMPLEADAS** Cadeneta **p. 26**, Punto bajo **p. 34**, Dar forma **pp. 50–52**, Tejer a punto bajo en la hebra posterior **p. 75**, Técnica de tapicería **p. 117**

## TALLA

Pequeña (o mediana; grande): 15 cm (o 16;17) aprox. de longitud (los mitones), y 19 cm (o 22; 24) de contorno en la parte más ancha de la mano.

La longitud puede adaptarse ligeramente (véase la nota de las instrucciones).

## HILO

Millamia Naturally Soft Aran de 50 g/80 m (100% lana merina; servirá cualquier hilo ligero de lana lo bastante suave y cálida para garantizar la comodidad y propiedades térmicas de los mitones-manoplas)

**A** x 3 **B** x 1

## GANCHILLO

Ganchillos de 3,5 y 4,5 mm

## OTROS MATERIALES

Marcador de puntos

2 botones de 10 mm de diámetro

## TENSIÓN

19 p y 18 vueltas a punto bajo con un ganchillo de 4,5 mm

## TÉCNICAS Y ABREVIATURAS ESPECIALES

**Presilla:** 5 c, pr hasta el final.

**PBHP:** Punto bajo en la hebra posterior. Tejer 1 pb solo a través de la hebra posterior del p sig.

**C3PB:** Cerrar 3 puntos bajos juntos. Sacar una lazada por cada uno de los tres p sig, eh y sacarlo a través de todas las lazadas del ganchillo (4) para disminuir 2 p.

## INSTRUCCIONES

**Nota:** Los puños se tejen rectos, en vueltas, y luego se cierran formando un anillo. Las manos se tejen en redondo, en espiral. No cerrar las vueltas ni hacer cadenetas de vuelta a menos que se indique; poner un marcador al principio de cada vuelta e ir subiéndolo para señalar el inicio de la siguiente.
Tejer la mano y luego el pulgar hasta la longitud deseada. Conviene probarse el mitón para verificar que se ajusta bien. Hacer lo mismo con el cubrededos.
La parte principal de la mano se teje en dos colores con la técnica de tapicería, mientras que el pulgar es de un solo color; por ello, cuando las vueltas bicolores conectan con el pulgar, hay que transportar el hilo del color a contraste dentro del hilo principal para que se encuentre en el lugar adecuado cuando se necesite de nuevo. 1 c al inicio de la vuelta no se cuenta como punto.

### MITÓN IZQUIERDO

**Puño:** Con el hilo A y un ganchillo de 3,5 mm, hacer 13 c.

**Vuelta 1:** 1 pb en la segunda c desde el ganchillo y en cada c hasta el final, girar. (13 p)

**Vuelta 2:** 1 c, 1 pbhp en cada p, girar. (12 p)

Rep la vuelta 2 hasta que la tira tenga 36 (o 42; 48) vueltas de largo. No rematar. Unir los dos extremos cortos de la tira a punto raso. Dar la vuelta al puño y cambiar al ganchillo de 4,5 mm.

**Vuelta 1:** Tejer 30 (o 36; 42) pb alrededor de la parte superior y cerrar la vuelta a pr. (30 p, o 36; 42)

**Vuelta 2:** 1 c, 1 pb en cada pb; no cerrar la vuelta, colocar un marcador y empezar a tejer en espiral, trasladando el marcador más arriba al completar la vuelta. (30 p, o 32; 42)

**Nesga del pulgar**

**Vuelta 1:** Tejer la vuelta 1 del esquema, empalmando el hilo B donde sea necesario y repitiendo las series de 6 p.

### ESQUEMA BICOLOR

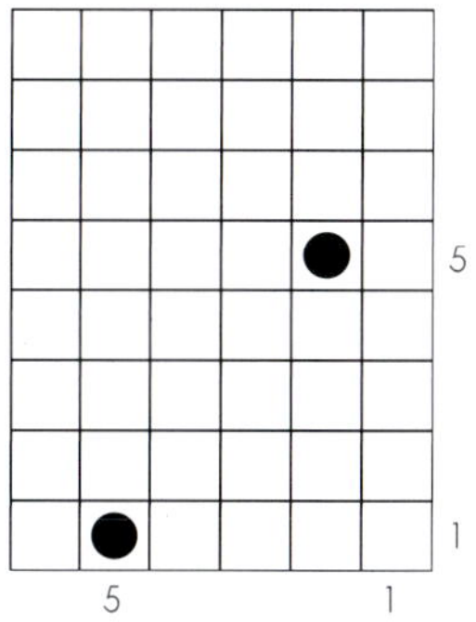


Cont según el esquema (arriba), tejiendo 3 vueltas en un solo color y luego 1 vuelta en dos colores como se indica, con todos los puntos de la nesga del pulgar (los puntos entre aumentos), con hilo A.

**Vuelta 2:** 6 pb, 2 pb en el sig p, 1 pb, 2 pb en el p sig, 1 pb en cada p hasta el final. (32 p, o 38; 44)

**Vuelta 3:** 1 pb en cada p.

**Vuelta 4:** 6 pb, 2 pb en el p sig, 3 pb, 2 pb en el p sig, 1 pb en cada p hasta el final. (34 p, o 40; 46)

**Vuelta 5:** 7 pb según la vuelta 5 del esquema, tejer con hilo A sobre los 5 p sig (puntos del pulgar), llevando el hilo B por dentro de la labor, como en la técnica de tapicería, y después tejer de la manera normal a partir del punto 3 de la vuelta 5 del esquema.

**Vuelta 6:** 6 pb, 2 pb en el p sig, 5 pb, 2 pb en p sig, 1 pb en cada p hasta el final. (36 p, o 42; 48)

**Vuelta 7:** 1 pb en cada p.

**Vuelta 8:** 6 pb, 2 pb en el p sig, 7 pb, 2 pb en el p sig, 1 pb en cada p hasta el final. (38 p, o 44; 50)

**Vuelta 9:** 7 pb según la vuelta 1 del esquema, tejer con hilo A sobre los 9 p sig del pulgar, transportando el hilo B por dentro de la labor, como en la técnica de tapicería, y después tejer de la manera normal a partir del punto 3 de la vuelta 1 del esquema.

**Vuelta 10:** 6 pb, 2 pb en el p sig, 9 pb, 2 pb en p sig, 1 pb en cada p hasta el final. (40 p, o 46; 52)

**Vuelta 11:** 1 pb en cada p.

**Vuelta 12:** 6 pb, 2 pn el p sig, 11 pb, 2 pb en el p sig, 1 pb en cada p hasta el final. (42 p, o 48; 54)
**Vuelta 13:** 1 pb en cada p, según la vuelta 1 del esquema y en hilo A sobre los 17 p del pulgar como antes.
**Vuelta 14:** 6 pb, 2 pn el p sig, 13 pb, 2 pb en el p sig, 1 pb en cada p hasta el final. (44 p, o 50; 56)
**Vuelta 15:** 1 pb en cada p.
**Vuelta 16:** 6 pb, 2 pn el p sig, 15 pb, 2 pb en el p sig, 1 pb en cada p hasta el final. (46 p, o 52; 58)

**Solo tallas mediana y grande**
**Vuelta 17:** 1 pb en cada p, según la vuelta 1 del esquema y en hilo A sobre los 17 p del pulgar como antes.
**Vuelta 18:** 6 pb, 2 pn el p sig, 17 pb, 2 pb en el p sig, 1 pb en cada p hasta el final. (54 o 60 p)

**Todas las tallas**
Si lo desea, puede probarse el mitón y seguir tejiendo recto con la técnica de tapicería y con hilo A en la nesga del pulgar hasta la altura en que este se encuentre con la mano.

**Mano**
**Vuelta sig:** 7 pb según el esquema, 1 c, saltar los 17 (o 19; 19) p sig del pulgar, 1 pb en cada pb según el esquema hasta el final. (30 p, o 36; 42)
**Vuelta sig:** 7 pb según el esquema, 1 pb en 1 c, tejer a pb según el esquema hasta el final. (30 p, o 36; 42)
**Vuelta donde se apoya el cubrededos:** 9 (o 10; 12) pb según el esquema, cont siguiendo el esquema y tejer los 12 (o 15; 18) pb sig en la hebra posterior y luego 1 pb en cada p hasta el final.
Cont tejiendo según el esquema tres (o cuatro; cinco) vueltas rectas, o hasta que la mano tenga la longitud deseada hasta la base de los dedos. Rematar.

**Pulgar**
Volver a empalmar el hilo A con un ganchillo de 4,5 mm al pb a la derecha de 1 c desde los p de la mano, c3pb insertando el ganchillo en el p al que se ha empalmado el hilo, en la hebra inferior de 1 c desde la mano y en el p sig del pulgar, y tejer 14 (o 16;1 6) pb alrededor de los restantes p del pulgar; no cerrar la vuelta; para trabajar en espiral, poner un marcador y trasladarlo al completar cada vuelta. (15 p, o 17; 17)
Tejer sobre estos puntos hasta que el pulgar tenga la longitud deseada menos 2,5 cm.
**Vuelta sig:** (3 pb, c2pb) 3 veces, 0 (o 2; 2) pb. (12 p, o 14; 14)
Tejer 2 vueltas rectas.
**Vuelta sig:** (2 pb, c2pb) 3 veces, 0 (o 2; 2) pb. (9 p, u 11; 11)
Tejer una vuelta recta.
**Vuelta sig:** (1 pb, c2p) 3 veces, 0 (o 2; 2) pb. (6 p, u 8; 8)
Rematar dejando un cabo largo. Enhebrar el cabo en una aguja lanera, pasarlo alrededor de la abertura de la punta del pulgar, tirar para cerrarla y rematar.

**MITÓN DERECHO**
Tejer como el izquierdo desde el puño hasta el inicio de la nesga del pulgar.

**Nesga del pulgar**
Trabajar con un ganchillo de 4,5 mm.
**Vuelta 1:** Tejer la vuelta 1 del esquema (p. 217) , empalmando el hilo B donde sea necesario y repitiendo las series de 6 p.
Cont según el esquema, tejiendo 3 vueltas en un solo color y luego 1 vuelta en dos colores como se indica, con todos los puntos de la nesga del pulgar con hilo A.
**Vuelta 2:** 1 pb en cada p hasta los 9 últimos p, 2 pb en el p sig, 1 pb, 2 pb en el p sig, 1 pb en cada p hasta el final. (32 p, o 38; 44)
**Vuelta 3:** 1 pb en cada p.
**Vuelta 4:** 1 pb en cada p hasta los 11 últimos p, 2 pb en el p sig, 3 pb, 2 pb en el p sig, 1 pb en cada p hasta el final. (34 p, o 40; 46)
**Vuelta 5:** 1 pb según la vuelta 5 del esquema en cada uno de los 12 últimos p, tejer con hilo A sobre los 5 p sig del pulgar, transportando el hilo B por dentro de la labor, como en la técnica de tapicería, y después tejer de la manera normal a partir del punto 3 de la vuelta 5 del esquema.
Cont así, aumentando cada dos vueltas en la nesga del pulgar como en el mitón izquierdo y tejiendo el pulgar solamente con hilo A hasta tener 46 (o 54; 60) pb.
Si lo desea, puede probarse el mitón y seguir tejiendo con la técnica de tapicería y con hilo A en el pulgar hasta la altura en que este se encuentre con la mano.

**Mano**
**Vuelta sig:** 22 (o 28; 34) pb según el esquema, 1 c, saltar los 17 (o 19; 19) p sig del pulgar, 1 pb en cada pb según el esquema hasta el final. (30 p, o 36; 42)
**Vuelta sig:** 22 (o 28; 34) pb según el esquema, 1 pb en 1 c, tejer a pb según el esquema hasta el final. (30 p, o 36; 42)
**Vuelta donde se apoya el cubrededos:** 9 (o 10; 12) pb según el esquema, tejer los 12 (o 15; 18) pb sig en la hebra posterior y luego 1 pb en cada p hasta el final según el esquema.
Cont tejiendo según el esquema tres (o cuatro; cinco) vueltas rectas, o hasta que la mano tenga la longitud deseada hasta la base de los dedos.
Rematar.
Tejer el pulgar como en el mitón izquierdo.

**Cubrededos (tejer 2 iguales)**
Con hilo A y un ganchillo de 4,5 mm, hacer 19 (o 22; 25) c.
**Vuelta 1:** 1 pb en la segunda c desde el ganchillo y en cada c hasta el final (18 pb, o 21; 24) y luego 1 pb en cada hebra anterior libre solo desde la vuelta donde se apoya el cubrededos en la parte posterior de la mano, cerrar la vuelta a pr. (30 p, o 36; 42)
**Vuelta 2:** 1 c, tejer una vuelta recta según el esquema como en el mitón, no cerrar la vuelta, poner un marcador para trabajar en espiral e ir subiéndolo al completar cada vuelta.
Cont recto según el esquema hasta que el cubrededos mida 5 cm menos que la longitud deseada hasta la punta del dedo más alto, terminando con una vuelta bicolor.
Parte superior: cont tejiendo el resto del cubrededos solo con hilo A.
**Vuelta 1:** 1 pb en cada p con hilo A.
**Vuelta 2:** [3 (o 4; 5) pb, c2pb] hasta el final (24 p, o 30; 36)
**Vuelta 3:** 1 pb en cada p.
**Vuelta 4:** [2 (o 3; 4) pb, c2pb] hasta el final. (18 p, o 24; 30)
**Vuelta 5:** 1 pb en cada p.
**Vuelta 6:** [1 (o 2; 3) pb, c2pb] hasta el final. (12 p, o 18; 24)
**Vuelta 7:** [0 (o 1; 2) pb, c2pb] hasta el final. (6 p, o 12; 18)

**Solo tallas mediana y grande**
**Vuelta 8:** [0 (o 1) pb, c2pb] hasta el final. (6 o 12 p)

**Solo talla grande**
**Vuelta 9:** [c2pb] hasta el final. (6 p)

**Todas las tallas**
Rematar dejando un cabo suelto largo. Enhebrar el cabo en una aguja y pasarlo alrededor de la abertura superior, tirar para cerrarla y rematar.
Con el ganchillo de 4,5 mm, empalmar el hilo B a la punta del cubrededos, hacer una presilla (p. 217) y rematar.

**ACABADO**
Rematar todos los cabos y coser en el puño de cada mitón un botón a tono con la presilla.

# PATUCOS DE TIPO MERCEDITAS

*Nivel de dificultad* ***

*Estos patucos* son el regalo ideal para una canastilla. Se tejen en redondo en una sola pieza, desde el centro de la suela y ascendiendo por los lados. La tira se añade posteriormente. El ribete y el botón en un color a contraste completan el diseño.

**TÉCNICAS EMPLEADAS** Punto bajo **p. 34**, Medio punto alto **p. 38**, Dar forma **pp. 50–52**, Círculos planos **p. 56**, Hacer un anillo ajustable **p. 57**



### TALLA
0–3 (o 3–6) meses

### HILO
Rowan Wool Cotton DK de 50 g/113 m (50 % lana y 50 % algodón; utilice cualquier hilo ligero con contenido de algodón para aportar más estructura)

A x 1 B x 1

### GANCHILLO
Ganchillo de 3,5 mm

### OTROS MATERIALES
Aguja lanera

### TENSIÓN
10 p en 5 cm

### INSTRUCCIONES
Tras completar la vuelta 7, la suela debe medir aproximadamente 9–10 (o 10–11) cm de largo.
Al final de cada vuelta, tejer 1 pr en la c inicial.
1 c al principio de una vuelta no se cuenta como 1 pb.
2 c al principio de una vuelta se cuentan como 1 mpa.

### SUELA
Con hilo A, hacer 9 c.
**Vuelta 1:** Empezando en la segunda c desde el ganchillo, 7 pb, 3 pb en el p sig, no girar, cont en las hebras posteriores de la c base, 6 pb, 2 pb en el último p, 1 pr en el primer p. (18 p)
**Vuelta 2:** 1 c, 2 pb en el sig p, 6 pb, 2 mpa en el sig p 3 veces, 6 pb, 2 pb en los 2 p sig, 1 pr en el primer p. (24 p)
**Vuelta 3:** 1 c, 1 pb, 2 pb en el p sig, 6 pb, (1 mpa, 2 mpa en el p sig) 3 veces, 6 pb, (1 pb, 2 pb en el p sig) 2 veces, 1 pr en el primer p. (30 p)
**Vuelta 4:** 1 c, 2 pb, 2 pb en el p sig, 6 pb, (2 pb o mpa, 2 pb o mpa en el p sig) 3 veces, 6 pb, (2 pb, 2 pb en el p sig) 3 veces, 1 pr en el primer p. (36 p)
**Vuelta 5:** 1 c, 3 pb, 2 pb en el p sig, 6 pb, (3 pb o mpa, 2 pb o mpa en el p sig) 3 veces, 6 pb, (3 pb, 2 pb en el p sig) 2 veces, 1 pr en el primer p. (42 p)
**Vuelta 6:** 1 c, 4 pb, 2 pb en el sig p, 6 pb, (4 pb o mpa, 2 pb o mpa en el p sig) 3 veces, 6 pb, (4 pb o pma, 2 pb o mpa en el p sig) 2 veces, 1 pr en el primer p. (48 p)

**Solo la talla más grande**
**Vuelta 7:** 1 c, 5 pb, 2 pb en el p sig, 6 pb, (5 pma, 2 mpa en el p sig) 3 veces, 6 pb, (5 pma, 2 mpa en el p sig) 2 veces, 1 pr en el primer p. (54 p)

### LADOS
**Vuelta 7 (u 8):** 1(o 2) c, 48 (o 53) pb, 1 pr en la segunda c. (48, o 54 p)
**Vuelta 8 (o 9):** 2 c, 10 (o 12) mpa, c2mpa, 14 (o 16) mpa, c2mpa, 14 (o 15 mpa), c2mpa, 2 (o 3) mpa, 1 pr en la segunda c. (45, o 51 p)
**Vuelta 9 (o 10):** 2 c, 10 (o 12) mpa, c2mpa, 15 (o 17) mpa, c2mpa, 13 (o 14) mpa, c2mpa, 1(o 2) mpa, 1 pr en la segunda c. (42, o 48 p)
**Vuelta 10 (u 11):** 2 c, 10 (o 12 mpa), c3mpa, 12 (o 14) mpa, c3mpa, 11 (o 12) mpa, c2mpa, 0 (o 1) mpa, 1 pr en la segunda c. (37, o 43 p)
**Vuelta 11 (o 12):** 1 c, 11 (o 13) pb, c3pb, 10 (o 12) pb, c3pb, 8 (o 10) pb, c2pb, 1 pr en la primera c. (32, o 38 p)
Rematar.

### TIRAS
Para el patuco derecho, contar 3 p desde el c3pb del lado izquierdo de la última vuelta y empalmar el hilo A. Para el patuco izquierdo, contar 1 p desde el c3pb del lado derecho de la última vuelta y empalmar el hilo A.
**Vuelta 1:** 1 c, 2 pb. (2 p)
**Vueltas 2–12:** Girar la labor, 1 c, 2 pb.
**Vuelta 13:** 8 c, 1 pr en el último p para hacer un anillo. Rematar.

### RIBETE
Con hilo B, tejer un ribete a punto bajo invertido, o punto cangrejo (p. 147), a lo largo del borde superior y de la tira de cada patuco.

### BOTÓN (TEJER 2)
Con hilo B, hacer un anillo ajustable (p. 135).
**Vuelta 1:** 6 pb en el anillo y cerrar este. (6 p)
**Vuelta 2:** 2 pb en cada p. (12 p)
**Vuelta 3:** 1 pb en cada p.
**Vuelta 4:** C2pb a lo largo de la vuelta. (6 p)
Coser el agujero del botón y este al patuco.
Rematar los cabos.

**Estos patucos** están adornados con un ribete a punto bajo invertido, o punto cangrejo. Consulte la p. 147 para saber cómo se teje este punto y también las páginas 181 y 243 para ver otras labores en las que se utiliza.

# PATUCOS DE TIPO DEPORTIVO

*Nivel de dificultad* ***

*Estos patucos se tejen en redondo,* con una franja en un color a contraste que delimita la suela y una tira gruesa para sujetarlos bien a los piececitos. El cierre con velcro hace que resulten muy fáciles de poner… ¡y de quitar!

**TÉCNICAS EMPLEADAS** Cadeneta **p. 26**, Punto bajo **p. 34**, Medio punto alto **p. 38**, Dar forma **pp. 50–52**, Círculos planos **p. 56**, Texturas con relieve **p. 76**

### TALLA
0–3 (o 3–6) meses.

### HILO
Rowan Wool Cotton DK de 50 g/113 m (50 % lana merina y 50 % algodón; utilice cualquier hilo ligero con contenido de algodón para aportar más estructura)

**A** x 1

**B** x 1

### GANCHILLO
Ganchillo de 3,5 mm

### OTROS MATERIALES
Aguja lanera
2 trocitos de velcro
Aguja e hilo de coser

### TENSIÓN
10 p en 5 cm

### ABREVIATURAS ESPECIALES
**PBRDET:** Punto bajo en relieve por detrás. (Véase p. 195)

### INSTRUCCIONES
Tras completar la vuelta 7, la suela debe medir 9–10 (o 10–11) cm.
Al final de cada vuelta, tejer 1 pr en la c inicial.
1 c al principio de la vuelta no se cuenta como 1 pb. 2 c al principio de la vuelta se cuentan 1 mpa.

### SUELA
Con hilo A, hacer 9 c.
**Vuelta 1:** Empezando en la segunda c desde el ganchillo, 7 pb, 3 pb en el p sig, girar 180 grados y cont tejiendo en la hebra posterior de las c, 6 pb, 2 pb en el último p, 1 pr en el primer p. (18 p)
**Vuelta 2:** 1 c, 2 pb en el p sig, 6 pb, 2 mpa en el sig p 3 veces, 6 pb, 2 pb en cada uno de los 2 últimos pb, 1 pr en el primer p. (24 p)
**Vuelta 3:** 1 c, 1 pb, 2 pb en el p sig, 6 pb, (1 mpa, 2 mpa en el p sig) 3 veces, 6 pb, (1 pb, 2 pb en el p sig) 2 veces, 1 pr en el primer p. (30 p)
**Vuelta 4:** 1 c, 2 pb, 2 pb en el p sig, 6 pb, (2pb o mpa en el p sig) 3 veces, 6 pb, (2 pb, 2pb en el p sig) 3 veces, 1 pr en el primer p. (36 p)
**Vuelta 5:** 1 c, 3 pb, 2 pb en el p sig, 6 pb, (3 pb o mpa, 2 pb o mpa en el p sig) 3 veces, 6 pb, (3 pb, 2 pb en el p sig) 2 veces, 1 pr en el primer p. (42 p)
**Vuelta 6:** 1 c, 4 pb, 2 pb en el p sig, 6 pb, (4 pb o mpa, 2 pb o mpa en el p sig p) 3 veces, 6 pb, (4 pb, 2 pb en el p sig) 2 veces, 1 pr en el primer p. (48 p)

**Solo la talla grande:**
**Vuelta 7:** Cambiar al hilo B, 1 c, 5 pb, 2 pb en el p sig, 6 pb, (5 mpa, 2 mpa en el p sig) 3 veces, 6 pb, (5 pb, 2 pb en el p sig) 2 veces, 1 pr en el primer p. (54 p)

### LADOS
**Vuelta 7 (u 8):** 1 c, 48 (o 54) pbrdet, 1 pr en el primer p. (48, o 54 p)
**Vuelta 8 (o 9):** 1 c, 48 (o 54) pbrdet, 1 pr en el primer p.
**Vuelta 9 (o 10):** Cambiar al hilo A, 1 c, 48 (o 54) pb, 1 pr en el primer p.
**Vuelta 10 (u 11):** 1 c, 48 (o 54) pb, 1 pr en el primer p.
**Vuelta 11 (o 12):** 1 c, 11 (o 13) pb, (c2mpa, 3 mpa) 4 veces, c2mpa, 13 (o 17) pb, c2pb. (42, o 48 p)
**Vuelta 12 (o 13):** 1 c, 11 (o 13) pb, (c2mpa, 2 mpa) 4 veces, c2mpa, 11 (o 15) pb, c2pb. (36, o 42 p)
**Vuelta 13 (o 14):** 1 c, 11 (o 13) pb, (c2mpa, 1 mpa) 4 veces, c2mpa, 9 (o 13) pb, c2pb. (30, o 36 p)
**Vuelta 14 (o 15):** 1 c, 11 (o 13) pb, 5 c2pb (o c2mpa), 9 (o 13) pb, 1 pr en el primer p. (25, o 31 p) Rematar.

### TIRAS
Con hilo A, hacer 9 c.
**Vuelta 1:** Empezando en la segunda c desde el ganchillo, 8 pb. (8 p)
**Vueltas 2–12:** Girar la labor, 1 c, 8 pb.
**Vuelta 13:** C2pb, 4 pb, c2pb. (6 p)
**Vuelta 14:** C2pb, 2 pb, c2pb. (4 p)
**Vuelta 15:** 2 c2pb. (2 p) Rematar.
Con hilo B, hacer un par de rayitas decorativas a cadeneta en el borde redondeado de las tiras.

### ACABADO
Cosa las tiras a los patucos. Corte dos cuadraditos de velcro y cósalos por dentro al borde redondeado de las tiras y a los patucos. Rematar los cabos.

**Para que los patucos** queden más rígidos, use un hilo con base de algodón, con el que conseguirá un tejido más tupido. Para que queden más blanditos, use lana merina pura. Consulte en la pág. 50 las instrucciones para hacer aumentos en punto bajo.

# ZAPATILLAS DE MUJER

*Nivel de dificultad* ***

*Con estas sencillas* pero refinadas zapatillas tendrá los pies calentitos en casa. Juegue con el color e ilumine los días grises con un toque «flúo» o bien elija tonos neutros para una elegancia más sobria.

**TÉCNICAS EMPLEADAS** Punto bajo **p. 34**, Medio punto alto **p. 38**, Punto alto **p. 44**, Círculos planos **p. 56**, Tejer a punto bajo en la hebra posterior **p. 75**

## TALLA

Adulta: números 36–37 (o 38; 39)

## HILO

Artesano Chunky de 100 g/105 m (100 % lana; con cualquier hilo de peso medio logrará un aspecto similar)

**A** x 1 **B** x 1

## GANCHILLO

Ganchillo de 5 mm

## OTROS MATERIALES

2 marcadores de puntos
Aguja lanera

## TENSIÓN

11 p y 14 vueltas en 10 cm

## INSTRUCCIONES

**Nota:** La suela se teje en espiral. Al acabarla, rematar el hilo A y empalmar el hilo B en el mismo punto para tejer la parte superior.

### SUELA (TEJER 2)

**Vuelta 1:** Con hilo A, hacer 18 c (o 20; 22), 3 pb en la tercera c desde el ganchillo, 10 pb (o 12; 14), 4 pa, 5 pa en la última c, colocar un marcador en el tercer pa (volver a colocarlo en las vueltas sucesivas, como se indica), no girar, tejer en el lado opuesto a la c base los restantes p, 4 pa, 10 pb (o 12; 14), 2 pb en el mismo p que los 3 pb iniciales. No cerrar la vuelta ni girar; colocar otro marcador en el último p (recolocarlo en las vueltas sucesivas para marcar el último p). (38 p, o 42; 46)
**Vuelta 2:** 3 mpa, 1 pb en el primer mpa antes del primer marcador, 2 mpa en el sig p, 3 pa en el sig p (recolocar el marcador en el pa central), 2 mpa en el sig p, pb hasta los últimos 2 p, 2 mpa, no unir ni girar, colocar el marcador en el último mpa. (42 p, o 46; 50)
**Vuelta 3:** 3 mpa en el sig p, 2 mpa en el sig p, 3 mpa, pb hasta los 2 p antes del marcador, 1 mpa, 2 pa en el sig p, retirar el marcador, 3 pa en el sig p (recolocar el marcador en el pa central), 2 pa en el sig p, 1 mpa, pb hasta los últimos 4 p, 3 mpa, 2 mpa en el sig p. No unir ni girar. (50 p, o 54; 58)
**Vuelta 4:** 1 mpa, 3 mpa en el sig p, 1 mpa en el sig p, 2 mpa en el sig p, 3 mpa, pb hasta los 6 p antes del marcador, 3 mpa, (2 mpa en el sig p) 2 veces, 2 pa en el sig p, retirar el marcador, 3 pa en el sig p (recolocar el marcador en el p central), 2 pa en el sig p, (2 mpa en el sig p) 2 veces, 3 mpa, pb hasta los últimos 4 p, 3 mpa, 2 mpa en el sig p. No unir ni girar. (62 p, o 66; 70) Pr en los 3 p sig, rematar A.

### PARTE SUPERIOR (TEJER 2)

Empalmar el hilo B en el último pr.
**Vuelta 1:** 1 pb en cada p hasta el final, unir con 1 pr sobre el primer pb. (62 p, o 66; 70)
**Vuelta 2:** 1 c (no se cuenta como p), 1 pb por la hebra posterior en cada pb, unir a la parte superior del primer pb. (62 p, o 66; 70)
**Vuelta 3:** 2 c (se cuentan como primer mpa), 6 mpa (o 7; 8), 16 pb, 2 mpa (o 3; 4), (c2mpa) 2 veces, c3mpa y colocar el marcador para indicar el punto central de la puntera, (c2mpa) 2 veces, 2 mpa (o 3; 4), pb hasta los últimos 8 p (o 9; 10), 8 mpa (o 9; 10), unir a la parte superior del primer mpa. (56 p, o 60; 64))
**Vuelta 4:** 1 c (no se cuenta como p), 1 pb en el mismo esp que la primera c, 2 pb, (c2pb) 3 veces, pb hasta los últimos 8 p, (c2pb) 3 veces, pb hasta el final (recolocar el marcador al llegar a este), unir con 1 pr sobre el primer pb. (50 p, o 54; 58)
**Vuelta 5:** 1 c (no se cuenta como p), pb hasta 7 p antes del marcador, 4 mpa, c2mpa, c3mpa, (recolocar el marcador), c2mpa, 4 mpa, pb hasta el final, unir a la parte superior del primer pb. (46 p, o 50; 54)
**Vuelta 6:** 1 c (no se cuenta como p), 3 pb, (c2pb) 2 veces, pb hasta 3 p antes del p marcado, c2mpa, c3mpa, c2mpa, pb hasta los últimos 5 p, (c2pb) 2 veces, pb hasta el final. Unir a la parte superior del primer pb. (38 p, o 42; 46)

**Solo los números 38 y 39**
**Vuelta 7:** 2 c (se cuentan como 1 p), mpa hasta un p antes del marcador, c3mpa, mpa hasta el final. (40 p, o 44)

**Todos los números**
**Vuelta 8:** Pb hasta el final.
**Vuelta 9:** (Opcional para pies estrechos) Tejer 1 pr en cada pb hasta el final. Rematar. Estirar las zapatillas, rociándolas con agua y rellenarlas con algodón para darles forma.

**Estas zapatillas están diseñadas** para quedar ceñidas, ya que la lana cederá con el uso. Si duda sobre el número, opte por el más pequeño. Escoja un color oscuro para la suela, pues resulta más práctico que un tono claro.

# CALCETINES DE MUJER

*Nivel de dificultad* ***

*Estos calcetines tan bonitos* y cómodos se tejen en redondo desde la boca hasta la puntera alternando puntos bajos y altos. El tejido tupido a punto bajo hace más resistentes la puntera y el talón.

**TÉCNICAS EMPLEADAS** Cadeneta **p. 26**, Punto bajo **p. 34**, Medio punto alto **p. 38**, Punto alto **p. 44**, Disminuciones en punto bajo **p. 52**, Círculos planos **p. 56**

### TALLA
Adulta (número de calzado 37–40)

### HILO
Regia Angora Merino de 4 cabos de 50 g/200 m (65 % lana merina, 25 % nailon y 10 % angora; puede usar cualquier hilo ligero para calcetín, pero se aconseja que contenga algo de nailon)

x 1

### GANCHILLO
Ganchillos de 2,5 y 3 mm

### OTROS MATERIALES
2 marcadores de puntos
Aguja lanera

### TENSIÓN
23 p y 22 vueltas en 10 cm

## INSTRUCCIONES (TEJER 2)

### RIBETE DE LA BOCA (SE TEJE DE LADO)
Con el ganchillo de 2,5 mm, hacer 10 c.
**Vuelta 1:** 1 mpa en la 3.ª c desde el ganchillo, 1 mpa en cada c hasta el final, girar. (8 p)
**Vuelta 2:** 1 mpa en la hebra posterior en cada p hasta el final, girar.
Rep la vuelta 2 otras 28 veces. (30 vueltas)
Unir la primera vuelta a la última a pr para formar un anillo.

### DE LA BOCA AL TALÓN
Girar el ribete 90 grados para trabajar en el extremo de las vueltas de la boca.
**Vuelta 1:** Con el ganchillo de 3 mm, tejer 45 pb a lo largo de la boca y poner el marcador para indicar el final de la vuelta.
**Vuelta 2:** *1 pb, 1 pa, rep desde * hasta el marcador, 1 pb.
**Vuelta 3:** *1 pa, 1 pb, rep desde * hasta el marcador, 1 pa. Rep las vueltas 2 y 3 hasta que el calcetín mida 19 cm; asegúrese de finalizar con una vuelta 3.

### TALÓN
**Vuelta 1:** 22 pb, girar.
**Vuelta 2:** 1 c, 22 pb, girar.
Tejer en vueltas rectas a pb hasta que el talón mida 5 cm.

### CURVA DEL TALÓN
**Vuelta 1:** 1 c, 13 pb, c2pb, 1 pb, girar.
**Vuelta 2:** 6 pb, c2pb, 1 pb, girar.
**Vuelta 3:** Pb hasta 1 p del final de la vuelta anterior, c2pb (el 2.° p será el sig pb, que está 2 vueltas por debajo), 1 pb, girar.
Rep la vuelta 3, 5 veces más. (14 p)

### PIE
**Vuelta 1:** 14 pb, 10 pb en el lado de las vueltas del talón, poner marcador, 1 pb, *1 pa, 1 pb, rep desde * hasta el otro lado del talón, poner marcador, tejer 12 pb en los lados de las vueltas del talón, poner un marcador al final. (59 p)
**Vuelta 2:** 20 pb, (c2pb) 2 veces, 1 pa, *1 pb, 1 pa, rep desde * hasta el marcador, 1 pb, (c2pb) 2 veces, pb hasta el marcador final. (55 p)
**Vuelta 3:** (1 pb, 1 pa) 9 veces, c2pb, c2pa, 1 pb, *1 pa, 1 pb, rep desde * hasta el marcador, c2pa, c2pb, (1 pa, 1 pb) 2 veces, 1 pa. (51 p)
**Vuelta 4:** (1 pa, 1 pb) 8 veces, c2pa, c2pb, 1 pa, *1 pb, 1 pa, rep desde * hasta el marcador, c2pb, c2pa, (1 pb, 1 pa) 2 veces. (47 p) Retirar todos los marcadores salvo el último.
**Vuelta 5:** *1 pb, 1 pa, rep desde * hasta el último p, 1 pb.
**Vuelta 6:** *1 pa, 1 pb, rep desde * hasta el último p, 1 pa. Rep las últimas 2 vueltas hasta que el calcetín mida 23 cm.

### PUNTERA
**Vuelta 1:** 16 pb, c2pb, poner marcador, 23 pb, poner marcador, pb hasta acabar la vuelta. (46 p)
**Vuelta 2:** *Pb hasta 3 p antes del marcador, c2pb, 1 pb, deslizar el marcador a la nueva lazada del ganchillo para señalar el inicio de la vuelta sig, 1 pb, c2pb, rep desde * una vez, pb hasta acabar la vuelta. (42 p)
Rep la vuelta 2 otras 3 veces. (En la última vuelta no habrá pb tras el último c2pb.) (30 p)
Retirar el marcador final.
**Vuelta 3:** *Pb hasta 3 p desde el marcador, c2pb, 1 pb, deslizar el marcador, 1 pb, c2pb, rep desde * una vez. (26 p)
**Vuelta 4:** Rep la vuelta 3. (22 p)
Rematar la labor dejando un cabo largo.

### ACABADO
Volver el calcetín del revés y con el cabo largo cerrar a pr la puntera.
Rematar todos los cabos.

**Añada o reste puntos** en múltiplos de dos en las vueltas circulares para adaptar la circunferencia del pie, o bien teja el pie más largo o más corto, según su talla.

# CALCETINES DE HOMBRE

*Nivel de dificultad* ***

*Estos calcetines tan abrigados* se tejen en redondo de la boca hacia abajo, utilizando un color a contraste en el ribete, el talón, y la puntera, y llevan como motivo decorativo unas cuantas rayas.

**TÉCNICAS EMPLEADAS** Cadeneta **p. 26**, Punto bajo **p. 34**, Medio punto alto **p. 38**, Disminuciones en punto bajo **p. 52**, Círculos planos **p. 56**

## TALLA
Adulto (número de calzado 43–45)

## HILO
Regia de 6 cabos de 50 g/125 m (75 % lana y 25 % nailon; con cualquier hilo ligero con mezcla de lana y acrílico logrará un efecto similar)

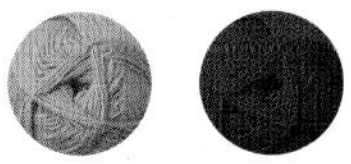

**A** x 1 **B** x 1

## GANCHILLO
Ganchillos de 2,5 y 3 mm

**TENSIÓN** 19 p y 14 vueltas en 10 cm

## OTROS MATERIALES
2 marcadores de puntos / Aguja lanera

## ABREVIATURAS ESPECIALES
**MPAE:** Medio punto alto enlazado. En el p inicial, insertar el ganchillo en la segunda c de la c inicial, eh, sacar el hilo, insertar el ganchillo en el p, eh, sacar el hilo por el p, eh y sacarlo por todas las lazadas del ganchillo. En cada p tras el mpae: insertar el ganchillo en la hebra horizontal del p anterior, eh, sacar el hilo, insertar el ganchillo en el p, eh, sacar el hilo por el p, eh y sacarlo por todas las lazadas del ganchillo.

**C2MPAE:** Cerrar juntos 2 medios puntos altos enlazados. Insertar el ganchillo en la columna horizontal del p anterior, eh, sacar el hilo, insertar el ganchillo en el sig p, eh, sacarlo por el p, insertar el ganchillo en el sig p, eh, sacar el hilo por el p, eh y sacarlo por todas las lazadas del ganchillo.

## CALCETINES (TEJER 2)
Ajuste la medida añadiendo o restando puntos en la vuelta para modificar la circunferencia, o tejiendo el pie más largo o corto, según la talla.

### RIBETE DE LA BOCA (SE TEJE DE LADO)
Con el ganchillo de 2,5 mm e hilo B, hacer 14 c.
**Vuelta 1:** 1 mpa en la 3.ª c desde el ganchillo, 1 mpa en cada c hasta el final, girar. (12 p)
**Vuelta 2:** 1 mpa en la hebra posterior de cada p hasta el final, girar. Rep la vuelta 2 otras 46 veces. (48 vueltas) Unir la primera vuelta y la última a pr para formar un anillo.

### DE LA BOCA AL TALÓN
Girar el ribete 90 grados para trabajar en el extremo de las vueltas de la boca.
**Vuelta 1:** Con el ganchillo de 3 mm e hilo A, hacer 2 c, 1 mpae a lo largo de la boca, cambiar al hilo B, unir, poner un marcador para indicar el final de la vuelta. (48 p)
**Vuelta 2:** 2 c, 1 mpae en cada p hasta el final, cambiar al hilo A, unir.
**Vuelta 3:** 2 c, c2mpae, 1 mpae en cada p hasta 2 p antes del marcador, c2mpae, cambiar al hilo B, unir. (46 p)
**Vuelta 4:** Rep la vuelta 2, cambiar al hilo A.
**Vuelta 5:** Rep la vuelta 2, cambiar al hilo B.
**Vuelta 6:** Rep la vuelta 3. (44 p)
**Vuelta 7:** Rep la vuelta 2, cambiar al hilo A.
**Vuelta 8:** Rep la vuelta 2, no unir.
Desde aquí, tejer en vueltas circulares continuas.
**Vuelta 9:** 1 mpae, c2mpae, 1 mpae en cada p hasta 2 p antes del marcador, c2mpae. (42 p)
Tejer recto en vueltas circulares de mpae hasta que el calcetín mida 17 cm desde la boca.

### TALÓN
**Vuelta 1:** 22 mpae (NO rematar el hilo A, pues lo usará después en el pie). Con hilo B, tejer 20 pb, girar.
**Vuelta 2:** 1 pb en cada pb hasta el final de los p con hilo B, girar.
Rep la vuelta 2 hasta que el talón mida 6 cm.

### CURVA DEL TALÓN
**Vuelta 1:** 1 c, 12 pb, c2pb, 1 pb, girar.
**Vuelta 2:** 1 c, 6 pb, c2pb, 1 pb, girar.
**Vuelta 3:** Pb hasta 1 p antes del final de la vuelta anterior, c2pb (el segundo p será el sig pb, que se halla 2 vueltas por debajo), 1 pb, girar.
Rep la vuelta 3 hasta el final de los puntos del talón; no habrá ningún pb después de c2pb al final de las 2 últimas vueltas. (12 p). Rematar.

### PIE
**Vuelta 1:** Con el hilo A que se ha dejado al comenzar el talón, hacer 2 c, tejer 8 mpae de manera uniforme ascendiendo por el lado del talón, 1 mpae en cada uno de los p desde la curva del talón y 8 mpae descendiendo por el lado opuesto de la parte superior del talón; poner el marcador, 1 mpae en cada mpae a lo largo de la parte delantera del pie, poner un marcador. (50 p) Desde aquí trabajará de nuevo en vueltas circulares continuas de mpae.
**Vuelta 2:** C2mpae, 1 mpae, c2mpae, 18 mpae, c2mpae, 1 mpae, c2mpae, quitar el marcador, mpae en cada p hasta el sig marcador. (46 p)
**Vuelta 3:** C2mpae, 1 mpae, c2mpae, 14 mpae, c2mpae, 1 mpae, c2mpae, quitar el marcador, mpae en cada p hasta el sig marcador. (42 p)
**Vuelta 4:** Mpae en cada p hasta el final de la vuelta.
Tejer en vueltas circulares de mpae hasta que el calcetín mida 25 cm desde el talón.

### PUNTERA
**Vuelta 1:** Con hilo B, tejer 21 pb, poner un marcador y pb hasta acabar la vuelta.
**Vuelta 2:** C2pb, *pb hasta 2 p antes del marcador, c2pb**, deslizar el marcador, c2pb, rep entre * y **. (38 p)
Rep la vuelta 2 otras 6 veces. (14 p)
Rematar la labor dejando un cabo largo.

### ACABADO
Volver el calcetín del revés y, con el cabo largo que se ha dejado al rematar, hacer una costura a pr para cerrar la puntera.
Rematar todos los cabos.

# PRENDAS DE VESTIR

Complete el fondo de armario de toda la familia con una colección de chaquetas, jerséis y otras prendas de ganchillo de distintos estilos tejidas con sus propias manos y que acabarán siendo las preferidas.

# CHAQUETA CRUZADA

*Nivel de dificultad* ***

*Esta linda chaquetita* tejida a medio punto alto se puede cruzar de izquierda a derecha, o de derecha a izquierda. Los cordones a ganchillo pueden trasladarse a medida que crece la niña para alargar la vida de esta encantadora prenda.

**TÉCNICAS EMPLEADAS** Cadeneta **p. 26**, Medio punto alto **p. 38**, Estirado y costuras **pp. 68–70**, Ribete a punto bajo **p. 86**



## TALLA
12–18 meses

## HILO
Debbie Bliss Baby Cashmerino de 50 g/ 125 m (55% lana, 33% acrílico y 12% cachemira; para esta labor puede utilizar cualquier hilo fino de 4 cabos de lana o con mezcla de lana)

x 4

## GANCHILLO
Ganchillo de 4 mm

## OTROS MATERIALES
Imperdibles

Aguja lanera

## TENSIÓN
18 p y 13 vueltas en 10 cm

## TÉCNICAS ESPECIALES
**Disminución en medio punto alto** (c2mpa): Eh, insertar el ganchillo en el sig p y sacarlo a través de la lazada (quedarán tres lazadas en el ganchillo), eh, insertar el ganchillo en el sig p y sacarlo a través de la lazada (quedarán cinco lazadas en el ganchillo), eh y sacarlo a través de todas las lazadas.

## INSTRUCCIONES
Los delanteros y la espalda de esta chaqueta se tejen en una sola pieza.

### DELANTEROS Y ESPALDA
**Vuelta 1:** Hacer 150 c, 1 mpa en la tercera c desde el ganchillo, 1 mpa en el resto de las c. (148 p, 2 c)
**Vuelta 2:** 2 c, 1 mpa en cada mpa, no tejer 1 mpa en la parte superior de 2 c. (148 p)
**Vuelta 3:** 2 c, c2mpa, 1 mpa en el resto de los mpa, dejar sin tejer 1 mpa encima de 2 c. (146 p)
Rep la vuelta 3 hasta tener 108 mpa.
Empezar a trabajar las partes siguiendo las instrucciones.

### PRIMER DELANTERO
**Vuelta 23:** 2 c, c2mpa, 1 mpa en los sig 24 p. (25 p)
**Vuelta 24:** 2 c, mpa hasta el final, dejar sin tejer 1 mpa encima de 2 c. (24 p)
**Vuelta 25:** 2 c, c2mpa, 1 mpa en cada mpa, mpa en 2 c. (23 p)
Rep las vueltas 24 y 25 hasta tener 11 p.
**Vuelta 38:** 2 c, 1 mpa en el mismo lugar que las 2 c, mpa hasta el final, dejar sin tejer 1 mpa encima de 2 c. (11 p)
Rematar la labor dejando un cabo de 30 cm para la costura.

### ESPALDA
Saltar 4 p en la vuelta 22 desde el límite del primer delantero.
Volver a empalmar el hilo.
**Vuelta 23:** 2 c, 1 mpa en el mismo p, 1 mpa en los sig 48 p, girar. (49 p)
**Vuelta 24:** 2 c, 1 mpa en el mismo p, mpa hasta el final, no tejer 1 mpa en la parte superior de 2 c. (49 p)
**Vueltas 25–38:** Rep la vuelta 24.

### FORMA DEL CUELLO
**Vuelta 39:** 2 c, 1 mpa en el mismo p, 1 mpa en los sig 9 mpa. (10 p) Rematar.

**El medio punto alto** genera un tejido grueso y tupido ideal para prendas de vestir. Un hilo suave y ligero como el que se ha usado en esta labor, permite utilizar esta chaqueta en las tardes frescas del verano y como prenda de interior en invierno.

Saltar 29 mpa y volver a empalmar el hilo. Hacer 2 c, 1 mpa en el mismo p, 1 mpa en los sig 9 mpa. (10 mpa) Rematar.

**SEGUNDO DELANTERO**
Saltar 4 p en la vuelta 22 desde el límite de la espalda. Empalmar de nuevo el hilo.
**Vuelta 23:** 2 c, 1 mpa en el mismo p, mpa hasta el final. (25 p)
**Vuelta 24:** 2 c, c2mpa, mpa hasta el final, dejar sin tejer 1 mpa encima de 2 c. (23 p)
**Vuelta 25:** 2 c, 1 mpa en el mismo p, mpa hasta el final. (23 p)
Rep las vueltas 24 y 25 hasta tener 11 p.
**Vuelta 38:** 2 c, 1 mpa en los sig 10 mpa. (10 p) Rematar la labor dejando un cabo de 30 cm para la costura.

**MANGAS (TEJER 2)**
**Vuelta 1:** Hacer 31 c, 1 mpa en la tercera c desde el ganchillo, 1 mpa en cada c, girar. (29 p)
**Vuelta 2:** 2 c, 1 mpa en el mismo p, 1 mpa en cada mpa, no tejer ningún mpa encima de 2 c a lo largo de toda la vuelta. (29 p)
**Vuelta 3:** Como la vuelta 2. (29 p)
**Vuelta 4:** 2 c, 2 mpa en el mismo p (1 aum), 1 mpa en cada mpa hasta el final. (30 p)
Rep las vueltas 2 a 4 hasta tener 35 p.
**Vuelta 20:** Rep la vuelta 2. (35 p)
**Vuelta 21:** Como la vuelta 2. (35 p)
**Vuelta 22:** 2 c, 2 mpa en el mismo p, 1 mpa en cada mpa hasta el último p, 2 mpa en el último p. (37 p)
Rep las vueltas 20 a 22 una vez. (39 p)
**Vuelta 26:** Rep la vuelta 2. (39 p)
**Vuelta 27:** 1 c, 1 pr a lo largo de 6 p, 2 c, 1 mpa en los sig 27 mpa, girar. (27 p)
**Vuelta 28:** 2 c, c2mpa, 1 mpa en cada mpa hasta los últimos 2 p, c2mpa, girar. (24 p)
Rep la vuelta 28 hasta tener 12 p.
Rematar.

**Lo mejor de tejer a ganchillo** los cordones para cerrar esta chaqueta es que no necesitará utilizar cintas ni tiras de tela que los minúsculos deditos del bebé puedan desanudar. Teja los cordones a punto de cadeneta aplicando una tensión homogénea (véanse las pp. 26 y 27) para un acabado pulido.

**ACABADO**
Coser las costuras del hombro con un pespunte. Unir las mangas a punto por encima. Con unos imperdibles, prender una manga a la sisa correspondiente. El primer imperdible debería sujetar la costura de la manga entre el p saltado de la vuelta 23 y el centro de la manga en línea con la costura del hombro. Colocar el resto de la manga y coser a sobrehilado ambas piezas. Repetir la operación con la otra manga.

**RIBETE**
Empalmar el hilo al centro de la parte posterior del cuello y tejer a pb a lo largo de toda la prenda, trabajando 3 pb en 2 vueltas de mpa en los delanteros; unir el pb final al primero con 1 pr. Tejer a pb un ribete en el puño de la manga y cerrarlo uniendo el pb final al primero con 1 pr.

**CORDONES**
Empalmar el hilo al primer p de una de las esquinas inferiores de la prenda, hacer 40 c y rematar los cabos. Rep en el último p de la esquina opuesta. Tejer un cordón de 40 c a 25 cm de la c inicial y otro a 25 cm del extremo opuesto; rep el proceso en la vuelta 20, donde se cruzan los delanteros.

# PONCHO PARA NIÑA

*Nivel de dificultad* ***

*Este gran cuadrado clásico* se convierte en un colorido y calentito poncho con solo dejar una abertura cuadrada en el centro para pasar la cabeza. Es el complemento perfecto para llevar encima de cualquier atuendo.

**TÉCNICAS EMPLEADAS** Cadeneta **p. 26**, Punto alto **p. 44**, Trabajar en un espacio de cadeneta **p. 75**, Tejer en espacios entre puntos **p. 75**

## TALLA

4–9 años

## HILO

Artesano Superwash Merino DK de 50 g/112 m (100 % lana merina; con cualquier hilo ligero logrará un aspecto similar)

**A** x 2

**B** x 2

**C** x 2

**D** x 2

**E** x 3

**F** x 3

## GANCHILLO

Ganchillo de 4,5 mm

## OTROS MATERIALES

4 marcadores de puntos
Aguja lanera

## TENSIÓN

4 grupos de 3 pa en 10 cm, 9 vueltas en 10 cm

## INSTRUCCIONES

**Vuelta 1:** Con hilo A, hacer un nudo corredizo a 10 cm del extremo del hilo, hacer 75 c, 1 pa en la cuarta c desde el ganchillo (las primeras 4 c se cuentan como 1 pa), 1 pa en la sig c, *1 c, 1 pa en las sig 3 c, rep desde * hasta el final (24 grupos de 3 pa), 1 c, 1 pr encima de las 3 c. Sin retorcer la vuelta, rematar la labor y el cabo. Con el cabo de 10 cm, unir a la cuarta c y remeter el cabo.
Poner marcadores en el 1.º, 7.º, 13.º y 19.º esp de c. Estos marcadores indican las esquinas.
**Vuelta 2:** Empalmar el hilo B en el primer esp de c marcado, (3 c, 2 pa, 3 c, 3 pa) en el mismo esp de c para crear la primera esquina, 1 c, *(3 pa en el sig esp de c, 1 c) 5 veces**, (3 pa, 3 c, 3 pa) en el sig esp de c, 1 c; rep desde * 2 veces, luego desde * hasta ** una vez, 1 pr en la hebra superior de las 3 c al com de la vuelta, rematar la labor y los cabos. (20 grupos de 3 pa y 4 grupos de esquina)
**Vuelta 3:** Empalmar el hilo C al esp de esquina de 3 c, (3 c, 2 pa, 3 c, 3 pa) en el mismo esp de c, 1 c, *(3 pa en el sig esp de c, 1 c) hasta la esquina sig**, (3 pa, 3 c, 3 pa) en el esp de esquina de 3 c, 1 c; rep desde * 2 veces, luego desde * hasta ** una vez, 1 pr encima de las 3 c.
Rematar la labor y los cabos. (6 grupos de 3 pa entre las esquinas)
**Vueltas 4–16:** Rep la vuelta 3 con los colores siguientes. En cada vuelta tendrá un grupo de 3 pa más en cada lado del cuadrado.
**Vuelta 4:** Hilo D. (7 x 3 pa)
**Vuelta 5:** Hilo E. (8 x 3 pa)
**Vuelta 6:** Hilo A. (9 x 3 pa)
**Vuelta 7:** Hilo B. (10 x 3 pa)
**Vuelta 8:** Hilo F. (11 x 3 pa)
**Vuelta 9:** Hilo C. (12 x 3 pa)
**Vuelta 10:** Hilo E. (13 x 3 pa)
**Vuelta 11:** Hilo A. (14 x 3 pa)
**Vuelta 12:** Hilo D. (15 x 3 pa)
**Vuelta 13:** Hilo B. (16 x 3 pa)
**Vuelta 14:** Hilo C. (17 x 3 pa)
**Vuelta 15:** Hilo E. (18 x 3 pa)
**Vuelta 16:** Hilo F. (19 x 3 pa)
**Vueltas 17–32:** Rep la secuencia de colores.
**Vuelta 33:** Con hilo A, tejer a pb a lo largo de todo el borde, tejiendo 5 pb en las esquinas; rematar con una unión invisible.

**Utilice un hilo de lana** 100 % para tejer esta prenda abrigada y envolvente. Elija los colores con esmero para conseguir una combinación armoniosa y utilice el mismo color para la abertura de la cabeza y para el ribete a punto bajo de la parte inferior para dar coherencia a la labor.

# JERSEY CON RAYAS

*Nivel de dificultad* ***

*Esta versátil prenda se teje en redondo,* trabajando de abajo arriba. Las mangas se unen luego al cuerpo y se da forma a los hombros menguando las sisas al estilo raglán (véanse las páginas 52 y 53).

**TÉCNICAS EMPLEADAS** Cadeneta **p. 26**, Punto bajo **p. 34**, Rayas simples **p. 39**, Punto alto **p. 44**, Dar forma **pp. 50–52**, Costura a punto raso **p. 70**

## TALLA

3–4 años (o 4–5; 6–7)

## HILO

Debbie Bliss Baby Cashmerino DK de 50 g/125 m (55 % lana, 33 % acrílico y 12 % cachemira; con cualquier hilo ligero con mezcla de lana merina logrará un efecto similar)

**A** x 3 (3:5) **B** x 1 (1:1) **C** x 1 (2:2)

## GANCHILLO

Ganchillos de 3,5 y 4 mm

## OTROS MATERIALES

8 marcadores de puntos
Aguja lanera

## TENSIÓN

16 p y 8,5 vueltas en 10 cm

## INSTRUCCIONES

Las instrucciones para esta prenda permiten crearla en tres tallas. La más pequeña es la que se indica primero. Las tallas más grandes se indican entre paréntesis.

### CUERPO

Con hilo A y el ganchillo de 4 mm, hacer 108 c (o 112; 116) y, con cuidado de no retorcerlas, unir la primera y la última c con 1 pr para crear un gran anillo.
**Vuelta 1:** Con el ganchillo de 3,5 mm, 1 c, 1 pb en cada c hasta el final, unir por encima de 1 c con 1 pr y poner un marcador de puntos para indicar el final de la vuelta. (108 p, o 112; 116)
**Vuelta 2:** 1 c, 1 pb en cada p hasta el final, unir. Rep la vuelta 2 hasta que la pieza mida 3 cm.
**Vuelta sig:** 3 c, 1 pa, en cada p hasta el final de la vuelta, unir.
Rep la última vuelta otras 2 veces (o 4; 4).
Cont tejiendo en vueltas rectas circulares a pa como sigue:
1 vuelta en hilo B.
2 vueltas en hilo C.
1 vuelta en hilo B.
6 (o 7; 7) vueltas en hilo A.
1 vuelta en hilo B.
2 vueltas en hilo C.
1 vuelta en hilo B.
1 vuelta (o 1; 2) en hilo A.
Rematar.

### PUÑOS (TEJER 2)

Con hilo A y el ganchillo de 4 mm, hacer 28 c (o 29; 29) y, con cuidado de no retorcerlas, unir la primera a la última con 1 pr para crear un anillo.
**Vuelta 1:** Con el ganchillo de 3,5 mm, 1 c, 1 pb en cada c hasta el final, unir. (28 p, o 29; 29)
**Vuelta 2:** 1 c, 1 pb en cada p hasta el final, unir. Rep la vuelta 2 hasta que la pieza mida 3 cm.

**Para comprobar si este jersey** es de la talla adecuada, las medidas exactas son las siguientes: 58,5 cm (o 61; 63,5) de contorno de pecho y 27 cm (o 28; 29) de longitud de mangas.

**La delicada línea del cuello**, tejida a punto bajo tupido, crea un bonito contraste con el punto alto, mucho más abierto, utilizado en el cuerpo del jersey.

**MANGA**

Poner un marcador de puntos al inicio de cada vuelta y desplazarlo hacia arriba una vez completada.
**Vuelta 1:** 3 c, 1 pa en cada p hasta el final, unir.
**Vuelta 2:** 3 c, 2 pa en el sig p, 1 pa en cada p hasta 2 p antes del marcador, 2 pa en el sig p, 1 pa, unir. (30 p, o 31; 31)
Rep las 2 últimas vueltas una vez. (32 p, o 33; 33)
Rep la vuelta 1.
Con hilo B, rep la vuelta 2. (34 p, o 35; 35)
Con hilo C, rep las vueltas 1 y 2. (36 p, o 37; 37)
Con hilo B, rep la vuelta 1.
Con hilo A, rep la vuelta 2. (38 p, o 39; 39)
Rep las vueltas 1 y 2, 2 veces (o 3; 3). (42 p, o 45; 45)

**Solo talla 3–4 años**
Rep la vuelta 1.

**Todas las tallas**
Con hilo B, rep la vuelta 1.
Con hilo C, rep la vuelta 2. (44 p, o 47; 47)
Con hilo C, rep la vuelta 1.
Con hilo B, rep la vuelta 2. (46 p, o 49; 49)
Con hilo A, rep la vuelta 1.

**Solo talla 6–7 años**
Rep la vuelta 2. (51 p)

**Todas las tallas**
Rematar

**UNIR LAS MANGAS AL CUERPO**

A partir del punto del cuerpo donde se ha rematado el hilo, contar 4 p y poner un marcador en el sig p, contar 8 p (o 9; 9) desde el marcador en sentido contrario a las agujas del reloj y poner otro marcador, dejando 8 p (o 9; 9) entre marcadores.
A partir del primer marcador, contar 44 p (o 45; 47) y poner otro marcador dejando 44 p (o 45; 47) entre este y el anterior, y desde este tercer marcador, contar 8 p (o 9; 9) y poner otro más dejando 8 p (o 9; 9) entre marcadores.
Después de poner los marcadores, el recuento de puntos en torno al cuerpo debería ser el siguiente: p marcado, 44 p (o 45; 47), p marcado, 8 p (o 9; 9), p marcado, 44 p (o 45; 47), p marcado, 8 p (o 9; 9).
A partir del punto de remate de cada manga, contar 4 p hacia la derecha y poner un marcador en el sig p; desde ese marcador contar 8 p (o 9; 9) en sentido contrario a las agujas del reloj y poner otro marcador en el sig p. (8 p, o 9; 9 entre marcadores.)

**UNIÓN EN REDONDO**

Poner la manga derecha en línea con la sisa derecha del cuerpo y, tras hacer un nudo corredizo en el ganchillo, insertar este por los puntos marcados en el cuerpo y la manga en la espalda del jersey y tejer 1 pr para unirlos, 3 c (se cuentan como 1 pa), 1 pa en cada p a lo largo de toda la espalda hasta el segundo punto marcado, *insertando el ganchillo a través del p marcado en las capas del cuerpo y la otra manga, tejer 1 pa, pa a lo largo de los p de la manga * hasta el marcador, tejiendo a través de ambas capas, 1 pa en el p marcado de la manga y el cuerpo, 1 pa a lo largo de todo el delantero hasta el siguiente marcador, rep entre * y * y pr encima de las 3 c para unir. Retirar los marcadores de puntos. (164 p, o 170; 178)
**Vuelta 1:** 3 c, c2pa, 40 pa (o 41; 43), c2pa, 1 pa, poner un marcador, *1 pa, c2pa, 30 pa (o 32; 34), c2pa, 1 pa, ** poner un marcador, 1 pa, c2pa, 40 pa (o 41; 43), c2pa, 1 pa, poner un marcador, rep desde * hasta **, unir. (156 p, o 162; 170)
**Vuelta 2:** 3 c, (c2pa) 2 veces, pa hasta 5 p antes del marcador, (c2pa) 2 veces, 1 pa, *deslizar el marcador, 1 pa, (c2pa) 2 2, pa hasta 5 p antes del marcador, (c2pa) 2 veces, 1 pa, rep desde * hasta el final de la vuelta. (140 p, o 146; 154)
**Vuelta 3:** 3 c, c2pa, pa hasta 3 p antes del marcador, c2pa, 1 pa, *deslizar el marcador, 1 pa, c2pa, pa hasta 3 p antes del marcador, c2pa, 1 pa, rep desde * hasta el final de la vuelta. (132 p, o 138; 146)
Rep las 2 últimas vueltas 2 veces. (84 p, o 90; 98)
Rep la vuelta 3 otras 2 (o 2; 3) veces. (68 p, o 74; 74)
**Vuelta sig:** 1 c, 1 pb en cada p hasta el final.
Rep la última vuelta hasta que las vueltas a pb midan 3 cm.
Rematar.

**ACABADO**

Coser los p de la sisa a pr por el interior de la prenda. Rematar todos los cabos.

# CHAQUETA CON CAPUCHA

*Nivel de dificultad* ***

*Esta chaqueta* para una de las personitas que forman parte de su vida se teje recta y luego se cosen las piezas. El ribete a punto cangrejo aporta un acabado pulido.

**TÉCNICAS EMPLEADAS** Cadeneta **p. 26**, Punto raso **p. 28**, Punto bajo **p. 34**, Punto alto **p. 44**, Dar forma **pp. 50–52**, Botones de bola **p. 87**

## TALLA

3–4 años (o 4–5; 6–7)

## HILO

Rowan Pure Wool de 50 g/160 m (100% lana; con cualquier hilo de 4 cabos con alto contenido de lana logrará un efecto similar)

**A** x 7 (7:8) **B** x 1 (1:2)

## GANCHILLO

Ganchillo de 3 mm

## OTROS MATERIALES

Aguja lanera

5 botones alargados de 3 cm de longitud

## TENSIÓN

21 p y 17 vueltas en un cuadrado de 10 cm de lado

## TÉCNICAS ESPECIALES

1 c tejida al inicio de una vuelta se cuenta como 1 pb.

3 c tejidas al inicio de una vuelta se cuentan como 1 pa.

**Punto cangrejo:** Véase p. 147

## INSTRUCCIONES

La primera talla que se presenta corresponde a una chaqueta pequeña. La mediana y la grande se indican entre paréntesis.

### ESPALDA

Con hilo B, hacer 68 c (o 72; 76).

**Vuelta base:** Com en la segunda c desde el ganchillo, 1 pb en cada p hasta el final. Cortar el hilo B y empalmar el hilo A. (67 p , o 71; 75)

**Vuelta 1:** 3 c (se cuentan como primer pa), 1 pa en cada p hasta el final.

**Vuelta 2:** 1 c, 1 pb en cada p hasta el final. Estas dos vueltas conforman el patrón del punto.

Rep estas vueltas hasta que la pieza mida 20 cm (o 24; 28) desde el inicio, acabando con una vuelta 2.

### FORMA DE LAS SISAS

Seguir el patrón del punto.

**Vuelta sig:** 1 c, 1 pr en cada uno de los primeros 4 p (o 5; 6) de la vuelta. 3 c (se cuentan como primer pa), 1 pa en cada p hasta los últimos 3 p (o 4; 5), girar. (61 p, o 63; 65)

Siguiendo el patrón, tejer recto hasta que la pieza mida 13,5 cm (o 15; 16,5) desde la sisa.

### FORMA DE LOS HOMBROS Y EL CUELLO

**Vuelta sig:** 1 c, 1 pr en cada uno de los sig 9 p (9; 8), 1 pb en cada uno de los sig 9 p, 1 pr en cada uno de los sig 25 p (o 27; 31), 1 pb en cada uno de los sig 9 p, 1 pr en cada uno de los últimos 9 p (o 9; 8). Rematar el hilo.

### DELANTERO IZQUIERDO

Con hilo B, hacer 34 c (o 36; 38).

**Vuelta base:** Com en la segunda c desde el ganchillo, 1 pb en cada p hasta el final. (33 p, o 35; 37)

Cortar el hilo B y empalmar el hilo A.

**Estos botones alargados** lucen bien en esta chaqueta con capucha, a la que le aportan un detalle rústico. A los niños les resultan más fáciles de abotonar, si bien pueden sustituirse por botones redondos si se prefiere.

**Vuelta 1:** 3 c (se cuentan como primer pa), 1 pa en cada p hasta el final.

**Vuelta 2:** 1 c, 1 pb en cada p hasta el final.

Rep estas vueltas hasta que la pieza mida 20 cm (o 24; 28) desde el inicio, acabando con una vuelta 2.

### FORMA DE LAS SISAS

Seguir el patrón del punto.

**Vuelta sig (D):** 1 c, 1 pr en cada uno de los primeros 4 p (o 5; 6) de la vuelta, 3 c (se cuentan como primer pa), 1 pa en cada p hasta el final. (30, o 31; 32 p)

Siguiendo el patrón, tejer recto hasta que la pieza sea 6 vueltas más corta que la espalda (sin incluir la vuelta de la forma de los hombros), acabando con una vuelta por el R.

**FORMA DEL CUELLO**
**Vuelta sig:** 3 c (se cuentan como primer p), 1 pa en cada p hasta 9 p (o 9; 11) antes del final, girar. (21 p, o 22; 21)
**Vuelta sig:** 3 c (se cuentan como primer p), c2pa, 1 pa en cada p hasta el final. (20 p, o 21; 20)
**Vuelta sig:** 3 c (se cuentan como primer p), 1 pa en cada p hasta los últimos 2 p, c2pa. (19 p, o 20; 19)
**Vuelta sig:** 3 c (se cuentan como primer p), c2pa, 1 pa en cada p hasta el final. (18 p, o 19; 18)
Tejer 2 vueltas rectas.

**FORMA DE LOS HOMBROS**
**Vuelta sig (D):** 1 c, 1 pr en cada uno de los sig 8 p (o 9; 8), 1 pb en cada p hasta el final. Rematar el hilo.

**DELANTERO DERECHO**
Se teje igual que el delantero izquierdo, pero invirtiendo la forma.

**MANGAS (TEJER 2)**
Con hilo B, hacer 30 c (o 32; 35).
**Vuelta base:** Com por la segunda c desde el ganchillo, 1 pb en cada p hasta el final. (29 p, o 31; 34)
Cortar el hilo B y empalmar el hilo A.
**Vuelta 1:** 3 c (se cuentan como primer pa), 1 pa en cada p hasta el final.
**Vuelta 2:** 1 c, 1 pb en cada p hasta el final.
**Vuelta 3:** 3 c (se cuentan como primer pa), 2 pa en el sig p, tejer 1 pa en cada p hasta los últimos 2 p, 2 pa en el sig p, 1 pa en el último p. (31 p, o 33; 36)
**Vuelta 4:** 1 c, 1 pb en cada p hasta el final.
**Vuelta 5:** 3 c (se cuentan como primer pa), 1 pa en cada p hasta el final.
**Vuelta 6:** 1 c, 2 pb en el sig p, 1 pb en cada p hasta los últimos 2 p, 2 pb en el sig p, 1 pb en el último p. (33 p, o 35; 38)
Cont de este modo, aumentado cada tres vueltas, hasta tener 53 p (o 61; 66).
Tejer recto hasta que la manga mida 26 cm (o 30; 34). Rematar el hilo.

**BOLSILLOS (TEJER 2)**
Con hilo A, hacer 19 c (o 23; 25).
**Vuelta base:** Com por la segunda c desde el ganchillo, 1 pb en cada p hasta el final. (18 p, o 22; 24)
Siguiendo el patrón como en la espalda, tejer 13 vueltas.
**Vuelta 14:** 1 c, 1 pr en cada uno de los sig 3 p, 1 pb en cada p hasta el final. (15 p, o 19; 21)
**Vuelta 15:** 3 c (se cuentan como primer pa), 1 pa en cada p hasta el final.
**Vueltas 16–20:** Siguiendo el patrón del hilo, menguar 1 p en el borde curvado (tejiendo 2 p juntos) de cada vuelta. (10 p, o 14; 16)
Tejer 2 vueltas rectas. Rematar el hilo.
Estirar todas las piezas.

**TIRA CON LOS OJALES**
**Vuelta 1:** Empalmar el hilo A a la parte superior del delantero izquierdo y hacer 1 c. Tejer a pb a lo largo del borde del delantero, trabajando 2 p en cada extremo de las vueltas a pa y 1 pb en cada extremo de las vueltas a pb. No tejer en el color a contraste de la base del delantero.
**Vuelta 2:** 1 c, 1 pb en cada p hasta el final.
Rep la vuelta 2 una vez más.
**Vuelta 3:** Como la vuelta 2, pero creando 5 ojales repartidos uniformemente a lo largo de la vuelta. Los ojales se forman haciendo 2 c y saltando 2 p.
Rep la vuelta 2 otras 2 veces más.
Rematar el hilo.

**TIRA DE LOS BOTONES**
Com por la base del delantero derecho, tejer como la tira de los ojales, sustituyendo la vuelta 3 por otra repetición de la vuelta 2.
Unir las costuras de los hombros.

**CAPUCHA**
Con hilo A, empezando en la parte superior de la tira de los botones, tejer a pb a lo largo del cuello como sigue: 5 pb a lo ancho de la tira de los botones, 17 p (o 18; 20) a lo largo de la parte derecha del cuello, 25 p (o 27; 31) a lo largo de la parte trasera del cuello, 17 p (o 18; 20) a lo largo de la parte izquierda del cuello y 5 a lo ancho de la tira de los ojales. (69, o 73; 81 p)
Siguiendo el patrón como en la espalda, tejer hasta que la capucha mida 24 cm (o 26; 28). Rematar el hilo. Coser la capucha a la chaqueta.

**RIBETES**
**Mangas**
Empalmar el hilo B al puño y tejer a punto cangrejo a lo largo de la boca. Rematar el hilo.

**El ribete en un color claro** a contraste a lo largo de todo el borde de la chaqueta, la capucha, los puños y los bolsillos, confiere a esta bonita prenda un acabado profesional y pulido. Consulte en las páginas 50–53 cuándo aumentar y disminuir puntos para dar forma a la chaqueta. En las páginas 85–87 encontrará información adicional sobre ribetes y acabados para labores tejidas a ganchillo.

**Bolsillos**
**Vuelta 1:** Empalmar el hilo B y hacer 1 c. Tejer 15 pb de manera uniforme a lo largo del borde curvado.
**Vuelta 2:** 1 c, tejer a punto cangrejo a lo largo del ribete en sentido contrario. Rematar el hilo.

**Cuerpo**
**Vuelta 1:** Empalmar el hilo B a la base de la tira de los ojales en el punto donde se une a la chaqueta y tejer a pb como sigue: 5 p en la base de la tira de los ojales, cont por el cuerpo y la capucha haciendo 2 p en el extremo de cada vuelta a pa y 1 p en el extremo de cada vuelta a pb, 5 p en la base de la tira de los botones.
**Vuelta 2:** 1 c, tejer a punto cangrejo en sentido contrario siguiendo todo el ribete y el borde inferior de la chaqueta. Rematar todos los cabos.

# VESTIDITO DE VERANO

*Nivel de dificultad* ***

*El cuerpo de este encantador vestido veraniego* se teje en dos piezas, el delantero y la espalda, que luego se unen a punto raso. La falda se teje en redondo de arriba abajo utilizando aumentos y disminuciones para crear el efecto de espiguilla.

**TÉCNICAS EMPLEADAS** Cadeneta **p. 26**, Punto raso **p. 28**, Medio punto alto **p. 38**, Punto alto **p. 44**, Dar forma **pp. 50–52**, Ribete a punto bajo **p. 86**

## TALLA

1–2 años (o 2–3; 4–5)

## HILO

Debbie Bliss Eco Baby de 50 g/125 m (100 % algodón; con cualquier hilo de algodón ligero logrará un efecto similar)

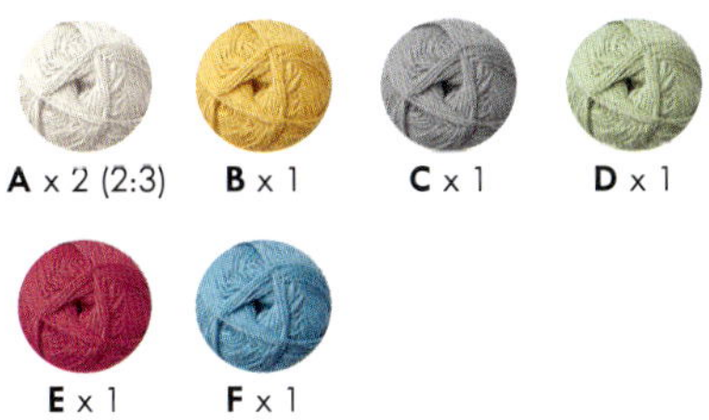


## GANCHILLO

Ganchillo de 3,5 mm

## OTROS MATERIALES

Aguja lanera
2 botones de 2 cm

## TENSIÓN

17 p y 12 vueltas en 10 cm

## INSTRUCCIONES

Con hilo A, hacer 51 c (o 55; 59).
**Vuelta 1:** 1 mpa en la segunda c desde el ganchillo, 1 mpa en cada c hasta el final, girar. (49 p, o 53; 57)
**Vuelta 2:** 2 c, 1 mpa en cada p hasta el final, girar.
**Vuelta 3:** 2 c, 2 mpa (o 4; 2), *1 c, saltar 1 p, 3 mpa, rep desde * hasta los últimos 3 p, 1 c, saltar 1 p, 2 mpa (o 4; 2).
**Vuelta 4:** 2 c, 1 mpa en cada p y esp de c que vaya encontrando, girar.
Rep la vuelta 2 una vez (o dos; tres).

## FORMA DE LA SISA

**Vuelta 1:** 1 pr en los sig 3 p, 3 c, 43 mpa (o 47; 51), girar. (43 p, o 47; 51)
**Vuelta 2:** 2 c, 1 mpa, c2mpa, 1 mpa hasta 3 p antes del final de la vuelta, c2mpa, 1 mpa, girar. (41 p, o 45; 49)
Rep la segunda vuelta 5 veces. (31 p, o 35; 39)
**Vuelta 8:** 2 c, 1 mpa en cada p hasta el final.
Rep la vuelta 8 hasta que la pieza mida 6 cm (o 6; 7) desde la sisa.

## ESCOTE

**Lado izquierdo**
**Vuelta 1:** 2 c, 9 mpa (o 10; 11), girar.
**Vuelta 2:** 2 c, saltar el sig p, 1 mpa en cada p hasta el final, girar. (8 p, o 9; 10)
**Vuelta 3:** 2 c, 1 mpa en cada p hasta el final, girar.
Rep las últimas 2 vueltas 2 veces (o 3; 4) más. (6 p) Rematar.

**Lado derecho**
**Vuelta 1:** Empalmar el hilo con 1 pr al 13.º p (o 15.º; 17.º) desde el borde de la forma del lado izquierdo, 2 c, 1 mpa en cada p a lo largo de toda la vuelta, girar. (9 p, o 10; 11)
**Vuelta 2:** 2 c, 1 mpa en cada p hasta los últimos 2 p, saltar el sig p, 1 mpa. (8 p, o 9; 10)
**Vuelta 3:** 2 c, 1 mpa en cada p hasta el final, girar. Rep las últimas 2 vueltas 2 veces (o 3; 4) más. (6 p) Rematar.

**Tejer un diseño en espiguilla** es muy sencillo, pero hay que recordar contar todos puntos al ascender por un lado y volverlos a contar al descender por el otro para crear una forma en M homogénea en todo el tejido.

**ESPALDA**
Tejer como el delantero hasta el final de la vuelta 2.
**Vuelta 3:** 2 c, 1 mpa, *1 c, saltar el sig p, 3 mpa, rep desde * hasta el final.
Cont como el delantero desde la vuelta 4 hasta la 8 de la sisa.
Rep la vuelta 8 hasta que la pieza mida 11 cm (o 12; 14) desde la sisa.

**CUELLO**
**Lado derecho**
**Vuelta 1:** 2 c, 6 mpa, girar. Rep la vuelta 1 otras 3 veces.
**Vuelta 5:** 2 c, 2 mpa, c2mpa, 2 mpa, girar. (5 p)
**Vuelta 6 (ojal)**: 2 c, 2 mpa, 1 c, saltar el sig p, 2 mpa, girar.
**Vuelta 7:** 2 c, 2 mpa, 1 mpa en el esp de c, 2 mpa, girar.
**Vuelta 8:** 1 c, 1 mpa en cada p hasta el final, girar. Rep la vuelta 8 una vez. Rematar.
**Lado izquierdo**
Empalmar el hilo con 1 pr al 19.° p (o 23.°; 27.°) desde el borde de la forma derecha. Tejer igual que el lado derecho.

**UNIR LA PIEZA DE LA ESPALDA Y EL DELANTERO**
Con el D de frente y a pr, coser los lados por debajo de las sisas.

**FALDA**
Con el D de frente, empalmar el hilo A en la costura lateral derecha.
**Vuelta 1:** 2 c, 2 mpa en el sig p, 1 mpa en cada p hasta la costura izquierda, 2 mpa en el sig p, 1 mpa en cada p hasta el final de la vuelta. (96 p, o 104; 112)
**Vuelta 2:** Con hilo B, 3 c (se cuentan como 1 p), 1 pa en el mismo p que las 3 c, *1 pa, (c2pa) 2 veces, 1 pa, (2 pa en el sig p)** 2 veces, rep desde * hasta el final de la vuelta, acabando la última rep en **, unir a la parte superior del primer p con 1 pr.
**Vuelta 3:** Rep la vuelta 2.
**Vuelta 4:** Con hilo A, rep la vuelta 2.
**Vuelta 5:** Con hilo C, 3 c, 2 pa en el mismo p que las 3 c, *1 pa, (c2pa) 2 veces, 1 pa, (3 pa en el sig p)** 2 veces, rep desde * hasta el final de la vuelta, acabando la última rep en **, unir. (120 p, o 130; 140)

**Los tirantes de este vestido** tipo túnica se sujetan con unos pequeños botones. Elija unos botones de plástico decorativos y úselos a modo de adorno, o bien teja un par de botones a ganchillo (véase p. 87).

**Vuelta 6:** 3 c, 1 pa en el mismo p que las 3 c, *2 pa, (c2pa) 3 veces, 2 pa, (2 pa en el sig p)** 3 veces, rep desde * hasta el final, acabando la última rep en **. Unir.
**Vuelta 7:** Con hilo A, rep la vuelta 6.
**Vueltas 8–9:** Con hilo D, rep la vuelta 6.
**Vuelta 10:** Con hilo A, rep la vuelta 6.
**Vueltas 11–12:** Con hilo E, rep la vuelta 6.
**Vuelta 13:** Con hilo A, 3 c, 2 pa en el mismo p que las 3 c, *2 pa, (c2pa) 2 veces, 2 pa, (3 pa en el sig p)** 2 veces, rep desde * hasta el final de la vuelta, acabando la última rep en **. Unir. (144 p, o 156; 168)
**Vuelta 14:** Con hilo F, 3 c, 1 pa en el mismo p que las 3 c, *3 pa, (c2pa) 2 veces, 3 pa, (2 pa en el sig p)** 2 veces, rep desde * hasta el final de la vuelta, acabando la última rep en **, unir.
**Vuelta 15:** Rep la vuelta 14.
**Vuelta 16:** Con hilo A, rep la vuelta 14.
**Vuelta 17:** Con hilo B, rep la vuelta 14.

**Solo para las tallas 2–3 y 4–5 años**
**Vuelta 18:** Rep la vuelta 14.

**Solo para la talla 4–5 años**
**Vuelta 19:** Con hilo A, rep la vuelta 14.
**Vueltas 20–21:** Con hilo C, rep la vuelta 14.

**Todas las tallas**
Rematar.

**ACABADO**
Empalmar el hilo E a la costura lateral derecha bajo la sisa, hacer 1 c y tejer uniformemente una vuelta a pb a lo largo de todo el delantero y la espalda, a modo de ribete; unir. Rematar.

**LAZO**
Con hilo F, hacer 150 c y rematar todos los cabos. Pasar el cordón por los ojales de la vuelta 3 del canesú y atar con un lazo en el pecho. Rematar los cabos. Coser los botones en su sitio. Estirar ligeramente.

**Este sencillo y decorativo cordón** se teje a punto de cadeneta en un color a contraste, se pasa a través del canesú del vestido y se ata por delante.

# JERSEY LIGERO

*Nivel de dificultad* ***

*Este bonito jersey es ideal* para completar cualquier fondo de armario de entretiempo. Calado y con mangas tres cuartos, es perfecto para cuando hace fresco. Las cuatro piezas que lo componen, tejidas planas, se cosen al final.

**TÉCNICAS EMPLEADAS** Punto bajo **p. 34**, Punto alto **p. 44**, Dar forma **pp. 50–52**, Estirado y costuras **pp. 68–70**, Racimos **p. 77**, Ribete a punto bajo **p. 86**

### TALLA

Mujer adulta: P (o M; G)

### HILO

Louisa Harding Orielle DK de 50 g/110 m (97 % alpaca y 3 % poliéster; puede usar cualquier hilo ligero de lana o alpaca. El del ejemplo es ligeramente brillante: utilice Lurex® si desea recrear este efecto)

x 10 (o 12:12)

### GANCHILLO

Ganchillo de 6 mm

### OTROS MATERIALES

Imperdibles

Aguja lanera

### TENSIÓN

Siete r2pa por 7,5 vueltas en 10 cm a punto de V invertida

### ABREVIATURAS Y TÉCNICAS ESPECIALES

**R2PA:** Racimo de 2 puntos altos. Eh, insertar el ganchillo en el esp de c inferior, eh, sacarlo, eh, sacarlo por 2 lazadas, eh, insertar el ganchillo en el esp de c sig, eh, sacarlo, eh, sacarlo por las 3 lazadas restantes.

**Punto de V invertida: Vuelta 1:** (sobre la vuelta a pb) 3 c, *r2pa (tejer el primer pa en el primer pb, saltar 1 pb, tejer el 2.° pa en el sig pb), 1 c, rep desde * hasta el final, 1 pa en el último p. **Vuelta 2:** 3 c, *r2pa, 1 c, rep desde * hasta el final, 1 pa en el último p. Rep la vuelta 2 para crear el patrón del punto.

### INSTRUCCIONES

Las siguientes instrucciones corresponden a tres tallas de busto: pequeña (81 cm), mediana (91 cm) y grande (101 cm).

#### DELANTERO

Hacer 77 c (o 85; 92).

**Vuelta 1:** 1 pb en la segunda c desde el ganchillo, 1 pb en cada c hasta el final, girar. (76 p, o 84; 91)

**Vuelta 2:** 1 c, 1 pb en cada p hasta el final, girar. Rep la vuelta 2 otras 7 veces.

**Solo tallas pequeña y grande**

**Vuelta 10:** 1 c, 4 pb (o 1), *2 pb en el sig p, 2 pb, rep desde * hasta el final. (100 p, o 121)

**Solo talla mediana**

**Vuelta 10:** 1 c, 4 (o 6; 1) pb, *2 pb en el p sig, 2 (o 2; 2) pb**, 2 pb en el p sig, 2 (o 1; 2) pb, rep desde * hasta el final, acabando la última rep en **. (100 p, o 115; 121).

**Todas las tallas**

**Vuelta 11:** Tejer la vuelta 1 del punto de V invertida. (33 r2pa, o 38; 40)

**Vuelta 12:** Tejer la vuelta 2 del punto de V invertida. Rep la vuelta 12 hasta que la pieza mida 31 cm (o 32; 33).

#### FORMA DE LAS SISAS

**Vuelta 1:** *1 pr en el sig r2pa, 1 pr en la primera c al aire, rep desde * una vez, 3 c, tejer la vuelta 2 del punto de V invertida hasta el antepenúltimo esp de c (quedan dos r2pa sin trabajar). (29 r2pa, o 34; 36)

**Vuelta 2:** Tejer la vuelta 2 del punto de V invertida. Rep la vuelta 2 hasta que el agujero para las mangas mida 14 cm (o 15; 16) desde la forma de la sisa; acabar con una vuelta del R.

**La parte principal de este jersey** se teje con un patrón repetitivo y fácil de punto calado, y los bordes se trabajan a punto bajo. Consulte la página 106–107 para más información sobre técnicas de encaje simples, y las páginas 108–110 para la técnica de punto de red o filet.

#### FORMA DEL ESCOTE

**Lado izquierdo**

**Vuelta 1 (D):** 3 c, *r2pa, 1 c, rep desde * 8 veces (o diez; diez), 1 pa en el mismo esp de c que el último p, girar. (9 r2pa, u 11; 11)

**Vuelta 2 (R):** 3 c, saltar la primera c al aire, *r2pa, 1 c, rep desde * en toda la vuelta, girar. (8 r2pa, o 10; 10)

**Vuelta 3 (D):** 3 c, *r2pa, 1 c, rep desde * 7 veces (o 9; 9), 1 pa en el mismo esp de c que el último p, girar. (8 r2pa, o 10; 10)

**Vuelta 4 (R):** 3 c, saltar el primer esp de c, *r2pa, 1 c, rep desde * a lo largo de la vuelta, girar. (7 r2pa, o 9; 9)
**Vuelta 5 (D):** 3 c, *r2pa, 1 c, rep desde * 6 veces (u 8; 8), 1 pa en el mismo esp de c que el último p, girar. (7 r2pa, o 9; 9)
**Vuelta 6 (R):** 3 c, saltar el primer esp de c, *r2pa, 1 c, rep desde * a lo largo de la vuelta, girar. (6 r2pa, u 8; 8) Rematar.

**Lado derecho**
**Vuelta 1 (D):** Empalmar el hilo al 11.° esp de c (o 12.°; 14.°) después de la vuelta final del lado izquierdo, 3 c, *r2pa, 1 c, rep desde * hasta el final, 1 pa, girar. (9 r2pa, u 11; 11)
**Vuelta 2 (R):** 3 c, *r2pa, 1 c, rep desde * 7 veces (o nueve; nueve), 1 pa en la c de vuelta. (8 r2pa, o 10; 10)
**Vuelta 3:** Tejer una vuelta 2 del punto de V invertida.
**Vuelta 4:** 3 c, *r2pa, 1 c, rep desde * 6 veces (u 8; 8), 1 mpa en la c de vuelta, girar. (7 r2pa, o 9; 9)
**Vuelta 5:** Rep la vuelta 3.
**Vuelta 6:** 3 c, *r2pa, 1 c, rep desde * 5 veces (o siete; siete), 1 mpa en la c de vuelta, girar. (6 r2pa, u 8; 8) Rematar.

**ESPALDA**
Tejer como el delantero hasta la vuelta 2 de la sisa. Rep la vuelta 2 hasta que la pieza mida 19,5 cm (o 20,5; 21,5) desde la forma de la sisa; acabar con una vuelta del R.

**FORMA DEL ESCOTE**
**Lado derecho**
**Vuelta 1 (D):** 3 c, *r2pa, 1 c, rep desde * 6 veces (u 8; 8), 1 pa en el mismo esp de c que el último p, girar. (7 r2pa, o 9; 9)
**Vuelta 2 (R):** 3 c, saltar el primer esp de c, *r2pa, 1 c, rep desde * a lo largo de la vuelta, girar. (6 r2pa, u 8; 8) Rematar.

**Lado izquierdo**
**Vuelta 1 (D):** Empalmar el hilo al 15.° esp de (o 16.°; 18.°) de 1 c después de la vuelta del lado derecho, 3 c, *r2pa, 1 c, rep desde * hasta el final, 1 pa, girar. (7, o 9; 9 r2pa)
**Vuelta 2 (R):** 3 c, *r2pa, 1 c, rep desde * 5 veces (o siete; siete) , 1 pa en la c de vuelta. (6 r2pa, u 8; 8) Rematar.

**MANGAS (TEJER 2)**
Hacer 68 c (o 72; 74).
**Vuelta 1:** 1 pb en la segunda c desde el ganchillo, 1 pb en cada c hasta el final, girar. (67, o 71; 73 p)
**Vuelta 2:** 1 c, 1 pb en cada p hasta el final, girar.
Rep la vuelta 2 otras 7 veces.
**Vuelta 10:** 1 c, 1 pb, *2 pb en el sig p, 1 pb, rep desde * hasta el final, girar. (100 p, o 106; 109)

**Consulte en las páginas 68 y 69** información sobre cómo estirar y coser las prendas una vez terminadas. Para estirar un tejido con textura como este diseño con racimos de puntos altos, es mejor humedecerlo.

**Vuelta 11:** Tejer 1 vuelta 1 del punto de V invertida. (33 r2pa, o 35; 36)
**Vuelta 12:** Tejer 1 vuelta 2 del punto de V invertida.
Rep la vuelta 12 hasta que la pieza mida 37 cm (o 38; 39). Rematar.

**ACABADO**
Estirar las piezas para darles forma. Encarar por el derecho el delantero y la espalda y coserlos por los hombros a pr.

**RIBETE DEL ESCOTE**
**Vuelta 1:** Girar la labor de nuevo de manera que el derecho quede de frente, empalmar el hilo en la costura del hombro, hacer 1 c y tejer a pb uniformemente a lo largo del cuello, el delantero y la espalda (trabajando en los lados de las vueltas donde sea preciso), unir con 1 pr, girar.
**Vuelta 2:** 1 c, 1 pb en cada p alrededor de toda la vuelta, unir con 1 pr, girar. Rep la vuelta 2 veces. Rematar.

**UNIR LAS MANGAS**
Con las piezas encaradas por el derecho, prender las mangas a la sisa con imperdibles y coserlas a pr.

**COSTURAS LATERALES**
Coser los lados y las mangas a pr. Rematar todos los cabos.

**El ribete a punto bajo** hace que los puños y la cinturilla queden más ceñidos y el jersey siente mejor. No aplique una tensión excesiva en los puños para evitar que pierdan la elasticidad natural del hilo.

# CHAQUETA LARGA CALADA

*Nivel de dificultad* ***

*Esta vaporosa chaqueta larga* se ha tejido con un fino punto de encaje. La mayor parte del cuerpo se teje en una sola pieza. Para ajustar la longitud a su talla, simplemente debe aumentar las vueltas antes de darle forma.

**TÉCNICAS EMPLEADAS** Cadeneta **p. 26**, Punto alto **p. 44**, Aumentos en punto alto **p. 50**, Dar forma **pp. 50–53**, Estirado y costuras **pp. 68–70**, Ribete a punto bajo **p. 86**

### TALLA
Mujer adulta: P (o M; G)

### HILO
Rowan Kidsilk Haze Glamour de 25 g/162 m (70% mohair y 30% seda con lentejuelas; con cualquier hilo fino de 4 cabos logrará un efecto similar)

x 8 (u 8:9)

### GANCHILLO
Ganchillo de 3,5 mm

### OTROS MATERIALES
Aguja lanera
Botón de 2 cm de diámetro

### TENSIÓN
32 p y 14 vueltas en 14 cm

### ABREVIATURAS ESPECIALES
**R-C2PA:** 2 pa juntos sobre 3 p. (Eh e insertar el ganchillo en el sig p, eh y sacar una lazada, eh y sacarlo por las 2 primeras lazadas del ganchillo), saltar el sig p, (eh e insertar el ganchillo en el sig p, eh y sacar una lazada, eh y sacarlo por las 2 primeras lazadas del ganchillo), eh y sacarlo por las 3 lazadas del ganchillo: así se disminuirán 2 p.

**R-C4PA:** 4 pa juntos sobre los sig 5 p. (Eh, insertar el ganchillo en el sig p, eh y sacar una lazada, eh y sacarlo por las 2 primeras lazadas del ganchillo) 2 veces, saltar el sig p, (eh, insertar el ganchillo en el sig p, eh y sacar una lazada, eh y sacarlo por las 2 primeras lazadas del ganchillo) 2 veces, eh y sacarlo por las 5 lazadas del ganchillo: así se disminuirán 4 p.

## INSTRUCCIONES
Las tallas P (o M; G) corresponden a una medida de busto de 81 cm (o 91; 102).

### CUERPO
Hacer 196 c (o 228; 260).
**Vuelta base:** C2pa (p. 53), tejiendo en la quinta c desde el ganchillo para el primer p, (1 c, saltar la sig c, 1 pa) 2 veces, 1 c, saltar la sig c, (2 pa, 1 c, 2 pa) en la sig c, (1 c, saltar la sig c, 1 pa) 2 veces, *1 c, saltar la sig c, r-c4pa, (1 c, saltar la sig c, 1 pa) 2 veces, 1 c, saltar la sig c, (2 pa, 1 c, 2 pa) en la sig c, (1 c, saltar la sig c, 1 pa) 2 veces, rep desde * hasta los últimos 4 p, 1 c, saltar la sig c, c3pa (p. 313).
**Vuelta 1:** 3 c (se cuentan como primer p), c2pa, (1 c, saltar el sig p, pa) 2 veces, 1 c, saltar el sig p, (2 pa, 1 c, 2 pa) en la sig c, (1 c, saltar el sig p, pa) 2 veces, *1 c, saltar el sig p, r-c4pa, (1 c, saltar el sig p, pa) 2 veces, 1 c, saltar el sig p (2 pa, 1 c, 2 pa) en la sig c, (1 c, saltar el sig p, pa) 2 veces, rep desde * hasta los últimos 4 p, 1 c, saltar el sig p, c3pa.
**Vueltas 2–33:** Rep la vuelta 1.

### DIVISIÓN PARA LA SISA Y EL ESCOTE
**Solo para las tallas pequeña y grande: delantero derecho**
**Vuelta 1:** 3 c (no se cuentan como p), c2pa, *(1 c, saltar el sig p, 1 pa) 2 veces, 1 c, saltar el sig p, (2 pa, 1 c, 2 pa) en la sig c, (1 c, saltar el sig p, 1 pa) 2 veces, 1 c, saltar el sig p**, r-c4pa, rep desde * 1 vez más (o 2), luego desde * hasta ** otra vez, c3pa, girar. (49 p, o 65). Dejar el rest de p sin trabajar. Colocar un marcador de puntos en la base del último p del c3pa (estos p se trabajarán más tarde como parte de la espalda y el delantero izquierdo).
**Vuelta 2:** 3 c, c2pa, *(1 c, saltar el sig p, 1 pa) 2 veces, 1 c, saltar el sig p (2 pa, 1 c, 2 pa) en la sig c, (1 c, saltar el sig p, 1 pa) 2 veces**, 1 c, saltar el sig p, r-c4pa, rep desde * 1 vez más (o 2), luego desde * hasta ** una vez más, 1 c, saltar el sig p, r-c2pa.
**Vuelta 3:** 3 c, saltar el sig p, c2pa, *(1 c, 1 pa, saltar el sig p) 2 veces, 1 c, saltar el sig p (2 pa, 1 c, 2 pa) en la sig c, (1 c, saltar el sig p, 1 pa) 2 veces, 1 c, saltar el sig p**, r-c4pa, rep desde * 1 vez más (o 2), luego desde * hasta ** una vez, c3pa.
**Vuelta 4:** 3 c, c2pa, *(1 c, saltar el sig p, 1 pa) 2 veces, 1 c, saltar el sig p (2 pa, 1 c, 2 pa) en la sig c, (1 c, saltar el sig p, 1 pa) 2 veces**, 1 c, saltar el sig p, r-c4pa, rep desde * 1 vez más (o 2), luego desde * hasta ** una vez, saltar el sig p, c3pa. (48 p, o 64)
**Vuelta 5:** 3 c, saltar el sig p, c2pa, saltar el sig p, 1 pa, 1 c, saltar el sig p, *(2 pa, 1 c, 2 pa) en la sig c, (1 c, saltar el sig p, 1 pa) 2 veces, 1 c, saltar el sig p**, r-c4pa, (1 c, saltar el sig p, 1 pa) 2 veces, 1 c, rep desde * 1 vez (o 2), luego desde * hasta ** 1 vez, c3pa. (47 p, o 63)
**Vuelta 6:** 3 c, c2pa, *(1 c, saltar el sig p, 1 pa) 2 veces, 1 c, saltar el sig p (2 pa, 1 c, 2 pa) en la sig c**, (1 c, saltar el sig p, 1 pa en el sig p) 2 veces, 1 c, saltar el sig p, r-c4pa, rep desde * 1 vez más (o 2), luego desde * hasta ** una vez, 1 c, saltar el sig p, 1 pa, saltar el sig p, c3pa. (46 p, o 62)
**Vuelta 7:** 3 c, saltar el sig p, c2pa, 1 c, saltar el sig p *(2 pa, 1 c, 2 pa) en la sig c, (1 c, saltar el sig p, 1 pa) 2 veces, 1 c, saltar el sig p**, r-c4pa, (1 c, saltar el sig p, 1 pa) 2 veces, 1 c, rep desde * 1 vez (o 2), luego desde * hasta ** una vez, c3pa. (45 p, o 61)
**Vuelta 8:** 3 c, c2pa, *(1 c, saltar el sig p, 1 pa) 2 veces, 1 c, saltar el sig p (2 pa, 1 c, 2 pa) en la sig c**, (1 c, saltar el sig p, 1 pa en el sig p) 2 veces, 1 c, saltar el sig p, r-c4pa, rep desde * 1 vez más (o 2), luego desde * hasta ** una vez, 1 c, saltar el sig p, c3pa.

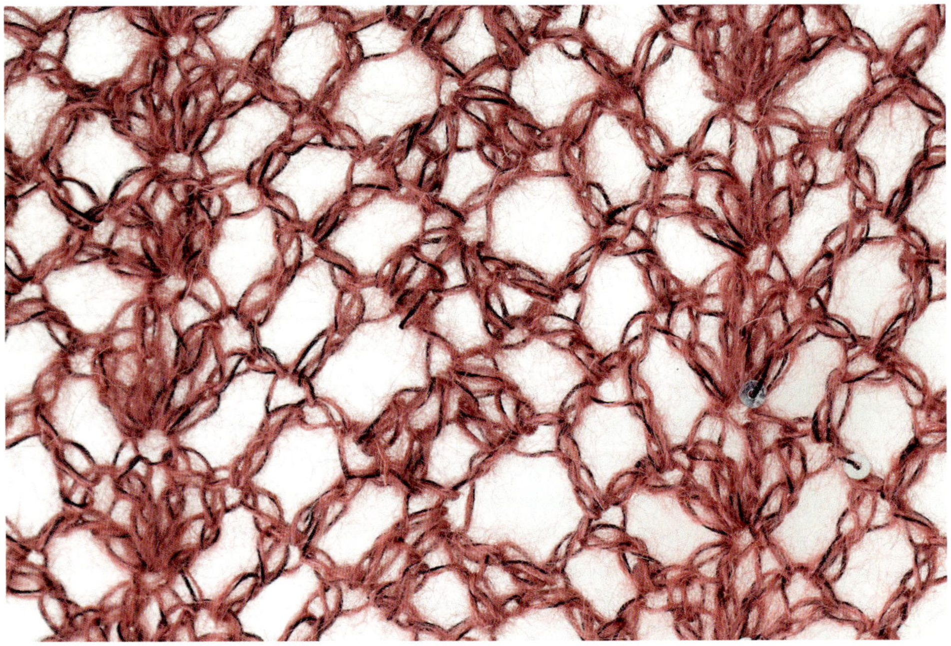

**Las disminuciones** crean un motivo calado, gracias al cual el tejido de la chaqueta crece rápidamente. Consulte la página 313 para descifrar los términos de ganchillo utilizados en las instrucciones de esta prenda.

**Vuelta 9:** 3 c, c2pa, 1 c, * saltar el sig p, (2 pa, 1 c, 2 pa) (1 c, saltar el sig p, 1 pa) 2 veces, 1 c, saltar el sig p**, r-c4pa, (1 c, saltar el sig p, 1 pa) 2 veces, 1 c, rep desde * 1 vez (o 2), luego desde * hasta ** 1 vez, c3pa.
**Vuelta 10:** Rep la vuelta 8.
**Vuelta 11:** Rep la vuelta 9.
**Vuelta 12:** Rep la vuelta 8.
**Vuelta 13:** 3 c, saltar el sig p, c2pa, 1 c, 2 pa en la sig c, *(1 c, saltar el sig p, 1 pa) 2 veces, 1 c, saltar el sig p**, r-c4pa, (1 c, saltar el sig p, 1 pa) 2 veces, 1 c, saltar el sig p, (2 pa, 1 c, 2 pa) en el sig p, rep desde * 1 vez (o 2), luego desde * hasta **, c3pa. (42, o 58 p)
**Vuelta 14:** 3 c, c2pa, *(1 c, saltar el sig p, 1 pa en el sig p) 2 veces, 1 c, saltar el sig p (2 pa, 1 c, 2 pa) en la sig c, (1 c, saltar el sig p, 1 pa) 2 veces, 1 c, saltar el sig p, r-c4pa, rep desde * 1 vez (o 2), (1 c, saltar el sig p, 1 pa) 2 veces, saltar el sig p, c2pa. (38 p, o 54)
**Vuelta 15:** 3 c, c2pa, 1 c, *r-c4pa, (1 c, saltar el sig p, 1 pa) 2 veces, 1 c, saltar el sig p, (2 pa, 1 c, 2 pa) en la sig c, (1 c, saltar el sig p, 1 pa) 2 veces, 1 c, saltar el sig p, rep desde * 1 vez (o 2), c3pa. (35 p, o 51)
**Vuelta 16:** 3 c, c2pa, *(1 c, saltar el sig p, 1 pa) 2 veces, 1 c, saltar el sig p (2 pa, 1 c, 2 pa) en la sig c, (1 c, saltar el sig p, 1 pa) 2 veces, 1 c, saltar el sig p, r-c4pa, rep desde * 1 vez más (o 2). (33 p, o 49)
**Vuelta 17:** 3 c, c2pa, *(1 c, saltar el sig p, 1 pa) 2 veces, 1 c, saltar el sig p, (2 pa, 1 c, 2 pa) en el sig p, (1 c, saltar el sig p, 1 pa) 2 veces, 1 c, saltar el sig p**, r-c4pa, rep desde * hasta **, c3pa.
**Vuelta 18:** 3 c, c2pa, *(1 c, saltar el sig p, 1 pa) 2 veces, 1 c, saltar el sig p, (2 pa, 1 c, 2 pa) en la sig c, (1 c, saltar el sig p, 1 pa en el sig p) 2 veces, 1 c, saltar el sig p**, r-c4pa, rep desde * 0 veces (o 1), luego desde * hasta ** una vez, c3pa.

**Para la talla grande**
**Vuelta 19:** Rep la vuelta 17.
**Vuelta 20:** Rep la vuelta 18.

**Para la talla mediana: delantero derecho**
**Vuelta 1:** 3 c, c2pa, *(1 c, saltar el sig p, 1 pa) 2 veces, 1 c, saltar el sig p** (2 pa, 1 c, 2 pa) en la sig c, (1 c, saltar el sig p, 1 pa) 2 veces, 1 c, saltar el sig p, r-c4pa, rep desde * 2 veces, luego desde * hasta ** una vez y acabar con 3 pa en la sig c. (57 p). Dejar el resto de p sin trabajar. Colocar un marcador de puntos en la base del tercer pa (estos puntos se trabajarán más tarde como parte de la espalda y el delantero izquierdo).
**Vuelta 2:** 3 c (se cuentan como 1 p), 2 pa en el p base, *(1 c, saltar el sig p, 1 pa) 2 veces, 1 c, saltar el sig p**, r-c4pa, 1 c, saltar el sig p, 1 pa) 2 veces, 1 c, saltar el sig p, (2 pa, 1 c, 2 pa) en la sig c, rep desde * 2 veces, luego desde * hasta ** una vez, r-c2pa.
**Vuelta 3:** 3 c, saltar el sig p, c2pa, *(1 c, 1 pa, saltar el sig p) 2 veces, 1 c, saltar el sig p**, (2 pa, 1 c, 2 pa) en la sig c, (1 c, saltar el sig p, 1 pa) 2 veces, 1 c, saltar el sig p, r-c4pa, rep desde * 2 veces, luego desde * hasta ** una vez y terminar con 3 pa en el último p.
**Vuelta 4:** 3 c, 2 pa en el p base, *(1 c, saltar el sig p, 1 pa) 2 veces**, 1 c, saltar el sig p, r-c4pa, (1 c, saltar el sig p, 1 pa) 2 veces, 1 c, saltar el sig p (2 pa, 1 c, 2 pa) en la sig c, rep desde * 2 veces, luego desde * hasta ** una vez, c3pa.
**Vuelta 5:** 3 c, saltar el sig p, c2pa, 1 c, saltar el sig p, 1 pa, 1 c, saltar el sig p *(2 pa, 1 c, 2 pa) en la sig c, (1 c, saltar el sig p, 1 pa) 2 veces, 1 c, saltar el sig p, r-c4pa, (1 c, saltar el sig p, 1 pa) 2 veces, 1 c, rep desde * 2 veces y acabar con 3 pa en el último p.
**Vuelta 6:** 3 c, 2 pa en el p base, *(1 c, saltar el sig p, 1 pa) 2 veces, 1 c, saltar el sig p, r-c4pa, (1 c, saltar el sig p, 1 pa) 2 veces, 1 c, saltar el sig p, (2 pa, 1 c, 2 pa) en la sig c, rep desde * 2 veces, 1 c, saltar el sig p, 1 pa, saltar el sig p, c3pa.
**Vuelta 7:** 3 c, saltar el sig p, c2pa, 1 c, saltar el sig p, *(2 pa, 1 c, 2 pa) en la sig c, (1 c, saltar el sig p, 1 pa) 2 veces, 1 c, saltar el sig p, r-c4pa, (1 c, saltar el sig p, 1 pa) 2 veces, 1 c, rep desde * 2 veces y acabar con 3 pa en el último p.
**Vuelta 8:** 3 c, 2 pa en el p base, *(1 c, saltar el sig p, pa) 2 veces, 1 c, saltar el sig p, r-c4pa, 1 c, saltar el sig p, pa) 2 veces, 1 c, saltar el sig p, (2 pa, 1 c, 2 pa) en la sig c, rep desde * 2 veces, 1 c, saltar el sig p, c3pa.
**Vuelta 9:** 3 c, c2pa, 1 c, saltar el sig p, *(2 pa, 1 c, 2 pa) en la sig c, (1 c, saltar el sig p, 1 pa) 2 veces, 1 c, saltar el sig p, r-c4pa, (1 c, saltar el sig p, 1 pa) 2 veces, 1 c, rep desde * 2 veces y acabar con 3 pa en el último p.
**Vuelta 10:** Rep la vuelta 8.
**Vuelta 11:** Rep la vuelta 9.
**Vuelta 12:** Rep la vuelta 8.
**Vuelta 13:** 3 c, saltar el sig p, c2pa, 1 c, 2 pa en la sig c, *(1 c, saltar el sig p, 1 pa) 2 veces, 1 c, saltar el sig p, r-c4pa, (1 c, saltar el sig p, 1 pa) 2 veces, 1 c, saltar el sig p**, (2 pa, 1 c, 2 pa) en la sig c, rep desde * una vez, luego desde * hasta ** y acabar con 3 pa en el último p.
**Vuelta 14:** 3 c, 2 pa en el p base, *(1 c, saltar el sig p, 1 pa) 2 veces, 1 c, saltar el sig p, r-c4pa**, (1 c, saltar el sig p, 1 pa) 2 veces, 1 c, saltar el sig p, (2 pa, 1 c, 2 pa) en la sig c, rep desde * una vez, luego desde * hasta ** una vez, (1 c, saltar el sig p, pa) 2 veces, saltar el sig p, c2pa.
**Vuelta 15:** 3 c, c2pa, 1 c, *r-c4pa, (1 c, saltar el sig p, 1 pa) 2 veces, 1 c, saltar el sig p**, (2 pa, 1 c, 2 pa) en la sig c, (1 c, saltar el sig p, 1 pa) 2 veces, 1 c, saltar el sig p, rep desde * una vez, luego desde * hasta ** una vez y acabar con 3 pa en el último p.
**Vuelta 16:** 3 c, 2 pa en el p base, *(1 c, saltar el sig p, 1 pa) 2 veces, 1 c, saltar el sig p, r-c4pa**, (1 c, saltar el sig p, 1 pa) 2 veces, 1 c, saltar el sig p, (2 pa, 1 c, 2 pa) en la sig c, rep desde * una vez, luego desde * hasta ** una vez.
**Vuelta 17:** 3 c, c2pa, *(1 c, saltar el sig p, 1 pa) 2 veces, 1 c, saltar el sig p**, (2 pa, 1 c, 2 pa) en

la sig c, (1 c, saltar el sig p, 1 pa) 2 veces, 1 c, saltar el sig p, r-c4pa, rep desde * una vez, luego desde * hasta ** una vez y acabar con 3 pa en el último p.
**Vuelta 18:** 3 c, 2 pa en el p base, *(1 c, saltar el sig p, 1 pa) 2 veces, 1 c, saltar el sig p**, r-c4pa, (1 c, saltar el sig p, 1 pa) 2 veces, 1 c, saltar el sig p (2 pa, 1 c, 2 pa) en la sig c, rep desde * una vez, luego desde * hasta ** una vez, c3pa.
**Vuelta 19:** Rep la vuelta 17.
**Vuelta 20:** Rep la vuelta 18.

## ESPALDA

Con el derecho de frente, volver a empalmar el hilo al cuerpo en el marcador y tejer como se indica a continuación:

### Solo para las tallas pequeña y grande

**Vuelta 1:** 3 c (se cuentan como 1 p), c2pa, *(1 c, saltar el sig p, 1 pa) 2 veces, 1 c, saltar el sig p, (2 pa, 1 c, 2 pa) en el sig p, (1 c, saltar el sig p, 1 pa) 2 veces, 1 c saltar el sig p**, r-c4pa, rep desde * 4 veces (o 6), luego desde * hasta ** una vez, c3pa.

### Solo para la talla mediana

**Vuelta 1:** 3 c (se cuentan como 1 p), 2 pa en la base de 3 c, *(1 c, saltar el sig p, 1 pa) 2 veces, 1 c, saltar el sig p, r-c4pa, (1 c, saltar el sig p, 1 pa) 2 veces, 1 c, saltar el sig p**, (2 pa, 1 c, 2 pa), rep desde * 5 veces, luego desde * hasta ** una vez y acabar con 3 pa en el sig p.

### Todas las tallas

Colocar el marcador en la base del último punto. Rep la vuelta 1 hasta que la espalda mida lo mismo que el delantero. (18 vueltas, o 20; 20)

### Delantero izquierdo

Volver a empalmar el hilo en el punto donde se encuentra el marcador y tejer igual que el delantero derecho, invirtiendo la forma.

## MANGAS

Hacer 84 c (o 100; 100).
**Vuelta base:** C2pa, trabajando en la quinta c desde el ganchillo a modo de primer p, *(1 c, saltar la sig c, 1 pa) 2 veces, 1 c, saltar la sig c, (2 pa, 1 c, 2 pa) en la sig c, (1 c, saltar la sig c, 1 pa) 2 veces, 1 c, saltar la sig c**, r-c4pa, rep desde * 4 veces (o 5; 5), luego desde * hasta ** una vez, c3pa.
**Vuelta 1:** 3 c (se cuentan como 1 p), c2pa, *(1 c, saltar el sig p, 1 pa) 2 veces, 1 c, saltar el sig p, (2 pa, 1 c, 2 pa) en el sig p, (1 c, saltar el sig p, 1 pa) 2 veces, *1 c, saltar el sig p**, r-c4pa, repetir desde * 4 veces (o 5; 5), luego desde * hasta ** una vez, c3pa. Rep la vuelta 1 otras 36 veces (o 38; 40).

## RIBETE

Para el ribete que empieza en el punto más alto de la onda: *1 c, saltar el sig p, 1 pb, 1 c, saltar el sig p, 1 mpa, 1 c, saltar los sig 3 p, (2 pa, 1 c, 2 pa) en el sig p, 1 c, saltar los sig 3 p, 1 mpa, 1 c, saltar el sig p, 1 pb, 1 c, saltar el sig p, 1 pr en el sig p (el punto más alto de la onda), rep desde * hasta el final.
Para el ribete que empieza en el punto más bajo de la onda: 3 c, 2 pa en la base de la c, 1 c, saltar los sig 3 p, 1 mpa, 1 c, saltar el sig p, 1 pb, 1 c, saltar el sig p, 1 pr en el sig p (el punto más alto de la onda).
Luego, repetir las instrucciones para el ribete que empieza en el punto más alto de la onda hasta el final.

## ACABADO

Tejer el ribete a lo largo de los hombros y la espalda con puntos regulares antes de hacer las costuras de los hombros. Unir las mangas. Tejer el ribete de los puños. Con el revés de frente, tejer a pb a lo largo del borde del delantero izquierdo, el escote y descendiendo por el borde del delantero derecho, 1 c, girar, pb a lo largo de toda la vuelta de nuevo. Rep la última vuelta, tejiendo un ojal en el borde del delantero derecho de la vuelta 34 como sigue: 1 pb en el punto del ojal, 2 c, saltar los sig 2 pb, 1 pb. Cont a pb hasta acabar la vuelta, 1 c, tejer una vuelta más. Tejer el ribete inferior de la chaqueta. Rematar la labor y todos los cabos, y coser el botón.

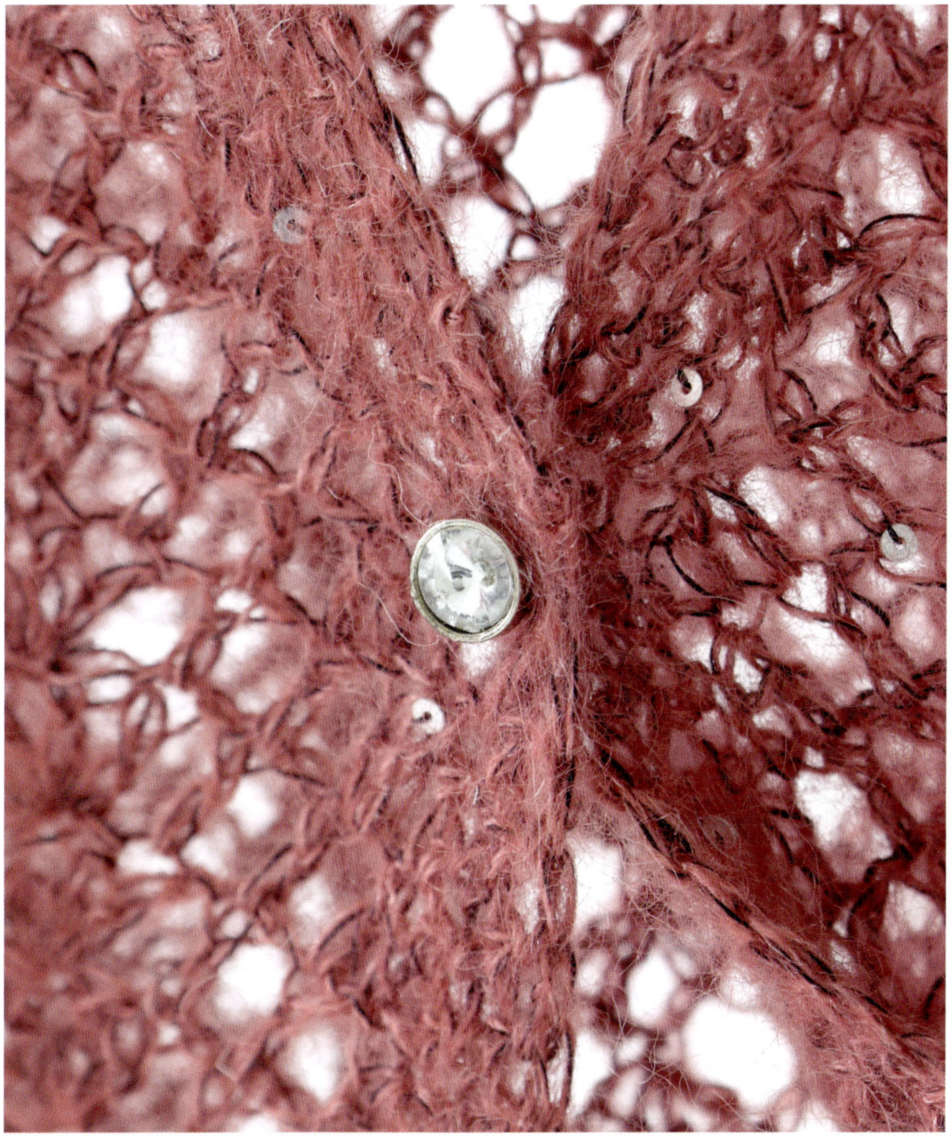

**Esta chaqueta de estilo clásico** se cierra con solo un botón. Escoja un botón de nácar, madera o plástico que combine con el color del hilo utilizado. Cósalo bien con un hilo de 4 cabos del mismo color que la prenda.

# JUGUETES

Desde los graciosos amigurumis hasta otros animalitos irresistiblemente adorables, estos juguetes tejidos a ganchillo harán las delicias de los pequeños de la casa y, por qué no, también de muchos grandes.

# SONAJEROS

*Nivel de dificultad* ***

*Estos sonajeros de colores alegres* harán las delicias de cualquier bebé. El punto bajo utilizado hará que el sonajero resista muchas horas de juego. Modifique el personaje de los sonajeros tejiendo la cabeza de un animal distinto.

**TÉCNICAS EMPLEADAS** Punto bajo **p. 34**, Dar forma **pp. 50–52**, Círculos planos **p. 56**, Hacer un anillo ajustable **p. 57**, Juguetes **pp. 132–133**

## MEDIDAS
12 cm

## HILO
Rico Design Essential Cotton DK de 50 g/ 130 m (100 % algodón mercerizado; con cualquier hilo ligero logrará un efecto similar)

**A** x 1 **B** x 1 **C** x 1 **D** x 1 **E** x 1

## GANCHILLO
Ganchillo de 3 mm

## OTROS MATERIALES
Marcador de puntos
Aguja lanera
Aguja e hilo de bordar negro y rosa
Relleno para juguetes
Cascabel para juguetes (colocar dentro del sonajero)

## TENSIÓN
No se precisa una tensión exacta

## TÉCNICAS ESPECIALES
**Anillo ajustable:** Enrolle el hilo 2 veces en un dedo; inserte el ganchillo y eche el hilo; saque el ganchillo a través del hilo enrollado y haga una cadeneta. Teja la primera vuelta en el «anillo» y tire con suavidad del cabo suelto para cerrarlo antes de unir los p en círculo con un pr.

## PERRO
**Nota:** Teja en espirales continuas a menos que las instrucciones indiquen lo contrario. Señale el final de la vuelta con un marcador de puntos y desplácelo hacia arriba a medida que avanza.

**Vuelta 1:** Con hilo A, hacer un anillo ajustable con 6 pb. (6 p)
**Vuelta 2:** 2 pb en cada p. (12 p)
**Vuelta 3:** *1 pb, tejer 2 pb en el sig p; rep desde * en toda la vuelta. (18 p)
**Vuelta 4:** *2 pb, tejer 2 pb en el sig p; rep desde en toda la vuelta. (24 p)
**Vuelta 5:** *3 pb, tejer 2 pb en el sig p; rep desde * en toda la vuelta. (30 p)
**Vueltas 6–9:** Pb a lo largo de toda la vuelta. (30 p)
**Vuelta 10:** *3 pb, c2pb; rep desde * en toda la vuelta. (24 p)
**Vuelta 11:** *2 pb, c2pb; rep desde * en toda la vuelta. (18 p)
**Vueltas 12–14:** Con hilo B, tejer a pb en toda la vuelta. (18 p)
**Vueltas 15–17:** Con hilo C, tejer a pb en toda la vuelta. (18 p)
**Vueltas 18–20:** Con hilo B, tejer a pb en toda la vuelta. (18 p)
**Vueltas 21–23:** Con hilo C, tejer a pb en toda la vuelta. (18 p)
**Vueltas 24–26:** Con hilo B, tejer a pb en toda la vuelta. (18 p)
**Vuelta 27:** Con hilo A, *2 pb, tejer 2 pb en el sig p; rep desde * en toda la vuelta. (24 p)
**Vuelta 28:** *3 pb, tejer 2 pb en el sig p; rep desde * en toda la vuelta. (30 p)
**Vueltas 29–32:** Pb en toda la vuelta. (30 p)
**Vuelta 33:** *3 pb, c2pb; rep desde * en toda la vuelta. (24 p)
Colocar un cascabel en la base y rellenar esta de modo que quede bien firme antes de seguir.
**Vuelta 34:** *2 pb, c2pb; rep desde * en toda la vuelta. (18 p)
**Vuelta 35:** *1 pb, c2pb; rep desde * en toda la vuelta. (12 p)
**Vuelta 36:** *c2pb; rep desde * en toda la vuelta. (6 p) Con una aguja lanera, unir los últimos 6 p. Rematar todos los cabos.

### OREJAS (TEJER 2)
**Vuelta 1:** Con hilo A, hacer un anillo ajustable con 4 pb. (4 p)
**Vuelta 2:** 2 pb en cada p. (8 p)
**Vueltas 3–4:** Pb en toda la vuelta. (8 p)
**Vuelta 5:** *2 pb, c2pb; rep desde * en toda la vuelta. (6 p)
**Vueltas 6–7:** Pb en toda la vuelta. (6 p)
Pr para unir. Rematar todos los cabos.

### ACABADO
Coser las orejas bien sujetas a ambos lados de la cabeza. Bordar la nariz y los ojos con hilo negro.

**Las orejas del ratón** se confeccionan con dos piezas de ganchillo de color distinto al del tejido. Una vez terminadas, encárelas por el revés y teja una serie de puntos bajos con el color de la cabeza alrededor de ellas para crear el ribete.

**Aplique una tensión homogénea** al tejer las vueltas. De ese modo conseguirá un tejido tupido y rígido. Para rellenar cada sonajero, empuje el relleno hasta la base del animal con el dedo índice y luego complete el diseño tejiendo la cabeza y las orejas.

**Los ojos, la nariz y la boca** de los animales se cosen con seis hebras de hilo de bordar rosa y negro. Doble la oreja del perro hacia abajo y fíjela con una pequeña puntada desde debajo de la oreja hasta el lado de la cabeza del animal.

## GATO

Rep las instrucciones principales del sonajero, sustituyendo la secuencia de colores por el C, el D y el B.

### OREJAS (TEJER 2)

**Vuelta 1:** Con hilo C, hacer un anillo ajustable con 4 pb. (4 p)
**Vuelta 2:** *1 pb, 2 pb en el sig p; rep desde * en toda la vuelta (6 p)
**Vuelta 3:** *2 pb, 2 pb en el sig p; rep desde * en toda la vuelta (8 p)
Pr para cerrar. Rematar la labor y los cabos.

### ACABADO

Coser las orejas firmemente a ambos lados de la cabeza del sonajero. Bordar el hocico, los bigotes y los ojos con hilo negro.

## RATÓN

Rep las instrucciones principales del sonajero, sustituyendo la secuencia de colores por el D, el E y el A.

### PIEZA DELANTERA DE LA OREJA (TEJER 2)

**Vuelta 1:** Con hilo A, hacer un anillo ajustable con 8 pb. (8 p)
**Vuelta 2:** 2 pb en cada p. (16 p)
**Vuelta 3:** 1 pb, 2 pb en el sig p; rep a lo largo de toda la vuelta. (24 p)
Cerrar la vuelta con 1 pr y rematar la labor y los cabos.

### PIEZA TRASERA DE LA OREJA (TEJER 2)

**Vuelta 1:** Con hilo D, hacer un anillo ajustable con 8 pb. (8 p)
**Vuelta 2:** 2 pb en cada p. (16 p)
**Vuelta 3:** *1 pb, 2 pb en el sig p; rep desde * en toda la vuelta. (24 p)
Cerrar la vuelta con 1 pr y rematar la labor y los cabos.

### ACABADO

Encarar las piezas delantera y trasera de la oreja por el revés y, con hilo D y el delantero de frente, unirlas con una costura a pb. Cerrar con 1 pr y rematar todos los cabos. Coser las orejas con firmeza a ambos lados de la cabeza. Bordar el hocico con hilo rosa y los bigotes y los ojos con hilo negro.

# PELOTA GIGANTE

*Nivel de dificultad* ***

*Esta pelota se compone* de pentágonos y hexágonos unidos por costuras para crear un objeto tridimensional. Si la rellena con relleno para juguetes, introduzca primero el relleno en una funda de almohada o un forro, para que no asome a través del punto calado.

**TÉCNICAS EMPLEADAS** Punto alto **p. 44**, Círculos planos **p. 56**, Sobrehilado (o punto por encima) **p. 68**, Trabajar en un espacio de cadeneta **p. 75**, Racimos **p. 77**

## MEDIDAS

Pelota grande: 74 cm de circunferencia
Pelota pequeña: 35 cm de circunferencia

## HILO

Rico Design Baby Cotton Soft DK de 50 g/125 m (50% acrílico y 50% algodón; puede utilizar cualquier hilo ligero lavable a máquina)

**A** x 1 **B** x 1 **C** x 1 **D** x 1

## GANCHILLO

Ganchillo de 4 mm

## OTROS MATERIALES

Aguja lanera
Relleno para juguetes o una pelota de espuma

## TENSIÓN

No se precisa una tensión exacta

## ABREVIATURAS ESPECIALES

**Piña:** Véase p. 145
**Racimo:** Véase p. 77

## INSTRUCCIONES

### HEXÁGONOS (TEJER 20 PARA LA PELOTA GRANDE)

**Nota:** Teja los hexágonos a rayas de distintos colores y los pentágonos en un solo color.

Hacer 4 c, 1 pr en la primera c para formar un anillo.
**Vuelta 1:** 3 c, (1 racimo en el anillo, 2 c) 6 veces. (6 racimos)
Cambiar de color; para ello, empalmar el nuevo a cualquier esp de 2 c.
**Vuelta 2:** 2 c, (1 piña, 2 c, 1 piña) en cada esp de 2 c, unir la vuelta con 1 pr encima de la primera c. Cambiar de color; para ello, empalmar el nuevo a cualquier esp de 2 c.
**Vuelta 3:** 3 c, 2 pa en el esp de 2 c, *3 pa en el esp entre las 2 piñas sig, (3 pa, 3 c, 3 pa) en el sig esp de 2 c; rep desde * y acabar con (3 pa, 3 c) de nuevo en el primer esp de 2 c, cerrar la vuelta con 1 pr encima de la tercera c.
Rematar el hilo.

### PENTÁGONOS (TEJER 12)

Hacer 4 c, 1 pr en la primera c para formar un anillo.
**Vuelta 1:** 3 c, (1 racimo en el anillo, 2 c) 5 veces. (5 racimos)
**Vuelta 2:** 2 c, (1 piña, 2 c, 1 piña) en cada esp de 2 c, cerrar la vuelta con 1 pr encima de la primera c.
**Vuelta 3:** 3 c, 2 pa en el esp de 2 c, *3 pa en el esp entre las sig 2 piñas, (3 pa, 3 c, 3 pa) en el sig esp de 2 c; rep desde * y acabar con (3 pa, 3 c) de nuevo en el primer esp de 2 c, cerrar la vuelta con 1 pr encima de la tercera c.
Rematar el hilo.

## ACABADO

Estirar las piezas ligeramente. Para hacer una pelota grande, coser las piezas tridimensionalmente con un sobrehilado (véase p. 68), disponiendo 5 hexágonos alrededor de cada pentágono; la pelota irá cobrando forma hasta convertirse en una esfera. Cuando queden solo unas cuantas piezas por acoplar, rellenar la pelota y coser las piezas restantes. Para hacer una pelota pequeña, coser solo 12 pentágonos siguiendo las indicaciones para la pelota grande, pero disponiendo dos conjuntos de 5 pentágonos alrededor de un pentágono central.

# MAMÁ ELEFANTA Y ELEFANTITO

*Nivel de dificultad* ***

*Esta mamá elefanta y su hijito* se tejen, sencillamente, en redondo; la cabeza y el cuerpo en una pieza, y las patas, las orejas y la cola por separado. Consulte en las páginas 132 y 133 la información sobre cómo montar juguetes de ganchillo.

**TÉCNICAS EMPLEADAS** Punto raso **p. 28**, Punto bajo **p. 34**, Dar forma **pp. 50–52**, Hacer un anillo ajustable **p. 57**, Juguetes **pp. 132–133**

## MEDIDAS

Mamá elefanta: 13 × 8,5 cm aprox.
Elefantito: 10 × 7 cm aprox.

## HILO

Wendy Merino Pure Ultra Soft DK de 50 g/116 m (100 % lana merina muy suave; cualquier hilo ligero servirá para esta labor: las fibras de lana y acrílico funcionan bien)

**A** x 1 **B** x 1

## GANCHILLO

Ganchillo de 4 mm

## OTROS MATERIALES

Ojos de seguridad negros para muñecos, botones negros o hilo de bordar negro y aguja
Relleno para juguetes
Aguja lanera

## TENSIÓN

No se precisa una tensión exacta

## TÉCNICAS ESPECIALES

**Anillo ajustable:** Enrollar el hilo 2 veces en un dedo; insertar el ganchillo y echar el hilo; sacar el ganchillo a través del hilo enrollado y hacer una cadeneta. Tejer la primera vuelta en el «anillo» y tirar con suavidad del cabo suelto para cerrarlo antes de unir los p en círculo con un pr.

## INSTRUCCIONES: MAMÁ ELEFANTA

Tejer los puntos bastante tensos para crear un tejido tupido y ocultar el relleno.

### CABEZA Y CUERPO

**Vuelta 1:** 6 pb en un anillo ajustable.
**Vuelta 2:** 2 pb en cada p. (12 p)
**Vuelta 3:** *2 pb en el sig p, 1 pb en el sig p, rep desde * hasta el final. (18 p)
**Vuelta 4:** *2 pb en el sig p, 1 pb en los sig 2 p, rep desde * hasta el final. (24 p)
**Vueltas 5–15:** 1 pb en cada p de la vuelta.
**Vuelta 16:** 2 pb en cada uno de los sig 6 p, 1 pb en los últimos 18 p. (30 p)
**Vuelta 17:** *2 pb en el sig p, pb en el sig p, rep desde * 5 veces, 1 pb en los últimos 18 p. (36 p)
**Vuelta 18:** *2 pb en el sig p, 1 pb en los sig 2 p, rep desde * 5 veces, 1 pb en los últimos 18 p. (42 p)
**Vuelta 19:** 1 pb en cada p de la vuelta.
**Vuelta 20:** 1 pb en los 24 sig p, *c2pb, 1 pb en los sig 4 p, rep desde * hasta el final. (39 p)
**Vuelta 21:** 1 pb en los 24 sig p, *c2pb, 1 pb en los sig 3 p, rep desde * hasta el final. (36 p)
**Vuelta 22:** 1 pb en los 24 sig p, *c2pb, 1 pb en los sig 2 p, rep desde * hasta el final. (33 p)
**Vuelta 23:** 1 pb en los 24 sig p, *c2pb, 1 pb en el sig p, rep desde * hasta el final. (30 p)
**Vuelta 24:** 1 pb en los 24 sig p, *c2pb, rep desde * hasta el final. (27 p)
**Vuelta 25:** *C2pb, 1 pb en los sig 2 p, rep desde * 5 veces, 2 pb en cada uno de los sig 3 p. (24 p)
**Vuelta 26:** *C2pb, 1 pb en el sig p, rep desde * 5 veces, 1 pb en los últimos 6 p. (18 p)
Empezar a rellenar el cuerpo, procurando que quede bien rígido, y poner los ojos de seguridad. Si se utilizan botones o se prefiere bordar los ojos, este paso se pospone hasta que el muñeco esté acabado. Seguir rellenando a medida que se avanza en la labor. La trompa es bastante pequeña, de manera que hay que rellenarla poco a poco y a menudo, y tensar bien los puntos del menguado (c2pb) para evitar que queden agujeritos.
**Vuelta 27:** *C2pb, rep desde * 5 veces, 1 pb en los últimos 6 p. (12 p)
**Vuelta 28:** *C2pb, 1 pb en los sig 2 p, rep desde * hasta el final. (9 p)
**Vueltas 29–36:** 1 pb en cada p de la vuelta.
**Vuelta 37:** C2pb, 1 pb en los últimos 7 p. (8 p)
**Vuelta 38:** C2pb, 1 pb en los últimos 6 p. (7 p)
**Vuelta 39:** C2pb, 1 pb en los últimos 5 p. (6 p) Rematar.

### OREJAS (TEJER 2)

Tejer las vueltas 1–4 de la cabeza y el cuerpo. (24 p)
**Vuelta 5:** *2 pb en el sig p, 1 pb en los sig 3 p, rep desde * hasta el final. (30 p) Rematar.

### PATAS DELANTERAS (TEJER 2)

Tejer las vueltas 1 y 2 de la cabeza y el cuerpo. (12 p)
**Vuelta 3:** 1 pb por la hebra posterior de cada p de la vuelta.
**Vueltas 4–12:** 1 pb en cada p de la vuelta. Rematar.

### PATAS TRASERAS (TEJER 2)

Tejer las vueltas 1–3 de las patas delanteras como se indica arriba. (12 p)
**Vueltas 4–10:** 1 pb en cada p de la vuelta. Rematar.

### COLA

Hacer 9 c.
**Vuelta 1:** 1 pr en la cuarta c desde el ganchillo, 3 c, 1 pr en la misma c, 3 c, 1 pr en la misma c. Rematar.
Coser las patas, las orejas y la cola al cuerpo con una aguja lanera y rematar los cabos.

**Estas orejitas tan monas** se doblan y se cierran con una costura a lo largo de los bordes de vuelta y luego se unen a la cabeza del elefantito con unas cuantas puntadas.

## ELEFANTITO

Como para la mamá elefanta, tejer los puntos bien tensos para crear un tejido tupido que impida que se salga el relleno.

### CABEZA Y CUERPO

**Vuelta 1:** 6 pb en un anillo ajustable.
**Vuelta 2:** 2 pb en cada p de la vuelta. (12 p)
**Vuelta 3:** *2 pb en el sig p, pb en el sig p, rep desde * hasta el final. (18 p)
**Vueltas 4–10:** 1 pb en cada p de la vuelta.
**Vuelta 11:** 2 pb en los sig 4 p, 1 pb en los últimos 14 p. (22 p)
**Vuelta 12:** *2 pb en el sig p, 1 pb en el sig p, rep desde * 3 veces, 1 pb en los últimos 14 p. (26 p)
**Vuelta 13:** *2 pb en el sig p, 1 pb en los sig 2 p, rep desde * 3 veces, 1 pb en los últimos 14 p. (30 p)
**Vuelta 14:** *2 pb en el sig p, 1 pb en los sig 3 p, rep desde * 3 veces, 1 pb en los últimos 14 p. (34 p)
**Vuelta 15:** 1 pb en cada p de la vuelta.
**Vuelta 16:** 1 pb en cada uno de los sig 19 p, *c2pb, 1 pb en los sig 3 p, rep desde * hasta el final. (31 p)
**Vuelta 17:** 1 pb en los sig 19 p, *c2pb, 1 pb en los sig 2 p, rep desde * hasta el final. (28 p)
**Vuelta 18:** 1 pb en los sig 19 p, *c2pb, 1 pb en el sig p, rep desde * hasta el final. (25 p)
**Vuelta 19:** 1 pb en los sig 19 p, *c2pb, rep desde * hasta el final. (22 p)
**Vuelta 20:** *C2pb, 1 pb en los sig 4 p, rep desde * 2 veces, 1 pb en los últimos 4 p. (19 p)
**Vuelta 21:** *C2pb, 1 pb en los sig 3 p, rep desde * 2 veces, 1 pb en los últimos 4 p. (16 p)

Empezar a rellenar el cuerpo, procurando que quede bien rígido, y poner los ojos de seguridad, si se utilizan. Si se usan botones o se prefiere bordar los ojos, este paso se pospone hasta que el muñeco esté acabado. Continuar rellenando a medida que se avanza en la labor. Como ocurre con la mamá elefanta, la trompa es bastante pequeña, de modo que hay que rellenarla poco a poco y a menudo, y tensar bien los puntos del menguado (c2pb) para evitar que queden agujeritos.
**Vuelta 22:** *C2pb , 1 pb en los sig 2 p, rep desde * 2 veces, 1 pb en los últimos 4 p. (13 p)
**Vuelta 23:** *C2pb, 1 pb en el sig p, rep desde * 2 veces, 1 pb en los últimos 4 p. (10 p)
**Vuelta 24:** *C2pb, 1 pb en los sig 3 p, rep desde * hasta el final. (8 p)
**Vueltas 25–27:** 1 pb en cada p de la vuelta.
**Vuelta 28:** C2pb, 1 pb en los últimos 6 p. (7 p) Rematar.

### OREJAS (TEJER 2)

**Vuelta 1:** 6 pb en un anillo ajustable.
**Vuelta 2:** 2 pb en el sig p, 1 pb en los sig 2 p, rep desde * hasta el final. (8 p)
**Vuelta 3:** 2 pb en cada p. (24 p) Rematar.
Doblar la oreja por la mitad, unirla por los bordes de vuelta y coserla a la cabeza.

### PATAS (TEJER 4)

**Vuelta 1:** 6 pb en un anillo ajustable.
**Vuelta 2:** *2 pb en el sig p, 1 pb en los sig 2 p, rep desde * hasta el final. (8 p)
**Vueltas 3–7:** 1 pb en cada p de la vuelta. Rematar.

### ACABADO

Coser las patas al cuerpo bien firmes con una aguja lanera, rematar el hilo y ocultar los cabos.

### COLA

Para hacer la cola, después de coser una pata trasera, sacar el extremo de la hebra a través del trasero del elefante, hacer un nudo a unos 1,5 cm del cuerpo y cortar la lana, dejando 1 cm aproximadamente para deshilachar las fibras.

**La cola de la mamá elefanta es una cadeneta** de puntos rasos que se enrosca. La cola del elefantito es un simple cabo anudado.

# MUÑECA

*Nivel de dificultad* ***

*Esta versión a ganchillo* de la muñeca de trapo tradicional no tardará en convertirse en la mejor amiga de su hija. El cabello se hace con hebras de hilo, mientras que los leotardos, el vestido y las botitas a conjunto forman parte del juguete.

**TÉCNICAS EMPLEADAS** Punto bajo **p. 34**, Dar forma **pp. 50–52**, Círculos planos **p. 56**, Hacer un anillo ajustable **p. 57**, Juguetes **pp. 132–133**

## MEDIDAS

30 × 12 cm

## HILO

Sirdar Double Crêpe DK de 50 g/135 m (55 % acrílico y 45 % nailon; puede utilizar cualquier hilo ligero)

**A** x 2 **B** x 1 **C** x 1 **D** x 1 **E** x 1

## GANCHILLO

Ganchillo de 3,5 mm

## OTROS MATERIALES

2 marcadores de puntos
Aguja lanera
Ojos de seguridad para muñecos de 15 mm
Aguja e hilo de bordar rojo y negro
Cinta azul
Relleno para juguetes

## TENSIÓN

No se precisa una tensión exacta

## TÉCNICAS ESPECIALES

**Anillo ajustable:** Véase p. 135

**Borla:** Eh, insertar el ganchillo en el punto, eh, sacarlo a través de una lazada, eh, sacarlo por las 2 lazadas del ganchillo, *eh, insertar el ganchillo en el mismo espacio, eh, sacarlo a través de la lazada, eh, sacarlo a través de 2 lazadas del ganchillo; rep desde * 4 veces, eh, sacarlo por las 6 lazadas del ganchillo.

## INSTRUCCIONES

La cabeza y el cuerpo se tejen juntos en una sola pieza.

### CABEZA Y CUERPO

Con hilo A, hacer un anillo ajustable y tejer 6 pb en él. (6 p)

**Vuelta 1:** 2 pb en cada p hasta el final. (12 p)
**Vuelta 2:** *1 pb, 2 pb en el sig p; rep desde * hasta el final. (18 p)
**Vuelta 3:** *2 pb, 2 pb en el sig p; rep desde * hasta el final. (24 p)
**Vuelta 4:** *3 pb, 2 pb en el sig p; rep desde * hasta el final. (30 p)
**Vuelta 5:** *9 pb, 2 pb en el sig p; rep desde * hasta el final. (33 p)
**Vuelta 6:** *10 pb, 2 pb en el sig p; rep desde * hasta el final. (36 p)
**Vuelta 7:** *11 pb, 2 pb en el sig p; rep desde * hasta el final. (39 p)
**Vuelta 8:** *12 pb, 2 pb en el sig p; rep desde * hasta el final. (42 p)
**Vuelta 9:** *13 pb, 2 pb en el sig p; rep desde * hasta el final. (45 p)
**Vuelta 10:** *14 pb, 2 pb en el sig p; rep desde * hasta el final. (48 p)
**Vuelta 11:** 15 pb, 2 pb en el sig p; rep desde * hasta el final. (51 p)
**Vuelta 12:** *16 pb, 2 pb en el sig p; rep desde * hasta el final. (54 p)

Colocar dos marcadores de puntos en la vuelta sig, a 12 p de distancia entre ellos, para marcar los puntos donde se colocarán los ojos de la muñeca.

**Vueltas 13–14:** 1 pb en cada p hasta el final.
**Vuelta 15:***C2pb, 7 pb; rep desde * hasta el final. (48 p)
**Vuelta 16:** *C2pb, 6 pb; rep desde * hasta el final. (42 p)
**Vuelta 17:** *C2pb, 5 pb; rep desde * hasta el final. (36 p)
**Vuelta 18:** *C2pb, 4 pb; rep desde * hasta el final. (30 p)
**Vuelta 19:** *C2pb; rep desde * hasta el final. (15 p) Dejar la lazada de trabajo en un imperdible y colocar los ojos en la cabeza de la muñeca en los puntos marcados en la vuelta 13. Rellenar la cabeza. Pasar de nuevo la lazada de trabajo al ganchillo y continuar.
**Vuelta 20:** *4 pb, 2 pb en el sig p; rep desde * hasta el final. (18 p)
**Vuelta 21:** 1 pb en cada p hasta el final.
**Vuelta 22:** *5 pb, 2 pb en el sig p; rep desde * hasta el final. (21 p)
**Vuelta 23:** 1 pb en cada p hasta el final.
**Vuelta 24:** *6 pb, 2 pb en el sig p; rep desde * hasta el final. (24 p)
**Vuelta 25:** 1 pb en cada p hasta el final.
**Vuelta 26:** *7 pb, 2 pb en el sig p; rep desde * hasta el final. (27 p)
**Vuelta 27:** 1 pb en cada p hasta el final.
**Vuelta 28:** *8 pb, 2 pb en el sig p; rep desde * hasta el final. (30 p)
**Vuelta 29:** 1 pb en cada p hasta el final.
**Vuelta 30:** *9 pb, 2 pb en el sig p; rep desde * hasta el final. (33 p)
**Vuelta 31:** 1 pb en cada p hasta el final.
**Vuelta 32:** *10 pb, 2 pb en el sig p; rep desde * hasta el final. (36 p)
**Vuelta 33:** 1 pb en cada p hasta el final. Cambiar al hilo D al final de esta vuelta.
**Vuelta 34:** *C2pb, 10 pb; rep desde * hasta el final. (33 p)
**Vuelta 35:** *C2pb, 9 pb; rep desde * hasta el final. (30 p)
**Vuelta 36:** *C2pb, 3 pb; rep desde * hasta el final. (24 p)
**Vuelta 37:** *C2pb, 2 pb; rep desde * hasta el final. (18 p)
**Vuelta 38:** *C2pb, 1 pb; rep desde * hasta el final. (12 p)
**Vuelta 39:***C2pb; rep desde * hasta el final. (6 p)

Cortar el hilo dejando un cabo largo y pasar este a través de la lazada para asegurarlo. No rellenar todavía el cuerpo de la muñeca.

**BRAZOS (TEJER 2)**
**Nota:** Rellenar los brazos a medida que se tejen. Con hilo A, hacer un anillo ajustable y tejer 6 pb en él. (6 p)
**Vuelta 1:** 2 pb en cada p hasta el final. (12 p)
**Vuelta 2:** *1 pb, 2 pb en el sig p; rep desde * hasta el final. (18 p)
**Vuelta 3:** *5 pb, 2 pb en el sig p; rep desde * hasta el final. (21 p)
**Vuelta 4:** 1 pb en cada p hasta el final. (21 p)
**Vuelta 5:** *C2pb, 5 pb; rep desde * hasta el final. (18 p)
**Vuelta 6:** 1 borla en el primer p, 1 pb en cada p hasta el final.
**Vuelta 7:** *C2pb, 4 pb; rep desde * hasta el final. (15 p)
**Vuelta 8:** *C2pb, 3 pb; rep desde * hasta el final. (12 p)
**Vueltas 9–18:** 1 pb en cada p hasta el final.
**Vuelta 19:** C2pb, 1 pb en cada p hasta el final. (11 p)
**Vueltas 20–24:** 1 pb en cada p hasta el final.
**Vuelta 25:** C2pb, 1 pb en cada p hasta el final. (10 p)
**Vueltas 26–30:** 1 pb en cada p hasta el final. (10 p) Cortar el hilo dejando un cabo largo y pasar este a través de la lazada para asegurarlo. Acabar de rellenar el brazo de manera que quede firme.
Enhebrar el hilo cortado en una aguja lanera y pasarlo a través de los últimos 10 p, sacarlo cerca del agujero del hombro y pasarlo por entre algunos puntos para asegurarlo.

**PIERNAS (TEJER 2)**
**Nota:** Rellenar las piernas a medida que se tejen. Con hilo B, hacer un anillo ajustable y tejer 6 pb en él. (6 p)
**Vuelta 1:** 2 pb en cada p hasta el final. (12 p)
**Vuelta 2:** 2 pb, 2 pb en el sig p, 2 pb, 3 mpa en el sig p, 2 mpa, 3 mpa en el sig p, 2 pb, 2 pb en el último p. (18 p)
**Vuelta 3:** 3 pb, 2 pb en el sig p, 2 pb, 1 mpa, 2 mpa en el sig p, 4 mpa, 2 mpa en el sig p, 1 mpa, 1 pb, 2 pb en el sig p, 1 pb en los últimos 2 p. (22 p)
**Vuelta 4:** 2 pb en el primer p, 8 pb, 3 mpa en el sig p, 5 mpa, 3 mpa en el sig p, 1 pb en los últimos 6 p. (27 p)
**Vuelta 5:** 1 pb en cada p hasta el final.
**Vuelta 6:** 1 pb, c2pb, 8 pb, c2pb, 6 pb, c2pb, 1 pb en los últimos 6 p. (24 p)
**Vuelta 7:** 11 pb, c3mpa, 3 mpa, c3mpa, 1 pb en los últimos 4 p. (20 p)
**Vuelta 8:** 3 pb, c2pb, 4 pb, c2pb, 1 pb, c2pb, 1 pb, c2pb, 1 pb en los últimos 3 p. (16 p)
**Vuelta 9:** 8 pb, c2pb, 1 pb, c2pb, 1 pb en los últimos 3 p. (14 p)
**Vuelta 10:** 1 pb en cada p hasta el final.
**Vuelta 11:** C2pb, 1 pb en cada p hasta el final. (13 p)
Cambiar al hilo D al final de la vuelta y empezar a tejer rayas. Tejer dos vueltas en hilo D y dos vueltas en hilo C; rep hasta la vuelta 33 y tejer una última vuelta (la 34) en hilo D.
**Vueltas 12–16:** 1 pb en cada p hasta el final.
**Vuelta 17:** C2pb, 1 pb en cada p hasta el final. (12 p)
**Vueltas 18–22:** 1 pb en cada p hasta el final.
**Vuelta 23:** C2pb, 1 pb en cada p hasta el final. (11 p)
**Vueltas 24–28:** 1 pb en cada p hasta el final.
**Vuelta 29:** C2pb, 1 pb en cada p hasta el final. (10 p)
**Vueltas 30–34:** 1 pb en cada p hasta el final.
Cortar el hilo dejando un cabo largo y pasar este a través de la lazada para asegurarlo. Acabar de rellenar la pierna de modo que quede firme.
Enhebrar el hilo cortado en una aguja lanera, pasarlo a través de los últimos 10 p y sacarlo cerca del agujero de la pierna. Dejar el cabo en este punto para coser después la pierna al cuerpo.

**VESTIDO**
Con hilo B, hacer 21 c, 1 pr en el inicio de la cadeneta para formar un anillo. (21 p)
**Vuelta 1:** *6 pb, 2 pb en el sig p; rep desde * hasta el final. (24 p)
**Vuelta 2:** 1 pb en cada p hasta el final.
**Vuelta 3:** *7 pb, 2 pb en el sig p; rep desde * hasta el final. (27 p)
**Vuelta 4:** 1 pb en cada p hasta el final.
**Vuelta 5:** *8 pb, 2 pb en el sig p; rep desde * hasta el final. (30 p)
**Vuelta 6:** 1 pb en cada p hasta el final.

**Pase la cinta** a través de los espacios creados en la falda. Puede utilizar una cinta de raso para aportar un toque de brillo a la muñeca o bien una cinta mate, más neutra. Haga un lazo con doble nudo si la muñeca va destinada a una niña de menos de 3 años.

**Vuelta 7:** *9 pb, 2 pb en el sig p; rep desde * hasta el final. (33 p)
**Vueltas 8–9:** 1 pb en cada p hasta el final.
**Vuelta 10:** *10 pb, 2 pb en el sig p; rep desde * hasta el final. (36 p)
**Vuelta 11:** 1 pb en cada p hasta el final.
En las dos vueltas siguientes se crean los agujeros para pasar la cinta del vestido.
**Vuelta 12:** *2 c, saltar 1 p, 1 pb en el sig p; rep desde * hasta el final.
**Vuelta 13:** *1 pb en la c al aire, pb en el sig p; rep desde * hasta el final.
**Vuelta 14:** *5 pb, 2 pb en el sig p; rep desde * hasta el final. (42 p)
**Vuelta 15:** *6 pb, 2 pb en el sig p; rep desde * hasta el final. (48 p)
**Vuelta 16:** *3 pb, 2 pb en el sig p; rep desde * hasta el final. (60 p)
Cortar el hilo dejando un cabo largo y pasar este a través de la lazada para asegurarlo.
Colocar el vestido sobre el cuerpo de la muñeca de modo que la parte de arriba quede alineada con la tercera vuelta superior del cuerpo, en el cuello.
Rellenar el cuerpo de la muñeca.
Enhebrar el cabo cortado del cuerpo de la muñeca en una aguja lanera y pasarlo a través de los últimos 6 puntos de la base; tirar del hilo para cerrar el agujero. Rematar el hilo y cortar los cabos.

**MANGAS DEL VESTIDO (TEJER 2)**
Con hilo B, hacer un anillo ajustable y tejer 6 pb en él. (6 p)
**Vuelta 1:** *1 pb, 2 pb en el sig p; rep desde * hasta el final. (9 p)
**Vuelta 2:** *2 pb, 2 pb en el sig p; rep desde * hasta el final. (12 p)
**Vueltas 3–6:** 1 pb en cada p hasta el final.
Cortar el hilo dejando un cabo largo y pasar este a través de la lazada para asegurarlo.
Colocar las mangas sobre la parte de los brazos que corresponde a los hombros y coserlas. Luego coser los brazos al cuerpo usando la fotografía como guía. Rematar el hilo y cortar los cabos.

**CAÑA DE LAS BOTITAS (TEJER 2)**
Con hilo B, hacer 16 c.
**Vuelta 1:** 1 pb en la segunda c desde el ganchillo, 1 pb en cada p hasta el final (15 p).Cortar el hilo dejando un cabo largo y pasar este a través de la lazada para asegurarlo.
Coser la caña alrededor del tobillo de la muñeca. Luego coser las piernas a la base del cuerpo.
Rematar el hilo y cortar los cabos.

**Consulte abajo** cómo tejer las cañas de las botitas de la muñeca. La parte principal de las botas se teje en una pieza con el hilo rosa (B), luego, siguiendo con el tejido a punto bajo, se cambia al hilo azul (D) y al amarillo (C) de los leotardos alternativamente para crear las piernas.

**Para crear el cabello** se cortan hebras de la misma longitud, que después se unen a la cabeza a ganchillo (véase izda.). Utilice hilo A para la nariz y borde una sonrisa a la muñeca. Puede adquirir ojos de seguridad para muñecos en las tiendas de artesanía y en internet.

### BORDADO DE LOS RASGOS FACIALES

Con hilo A, bordar la nariz con 4 o 5 puntadas largas en el medio de la vuelta donde se han colocado los ojos.
Bordar las cejas con hilo de bordar negro y, con hilo rojo, bordar una sonrisa un par de vueltas por debajo de la nariz a modo de boca. Remeter los cabos sueltos hacia la nuca para que no se vean, rematarlos y cortarlos.

### CABELLO

Enrollar varias veces el hilo E a lo ancho en una cartulina de tamaño A4. Cortar las hebras de hilo por la mitad en el medio de la cartulina (así conseguirá muchas hebras de idéntica longitud).
Para unirlas a la cabeza, comenzar por la coronilla. Pasar el ganchillo a través de uno de los puntos de la cabeza de la muñeca, doblar una hebra por la mitad, enganchar la lazada con el ganchillo y sacarla parcialmente a través del punto. Pasar los cabos cortados por dentro de la lazada que se acaba de crear y tirar de ellos para cerrar el nudo. Repetir este proceso avanzando en círculos hasta tener una buena melena.

### ACABADO

Como detalle final del vestido, pasar un trozo de cinta azul por los agujeros de la falda y atarlo con un bonito lazo. Para peinar a la muñeca, puede hacerle una coleta a cada lado y atarla con un trozo de la misma cinta utilizada para el lazo del vestido.

# PINGÜINO AMIGURUMI

*Nivel de dificultad* ***



*Este monísimo pingüinito* tejido al estilo de los amigurumis japoneses es una labor atractiva para cualquier persona aficionada al ganchillo, incluso si es principiante.

**TÉCNICAS EMPLEADAS** Punto bajo **p. 34**, Dar forma **pp. 50–52**, Círculos planos **p. 56**, Hacer un anillo ajustable **p. 57**, Juguetes **pp. 132–133**

### MEDIDAS
9 × 12 cm

### HILO
Stylecraft Special DK de 100 g/ 285 m (100 % acrílico; solo se necesitan unos 25 g de los hilos B, C y D)

A x 1 B x 1 C x 1 D x 1

### GANCHILLO
Ganchillo de 3,5 mm

### OTROS MATERIALES
Aguja de tapicería
Marcador de puntos
Relleno de poliéster
Ojos de seguridad de 8 mm

### TENSIÓN
No se precisa una tensión exacta

### INSTRUCCIONES

**Nota:** Tejer en espiral continua, a menos que se indique lo contrario, colocando un marcador en el primer punto de cada vuelta para llevar la cuenta de las vueltas. Todas las piezas empiezan con un anillo ajustable.

**OJOS (TEJER 2)**
**Vuelta 1:** Con hilo C, hacer un anillo ajustable con 6 pb. (6 p)
**Vuelta 2:** 2 pb en cada p. (12 p)
Rematar la pieza y los cabos.

**CUERPO Y CABEZA**
**Vuelta 1:** Con hilo A, hacer un anillo ajustable con 6 pb. (6 p)
**Vuelta 2:** 2 pb en cada p. (12 p)
**Vuelta 3:** *1 pb, 2 pb en el p sig; rep desde * hasta el final. (18 p)
**Vuelta 4:** *2 pb, 2 pb en el p sig; rep desde * hasta el final. (24 p)
**Vuelta 5:** *3 pb, 2 pb en el p sig; rep desde * hasta el final. (30 p)
**Vuelta 6:** *4 pb, 2 pb en el p sig; rep desde * hasta el final. (36 p)
**Vuelta 7:** *5 pb, 2 pb en el p sig; rep desde * hasta el final. (42 p)
**Vuelta 8:** 1 pb en cada p por la hebra posterior hasta el final.
**Vueltas 9–19:** 1 pb en cada p hasta el final. Cambiar al hilo B.
**Vuelta 20:** 1 pb en cada p por la hebra posterior hasta el final.
**Vueltas 21–25:** 1 pb en cada p hasta el final.
**Vuelta 26:** *C2pb, 5 pb; rep desde * hasta el final. (36 p)
**Vuelta 27:** *C2pb, 4 pb; rep desde * hasta el final. (30 p)

**En espiral** Tejer en espiral es una manera rápida y fácil de tejer en redondo, pero al trabajar a punto bajo se puede perder la cuenta de las vueltas debido al pequeño tamaño de los puntos. Ponga un contador de puntos bloqueable al empezar cada vuelta y súbalo al iniciar la siguiente.

**Alitas marchosas** Aplane cada ala y sujétela cerrada mientras la cose al cuerpo. Puede curvar ligeramente la línea superior para darle la forma aerodinámica que se vería en un pingüino en marcha.

**Pies regordetes** Deje los cabos de las piezas de los pies bastante largos. Introduzca un cabo en cada pieza a modo de relleno antes de coserla al cuerpo con el otro cabo para que el pie tenga forma tridimensional.

**Pico expresivo** Hay que coser el pico con cuidado, ya que su posición determina la expresión del animalito. Curvando ligeramente los bordes se crea una sonrisa pícara. Deje los cabos largos, cosa el pico a la cara con uno de ellos y rellénelo con el otro.

**Vuelta 28:** *C2pb, 3 pb; rep desde * hasta el final. (24 p)
**Vuelta 29:** *c2pb, 2 pb; rep desde * hasta el final. (18 p)
Pase la lazada del último p a un imperdible guardapuntos y coloque los ojos de ganchillo y de seguridad guiándose por la foto. Rellene el cuerpo y la cabeza. Vuelva a pasar la lazada al ganchillo y continúe.
**Vuelta 30:** *C2pb, 1 pb; rep desde * hasta el final. (12 p)
**Vuelta 31:** *C2pb; rep desde * hasta el final. (6 p)
Rematar dejando un cabo suelto largo. Pasar el cabo por los puntos restantes para fruncir la parte superior de la cabeza. Rematar.

## ALAS (TEJER 2)

**Vuelta 1:** Con hilo A, hacer un anillo ajustable con 4 pb. (4 p)
**Vuelta 2:** 2 pb en cada p. (8 p)
**Vuelta 3:** *1 pb, 2 pb en el p sig; rep desde * hasta el final. (12 p)
**Vuelta 4:** *2 pb, 2 pb en el p sig; rep desde * hasta el final. (16 p)
**Vueltas 5–9:** 1 pb en cada p hasta el final.
Rematar dejando un cabo largo.
Plegar cada ala por la mitad.

## PICO Y PIES

Tejer 2 piezas con hilo B para los pies y 1 con hilo D para el pico.
**Vuelta 1:** Hacer un anillo ajustable con 6 pb. (6 p)
**Vuelta 2:** *1 pb, 2 pb en el p sig; rep desde * hasta el final. (9 p)
**Vuelta 3:** 1 pb en cada p hasta el final.
Rematar dejando un cabo largo.
Plegar por la mitad.

## ACABADO

Coser firmemente cada ala al cuerpo en el borde del cuello, los pies en la base y el pico en la cabeza como se ve en la foto.

**Ojos curiosos** Los ojos, bastante separados y bajos, harán aún más encantador al pingüinito. Cosa los círculos blancos con sus cabos largos a la cabeza e inserte los ojos de seguridad a través del centro a modo de iris.

# CONEJITO OREJUDO

*Nivel de dificultad* ✱✱✱

*Este divertido conejito* se pasará el día en el cochecito del bebé, en el cuarto de los juguetes o entre sus brazos. Es una labor fantástica para practicar los cambios de color.

**TÉCNICAS EMPLEADAS** Cadeneta **p. 26**, Punto bajo **p. 34**, Rayas simples **p. 39**, Dar forma **pp. 50–52**, Círculos planos **p. 56**, Juguetes **pp. 132–133**

JUGUETES

## MEDIDAS

22 × 10 cm aprox.

## HILO

DMC Natura Just Cotton de 50 g/155 m (100 % algodón; utilice cualquier hilo ligero: los de algodón o acrílicos son los más indicados para tejer muñecos)

**A** x 1 **B** x 1 **C** x 1

## GANCHILLO

Ganchillo de 3,5 mm

## OTROS MATERIALES

Marcador de puntos
Aguja lanera
Ojos de seguridad de 12 mm
Aguja e hilo de bordar negro y amarillo
Fieltro blanco
Relleno para juguetes

## TENSIÓN

No se precisa una tensión exacta

## TÉCNICAS ESPECIALES

**Anillo ajustable:** Enrollar el hilo 2 veces en un dedo; insertar el ganchillo y echar el hilo; sacar el ganchillo a través del hilo enrollado y hacer una cadeneta. Tejer la primera vuelta en el «anillo» y tirar con suavidad del cabo suelto para cerrarlo antes de unir los p en círculo con un pr.

## INSTRUCCIONES

Las rayas se tejen en el cuerpo, los brazos y las patas. Empezar con el hilo B y tejer como sigue:
2 vueltas en hilo azul (B)
2 vueltas en hilo blanco (C)
2 vueltas en hilo amarillo (A)
Mantener la secuencia de colores en la parte trasera de la labor.

### CABEZA Y CUERPO

La cabeza y el cuerpo se tejen en una sola pieza. Con hilo A, hacer un anillo ajustable y tejer 6 pb en él. (6 p)
**Vuelta 1:** 2 pb en cada p hasta el final. (12 p)
**Vuelta 2:** *1 pb, 2 pb en el sig p; rep desde * hasta el final. (18 p)
**Vuelta 3:** *2 pb, 2 pb en el sig p; rep desde * hasta el final. (24 p)
**Vuelta 4:** *3 pb, 2 pb en el sig p; rep desde * hasta el final. (30 p)
**Vuelta 5:** *9 pb, 2 pb en el sig p; rep desde * hasta el final. (33 p)
**Vuelta 6:** *10 pb, 2 pb en el sig p; rep desde * hasta el final. (36 p)
**Vuelta 7:** *11 pb, 2 pb en el sig p; rep desde * hasta el final. (39 p)
**Vuelta 8:** *12 pb, 2 pb en el sig p; rep desde * hasta el final. (42 p)
**Vuelta 9:** *13 pb, 2 pb en el sig p; rep desde * hasta el final. (45 p)
**Vuelta 10:** *14 pb, 2 pb en el sig p; rep desde * hasta el final. (48 p)
**Vuelta 11:** *15 pb, 2 pb en el sig p; rep desde * hasta el final. (51 p)
**Vuelta 12:** *16 pb, 2 pb en el sig p; rep desde * hasta el final. (54 p)
Colocar 2 marcadores de puntos en la vuelta sig, a 12 p de distancia entre ellos, para indicar dónde irán los ojos.
**Vueltas 13–14:** 1 pb en cada p hasta el final.
**Vuelta 15:** *C2pb, 7 pb; rep desde * hasta el final. (48 p)
**Vuelta 16:** *C2pb, 6 pb; rep desde * hasta el final. (42 p)
**Vuelta 17:** *C2pb, 5 pb; rep desde * hasta el final. (36 p)
**Vuelta 18:** *C2pb, 4 pb; rep desde * hasta el final. (30 p)
**Vuelta 19:** *C2pb; rep desde * hasta el final. (15 p) Pasar la lazada de trabajo a un imperdible y colocar los ojos en la cabeza en los puntos marcados en la vuelta 13. Rellenar la cabeza. Volver a pasar la lazada de trabajo al ganchillo y continuar.
Empezando con hilo B, iniciar el tejido a rayas:
**Vuelta 20:** *4 pb, 2 pb en el sig p; rep desde * hasta el final. (18 p)
**Vuelta 21:** 1 pb en cada p hasta el final.
**Vuelta 22:** *5 pb, 2 pb en el sig p; rep desde * hasta el final. (21 p)
**Vuelta 23:** 1 pb en cada p hasta el final.
**Vuelta 24:** *6 pb, 2 pb en el sig p; rep desde * hasta el final. (24 p)
**Vuelta 25:** 1 pb en cada p hasta el final.
**Vuelta 26:** *7 pb, 2 pb en el sig p; rep desde * hasta el final. (27 p)
**Vuelta 27:** 1 pb en cada p hasta el final.
**Vuelta 28:** *8 pb, 2 pb en el sig p; rep desde * hasta el final. (30 p)
**Vuelta 29:** 1 pb en cada p hasta el final.
**Vuelta 30:** *9 pb, 2 pb en el sig p; rep desde * hasta el final. (33 p)
**Vuelta 31:** 1 pb en cada p hasta el final.
**Vuelta 32:** *10 pb, 2 pb en el sig p; rep desde * hasta el final. (36 p)
**Vuelta 33:** 1 pb en cada p hasta el final.
**Vuelta 34:** *C2pb, 10 pb; rep desde * hasta el final. (33 p)
**Vuelta 35:** *C2pb, 9 pb; rep desde * hasta el final. (30 p)
**Vuelta 36:** *C2pb, 3 pb; rep desde * hasta el final. (24 p)
**Vuelta 37:** *C2pb, 2 pb; rep desde * hasta el final. (18 p)
**Vuelta 38:** *C2pb, 1 pb; rep desde * hasta el final. (12 p)
**Vuelta 39:** *C2pb; rep desde * hasta el final. (6 p)

Cortar el hilo dejando un cabo largo y pasar este a través de la lazada para afianzarlo. Rellenar bien el cuerpo. Enhebrar el cabo cortado en una aguja lanera y pasarlo a través de los últimos 6 puntos, tirar del hilo para cerrar el agujero de la base del cuerpo, rematarlo y cortar los cabos.

### BRAZOS (TEJER 2)

**Nota:** Rellenar los brazos a medida que se avanza. Con hilo A, hacer un anillo ajustable y tejer 6 pb en él. (6 p)
**Vuelta 1:** 2 pb en cada p hasta el final. (12 p)
**Vuelta 2:** *1 pb, 2 pb en el sig p; rep desde * hasta el final. (18 p)
**Vuelta 3:** *2 pb, 2 pb en el sig p; rep desde * hasta el final. (24 p)
**Vueltas 4–6:** 1 pb en cada p hasta el final.
**Vuelta 7:** *C2pb, 2 pb; rep desde * hasta el final. (18 p)
**Vuelta 8:** *C2pb, 4 pb; rep desde * hasta el final. (15 p)
**Vuelta 9:** *C2pb, 3 pb; rep desde * hasta el final. (12 p)
Empezando con el hilo B, iniciar el tejido a rayas:
**Vueltas 10–19:** 1 pb en cada p hasta el final.
**Vuelta 20:** C2pb, 1 pb en cada p hasta el final. (11 p)
**Vueltas 21–25:** 1 pb en cada p hasta el final.
**Vuelta 26:** C2pb, 1 pb en cada p hasta el final. (10 p)
**Vueltas 27–31:** 1 pb en cada p hasta el final.
Cortar el hilo dejando un cabo largo y pasar este a través de la lazada para afianzarlo. Acabar de rellenar el brazo de modo que quede firme.
Enhebrar el hilo cortado en una aguja lanera y pasarlo a través de los últimos 10 p, tirar del hilo para cerrar el agujero de la parte superior del brazo y rematarlo.

### PATAS (TEJER 2)

Con hilo A, hacer un anillo ajustable y tejer 6 pb en él. (6 p)
**Vuelta 1:** 2 pb en cada p hasta el final. (12 p)
**Vuelta 2:** 2 pb, 2 pb en el sig p, 2 pb, 3 mpa en el sig p, 2 mpa, 3 mpa en el sig p, 2 pb, 2 pb en el último p. (18 p)
**Vuelta 3:** 3 pb, 2 pb en el sig p, 2 pb, 1 mpa, 2 mpa en el sig p, 4 mpa, 2 mpa en el sig p, 1 mpa, 1 pb, 2 pb en el sig p, 1 pb en los últimos 2 p. (22 p)
**Vuelta 4:** 2 pb en el primer p, 8 pb, 3 mpa en el sig p, 5 mpa, 3 mpa en el sig p, 1 pb en los últimos 6 p. (27 p)
**Vuelta 5:** 1 pb en cada p hasta el final.
**Vuelta 6:** 1 pb, c2pb, 8 pb, c2pb, 6 pb, c2pb, 1 pb en los últimos 6 p. (24 p)
**Vuelta 7:** 11 pb, c3mpa, 3 mpa, c3mpa, 1 pb en los últimos 4 p. (20 p)
**Vuelta 8:** 3 pb, c2pb, 4 pb, c2pb, 1 pb, c2pb, 1 pb, c2pb, 1 pb en los últimos 3 p. (16 p)
**Vuelta 9:** 8 pb, c2pb, 1 pb, c2pb, 1 pb en los últimos 3 p. (14 p)
Empezando con el hilo B, iniciar el tejido a rayas:
**Vuelta 10:** 1 pb en cada p hasta el final.
**Vuelta 11:** C2pb, 1 pb en cada p hasta el final. (13 p)
**Vueltas 12–16:** 1 pb en cada p hasta el final.
**Vuelta 17:** C2pb, 1 pb en cada p hasta el final. (12 p)
**Vueltas 18–22:** 1 pb en cada p hasta el final.
**Vuelta 23 :** C2pb, 1 pb en cada p hasta el final. (11 p)
**Vueltas 24–28:** 1 pb en cada p hasta el final.
**Vuelta 29:** C2pb, 1 pb en cada p hasta el final. (10 p)
**Vueltas 30–33:** 1 pb en cada p hasta el final.
Cortar el hilo dejando un cabo largo y pasar este a través de la lazada para afianzarlo. Acabar de rellenar la pata. Debe quedar firme. Enhebrar el hilo cortado en una aguja lanera y pasarlo a través de los últimos 10 p, tirar del hilo para cerrar el agujero de la parte alta de la pierna y rematarlo.

### OREJAS (TEJER 2)

Con hilo A, hacer un anillo ajustable y tejer 6 pb en él. (6 p)
**Vuelta 1:** 2 pb en cada p hasta el final. (12 p)
**Vuelta 2:** *1 pb, 2 pb en el sig p; rep desde * hasta el final. (18 p)
**Vuelta 3:** 1 pb en cada p hasta el final.
**Vuelta 4:** *2 pb, 2 pb en el sig p; rep desde * hasta el final. (24 p)
**Vuelta 5:** 1 pb en cada p hasta el final.
**Vuelta 6:** *3 pb, 2 pb en el sig p; rep desde * hasta el final. (30 p)
**Vueltas 7–8:** 1 pb en cada p hasta el final.
**Vuelta 9:** C2pb, 1 pb en cada p hasta el final. (29 p)
**Vuelta 10:** 1 pb en cada p hasta el final.
**Vueltas 11–45:** Rep las dos últimas vueltas 17 veces. (12 p al concluir la vuelta 45)
Cortar el hilo dejando un cabo largo y pasar este a través de la lazada para afianzarlo. Aplanar la pieza y cerrar con una costura la abertura de la parte superior. Cortar fieltro para forrar la oreja por dentro y coserlo con hilo de bordar amarillo.

### COLA

Con hilo B, hacer un anillo ajustable y tejer 6 pb en él. (6 p)
**Vuelta 1:** 2 pb en cada p hasta el final. (12 p)
**Vuelta 2:** 1 pb en cada p hasta el final.
**Vuelta 3:** 1 pb en cada p hasta el final.
**Vuelta 4:** C2pb 6 veces. (6 p)
Cortar el hilo dejando un cabo largo y pasar este a través de la lazada para afianzarlo.

**Dote al conejito de una sonrisa amistosa** con seis hebras de hilo de bordar o con hilo de ganchillo negro. Para el hocico, dé una serie de puntadas, cada vez más pequeñas, formando un triángulo. Borde la boca a pespunte.

**Para que queden bien redondas** las patas, se hace un anillo ajustable con seis puntos bajos (está descrito en la p. 134). Así se crea un círculo pulido bajo la pata acolchada a partir del cual progresarán hacia fuera los puntos a ganchillo.

Rellenar. Enhebrar el cabo de hilo cortado en una aguja lanera y pasarlo a través de los últimos 6 p, tirar del hilo para cerrar el agujero y dar unas puntadas para rematarlo, pero sin cortarlo.

### ACABADO

Coser los brazos, las patas, las orejas y la cola en su lugar correspondiente con un hilo del mismo color. Rematar los cabos sueltos y cortarlos. Bordar los detalles de la cara con hilo de bordar negro.

**Recorte dos piezas de fieltro blanco,** aproximadamente 1 cm más pequeñas que las orejas tejidas a ganchillo, y cósalas con pequeñas puntadas de bastilla, punto de cruz o un festón (véase p. 85). Dé las puntadas cerca del borde del fieltro y remate el hilo haciendo un nudo al final.

# DUDÚ-OSITO POLAR

*Nivel de dificultad* ***

*¿Quién no se acurrucaría* con este osito? Esta mantita calada se teje en redondo, al igual que la cabeza y los brazos de estilo amigurumi y los pompones de distintos colores que la rematan.

**TÉCNICAS EMPLEADAS** Dar forma **pp. 50–52**, Hacer un anillo ajustable **p. 57**, Tejer a punto bajo en la hebra posterior **p. 75**, Trabajar en un espacio de cadeneta **p. 75**

## MEDIDAS

30 × 30 aprox. (la manta extendida)

## HILO

Paintbox Yarns Cotton DK de 50 g/ 125 m (100 % algodón; solo se necesitan unos 25 g de los hilos B, C, D y E, y cualquier hilo de peso similar servirá)

**A** x 1 **B** x 1 **C** x 1 **D** x 1 **E** x 1

## GANCHILLO

Ganchillo de 3 mm
Ganchillo de 3,75 mm

## OTROS MATERIALES

Relleno para juguetes
Aguja de tapicería

## TENSIÓN

No se precisa una tensión exacta; los puntos deben quedar prietos en la cabeza y los brazos.

## INSTRUCCIONES

### CABEZA

Con hilo A y un ganchillo de 3 mm, hacer un anillo ajustable.
**Vuelta 1:** Tejer 6 pb en el anillo y tirar del hilo para cerrarlo. (6 p).
**Vuelta 2:** 2 pb en cada p. (12 p)
**Vuelta 3:** (1 pb, 2 pb en p sig) 6 veces. (18 p)
**Vuelta 4:** (2 pb, 2 pb en p sig) 6 veces. (24 p)
**Vuelta 5**: (3 pb, 2 pb en p sig) 6 veces. (30 p)
**Vuelta 6:** (4 pb, 2 pb en p sig) 6 veces. (36 p)
**Vuelta 7:** (5 pb, 2 pb en p sig) 6 veces. (42 p)
**Vuelta 8:** (6 pb, 2 pb en p sig) 6 veces. (48 p)
**Vueltas 9–13:** 1 pb en cada p.
**Vuelta 14:** 2 pb en cada uno de los 6 p sig, 42 pb. (54 p)
**Vueltas 15–18:** 1 pb en cada p.
**Vuelta 19:** (C2pb, 7 pb) 6 veces. (48 p)
**Vuelta 20:** (C2pb, 6 pb) 6 veces. (42 p)
**Vuelta 21:** (C2pb, 5 pb) 6 veces. (36 p)
**Vuelta 22:** (C2pb, 4 pb) 6 veces. (30 p)
**Vuelta 23:** (C2pb, 3 pb) 6 veces. (24 p)
**Vuelta 24:** 1 pb en cada p, en la hebra posterior.
**Vuelta 25:** (C2pb, 2 pb) 6 veces. (18 p)
**Vuelta 26:** C2pb 9 veces (9 p)
Rematar, levantar con una aguja de tapicería todas las hebras anteriores y tirar para cerrar.

### MANTA

Con el hilo A y un ganchillo de 3,75 mm, empalmar el hilo a las hebras anteriores de la vuelta 24 de la cabeza.
**Vuelta 1:** Empalmar el hilo a las hebras anteriores, hacer 2 c (no se cuentan como p), 24 pa, 1 pr en el primer p para cerrar. (24 p)
**Vuelta 2:** Pr hasta el sig esp entre p, 2 c, (1 pa en el primer esp, 2 pa en el sig esp) hasta el final, 1 pr en el primer p para cerrar. (36 p)
**Vuelta 3:** Pr hasta el sig esp entre p, 2 c, 2 pa en el esp entre cada racimo de 1 o 2 pa, 1 pr en el primer p para cerrar. (48 p =24 racimos de 2 pa)
**Vuelta 4:** Pr hasta el último esp entre p, 2 c, (2 pa, 1 c) entre cada racimo, 1 pr en el primer p para cerrar. (48 p + 24 esp de c)

**Textura calada** El tejido a punto alto, en este caso en racimos de dos puntos altos, crea una atractiva textura en el «faldón» del osito.

**Textura tupida** Los medios puntos altos y los puntos altos en la parte en que el «faldón» se vuelve cuadrado crean esta bonita textura contrastante, más densa.

**Desde arriba** Con el dudú extendido se puede apreciar que la diferente altura de los puntos hace que la forma del «faldón» pase de redonda a cuadrada.

**Dormidito** Tómese el tiempo necesario para bordar los rasgos, guiándose por las vueltas a punto raso, para que el osito tenga un rostro simétrico y parezca apaciblemente dormido.

**Vuelta 5:** Pr hasta el último esp entre p, 2 c, (4 pa en el primer esp, 2 pa en el sig esp), (4 pa en el sig esp, 2 pa en el sig esp) hasta el final, 1 pr en el primer p para cerrar. (72 p =12 racimos de 4 pa, 12 racimos de 2 pa)
**Vueltas 6–8:** 1 pr en el último esp entre p, 2 c, (2 pa entre cada 2 pa) en toda la vuelta, 1 pr en primer p para cerrar. (72 p=36 racimos de 2 pa)
**Vuelta 9:** 1 pr en el último esp entre p, 2 c, (4 pa en el primer esp, 2 pa en el sig esp) en toda la vuelta, 1 pr en el primer p para cerrar. (108 p =18 racimos de 4 pa, 18 racimos de 2 pa)
**Vuelta 10:** 1 pr en el último esp entre p, 2 c, (2 pa entre cada 2 pa) en toda la vuelta, 1 pr en primer p para cerrar. (108 p=54 racimos de 2 pa)
**Vuelta 11:** 1 c, [5 pb, 5 mpa, 3 pa, (2 pa, 2 c, 2 pa) en el p sig para hacer la esquina, 3 pa, 5 mpa, 5 pb] 4 veces, 1 pr en el primer p para cerrar. (120 p + 4 sp de c)
**Vuelta 12:** 2 c, [10 mpa, 5 pa, (2 pa, 2 c, 2 pa) en el esp de c de la esquina, 5 pa, 10 mpa] 4 veces, 1 pr en el primer p para cerrar. (136 p + 4 esp de c)
**Vuelta 13:** 2 c, [10 mpa, 7 pa, (2 pa, 2 c, 2 pa) en el esp de c de la esquina, 7 pa, 10 mpa] 4 veces, 1 pr en el primer p para cerrar. (152 p + 4 esp de c)
**Vuelta 14:** 2 c, [1 pa en cada p hasta la esquina, (2 pa, 2 c, 2 pa) en el esp de c de la esquina] 4 veces, 1 pa en cada p hasta el final, 1 pr en el primer p para cerrar. (168 p + 4 esp de c)
**Vuelta 15:** 2 c, [1 pa en cada p hasta la esquina, (2 pa, 2 c, 2 pa) en el esp de c de la esquina] 4 veces, 1 pa en cada p hasta el final, 1 pr en el primer p para cerrar. (184 p + 4 esp de c) Rematar.

**BRAZOS**
Con el hilo A y un ganchillo de 3 mm, hacer un anillo ajustable.
**Vuelta 1:** Tejer 6 pb en el anillo y tirar para cerrarlo. (6 p)
**Vuelta 2:** 2 pb en cada p. (12 p)
**Vuelta 3:** (2 pb en los 3 p sig, 3 pb) 2 veces. (18 p)
**Vueltas 4–48:** 1 pb en cada p. (45 vueltas en total)
Introducir el relleno.
**Vuelta 49:** (C2pb 3 veces, 3 pb) 2 veces. (12 p)
**Vuelta 50:** C2pb 6 veces. (6 p)
Rematar, colocar la pieza por detrás en torno a la cabeza y coser.

**OREJAS (TEJER 2)**
Con el hilo A y un ganchillo de 3 mm, hacer un anillo ajustable.
**Vuelta 1:** Tejer 6 pb en el anillo y tirar del hilo para cerrarlo. (6 p)
**Vuelta 2:** 2 pb en cada p. (12 p)
**Vuelta 3:** (1 pb, 2 pb en el p sig) 6 veces. (18 p)
**Vuelta 4:** (2 pb, 2 pb en el p sig) 6 veces. (24 p)
**Vueltas 5–7:** 1 pb en cada p.
Rematar y coser en la parte posterior de la cabeza.

**POMPONES (TEJER 4)**
Tejer uno de cada color, B, C, D y E.
Con un ganchillo de 3 mm, hacer un anillo ajustable.
**Vuelta 1:** Tejer 6 pb en el anillo y tirar del hilo para cerrarlo. (6 p)
**Vuelta 2:** 2 pb en cada p. (12 p)
**Vuelta 3:** (1 pb, 2 pb en el p sig) 6 veces. (18 p)
**Vueltas 4–6:** 1 pb en cada p.
**Vuelta 7:** (1 pb, c2pb) 6 veces. (12 p.)
**Vuelta 8:** C2pb 6 veces. (6 p)
Rematar y coser un pompón en cada esquina de la mantita.

**ACABADO**
Bordar en la cabeza los ojos cerrados con hilo B y luego el hocico con hilo E. Añadir unas líneas con hilo B para simular las uñas en las zarpas.

# MARIONETAS DE DEDO

*Nivel de dificultad* ***

*Brinde a su hijo horas de diversión* inventando historias con animales de la selva. Basta con tener un nivel medio de conocimientos de ganchillo para tejerlos.

**TÉCNICAS EMPLEADAS** Cadeneta **p. 26**, Punto bajo **p. 34**, Círculos planos **p. 56**, Aumentos en punto bajo **p. 50**, Disminuciones en punto bajo **p. 52**

## MEDIDAS

8 × 4 cm aprox.

## HILO

DMC Natura Just Cotton de 50 g/155 m (100% algodón; puede usar cualquier hilo de 4 cabos para esta labor)

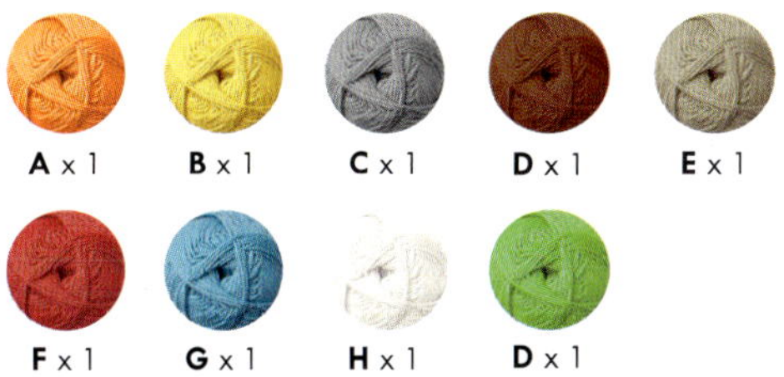


## GANCHILLO

Ganchillo de 3,5 mm

## OTROS MATERIALES

Aguja lanera
Relleno para juguetes
Aguja e hilo de bordar negro
Limpiapipas (alambre recubierto de lana)
Fieltro blanco
Cola para tela

## TENSIÓN

No se precisa una tensión exacta

## TÉCNICAS ESPECIALES

**Anillo ajustable:** Enrollar el hilo 2 veces en un dedo; insertar el ganchillo y echar el hilo; sacar el ganchillo a través del hilo enrollado y hacer una cadeneta. Tejer la primera vuelta en el «anillo» y tirar con suavidad del cabo suelto para cerrarlo antes de unir los p en círculo con un pr.

**Punto de bucle:** Echar el hilo de adelante atrás sobre el dedo índice de la mano con la que se sostiene. Insertar el ganchillo en el punto siguiente, enganchar el hilo desde detrás del dedo índice y sacarlo a través del punto. El hilo del dedo se convierte en la lazada. Con la lazada aún en el dedo índice, echar el hilo sobre el ganchillo y sacarlo a través de las dos lazadas que quedan en él.

## INSTRUCCIONES

Las instrucciones «básicas» sirven para todas las marionetas. Consultar las instrucciones particulares para los detalles específicos de cada una de ellas.

### CUERPO BÁSICO

Hacer un anillo ajustable y tejer 6 pb en él. (6 p)
**Vuelta 1:** *1 pb, 2 pb en el sig p; rep desde *. (9 p)
**Vuelta 2:** *2 pb, 2 pb en el sig p; rep desde *. (12 p)
**Vueltas 3–10:** 1 pb en cada p hasta el final. (12 p)
Cortar el hilo y pasarlo a través de la lazada para afianzarlo. Rematar y cortar el hilo de sobra.

### CABEZA BÁSICA

Hacer un anillo ajustable y tejer 6 pb en él. (6 p)
**Vuelta 1:** 2 pb en cada p hasta el final. (12 p)
**Vuelta 2:** *1 pb, 2 pb en el sig p; rep desde *. (18 p)
**Vuelta 3:** *2 pb, 2 pb en el sig p; rep desde *. (24 p)
**Vueltas 4–6:** 1 pb en cada p hasta el final. (24 p)
**Vuelta 7:** *C2pb, 2 pb; rep desde *. (18 p)
**Vuelta 8:** *C2pb, 1 pb; rep desde *. (12 p)
**Vuelta 9:** *C2pb; rep desde *. (6 p)
Cortar el hilo dejando un cabo largo y pasar este a través de la lazada para afianzarlo. Rellenar la cabeza. Pasar el hilo a través de los últimos 6 p y tirar de él para cerrar el agujero del cuello. Coser la cabeza al cuerpo y rematar los cabos.

### BRAZO BÁSICO

Hacer un anillo ajustable y tejer 4 pb en él. (4 p)
**Vueltas 1–3:** 1 pb en cada p hasta el final. (4 p)
Cortar y afianzar el hilo dejando un cabo largo. Rellenar los brazos y luego pasar el hilo a través de los últimos 4 p. Tirar de él para cerrar la parte superior de los brazos. Coserlos en su sitio y rematar los cabos.

**Para hacer la melena** del león, consulte en las técnicas especiales de la p. 287 cómo hacer puntos de bucle. Haga lazadas homogéneas echando el hilo alrededor de los dedos.

### LEÓN
Tejer un cuerpo básico, una cabeza básica y dos brazos básicos en hilo A.

#### MELENA
Con hilo B, 26 c y 1 pr para unirlas en forma de anillo. (26 p)
**Vueltas 1–2:** 1 punto de bucle en cada p. (26 p)
Cortar el hilo dejando un cabo largo y afianzarlo. Coser la melena a la cabeza y rematar los cabos.

#### COLA
Con hilo A, 12 c, 1 pr en la segunda c desde el ganchillo, pr a lo largo de toda la c. (11 p)
Cortar el hilo y afianzarlo. Coser la cola en su sitio y rematar los cabos. Doblar por la mitad dos hebras cortas de hilo B y coserlas a la cola a modo de mechón.

#### ACABADO
Añadir los rasgos faciales con hilo de bordar negro. Hacer dos nudos franceses a modo de ojos y coser un pequeño triángulo como hocico y las líneas de la boca. Rematar los cabos.

**La trompa del elefante** se hace con un «tubo» de ocho puntos de cadeneta en el que se inserta un limpiapipas para que se mantenga recta.

### ELEFANTE
Tejer un cuerpo básico, una cabeza básica y dos brazos básicos en hilo C.

#### OREJAS (TEJER 2)
No se tejen en espiral. Girar la labor al concluir cada vuelta para formar un semicírculo.
Con hilo C, hacer un anillo ajustable y tejer 4 pb en él. (4 p)
**Vuelta 1:** *1 pb, 2 pb en el sig p; rep desde *, 1 c, girar. (6 p)
**Vuelta 2:** 2 pb, 2 pb en el sig p, 1 pb, 1 mpa, 2 mpa en el último p. (8 p)
Cortar el hilo dejando un cabo largo y afianzarlo. Coser las orejas en su sitio y rematar los cabos.

#### TROMPA
Con hilo C, hacer un anillo ajustable y tejer 4 pb en él. (4 p)
**Vueltas 1–8:** 1 pb en cada p hasta el final. (4 p)
Cortar el hilo dejando un cabo largo y afianzarlo. Cortar un limpiapipas de la longitud de la trompa y colocarlo dentro. Pasar el hilo a través de los últimos 4 p y tirar de él para cerrar la base de la trompa. Coserla en su sitio y rematar los cabos.

#### COLA
Con hilo C, 8 c, 1 pr en la segunda c desde el ganchillo, 1 pr a lo largo de toda la c. (7 p)
Cortar el hilo y afianzarlo. Coser la cola en su sitio y rematar los cabos.
Añadir los rasgos faciales con hilo de bordar negro. Hacer dos nudos franceses a modo de ojos.

**Para hacer los ojos** con nudi francés, enrolle una o dos vueltas de hilo de bordar negro alrededor de la aguja antes de insertarla de nuevo a través de los puntos.

### MONO
Tejer un cuerpo básico, una cabeza básica y dos brazos básicos en hilo D.

#### HOCICO
Con hilo E, hacer un anillo ajustable y tejer 6 pb en él. (6 p)
**Vuelta 1:** 1 pb en cada p hasta el final. (6 p)
Cortar el hilo dejando un cabo largo y afianzarlo.
Pasar el hilo a través de los últimos 6 p y tirar de él para cerrar la base del cuerpo. Coser el hocico a la cabeza y rematar los cabos.

#### OREJAS (TEJER 2)
Con hilo D, hacer un anillo ajustable y tejer 8 pb en él, cerrarlo con 1 pr. (8 p)
Cortar el hilo y afianzarlo. Coser las orejas en su sitio y rematar los cabos.

#### MANCHAS DE LOS OJOS
Con hilo E, hacer un anillo ajustable y tejer 8 pb en él, cerrarlo con 1 pr. (8 p)
Cortar el hilo y pasarlo a través de la lazada para afianzarlo. Coser las manchas de los ojos en su sitio y rematar los cabos.

#### COLA
Con hilo D, 12 c, 1 pr en la segunda c desde el ganchillo, 1 pr a lo largo de toda la c. (11 p)
Cortar el hilo y pasarlo a través de la lazada para afianzarlo. Coser la cola en su sitio y rematar los cabos. Añadir los rasgos faciales con hilo de bordar negro. Hacer dos nudos franceses en el centro de las manchas a modo de ojos.

**Para crear un ave tropical,** use colores vivos como los utilizados para este loro. Si lo prefiere, puede probar a combinar verde, naranja y amarillo o azul, amarillo y rojo.

## LORO

Hacer un cuerpo básico con hilo F.
Tejer el patrón de la cabeza hasta la vuelta 8 con hilo F. Cortar el hilo dejando un cabo largo y afianzarlo. Rellenar la cabeza y coserla al cuerpo. Rematar los cabos.

### PARTE INFERIOR DEL PICO

Con hilo B, hacer un anillo ajustable y tejer 4 pb en él. (4 p)
**Vuelta 1:** 1 pb en cada p hasta el final. (4 p)
Cortar el hilo dejando un cabo largo y afianzarlo. Rellenar.

### PARTE SUPERIOR DEL PICO

Con hilo B, hacer un anillo ajustable y tejer 6 pb en él. (6 p)
**Vueltas 1–2:** 1 pb en cada p hasta el final. (6 p)
Cortar el hilo dejando un cabo largo y afianzarlo. Rellenar y coser ambas partes del pico en su sitio. Rematar los cabos.

### ALAS

Con hilo F, hacer un anillo ajustable y tejer 6 pb en él. (6 p)
**Vuelta 1:** 2 pb en cada p hasta el final. (12 p)
**Vuelta 2:** *3 pb, 2 pb en el sig p; rep desde *. (15 p)
**Vuelta 3:** 1 pb en cada p hasta el final.
**Vuelta 4:** *C2pb, 3 pb; rep desde *.
Cambiar al hilo G al final de esta vuelta. (12 p)
**Vuelta 5:** Trabajando solo la hebra trasera del punto, 1 pb en cada p hasta el final.
**Vuelta 6:** *C2pb, 4 pb; rep desde *. (10 p)
**Vuelta 7:** Trabajando solo la hebra trasera del punto, 1 pb en cada p hasta el final.
**Vuelta 8:** *C2pb, 3 pb; rep desde *. (8 p)
**Vuelta 9:** 1 pb en cada p hasta el final.
**Vuelta 10:** *C2pb, 2 pb; rep desde *. (6 p)
**Vuelta 11:** 1 pb en cada p hasta el final.
**Vuelta 12:** 1 pb en el primer p, 4 c, 1 pb en el sig p, 4 c, 1 pb hasta el final.
Cortar el hilo dejando un cabo largo y afianzarlo. Cerrar el agujero de la base del ala con una costura. Volver a empalmar el hilo F a la primera vuelta de lazadas que se ha dejado al tejer solo en las hebras traseras y trabajar como sigue:
**Vuelta 1:** *1 pr en la primera lazada, 1 pb en la sig, 1 pa en la sig; rep desde * hasta el final. Volver a empalmar el hilo G a la segunda vuelta de lazadas que se ha dejado al tejer solo en la hebra trasera y trabajar como sigue:
**Vuelta 2:** *1 pr en la primera lazada, 1 pb en la sig, 1 pa en la sig; rep hasta el último p, 1 pr en el último p.
Cortar el hilo y afianzarlo. Coser las alas al cuerpo. Rematar los cabos.

### COLA

No se teje en espiral. Girar la labor al concluir cada vuelta.
Con hilo G, hacer 7 c.
**Vuelta 1:** Com por la segunda c desde el ganchillo, 3 pb, 3 mpa, 2 c, girar. (6 p)
**Vuelta 2:** Com por el primer mpa de la vuelta anterior, 3 mpa, 3 pb, 1 c, girar. (6 p)
**Vuelta 3:** Com por el primer pb de la vuelta anterior, 3 pb, 3 mpa. (6 p)
Cortar el hilo y afianzarlo.

### PARTE SUPERIOR DE LA COLA

No se teje en espiral. Girar la labor al concluir cada vuelta.
Con hilo F, hacer 4 c.
**Vuelta 1:** Com por la segunda c desde el ganchillo, 2 pb, 1 mpa en la última c, 2 c, girar. (4 p)
**Vuelta 2:** 1 mpa en el mpa de la vuelta anterior, 2 pb, 1 c, girar.
**Vuelta 3:** 2 pb, 1 mpa en el último p.
Cortar el hilo y afianzarlo. Coser la parte superior de la cola a la inferior y luego coser la cola al cuerpo. Rematar los cabos.

### BOLAS DE LOS OJOS

Con hilo H, hacer un anillo ajustable y tejer 8 pb en él; cerrarlo con 1 pr. (8 p)
Cortar el hilo y afianzarlo. Coser las piezas en su sitio y rematar los cabos. Hacer dos nudos franceses en el centro para crear los ojos.

**El fieltro blanco** queda genial como dentadura. Utilice una pieza larga o dos piezas, como en el ejemplo, para darle una expresión realista.

## COCODRILO

Tejer un cuerpo básico, una cabeza básica y dos brazos básicos con hilo I.

### FAUCES (TEJER 2)

Con hilo I, hacer un anillo ajustable y tejer 6 pb en él. (6 p)
**Vuelta 1:** *1 pb, 2 pb en el sig p; rep desde * hasta el final. (9 p)
**Vuelta 2:** 2 pb en el primer p, 1 pb en cada p hasta el final. (10 p)
**Vuelta 3:** 1 pb en cada p hasta el final.
**Vuelta 4:** 2 pb en el primer p, 1 pb en cada p hasta el final. (11 p)
**Vuelta 5:** 1 pb en cada p hasta el final.
**Vuelta 6:** 2 pb en el primer p, 1 pb en cada p hasta el final. (12 p)
**Vuelta 7:** 1 pb en cada p hasta el final.
Cortar el hilo y afianzarlo. Cortar un trocito de fieltro en zigzag y pegarlo con cola para tela a modo de dentadura. Coser la cabeza en su sitio y rematar los cabos.

### BOLAS DE LOS OJOS (TEJER 2)

Con hilo H, hacer un anillo ajustable y tejer 4 pb en él.
**Vuelta 1:** 1 pb en cada p hasta el final. (4 p)
Cortar el hilo y pasarlo a través de los 4 p, tirar de él para cerrar el agujero y formar la bolita del ojo. Rematar los cabos.

### CUENCAS DE LOS OJOS Y NARINAS (TEJER 2)

Con hilo I, hacer un anillo ajustable y tejer 5 pb en él.
**Vueltas 1–2:** 1 pb en cada p hasta el final. (5 p)
Cortar el hilo y rematarlo. Colocarlas ajustadas en torno a las bolas de los ojos. Coser las cuencas y rematar los cabos. Hacer dos nudos franceses en el centro de las bolas. Con hilo I, tejer dos nudos franceses sobre la boca.

# BOLSAS Y BOLSOS

Además de ecológicos, los bolsos de ganchillo pueden ser tan sencillos o tan sofisticados como se desee y se tejen en un plis plas. No se cansará de llevarlos, ya sea una bolsa para la compra, un bolso informal o una elegante cartera de mano.

# BOLSO CUADRADO

*Nivel de dificultad* ✱✱✱

*Este sencillo bolso aporta un toque de modernidad* a un motivo clásico del ganchillo con una combinación de colores sensacional. Consulte la página 100 para obtener más información sobre cómo tejer un cuadrado afgano.

**TÉCNICAS EMPLEADAS** Punto bajo **p. 34**, Punto alto **p. 44**, Círculos planos **p. 56**, Empalmar un nuevo color **p. 57**, Cuadro básico multicolor **p. 100**

## MEDIDAS
32 cm × 32 cm

## HILO
Artesano Superwash Merino DK de 50 g/112 m (100% lana merina; puede utilizar cualquier hilo ligero con mezcla de lana)

**A** x 3 **B** x 1 **C** x 1 **D** x 1

## GANCHILLO
Ganchillo de 3,75 mm

## OTROS MATERIALES
Aguja lanera

Tela de algodón para el forro (62 × 31 cm más un margen para la costura)

Aguja de coser e hilo de un color a tono

## TENSIÓN
Las vueltas 1 a 3 miden 8 cm

## CUADRADOS (TEJER 2)
Con hilo A, hacer 4 c, 1 pr en la primera c para formar un anillo.

**Vuelta 1:** 4 c (se cuentan como 1 pa y 1 c), *3 pa en el anillo, 1 c, rep desde * 2 veces, 2 pa en el anillo, unir con 1 pr a la tercera de las 4 c. Rematar A.

**Vuelta 2:** Empalmar el hilo B en cualquier esp de c, 3 c (se cuentan como primer pa), (2 pa, 2 c, 3 pa) en el mismo esp de c, 1 c, *(3 pa, 2 c, 3 pa) en el sig esp de c, 1 c, rep desde * 2 veces, unir con 1 pr encima de las 3 c iniciales. Rematar B.

**Vuelta 3:** Empalmar el hilo C en cualquier esp de 2 c de esquina, 3 c (se cuentan como primer pa), (2 pa, 2 c, 3 pa) en el mismo esp de c, 1 c, 3 pa en el sig esp de c, 1 c, *(3 pa, 2 c, 3 pa) en el sig esp de c, 1 c, 3 pa en el sig esp de c, 1 c, rep desde * 2 veces, unir con 1 pr encima de las 3 c iniciales. Rematar C.

**Vuelta 4:** Empalmar el hilo A en cualquier esp de c de esquina, 3 c (se cuentan como primer pa), (2 pa, 2 c, 3 pa) en el mismo esp de c, 1 c, 3 pa en el sig esp de c, 1 c, 3 pa en el sig esp de c, 1 c, *(3 pa, 2 c, 3 pa) en el sig esp de c, 1 c, 3 pa en el sig esp de c, 1 c, 3 pa en el sig esp de c, 1 c, rep desde * 2 veces, unir con 1 pr encima de las 3 c iniciales. Rematar A.

Cont tejiendo cada vuelta con la sig secuencia de colores, trabajándolas como la vuelta 4.

En cada vuelta tendrá 3 pa en 1 esp de c y 1 c adicionales trabajados a cada lado del cuadrado; las esquinas se tejen igual.

**Vuelta 5:** Hilo D.
**Vuelta 6:** Hilo B.
**Vuelta 7:** Hilo A.
**Vuelta 8:** Hilo B.
**Vuelta 9:** Hilo C.
**Vuelta 10:** Hilo A.
**Vuelta 11:** Hilo D.
**Vuelta 12:** Hilo A.

## TIRA DEL BOLSO
Hacer 121 c.

**Vuelta 1:** 1 pb en la segunda c desde el ganchillo, 1 pb en cada c hasta el final, girar. (120 p)

**Vuelta 2:** 1 pb en cada pb, girar.

Rep la vuelta 2 otras 4 veces. Rematar el hilo.

## ACABADO
Estirar las piezas delantera y trasera siguiendo las instrucciones de la etiqueta del hilo.

Encararlas por el revés, empalmar el hilo A al esp de la esquina superior izquierda y, atravesando el delantero y el trasero, unirlos por tres lados así: 1 pb en 1 esp de c, *1 pb encima de cada uno de los 3 pa sig, 1 pb en 1 esp de c, rep desde * hasta la esquina, 3 pb en el esp de c, rep desde * hasta la sig esquina, 3 pb en el esp de c de la esquina, rep desde * hasta la esquina superior derecha. Dejar la parte superior del bolso abierta.

Tejer 1 vuelta a pb a lo largo de los bordes superiores del delantero y el trasero.

Coser la tira a los lados del bolso.

Rematar todos los cabos.

Doblar la tela del forro por la mitad encarándola por el derecho y coser tres lados. Colocar el forro dentro del bolso, hacer un dobladillo en el borde superior y coser este borde al bolso.

# BOLSA DE PLAYA

*Nivel de dificultad* ***

*La base de esta bolsa llamativa* a la par que práctica se teje recta, mientras que el resto de la bolsa se teje en redondo hasta alcanzar la altura deseada.

**TÉCNICAS EMPLEADAS** Cadeneta **p. 26**, Punto bajo **p. 34**, Medio punto alto **p. 38**, Círculos planos **p. 56**

### MEDIDAS
32 × 56cm

### HILO
Expressions de 4 cabos teñido a mano de 50 g/85 m (100% cáñamo; servirá cualquier hilo resistente de 4 cabos, como algodón, lino o cuerda, en hebra doble)

**A** x 7

**B** x 6

### GANCHILLO
Ganchillo de 5 mm

### OTROS MATERIALES
Aguja lanera
Botón de 2 cm

### TENSIÓN
No se precisa una tensión exacta

### INSTRUCCIONES
**Nota:** Las 2 c al principio de cada vuelta a mpa se consideran el primer p trabajado en el primer p de la vuelta anterior.
La c al principio de cada vuelta a pb se considera el primer p trabajado en el primer p de la vuelta anterior.
Utilice una hebra doble de hilo para que la bolsa sea más resistente.

**Vuelta base:** Con hilo A, hacer 47 c.
**Vuelta 1:** 1 mpa en la tercera c desde el ganchillo y en cada c a lo largo de la vuelta, girar. (46 p)
**Vuelta 2:** 2 c, 1 mpa en cada p de la vuelta, girar. (46 p)
**Vueltas 3–11:** Rep la vuelta 2.
A partir de aquí se trabaja en vueltas circulares.
**Vuelta 1:** 1 c, 1 pb en cada p hasta acabar la vuelta, 2 pb en cada extremo de las vueltas rectas, 1 pb en la hebra posterior de cada c base, 2 pb en cada extremo de las vueltas rectas, cerrar con 1 pr. (136 p)
**Vuelta 2:** 2 c, 1 mpa en cada p de la vuelta, cerrar con 1 pr.
**Vueltas 3–16:** Rep la vuelta 2.
**Vueltas 17–28:** Con hilo B, rep la vuelta 2.

#### ASAS
**Vuelta 29:** 2 c, 1 mpa en los sig 12 p, 60 c, saltar los sig 20 p, 1 mpa en los sig 48 p, 60 c, saltar los sig 20 p, 1 mpa en los sig 35 p, cerrar con 1 pr.
**Vuelta 30:** 1 mpa en cada p y c de la vuelta, cerrar con 1 pr.
**Vueltas 31–32:** 1 mpa en cada p de la vuelta.
Rematar.

#### LENGÜETA DE CIERRE
Con hilo B, hacer 11 c.
**Vuelta 1:** 1 pb en la segunda c desde el ganchillo y en cada c a lo largo de la vuelta, girar. (10 p)
**Vuelta 2:** 1 c, 1 pb en cada p de la vuelta, girar. (10 p)
**Vueltas 3–4:** Rep la vuelta 2.
**Vuelta 5:** 1 c, 1 pb en los primeros 4 p, 2 c, saltar los sig 2 p, 1 pb en los últimos 4 p, girar.
**Vuelta 6:** 1 c, 1 pb en los primeros 4 p, 1 pb en cada una de las 2 c, 1 pb en los últimos 4 p, girar.
**Vueltas 7–20:** Rep la vuelta 2.
Tejer a pb de manera uniforme en torno a la lengüeta para un acabado pulido.
Rematar. Coser la lengüeta y el botón a la bolsa.

**Esta bolsa tiene una base** muy resistente, que se consigue tejiéndola en vueltas rectas. El hilo de cáñamo utilizado en este ejemplo le otorga un aspecto veraniego; si desea tejer una bolsa algo más rígida, pruebe a usar rafia.

# BOLSA PARA LA COMPRA

*Nivel de dificultad* ***

*Esta práctica bolsa se teje en redondo,* con una base tupida y el cuerpo de malla. Hecha a punto bajo, genera un tejido resistente y flexible: como la bolsa cede, puede meter en ella toda la compra.

**TÉCNICAS EMPLEADAS** Cadeneta **p. 26**, Punto bajo **p. 34**, Círculos planos **p. 56**

### MEDIDAS

25,5 × 33 cm aprox., con asas de 48,5 cm

### HILO

Rowan Softknit Cotton de 50 g/105 m (92 % algodón y 8 % nailon/poliamida; con cualquier hilo de algodón ligero o con mezcla de algodón logrará un efecto similar)

x 5

### GANCHILLO

Ganchillo de 4,5 mm

### OTROS MATERIALES

Marcador de puntos
Aguja lanera

### TENSIÓN

No se precisa una tensión exacta

### INSTRUCCIONES

**Nota:** Marque el primer punto de cada vuelta.

Hacer 2 c.
**Vuelta 1:** 8 pb en la segunda c desde el ganchillo.
**Vuelta 2:** 2 pb en el primer p y en cada p de la vuelta. (16 pb). No cerrar la vuelta con 1 pr. Cont trabajando en espiral, sin olvidar marcar el primer p de cada vuelta.
**Vuelta 3:** *2 pb en el sig p, 1 pb en el sig p, rep desde * en toda la vuelta. (24 p)
**Vuelta 4:** *2 pb en el sig p, 1 pb en los sig 2 p, rep desde * en toda la vuelta. (32 p)
**Vuelta 5:** *2 pb en el sig p, 1 pb en los sig 3 p, rep desde * en toda la vuelta. (40 p)
**Vuelta 6:** *2 pb en el sig p, 1 pb en los sig 4 p, rep desde * en toda la vuelta. (48 p)
**Vuelta 7:** *2 pb en el sig p, 1 pb en los sig 5 p, rep desde * en toda la vuelta. (56 p)
**Vuelta 8:** *2 pb en el sig p, 1 pb en los sig 6 p, rep desde * en toda la vuelta. (64 p)
**Vuelta 9:** *2 pb en el sig p, 1 pb en los sig 7 p, rep desde * en toda la vuelta. (72 p)
**Vuelta 10:** *2 pb en el sig p, 1 pb en los sig 8 p, rep desde * en toda la vuelta. (80 p)
**Vuelta 11:** *2 pb en el sig p, 1 pb en los sig 9 p, rep desde * en toda la vuelta. (88 p)
**Vuelta 12:** *2 pb en el sig p, 1 pb en los sig 10 p, rep desde * en toda la vuelta. (96 p)
**Vuelta 13:** *2 pb en el sig p, 1 pb en los sig 11 p, rep desde * en toda la vuelta. (104 p)
**Vuelta 14:** *2 pb en el sig p, 1 pb en los sig 12 p, rep desde * en toda la vuelta. (112 p)
**Vuelta 15:** *2 pb en el sig p, 1 pb en los sig 13 p, rep desde * en toda la vuelta. (120 p)
**Vuelta 16:** *2 pb en el sig p, 1 pb en los sig 14 p, rep desde * en toda la vuelta. (128 p)
**Vuelta 17:** *2 pb en el sig p, 1 pb en los sig 15 p, rep desde * en toda la vuelta. (136 p)
**Vuelta 18:** *2 pb en el sig p, 1 pb en los sig 16 p, rep desde * en toda la vuelta. (144 p)
**Vuelta 19:** 1 pb en cada p de la vuelta.
**Vueltas 20–23:** Rep la vuelta 19.

### VUELTAS DE LA MALLA

Marque el primer esp de 4 c (véase p. 74) al principio de cada vuelta.
**Vuelta 24:** *4 c, saltar 2 p, 1 pb en el sig p, rep desde * en toda la vuelta, finalizando con 4 c.
**Vuelta 25:** 1 pb en el primer esp de c de 4 c, *4 c, 1 pb en el sig esp de 4 c, rep desde * en toda la vuelta, finalizando con 4 c.
**Vueltas 26–65:** Rep la vuelta 25.
**Vuelta 66:** 1 pb en el sig pb (marcar este p), *2 pb en el sig esp de 4 c, 1 pb en el sig p, rep desde * en toda la vuelta.
**Vuelta 67:** 1 pb en el primer p (marcar este p) y en cada p de la vuelta.
**Vueltas 68–70:** Rep la vuelta 67. Rematar.

### ASAS (TEJER 2)

Hacer 13 c.
**Vuelta 1:** 1 pb en la segunda c desde el ganchillo y en cada c de la vuelta, girar. (12 p)
**Vuelta 2:** 1 c, 1 pb en cada p de la vuelta, girar. (12 p)
**Vueltas 3–46:** (o tejer hasta alcanzar la longitud deseada).
Rep la vuelta 2. Rematar.
Coser las asas a la bolsa y rematar todos los cabos.

**Tejer en redondo** es muy fácil y permite mayor versatilidad a la hora de crear objetos. Consulte la página 126 si desea probar algo nuevo, como tejer esta bolsa con cuerda.

# BOLSA MULTIUSOS

*Nivel de dificultad* ***

*Esta práctica bolsa se teje en redondo,* aumentando los puntos hasta alcanzar el ancho deseado, y luego en vueltas rectas hasta alcanzar la altura requerida. El asa es ancha, lo que hace que la bolsa resulte muy cómoda de llevar.

**TÉCNICAS EMPLEADAS** Cerrar un anillo base a punto raso **p. 28**, Punto bajo **p. 34**, Medio punto alto **p. 38**, Dar forma **pp. 50–52**, Círculos planos **p. 56**

### MEDIDAS

30 × 25 cm aprox. y asa de dos piezas de 24 cm cada una

### HILO

Debbie Bliss Eco Baby de 50 g/125 m (100% algodón; puede usar cualquier hilo de 4 cabos de algodón 100% para esta labor)

x 3

### GANCHILLO

Ganchillo de 3,5 mm

### OTROS MATERIALES

Aguja lanera

### TENSIÓN

18 mpa y 16 vueltas en 10 cm

### ABREVIATURAS ESPECIALES

**MPA INICIAL:** Medio punto alto inicial. Hacer 2 c, insertar el ganchillo en la segunda c desde el ganchillo, eh, sacar una lazada, insertar el ganchillo en el sig p, eh, sacar una lazada, eh y sacarlo por las 3 lazadas.

**C2MPA:** Cerrar 2 medios puntos altos juntos. (Eh e insertar el ganchillo en el sig p, eh y sacar una lazada) 2 veces, eh y sacarlo por las 5 lazadas del ganchillo. (Así se mengua 1 p.)

### INSTRUCCIONES

4 c y 1 pr en la primera c para formar un anillo.
**Vuelta 1:** 1 mpa inicial, 7 mpa en la lazada, unir con 1 pr al mpa inicial. (8 p)
**Vuelta 2:** 1 mpa inicial, 1 mpa en el mismo p, *2 mpa en el sig p, rep desde * hasta el final, unir con 1 pr al mpa inicial. (16 p)
**Vuelta 3:** 1 mpa inicial, 1 mpa en el mismo p, *1 mpa en el sig p, 2 mpa en el sig p, rep desde * hasta el final, unir con 1 pr al mpa inicial. (24 p)
**Vuelta 4:** 1 mpa inicial, 1 mpa en el mismo p, *1 mpa en los sig 2 p, 2 mpa en el sig p, rep desde * hasta el final, unir con 1 pr al mpa inicial. (32 p)
**Vuelta 5:** 1 mpa inicial, 1 mpa en el mismo p, *1 mpa en los sig 3 p, 2 mpa en el sig p, rep desde * hasta el final, unir con 1 pr al mpa inicial. (40 p)
**Vuelta 6:** 1 mpa inicial, 1 mpa en el mismo p, *1 mpa en los sig 4 p, 2 mpa en el sig p, rep desde * hasta el final, unir con 1 pr al mpa inicial. (48 p)
**Vuelta 7:** 1 mpa inicial, 1 mpa en el mismo p, *1 mpa en los sig 5 p, 2 mpa en el sig p, rep desde * hasta el final, unir con 1 pr al mpa inicial. (56 p)
**Vuelta 8:** 1 mpa inicial, 1 mpa en el mismo p, *1 mpa en los sig 6 p, 2 mpa en el sig p, rep desde * hasta el final, unir con 1 pr al mpa inicial. (64 p)
**Vuelta 9:** 1 mpa inicial en el sig p, 1 mpa en cada p hasta el final, unir con 1 pr al mpa inicial. (64 p)
**Vueltas 10–12:** Rep la vuelta 9.
**Vuelta 13:** 1 mpa inicial, 1 mpa en el mismo p, *1 mpa en los sig 7 p, 2 mpa en el sig p, rep desde * hasta el final, unir con 1 pr al mpa inicial. (72 p)
**Vueltas 14–16:** Rep la vuelta 9.
**Vuelta 17:** 1 mpa inicial, 1 mpa en el mismo p, *1 mpa en los sig 8 p, 2 mpa en el sig p, rep desde * hasta el final, unir con 1 pr al mpa inicial. (80 p)
**Vueltas 18–20:** Rep la vuelta 9.
**Vuelta 21:** 1 mpa inicial, 1 mpa en el mismo p, *1 mpa en los sig 9 p, 2 mpa en el sig p, rep desde * hasta el final, unir con 1 pr al mpa inicial. (88 p)
**Vueltas 22–24:** Rep la vuelta 9.
**Vuelta 25:** 1 mpa inicial, 1 mpa en el mismo p, *1 mpa en los sig 10 p, 2 mpa en el sig p, rep desde * hasta el final, unir con 1 pr al mpa inicial. (96 p)
**Vueltas 26–42:** Rep la vuelta 9. Al final de la vuelta 42, no rematar. (96 p)

### PIEZAS DEL ASA (2 EN VUELTAS RECTAS)

**Vuelta 1:** 1 mpa inicial, 1 mpa en los sig 10 p, c2mpa, 1 mpa en los sig 24 p, c2mpa, girar; los 58 p restantes se dejan sin trabajar.
**Vuelta 2:** 2 c, c2mpa, 1 mpa en los sig 22 p, c2mpa, girar.
**Vuelta 3:** 2 c, c2mpa, 1 mpa en los sig 20 p, c2mpa, girar.
**Vuelta 4:** 2 c, c2mpa, 1 mpa en los sig 18 p, c2mpa, girar.
**Vuelta 5:** 2 c, c2mpa, 1 mpa en los sig 16 p, c2mpa, girar.
**Vuelta 6:** 2 c, c2mpa, 1 mpa en los sig 14 p, c2mpa, girar.
**Vuelta 7:** 1 mpa inicial en el primer p, 1 mpa en los sig 15 p, girar.
**Vueltas 8–36:** Rep la vuelta 7. Rematar.
Empalmar el hilo con 1 pr en el mpa inicial de la vuelta 1 y tejer como sigue:
1 mpa en los sig 10 p, c2mpa, 1 mpa en los sig 24 p, c2mpa, girar y dejar 20 p sin trabajar.
Rep las vueltas 2–36. Al final, no rematar.
Con las piezas encaradas por el revés, unir los extremos de las asas a mpa. Rematar.

### RIBETE DEL ASA

Empalmar el hilo con 1 pb en el extremo de la vuelta recta en que se unen las piezas el asa, 1 pb en cada final de vuelta de las piezas, 1 pb en los 20 p sig de la bolsa y 1 pb en cada final de vuelta recta del otro lado de la pieza del asa; unir con 1 pr al primer p. Repetir en el otro lado del asa. Rematar.

# BOLSO DE ROMBOS

*Nivel de dificultad* ***

*Este bolso de cuadrados afganos* en alegres tonos pastel ensamblados a ganchillo será una delicia de tejer y utilizar. Completamente forrado, lleva una bonita correa a rayas y un botón para cerrar la solapa.

**TÉCNICAS EMPLEADAS** Punto alto **p. 44**, Tejer a punto bajo en la hebra posterior **p. 75**, Ribete a punto bajo **p. 86**, Cuadrado básico multicolor **p. 100**

## MEDIDAS

32 × 30 cm; la correa mide 70 cm de largo

## HILO

King Cole Cotton Bamboo DK de 100 g / 230 m (50 % algodón y 50 % bambú; puede utilizar cualquier otro hilo ligero)

**A** x 2 **B** x 1 **C** x 1 **D** x 1 **E** x 1

## GANCHILLO

Ganchillo de 4 mm

## OTROS MATERIALES

Marcador de puntos
Aguja lanera
2 anillas para bolso de 3,5 cm de ancho
1 botón de 2 cm de diámetro
Tela de algodón para el forro de 60 × 32 cm, más el margen de costura

## TENSIÓN

No se precisa una tensión exacta

## ABREVIATURAS ESPECIALES

**PBHA:** Punto bajo en la hebra anterior. Tejer un pb insertando el ganchillo solo en la hebra anterior del p sig.

**PBHP:** Punto bajo en la hebra posterior. Tejer un pb insertando el ganchillo solo en la hebra posterior del p sig.

## INSTRUCCIONES

**Nota:** En esta labor hay que tejer en la hebra posterior de una cadeneta; consulte la p. 26 para saber dónde insertar el ganchillo.

### CUADRADO

Con hilo B, hacer 4 c. Unir con 1 pr en la última c desde el ganchillo para formar un anillo.

**Vuelta 1:** 3 c (siempre se cuentan como 1 pa), (2 pa, 2 c) en el anillo, *(3 pa, 2 c) en el anillo, rep desde * 2 veces, acabando con 1 pr en la tercera c al principio de la vuelta, cambiando al hilo C al tejer el pr, girar la labor. Rematar el hilo B.

**Vuelta 2:** (3 c, 2 pa, 2 c, 3 pa) en el esp de 2 c, *1 c, (3 pa, 2 c, 3 pa) en el esp de 2 c de la esquina, rep desde * 2 veces, 1 c, 1 pr en la tercera c al inicio de la vuelta, cambiando al hilo D al tejer el pr, girar la labor. Rematar el hilo C.

**Vuelta 3:** (3 c, 2 pa, 1 c) en el esp de 1 c, *(3 pa, 2 c, 3 pa) en el esp de 2 c de la esquina, (1 c, 3 pa, 1 c) en el sig esp de 1 c, rep desde * 2 veces, (3 pa, 2 c, 3 pa) en el esp de 2 c, 1 c, 1 pr en la tercera c al inicio de la vuelta, cambiando al hilo E al tejer el pr, girar la labor. Rematar el hilo D.

**Vuelta 4:** (3 c, 2 pa, 1 c) en el esp de c, *(3 pa, 2 c, 3 pa) en el esp de 2 c de la esquina, ([1 c, 3 pa] en el sig esp de 1 c) 2 veces, 1 c, rep desde * 2 veces, (3 pa, 2 c, 3 pa) en el esp de 2 c de la esquina, (1 c, 3 pa, 1 c) en el sig esp de c, acabando con 1 pr en la tercera c al inicio de la vuelta, cambiando al hilo A al tejer el pr, girar la labor. Rematar el hilo E.

**Vuelta 5:** (3 c, 2 pa, 1 c) en el esp de c, (3 pa, 1 c) en el sig esp de 1 c, *(3 pa, 2 c, 3 pa) en el esp de 2 c de la esquina, ([1 c, 3 pa] en el sig esp de 1 c) 3 veces, 1 c, rep desde * 2 veces, (3 pa, 2 c, 3 pa) en el esp de 2 c de la esquina, (1 c, 3 pa, 1 c) en el sig esp de 1 c, 1 pr en la tercera c al inicio de la vuelta. Rematar el hilo A.

Tejer 12 cuadrados con la misma secuencia de colores.

### ENSAMBLAR LOS CUADRADOS

Utilice el diagrama de la página siguiente como guía para colocar cada cuadrado. Para ensamblar los cuadrados, encare dos por el revés y, con hilo A, únalos con 1 pr en la esquina a través de una hebra de cada cuadrado, 1 c, pb a lo largo de los bordes solo a través de 2 hebras (de esta manera se crea una especie de cresta en el derecho de la labor).

**Ensamblaje de los cuadrados**
La unión de los motivos con una costura a punto bajo crea una marcada cresta que aporta textura además de durabilidad.

**TIRAS PARA LAS ANILLAS**
Con hilo A, hacer 16 c.
**Vuelta 1:** 1 pb en la segunda c desde el ganchillo y pb hasta el final. (15 p)
**Vuelta 2:** 1 c, 1 pb en cada p acabar la vuelta.
Rep la vuelta 2 otras 8 veces. Rematar dejando un cabo largo.

**CORREA**
Con hilo A, hacer 112 c, rematar dejando un cabo largo.
**Vuelta 1:** Empezando de nuevo en la primera c, empalmar el hilo B en la primera c con 1 pr solo en la hebra posterior de la c, 1 pb en cada p hasta el final y rematar.
**Vuelta 2:** No girar, empalmar el hilo C en el primer p de la vuelta con un pr, 1 c, 1 pbhp en cada p hasta acabar la vuelta y rematar.
Rep la vuelta 2 otras 3 veces, cambiando el color de cada vuelta a D, E y C.
**Vuelta sig:** Con hilo A, pr a lo largo del borde de la última vuelta, solo en la hebra posterior. Rematar.

**RIBETE DE LA ABERTURA DEL BOLSO**
Con el revés de la parte trasera del bolso de frente, empalmar el hilo A con 1 pr en el punto donde el lado derecho del cuadrado de la solapa se une al siguiente cuadrado, hacer 1 c y tejer a pb a lo largo de toda la parte superior de la abertura del bolso.

**RIBETE DE LA SOLAPA**
**Vuelta 1:** Tejer 39 pb a lo largo del borde de la solapa, poner un marcador y girar la labor.
**Vuelta 2 (R):** Empalmar el hilo B con 1 pr, 39 pbhp hasta el final de la solapa y rematar. No girar.
**Vuelta 3:** Empezando en el marcador, empalmar el hilo C con 1 pr, tejer 39 pbhp hasta el final de la solapa, y rematar. No girar.
**Vuelta 4:** Empezando en el marcador, empalmar el hilo D con 1 pr, tejer 39 pbhp hasta el final de la solapa, y rematar. No girar.
**Vuelta 5:** Empezando en el marcador, empalmar el hilo E con 1 pr, tejer 39 pbhp hasta el final de la solapa, y rematar. No girar. Vuelta 6
**Vuelta 6:** Empezando en el marcador, empalmar el hilo A con 1 pr, 1 c, 19 pb a lo largo del borde de la solapa, 6 c para hacer una presilla, saltar el p sig , tejer a pb hasta el final, ascendiendo por el borde lateral de la solapa para quede pulido, girar la labor.
**Vuelta 7:** 1 c, 1 pb en cada p hasta la presilla de 6 c, 10 pb en la presilla de 6 c, 1 pb en cada p hasta el final de la solapa, acabando con 1 pr en el último p.

**ACABADO**
Doblar cada tira para las anillas por la mitad a lo largo, insertar la anilla y coser la tira al cuadrado situado más arriba. Repetir en el otro lado.
Rematar los bordes de la correa y coserla a las anillas. Rematar todos los cabos.
Cortar la tela de algodón del forro usando el bolso como plantilla. Hacer un pequeño dobladillo y coser el forro al interior del bolso. Coser el botón.

**Las anillas circulares y con forma de D** facilitan la tarea de añadir asas o una correa a un bolso hecho a mano. Se fabrican en metal, plástico y madera, y en muchos tamaños. En este caso se han escogido unas de metal plateado para combinar con el hilo. Doble los extremos de las tiras en torno a las barras de cada anilla y cósalos firmemente.

**DELANTERO**

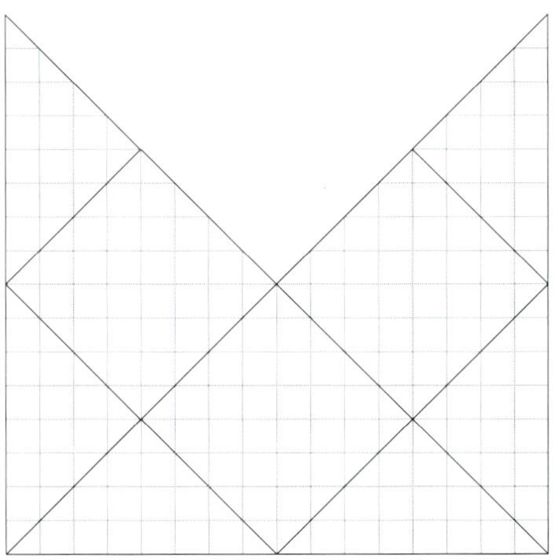

**TRASERO**

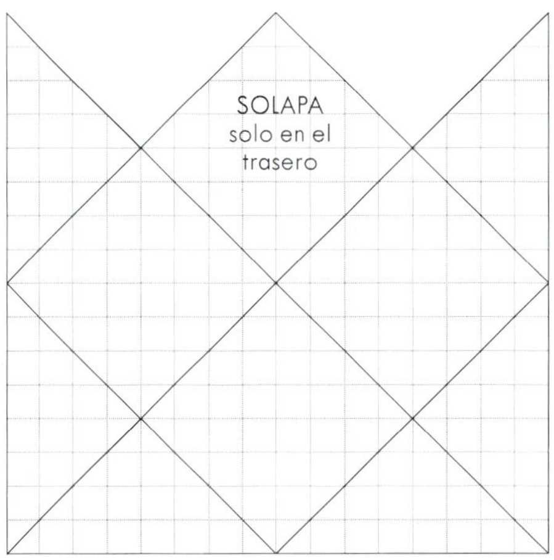


**Esquema de ensamblaje del bolso** Una vez tejidos los 13 motivos cuadrados, solo hay que unirlos de la manera correcta para crear la base del bolso. A continuación se añade el ribete de la solapa y las tiras para las anillas a las que va sujeta la correa para completar la pieza.

# CARTERA DE MANO

*Nivel de dificultad* ✱✱✱



*Este bolso se teje en vueltas rectas* utilizando dos puntos diferentes en distintas partes. A continuación, la pieza se dobla y se cose, y se convierte en una cartera. Encontrará más información sobre el punto alto en las páginas 44 y 45.

**TÉCNICAS EMPLEADAS** Cadeneta **p. 26**, Punto bajo **p. 34**, Punto alto **p. 44**, Técnicas de encaje simples **p. 106**

## MEDIDAS
21 × 11,5 cm

## HILO
Sirdar Ella Summer Luxe Cotton Blend DK de 50 g/126 m (49 % algodón, 48 % acrílico y 3 % poliéster; puede utilizar un hilo ligero de algodón o con mezcla de algodón; añada Lurex® para lograr un efecto similar)

x 2

## GANCHILLO
Ganchillo de 4 mm

## OTROS MATERIALES
Aguja lanera

Botón de perla de 1 cm

## TENSIÓN
No se precisa una tensión exacta

## INSTRUCCIONES
Hacer 38 c.

**Vuelta 1:** 1 pb en la segunda c desde el ganchillo y en cada c de la vuelta, girar. (37 p)

**Vuelta 2:** 1 c, 1 pb en cada p de la vuelta, girar. (37 p). Rep la vuelta 2 hasta que la labor mida unos 24 cm desde el principio.

**Vuelta sig:** 4 c (se cuentan como primer pa y 1 c), saltar el pb justo debajo de las 4 c y el sig pb, (1 pa, 1 c, 1 pa) en el sig p, 1 c, * saltar el sig pb, (1 pa, 1 c, 1 pa) en el sig p, 1 c, rep desde * hasta los últimos 2 pb, saltar el sig pb y 1 pa en el último p, girar.

**Vuelta sig:** 1 c, 1 pb en el primer pa y en cada c al aire de la vuelta hasta el último p, 1 pb en la cuarta c de la vuelta anterior, girar.

**Vuelta sig:** 3 c, saltar el sig p, *1 pa, 1 c, 1 pa en el sig p, 1 c, saltar el sig p, rep desde * hasta el último p, 1 pa en el último p.

Rep las 2 últimas vueltas hasta que la parte calada mida unos 6 cm desde el inicio de la vuelta a pa y acabar con una vuelta a pb.

## ACABADO
Doblar la parte inferior de la pieza hacia arriba 12 cm y coser las costuras laterales. Alinear la parte superior y coser el botón usando la imagen como guía. Rematar cabos.

**El hilo utilizado** para esta cartera incorpora una hebra de hilo plateado que le da un aspecto de bolso de fiesta. También puede tejerla con un hilo oscuro y mate, y decorarlo con uno o dos brillantitos de estrás.

# MOCHILA-TORTUGA

*Nivel de dificultad* ***

*Esta divertida mochila* con forma de animal les encantará a los niños para llevar sus cosas. El vientre se teje a punto bajo en vueltas circulares, mientras que el caparazón se crea uniendo siete hexágonos clásicos.

**TÉCNICAS EMPLEADAS** Cadeneta **p. 26**, Punto raso **p. 28**, Borlas **p. 77**, Cuadro básico multicolor **p. 100**, Unir motivos **p. 101**

## MEDIDAS

39 × 36 cm aprox.

## HILO

Rowan Handknit Cotton de 50 g/85 m (100 % algodón; cualquier hilo ligero servirá para esta labor)

**A** x 2 **B** x 1 **C** x 1 **D** x 1 **E** x 1

## GANCHILLO

Ganchillos de 3,5 y 4 mm

## OTROS MATERIALES

Marcador de puntos
Aguja lanera
2 hebillas de 4,5 cm
Ojos de seguridad para muñecos de 12 mm
Una cremallera de 30 cm
Tela para el forro: 2 círculos de 33 cm de diámetro
Cinta de algodón resistente para las asas (opcional)

## TENSIÓN

19 mpa y 14 vueltas en 10 cm

## ABREVIATURAS Y TÉCNICAS ESPECIALES

**Anillo ajustable:** Véase p. 135

**B inicial:** Borla inicial. 2 c, eh, insertar el ganchillo en el p, eh, sacar una lazada, eh, sacarlo por las 2 lazadas del ganchillo, eh, insertar el ganchillo en el mismo esp, eh, sacar una lazada, eh, sacarlo por las 2 lazadas del ganchillo, eh y sacarlo por las 3 lazadas del ganchillo.

**B:** Borla. Eh, insertar el ganchillo en el p, eh, sacar una lazada, eh, sacarlo por las 2 lazadas del ganchillo, *eh, insertar el ganchillo en el mismo esp, eh, sacar una lazada, eh, sacarlo por 2 lazadas del ganchillo; rep desde * 2 veces, eh y sacarlo por las 4 lazadas del ganchillo.

**MPAD:** Medio punto alto doble. Es una sencilla variante del pad (véase p. 48). Eh 2 veces, insertar el ganchillo en el sig p, sacar una lazada (quedarán 4 lazadas en el ganchillo), eh, sacarlo por 2 lazadas (quedarán 3 lazadas en el ganchillo), eh y sacarlo por 3 lazadas (quedará 1 lazada en el ganchillo).

## INSTRUCCIONES

### DELANTERO

**Instrucciones para los motivos**

Con el primer hilo (color 1) y el ganchillo de 3,5 mm, hacer un anillo ajustable, tejer y 6 pb en él y cerrar con 1 pr. (6 p)

**Vuelta 1:** 1 b inicial en el primer p, (2 c, 1 b) en los 5 p restantes, 1 pr encima de la primera borla para cerrar la vuelta. (6 b, 6 esp de c). Cortar el hilo dejando un cabo largo y pasar este a través de la lazada. Empalmar el segundo hilo (color 2) a cualquier esp de c.

**Vuelta 2:** 1 b inicial en un esp de c, 2 c, 1 b en el mismo esp de c, 2 c, (1 b, 2 c, 1 b, 2 c) en los 5 esp de c restantes. 1 pr encima de la primera borla para cerrar la vuelta. (12 b, 12 esp de c). Cortar el hilo dejando un cabo largo y pasar este a través de la lazada. Empalmar el tercer hilo (color 3) en cualquier esp de c.

**Vuelta 3:** (2 c, 2 pa, 2 c, 3 pa) en el primer esp de c, 3 pa en el sig esp de c, *(3 pa, 2 c, 3 pa) en el sig esp de c, 3 pa en el sig esp de c; rep desde * hasta el final, 1 pr para cerrar la vuelta. (54 pa, 6 esp de c)

**Motivos hexagonales**

Motivo 1: Colores 1 (A), 2 (E) y 3 (D).
Motivos 2, 3 y 4: Colores 1 (A), 2 (E) y 3 (B).
Motivos 5, 6 y 7: Colores 1 (D), 2 (E) y 3 (C).

### ENSAMBLAR LOS MOTIVOS

Utilizar el hilo E para ensamblar los motivos. Encarar por el revés los motivos 1 y 2, y tejer a través de ambos para unirlos. Empalmar el hilo en un esp de c, 1 pb en el esp de c, 1 pb en los 9 p sig, 1 pb en el esp de c. Al concluir estas instrucciones, tendrá el motivo 2 ensamblado. Ensamblar el motivo 5 al siguiente lado del motivo 1 de igual modo. Luego, trabajando en sentido contrario a las agujas del reloj, ensamblar al motivo 1 los 4 sig como se muestra en el diagrama de abajo. Unir los lados de los motivos del mismo modo.

Empalmar el hilo E al esp de c marcado con la flecha en el diagrama. Tejer en redondo alrededor de los bordes de los hexágonos ensamblados.

**Diagrama de motivos hexagonales**

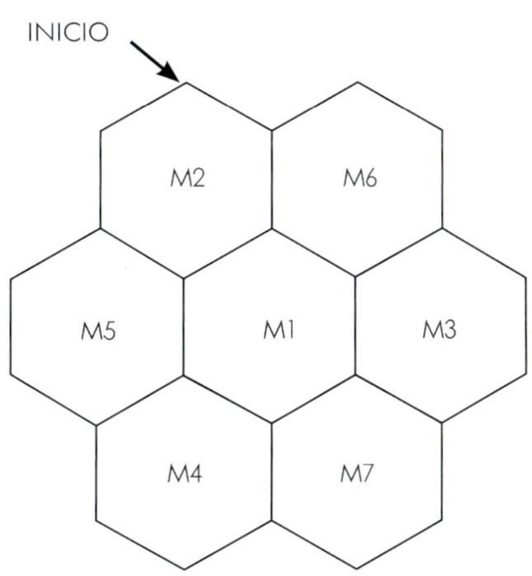

**Vuelta 1:** 1 pb en cada p y cada esp de c exterior a lo largo de toda la vuelta. (174 p) Cambiar al hilo A y usar el marcador para señalar el primer p de cada nueva vuelta.
**Vuelta 2:** *10 pb, 2 mpa, 2 pa, 2 mpad, 5 pad, 2 mpad, 2 pa, 2 mpa, 2 pb; rep desde * hasta el final.
**Vuelta 3:** 1 pb en cada p hasta el final.
**Vuelta 4:** *27 pb, c2pb; rep desde * hasta el final. (168 p)
**Vuelta 5:** 1 pb en cada p hasta el final.
**Vuelta 6:** *26 pb, c2pb; rep desde * hasta el final. (162 p)
**Vuelta 7:** 1 pb en cada p hasta el final.
**Vuelta 8:** *25 pb, c2pb; rep desde * hasta el final. (156 p)
**Vuelta 9:** 1 pb en cada p hasta el final. Cortar el hilo dejando un cabo largo y rematarlo.

**TRASERO**

Con hilo A y el ganchillo de 3,5 mm, hacer un anillo ajustable y tejer 6 pb en él. (6 p)
**Vuelta 1:** 2 pb en cada p hasta el final, colocar el marcador. (12 p)
**Vuelta 2:** *1 pb, 2 pb en el sig p; rep desde * hasta el final. (18 p)
**Vuelta 3:** *2 pb, 2 pb en el sig p; rep desde * hasta el final. (24 p)
**Vuelta 4:** *3 pb, 2 pb en el sig p; rep desde * hasta el final. (30 p)
**Vuelta 5:** *4 pb, 2 pb en el sig p; rep desde * hasta el final. (36 p)
**Vuelta 6:** *5 pb, 2 pb en el sig p; rep desde * hasta el final. (42 p)
**Vuelta 7:** *6 pb, 2 pb en el sig p; rep desde * hasta el final. (48 p)
**Vuelta 8:** *7 pb, 2 pb en el sig p; rep desde * hasta el final. (54 p)
**Vuelta 9:** *8 pb, 2 pb en el sig p; rep desde * hasta el final. (60 p)
**Vuelta 10:** *9 pb, 2 pb en el sig p; rep desde * hasta el final. (66 p)
**Vuelta 11:** *10 pb, 2 pb en el sig p; rep desde * hasta el final. (72 p)
**Vuelta 12:** *11 pb, 2 pb en el sig p; rep desde * hasta el final. (78 p)
**Vuelta 13:** *12 pb, 2 pb en el sig p; rep desde * hasta el final. (84 p)
**Vuelta 14:** *13 pb, 2 pb en el sig p; rep desde * hasta el final. (90 p)
**Vuelta 15:** *14 pb, 2 pb en el sig p; rep desde * hasta el final. (96 p)
**Vuelta 16:** *15 pb, 2 pb en el sig p; rep desde * hasta el final. (102 p)
**Vuelta 17:** *16 pb, 2 pb en el sig p; rep desde * hasta el final. (108 p)
**Vuelta 18:** *17 pb, 2 pb en el sig p; rep desde * hasta el final. (114 p)
**Vuelta 19:** *18 pb, 2 pb en el sig p; rep desde * hasta el final. (120 p)
**Vuelta 20:** *19 pb, 2 pb en el sig p; rep desde * hasta el final. (126 p)

**Ponga una sonrisa** de felicidad a la tortuga con un par de puntadas largas a pespunte. Utilice ojos de seguridad para impedir que el niño pueda arrancarlos y colóquelos donde indican las instrucciones.

**Vuelta 21:** *20 pb, 2 pb en el sig p; rep desde * hasta el final. (132 p)
**Vuelta 22:** *21 pb, 2 pb en el sig p; rep desde * hasta el final. (138 p)
**Vuelta 23:** *22 pb, 2 pb en el sig p; rep desde * hasta el final. (144 p)
**Vuelta 24:** *23 pb, 2 pb en el sig p; rep desde * hasta el final. (150 p)
**Vuelta 25:** *24 pb, 2 pb en el sig p; rep desde * hasta el final. (156 p)
**Vueltas 26–29:** 1 pb en cada p hasta el final. Cortar el hilo dejando un cabo largo y rematarlo. Unir el delantero y el trasero con una costura, dejando una abertura de 30 cm en un extremo.

Cortar dos piezas de tela de forro algo más grandes que la mochila y coserlas encaradas por el derecho, dejando una abertura de 30 cm en un extremo. Volver el forro del derecho y prenderlo al interior de la mochila. Prender la cremallera en el interior de la abertura. Coser la cremallera y el forro.

**CABEZA DE LA TORTUGA**

Con hilo A y el ganchillo de 3,5 mm, hacer un anillo ajustable y tejer 6 pb en él. (6 p)
**Vuelta 1:** 2 pb en cada p hasta el final, colocar el marcador. (12 p)
**Vuelta 2:** *1 pb, 2 pb en el sig p; rep desde * hasta el final. (18 p)

**Vuelta 3:** *2 pb, 2 pb en el sig p; rep desde * hasta el final. (24 p)
**Vuelta 4:** *3 pb, 2 pb en el sig p; rep desde * hasta el final. (30 p)
**Vuelta 5:** *9 pb, 2 pb en el sig p; rep desde * hasta el final. (33 p)
**Vuelta 6:** *10 pb, 2 pb en el sig p; rep desde * hasta el final. (36 p)
**Vuelta 7:** *11 pb, 2 pb en el sig p; rep desde * hasta el final. (39 p) Marcar esta vuelta con un marcador de puntos.
**Vuelta 8:** *12 pb, 2 pb en el sig p; rep desde * hasta el final. (42 p)
**Vueltas 9–12:** 1 pb en cada p hasta el final.
**Vuelta 13:** *12 pb, c2pb; rep desde * hasta el final. (39 p)
**Vuelta 14:** *11 pb, c2pb; rep desde * hasta el final. (36 p)
**Vueltas 15–16:** 1 pb en cada p hasta el final.
**Vuelta 17:** *C2pb, 4 pb; rep desde * hasta el final. (30 p)
**Vuelta 18:** *C2pb, 3 pb; rep desde * hasta el final. (24 p)
Cortar el hilo y rematarlo. Colocar los ojos en la vuelta 7 a 12 p de distancia entre ellos. Rellenar.

**PATAS (TEJER 4)**

Con hilo A y un ganchillo de 3,5 mm, hacer un anillo ajustable y tejer 6 pb en él. (6 p)
**Vuelta 1:** 2 pb en cada p hasta el final, colocar el marcador. (12 p)
**Vuelta 2:** *1 pb, 2 pb en el sig p; rep desde * hasta el final. (18 p)
**Vuelta 3:** *2 pb, 2 pb en el sig p; rep desde * hasta el final. (24 p)
**Vueltas 4–6:** 1 pb en cada p hasta el final.
**Vuelta 7:** *C2pb, 6 pb; rep desde * hasta el final. (21 p)
**Vueltas 8–9:** 1 pb en cada p hasta el final.
**Vuelta 10:** *C2pb, 5 pb; rep desde * hasta el final. (18 p)
**Vueltas 11–12:** 1 pb en cada p hasta el final.
Cortar el hilo dejando un cabo largo y afianzarlo. Rellenar.

**COLA**

Con hilo A y el ganchillo de 3,5 mm, hacer un anillo ajustable y tejer 4 pb en él. (4 p)
**Vuelta 1:** *1 pb, 2 pb en el sig p; rep desde * hasta el final, colocar el marcador. (6 p)
**Vuelta 2:** *2 pb, 2 pb en el sig p; rep desde * hasta el final. (8 p)
**Vuelta 3:** *3 pb, 2 pb en el sig p; rep desde * hasta el final. (10 p)
**Vuelta 4:** *4 pb, 2 pb en el sig p; rep desde * hasta el final. (12 p)
**Vueltas 5–6:** 1 pb en cada p hasta el final.
Cortar el hilo dejando un cabo largo y rematarlo. Rellenar la cola. Coser la cabeza, las patas y la cola al cuerpo de la mochila. Rematar los cabos.

**TIRAS DE LAS CORREAS (TEJER 4)**

Se tejen en vueltas rectas. Girar la labor al final de cada vuelta.
Con hilo A y el ganchillo de 4 mm, hacer 7 c.
**Vuelta 1:** Empezando por la segunda c desde el ganchillo, 1 pb en cada p, 1 c, girar.
**Vuelta 2:** 1 pb en cada p, 1 c, girar.
Rep la última vuelta hasta que la correa mida 35 cm de largo. Cortar el hilo y rematarlo.
Puede reforzar las correas con cinta de algodón resistente. Coser uno de los extremos de dos de las correas a la barra del medio de las hebillas. Cosa las correas a la mochila. Para acabar, pase el otro extremo de las correas a través de la hebilla.

**Una cremallera y un forro** blancos quedan muy bien en esta labor, pero lo cierto es que la mayor parte del tiempo no se verán, así que puede utilizar el color que prefiera. Cosa la cremallera con hilo de algodón o bien con una hebra del hilo que ha utilizado para la labor.

**Las hebillas ajustables** son muy prácticas pues permiten acortar o alargar las correas. Encontrará hebillas de plástico y de metal en la mayoría de mercerías. Elija un color a contraste para que destaquen o un verde de tono parecido para disimularlas.

# MONEDEROS

*Nivel de dificultad* ***

*Estos pequeños monederos* son la labor ideal para que los más pequeños de la casa se inicien en el ganchillo. Se tejen en redondo de dos maneras distintas.

**TÉCNICAS EMPLEADAS** Cadeneta **p. 26**, Punto raso **p. 28**, Punto bajo **p. 34**, Rayas simples **p. 39**, Dar forma **pp. 50–52**, Círculos planos **p. 56**

### MEDIDAS

Monedero redondo: 10 cm de diámetro aprox.

Monederos rectangulares: 9 × 7 cm aprox.

### HILO

DMC Petra Crochet Cotton Perle n.° 3 de 100 g/280 m (100% algodón; cualquier hilo fino para ganchillo servirá)

**A** x 3 **B** x 1 **C** x 1 **D** x 1 **E** x 3

### GANCHILLO

Ganchillo de 2,5 mm

### OTROS MATERIALES

Marcador de puntos

Aguja lanera

3 cremalleras de 9 cm

Cuentas (opcional)

### TENSIÓN

No se precisa una tensión exacta

### MONEDERO REDONDO

**Nota:** Los monederos se tejen en espiral. No cierre las vueltas; coloque un marcador en el primer punto de cada vuelta y desplácelo hacia arriba a medida que avanza para marcar el inicio de la vuelta siguiente.

Hacer 2 c y tejer 6 pb en la segunda c desde el ganchillo, cerrar la vuelta con 1 pr en el primer p.
**Vuelta 1:** 1 c, 2 pb en cada pb de la vuelta, no cerrar la vuelta, poner el marcador. (12 p)
**Vuelta 2:** (2 pb en el sig pb, 1 pb en el sig pb) en toda la vuelta. (18 p)
**Vuelta 3:** (2 pb en el sig pb, 1 pb en los sig 2 pb) en toda la vuelta. (24 p)
**Vuelta 4:** (2 pb en el sig pb, 1 pb en los sig 3 pb) en toda la vuelta. (30 p)
**Vuelta 5:** (2 pb en el sig pb, 1 pb en los sig 4 pb) en toda la vuelta. (36 p)
**Vuelta 6:** (2 pb en el sig pb, 1 pb en los sig 5 pb) en toda la vuelta. (42 p)
Cont de este modo, tejiendo 1 p extra entre aumentos en cada vuelta hasta haber tejido 9 vueltas y tener 60 p.
Tejer recto en estos 60 p durante 7 vueltas.
**Vuelta 17:** (c2pb, 1 pb en los sig 8 pb) en toda la vuelta. (54 p)
Tejer 2 vueltas rectas
**Vuelta 20:** (c2pb, 1 pb en los sig 7 pb) en toda la vuelta. (48 p)
Tejer una vuelta recta.
**Vuelta 22:** (c2pb, 1 pb en los sig 6 pb) en toda la vuelta. (42 p)
Tejer 2 vueltas rectas.
Rematar el hilo y los cabos.

### MONEDERO RECTANGULAR

Hacer 31 c.
**Vuelta 1:** 3 pb en la segunda c desde el ganchillo,
1 pb en cada c hasta la última c, 3 pb en la última c, girar la labor 180 grados y trabajar a lo largo del otro lado de la c tejiendo 1 pb

**A la hora de escoger la cuenta** para el tirador de la cremallera, asegúrese de que tenga un agujero lo bastante grande para pasar varios cabos de hilo de algodón. Haga un nudo cerca de la cuenta para fijarla.

en la parte inferior de cada c; no cerrar la vuelta.
**Vuelta 2:** 1 pb en cada pb de la vuelta.
Rep la última vuelta hasta alcanzar la altura prevista (el monedero de muestra mide 7 cm), cambiando el color de las rayas cuando se desee. Rematar el hilo y los cabos.

### ACABADO

Coser la cremallera a la parte superior de cada monedero. Hacer una borla (véase p. 71) y colocarla en el agujero del tirador. Si se desea, decorar la borla con una cuenta.

# GLOSARIO

**afgano, cuadrado:** Motivo de ganchillo tradicional compuesto por pequeños cuadrados multicolores.

**afgano, punto:** También conocido como punto tunecino. Los puntos que forman el tejido tienen forma de cuadraditos con dos hebras horizontales y una barra vertical encima.

**amigurumi:** Estilo japonés de tejer, con ganchillo o con agujas, pequeños objetos y animales, a menudo con rasgos antropomórficos.

**anillo ajustable:** Técnica de ganchillo para empezar a tejer en redondo que permite tensar el anillo base tras la primera vuelta para cerrarlo de manera que el agujero central sea prácticamente invisible (p. 57).

**aumentar:** Añadir un punto o más para incrementar el número de los que se han de tejer y dar así forma a una pieza.

**cadeneta al aire**: Punto o puntos de cadeneta realizados entre los puntos básicos de un tejido de ganchillo para crear un espacio abierto.

**cadeneta base:** Serie de puntos de cadeneta sobre los que se teje la primera vuelta de un tejido a ganchillo.

**cadeneta de vuelta:** Cadeneta o serie de cadenetas que se hacen al inicio de una vuelta para llevar el ganchillo a la altura necesaria para tejer el primer punto de dicha vuelta (p. 68).

**calado:** Efecto creado tejiendo a través de espacios de cadenetas y/o cadenetas al aire entre los puntos básicos.

**carrete:** Pequeño utensilio, generalmente de plástico, para tener enrollado cada hilo de diferente color cuando se teje a intarsia.

**costura:** Unión de dos piezas de tejido con puntos de costura o a ganchillo.

**derecho (D):** Cara frontal o anterior de un tejido, que normalmente queda a la vista tras la confección de una prenda de vestir u otra labor.

**devanadera:** Utensilio para devanar, o enrollar en un ovillo el hilo de una madeja; también se usa para retorcer dos o más hebras juntas y formar un hilo de dos cabos. A menudo se utiliza con un portamadejas.

**disminuir o menguar:** Eliminar un punto o más para reducir el número de los puntos que se han de trabajar y dar así forma a la pieza.

**empalme a punto bajo:** Manera invisible de añadir un nuevo hilo con puntos bajos al final de la vuelta que se está tejiendo.

**escalera, punto de:** Tipo de tejido de ganchillo multicolor en el que se aumenta al principio de cada vuelta hasta alcanzar la anchura máxima deseada en diagonal, a partir de la cual se empieza a disminuir.

**espacio de cadeneta:** Hueco que aparece en un tejido de ganchillo bajo una cadeneta al aire o una presilla de cadeneta.

**estirar:** Dar la forma correcta a una pieza terminada humedeciéndola y prendiéndola con alfileres, o bien sujetándola antes con alfileres y aplicando vapor con la plancha.

**faja:** Etiqueta envolvente en forma de banda que rodea un ovillo o una madeja y en la que por lo general figuran el contenido de fibras, el peso y la longitud del hilo, el tamaño de ganchillo recomendado, la tensión con que debe tejerse y las instrucciones de lavado.

**fibra:** Material obtenido del pelo de animales, o de origen vegetal o artificial (fibras sintéticas), que se procesa y se hila para obtener hilo.

**filet, punto:** También llamado punto de red. Tipo de tejido a ganchillo formado por una malla en la que se combinan espacios vacíos y espacios rellenos con puntos para crear dibujos o motivos.

**fornituras:** Artículos de mercería necesarios para completar una labor, como botones o cremalleras. Normalmente se especifican en el patrón.

**ganchillo multicolor, técnicas de:** Métodos para introducir distintos colores en una pieza de ganchillo, incluidos el tejido a rayas, la tapicería y la intarsia.

**hilo:** Conjunto de fibras hiladas en un filamento largo. Los hilos pueden ser de fibras naturales o sintéticas, de una mezcla de ambas e incluso de materiales no estándar.

**infinito o Moebius, tejido:** Tejido en forma de tubo o cilindro al que se da media vuelta por el centro antes de unir sus extremos. Suele usarse para cuellos-bufanda.

**intarsia:** Técnica para tejer una pieza con motivos multicolores en los que un color aparece solo en parte y no a lo largo de toda una vuelta. Al contrario que en la técnica de tapicería, pueden usarse más de dos colores en la misma vuelta. Para cada área de color se utiliza una hebra separada que se lleva verticalmente hasta la siguiente vuelta en que vuelve a necesitarse.

**madeja:** Unidad de hilo recogido en vueltas iguales alrededor de un torno o aspa y que debe ser devanado en un ovillo antes de usarlo.

**marcador de puntos:** Utensilio para marcar lugares o posiciones mientras se teje (p. 20). Suele usarse para identificar el comienzo y el final de las vueltas cuando se teje en redondo.

**mecha:** Haz largo y estrecho de fibras obtenido durante el proceso de hilado de la lana. Las mechas se usan principalmente para hilaturas, pero también para fabricar fieltro y otros tejidos especiales.

**motivo:** Pieza de ganchillo, a menudo circular, que se teje a partir del centro y con la que se componen piezas más grandes o se rellenan espacios.

**nudo corredizo:** Nudo que se forma al crear la primera lazada en el ganchillo.

**ovillo:** Unidad de hilo devanado en forma de pelota u oblonga (alargada), listo para empezar a tejer.

**portamadejas** Utensilio que recuerda al varillaje de un paraguas utilizado para sostener la madeja mientras se devana el hilo en un ovillo.

**presilla:** Anilla para abrochar un botón, sustituta del ojal; en las prendas y labores de ganchillo se teje en las dos últimas vueltas o en el borde (p. 87).

**presilla de cadeneta:** Serie de puntos de cadeneta entre otros puntos bajo la cual se forma un espacio por el que se inserta el ganchillo para tejer en la vuelta siguiente.

**raso, punto:** El punto de ganchillo más corto. Se puede tejer en vueltas, pero el tejido resultante es muy tupido y solo resulta adecuado para asas de bolsas. Generalmente se usa para empalmar un nuevo hilo, para tejer de manera invisible a lo largo de una vuelta hasta una nueva posición y para cerrar vueltas circulares.

**rematar los cabos:** Operación de acabado de una pieza de ganchillo que consiste en entretejer los extremos de los hilos, o cabos sueltos, con una aguja lanera o de punta roma para ocultarlos.

**retorcido o retorsión:** Proceso de hilatura por el que se obtiene un hilo fuerte y regular. Todos los hilos están formados por más de un cabo o hebra de fibras hiladas; así, un hilo de 4 cabos estará compuesto por cuatro hebras retorcidas juntas.

**revés (R):** Reverso o cara posterior de un tejido, que normalmente quedará oculta a la vista una vez confeccionada una prenda de vestir u otra labor.

**tapicería:** Técnica empleada en el tejido de ganchillo multicolor a punto bajo con solo dos colores, colocando el hilo del color con el que no se trabaja a lo largo de la vuelta inferior para cubrirlo con los puntos del otro color. Esto hace que el tejido sea más grueso de lo normal, por lo que conviene usar hilos finos.

**tensión:** Número de puntos y vueltas que existen en un área determinada de un tejido de ganchillo, generalmente un cuadrado de 10 cm de lado; también, tirantez con que se teje.

**tintada o lote:** Número asignado a un hilo durante el teñido para identificarlo. Cada labor debe tejerse con hilos de la misma tintada; de lo contrario, podría presentar diferencias de tono.

**trapillo:** Material supergrueso obtenido de telas o tejidos de punto elástico como subproducto de la industria de la confección. Este tipo de hilo se está introduciendo en el ámbito del ganchillo para tejer artículos robustos (p. 167).

**tunecino, punto:** Estilo tradicional de tejer, también llamado afgano, que combina elementos y técnicas del ganchillo y del punto con agujas. El ganchillo con el que se trabaja recuerda una aguja de tricotar, pero con un gancho en cada extremo, o un gancho en un extremo y un tope en el otro. El tejido resultante es menos elástico que el normal.

**velcro:** Sistema de cierre textil compuesto por dos capas, una con una cara con «ganchos» y la otra con una cara «de rizo», que se traban a presión.

**vuelta:** Serie de puntos realizada en pasadas sucesivas para crear un tejido a ganchillo. Al final de cada vuelta se gira la labor y se hace una cadeneta (cadeneta de vuelta) para empezar a tejer la siguiente.

**vuelta circular:** Vuelta tejida en redondo de manera continua, uniendo el último punto al primero para completarla.

---

## TERMINOLOGÍA DEL GANCHILLO

Los siguientes términos y expresiones se usan con frecuencia en las instrucciones de las labores de ganchillo, si bien existen diferentes denominaciones según los países. Consulte las páginas indicadas para saber cómo se aumentan o disminuyen puntos, así como otras técnicas de esta lista.

**borla:** Grupo de puntos, generalmente altos, que se trabajan sobre un mismo punto de la vuelta inferior sin llegar a completarlos y luego se cierran todos juntos, unidos por la parte superior (p. 77).

**cerrar dos medios puntos altos juntos (c2mpa):** Disminuir o menguar 1 punto: (eh e insertar el ganchillo en el sig p, eh y sacar una lazada) 2 veces, eh y sacarlo por las 5 lazadas del ganchillo.

**cerrar dos puntos altos juntos (c2pa):** Disminuir o menguar 1 punto alto (p. 53).

**cerrar dos puntos bajos juntos (c2pb):** Disminuir o menguar 1 punto bajo (p. 52).

**cerrar tres medios puntos altos juntos (c3mpa):** Disminuir o menguar 2 puntos: (eh e insertar el ganchillo en el sig p, eh y sacar una lazada) 3 veces, eh y sacarlo por las 7 lazadas del ganchillo.

**cerrar tres puntos altos juntos (c3pa):** Disminuir o menguar 2 p: (eh e insertar el ganchillo en el sig p, eh y sacar una lazada, eh y sacarlo por las 2 primeras lazadas del ganchillo) 3 veces, eh y sacarlo por las 4 lazadas del ganchillo.

**cerrar tres puntos bajos juntos (c3pb):** Disminuir o menguar 2 puntos: insertar el ganchillo en el sig p, eh y sacar una lazada) 3 veces, eh y sacarlo a través de las 4 lazadas del ganchillo.

**concha o abanico:** Grupo de puntos trabajados sobre el mismo punto o en el mismo espacio.

**madroño o garbanzo:** Tipo de borla, más abultada, formada por puntos (generalmente altos) completos antes de unirlos por arriba (p. 77).

**piña:** Borla formada por medios puntos altos (p. 77).

**punto cangrejo:** Punto bajo invertido: se trabaja de izquierda a derecha, en lugar de derecha a izquierda, para crear bordes.

**racimo:** Puntos tejidos sobre los correspondientes de la vuelta de abajo, pero unidos por la parte superior de manera que equivalen a uno solo. Suelen trabajarse en disminución o de manera parcial y completarse a la vez. Su aspecto es similar al de una concha o abanico al revés.

**rematar el hilo:** Cortar el hilo al acabar de tejer una pieza, pasarlo a través de la última lazada que queda en el ganchillo y tirar para asegurarlo.

**saltar un punto:** Dejar un punto sin trabajar para tejer en el siguiente.

**vuelta base:** Primera vuelta de un tejido de ganchillo (la que se teje sobre la cadeneta base).

ÍNDICE

# ÍNDICE

ÍNDICE



## S



## T



## U



## V



## Z

# AGRADECIMIENTOS


## SEGUNDA EDICIÓN

**Dorling Kindersley UK desea dar las gracias** a las siguientes diseñadoras de labores de ganchillo por los proyectos nuevos incluidos en esta edición:
**Claire Montgomerie:** Móvil de pulpo p. 176, Mitones-manoplas p. 216; **Rosina Northcott:** Organizador enrollable p. 122; **Irene Strange:** Dudú-osito polar p. 282; **Emma Varnam:** Funda de gafas p. 42, Pingüino amigurumi p. 274.
Asimismo, damos las gracias a las siguientes personas por la revisión de las técnicas y pasos de algunos proyectos de la primera edición: **Ali Campbell:** Bolso de rombos p. 300; **Tessa Dennison:** Boina de rayas p. 198; **Shannon Reed:** Funda de libro p. 184, Mitones infantiles p. 210, Mitones de mujer p. 214; **Claire Montgomerie** por la revisión del libro y el asesoramiento fotográfico; **Carol Ibbetson** por la revisión de los patrones; **Ruth Jenkinson** por las fotografías; **XAB Design** por la dirección artística fotográfica; y **Millie Andrew** por su ayuda con las fotografías.

**Dorling Kindersley Delhi quiere expresar su agradecimientos a** Purvi Gadia por su ayuda en la edición.




Para más información: www.dkimages.com

---


## PRIMERA EDICIÓN

Dorling Kindersley desea agradecer a las siguientes personas el trabajo realizado y su contribución a la creación de este libro:

**Lesley Arnold-Hopkins:** Gorro con orejeras p. 196, Cuello-bufanda p. 204, Chaqueta infantil con capucha p. 240; **Vicki Brown:** Gorro para hombre p. 194, Bufanda de hombre p. 206, Calcetines de mujer p. 224, Calcetines de hombre p. 226, Jersey con rayas p. 236, Jersey ligero p. 250, Vestidito de verano p. 246; **Ali Campbell:** Arrullo p. 148, Guirnalda de peces y estrellas p. 180; **May Corfield:** Cestitos para escritorio p. 162, Cesto para el gato p. 174; **Simone Francis:** Cojín de intarsia p. 122, Chaqueta larga calada p. 254; Bolso de rombos p. 296; **Melanie Galloway:** Bolsa de playa p. 290, Bolsa para la compra p. 292, Bolsa multiusos p. 294, Cartera de mano p. 300; **Shelley Gould:** Cojines ribeteados p. 98; **Helen Jordan:** Chal a punto peruano p. 202; **Claire Montgomerie:** Collar de cadeneta y cuentas p. 28, Brazalete de cadeneta p. 30, Fundas de teléfono móvil p. 36, Diademas p. 46, Guirnalda de banderines p. 54, Cojín redondo p. 64, Guirnalda de flores p. 80, Cojines ribeteados p. 98, Manta de flores p. 142, Manta de sofá p. 144, Colcha multicolor p. 146, Cojín de espiguilla p. 152, Cestos rígidos p. 164, Frutero p. 176, Puntos de libro p. 178, Alfiletero-flor p. 184, Capota para bebé p. 190, Gorro con orejas p. 192, Boa de volantes p. 200, Mitones de mujer p. 214, Pelota gigante p. 264, Monederos p. 306; **Margaret O'Mara:** Cojín-búho p. 156, Chaqueta cruzada para niña p. 230, Poncho para niña p. 234; **Wendy Rainthorpe:** Bufanda de encaje p. 116, Mamá elefanta y elefantito p. 266, Funda para tableta p. 308; **Irene Strange:** Patucos de tipo merceditas p. 216, Patucos de tipo deportivo p. 218; **Tracey Todhunter:** Toallitas a rayas p. 34, Bufanda con flecos p. 40, Media funda de cojín p. 44, Juego de posavasos p. 58, Agarradores de cocina p. 60, Cojín tradicional p. 154, Bolsa para juguetes p. 166, Funda de taburete p. 168, Pufs rústicos p. 170, Alfombra redonda p. 186, Mitones de niña p. 210, Manoplas con cordón p. 212, Zapatillas ribeteadas p. 220, Zapatillas de mujer p. 222, Bolso cuadrado p. 288 **Emma Varnam:** Boina para mujer p. 198, Sonajeros p. 260; **Liz Ward:** Osito p. 132, Muñeca p. 270, Osito polar con bufanda p. 274, Conejito orejudo p. 278, Marionetas de dedo p. 282, Mochila-tortuga p. 302.

**Revisión de patrones** Carol Ibbetson. **Revisión de textos** Angela Baynham. **Índice analítico** Marie Lorimer. **Auxiliares de diseño** Elaine Hewson, Hannah Moore y Navidita Thapa. **Asistencia editorial** Christine Stroyan. **Auxiliar de fotografía** Julie Stewart. **Atrezo** Backgrounds Prop Hire. **Localización fotográfica** 1st Option. **Modelos** Estelle Abberley, Georgia Abberley, Celia Arn, Liz Boyd, Joshua Caulfield, Maria Clancy, Claire Cross, Maria Elston, Marco Elston, Lucas Goldstein, Saskia Janssen, Martha Jenkinson, Bodhi Nair, Tulsi Nair, Clara Proctor, Martha Rhodes, Julie Stewart, Eden White, Mia White y Oscar, el gato. **Fabricantes y distribuidores de hilos** Artesano Ltd, Coats Craft UK, Designer Yarns Ltd, DMC Creative World, King Cole Ltd, Rico Design, Sirdar Spinning Ltd, Texere Yarns Ltd y Thomas B. Ramsden & Co.

**Edición sénior** May Corfield
**Edición de arte sénior** Glenda Fisher
**Edición** Katharine Goddard
**Coordinación editorial** Penny Smith
**Coordinación de arte** Marianne Markham
**Diseño de cubiertas** Rosie Levine
**Preproducción** Sarah Isle
**Producción** Che Creasey
**Apoyo técnico creativo** Sonia Charbonnier
**Fotografía** Ruth Jenkinson
**Estilismo** Isabel de Cordova
**Dirección de arte** Jane Bull
**Dirección de publicaciones** Mary Ling


## SOBRE LA ASESORA

**Claire Montgomerie** es diseñadora textil. Está especializada en ganchillo y tejidos de punto, por medio de los cuales crea tejidos, prendas de vestir, muñecos y accesorios divertidos, extravagantes y modernos. Su principal objetivo es reinventar las labores creadas mediante métodos antiguos y tradicionales, a la par que se conservan todos sus complejidades y su encanto. Claire ha escrito multitud de libros sobre ganchillo y punto, y es, además, editora de la revista de artesanías británica *Inside Crochet*.

**Edición sénior** Nikki Sims y Dawn Titmus
**Diseño sénior** Glenda Fisher
**Edición de proyecto** Amy Slack
**Asistencia editorial** Millie Andrew
**Diseño** Anne Fisher
**Diseño de cubiertas** Nicola Powling
**Coordinación de cubiertas** Lucy Philpott
**Preproducción** David Almond
**Producción** Stephanie McConnell
**Coordinación editorial** Stephanie Farrow y Ruth O'Rourke
**Coordinación editorial de arte** Christine Keilty
**Dirección de arte** Maxine Pedliham
**Dirección de publicaciones** Mary-Clare Jerram

**DK DELHI**
**Edición sénior** Arani Sinha
**Asistencia editorial** Ankita Gupta
**Coordinación editorial** Soma B. Chowdhury
**Diseño de maqueta sénior** Tarun Sharma
**Diseño de maqueta** Satish Gaur, Umesh Singh Rawat y Anurag Trivedi
**Coordinación de preproducción** Sunil Sharma

**DE LA EDICIÓN ESPAÑOLA**
**Coordinación editorial** Marina Alcione
**Asistencia editorial y producción** Eduard Sepúlveda

Nueva edición publicada en 2020
Publicado originalmente en 2014 por Dorling Kindersley Limited
DK, One Embassy Gardens, 8 Viaduct Gardens, London, SW11 7BW

Parte de Penguin Random House

Título original: *Crochet*
Primera edición 2024



Servicios editoriales: deleatur, s.l.
Traducción: Gemma Deza Guil y María Ángeles Martínez de Marigorta Fernández de Larrea



ISBN: 978-0-5938-4802-9

Impreso y encuadernado en Eslovaquia

**www.dkespañol.com**

MIXTO
Papel | Apoyando la silvicultura responsable
FSC™ C018179

Este libro se ha impreso con papel certificado por el Forest Stewardship Council™ como parte del compromiso de DK por un futuro sostenible. Para más información, visita www.dk.com/uk/information/sustainability